［TOEFL® iBT 対応］

英単語4000 受験英語からの TOEFL® Test

TOEFL is a registered trademark of Educational Testing Service (ETS).
This publication is not endorsed or approved by ETS.

文脈で覚える必須4000語

泉 忠司 監修　泉 忠司，Kevin Glenz，Kermit Carvell 著

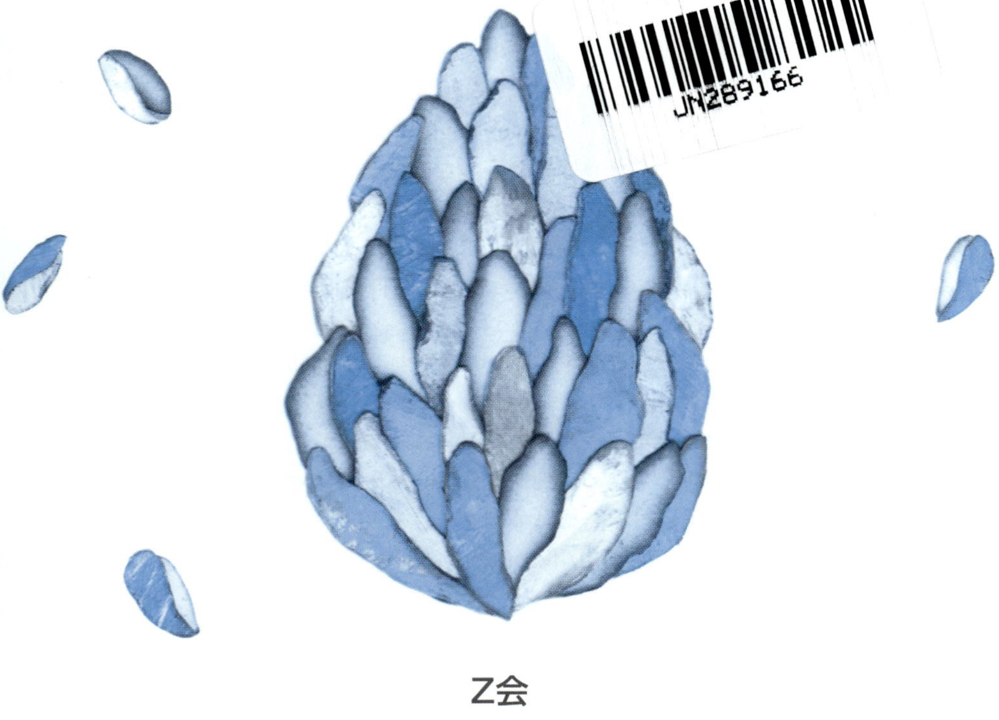

Z会

はしがき

◆iBT 導入により，さらに実践的になった TOEFL® テスト

TOEFL® テストは1964年に初めて実施されて以来，高い信頼性のもと，凄まじい勢いで全世界に普及しました。2006年現在までの実施回数は2,000回をゆうに超え，実施国180カ国以上，スコア利用機関は全世界に5,000以上，年間受験者も約72万人と，名実ともに，「国際基準の英語運用能力テスト」であることは間違いありません。

また，この40年以上の間，TOEFL® テストは信頼性を損なうことなく進化し続け，2005年 9 月にはついに TOEFL® iBT がアメリカでスタート。詳細は後述しますが，Listening や Reading の長文化，Speaking や Integrated Task の導入など，より実践的な英語力が問われる形式へと変貌した TOEFL® iBT が2006年7月，ついに日本でも始まりました。

◆受験英語から TOEFL へ

「より実践的な英語」と聞くと，その対極にあるものが「受験英語」で，TOEFL 受験のためには大学受験の英語とはまったく違う勉強を 1 からしなければならないと考える方が多いかもしれません。でも，それは大きな間違いですよ。

TOEFL の目指す英語は Formal Written English（正式な読み書き英語）。これは大学受験の英語が目指している英語そのものなのです。「受験英語は，堅いし，古いし，実際には使い物にならない」という類の意見を時々耳にしますが，そう言う人のほとんどが，この後に「あんな勉強をしてきたから自分は英語ができないんだ」と続けたりするわけで，これは英語のできない人が自己正当化するための言い訳にすぎません。そんな愚言に騙されないようにしましょうね。

僕は大学受験用の参考書もたくさん書いています。もちろん，本の中にはたくさんの例文を収録していますが，それをネイティブにチェックしてもらうと，必ずと言っていいほど「きれいな英語表現だね」という感想をちょうだいします。「正式な読み書き英語」を習得するための例文ですから，「きれいな英語」に決まっていますよね。わかりやすく，日本語で具体例を挙げると，「やっべ～，あの本，超欲しいよ！」ではなくて，「私はあの本を心から入手したいです」という感じの表現になっているのです。

TOEFL はそもそも，北米を中心とした英語圏の大学に留学し，授業に参加して，レポートを書いたり，プレゼンテーションを行ったりするに足るだけの英語力がどの程度備わっているかを問うための試験。当然ですが，大学で先生を相手に使う表現，授業で使う表現，レポートやプレゼンテーションの際に使う表現は，「やっべ～，あの本，超欲しいよ！」ではなくて，「私はあの本を心から入手したいです」の方。「堅くて，古い受験英語」は言い換えると，「正式な読み書き英語」ですから，TOEFL 対策にはバッチリ。TOEFL 英語は受験英語のそのまま延長線上にあるのです！

本書は「受験英語」の復習から入り，それを有効活用しつつ，「TOEFL 英語」につなげられるように編纂しました。Z会の持つ膨大なデータベースを土台に，『速読英単語』シリーズ（Z 会出版），拙著『歌って覚える英単語完全制覇』シリーズ（青春出版社）といった，大学受験用の単語集や既刊の TOEFL 学習用の単語集なども参考にしつつ，凄まじい時間を費やして選定した4,000語には絶対の自信を持っています。この 1 冊で TOEFL 英単語は完全制覇できると言っても過言ではありません。

「受験英語と資格試験の英語は違う…」なんて言葉に騙されて，TOEFL 英語の勉強を 1 から始めるなんて，もったいないにも程があるような，バカバカしいことはしないでくださいね。受験勉強の時に培った知識を大いに活用することこそ，TOEFL で高得点を挙げるための最短距離なのです。「TOEFL 英単語習得の最短コース」とも言える本書を通過点に，世界に飛び出す日本人が一人でも多く出てきてくれることを，切に祈ります。

本書製作にあたり，お世話になった方は本当に多いです。英文例をご執筆くださった Kevin Glenz 先生，Kermit Carvell 先生。西田直子さん，林彩さんをはじめ，例文の和訳を担当してくださった皆様。CD ナレーション担当の Christopher Koprowski さん，RuthAnn Morizumi さん。横浜市立大学の同僚で，多くのご助言，ご協力を賜った花田愛先生。遅々たる執筆を我慢強くお待ちくださり，できあがった原稿から順に見事に編集をしてくださったＺ会の大野勝人さん，吉田晴奈さん。皆様のご協力がなければ，本書はとうてい完成しえなかったことでしょう。記して心より感謝の意を表します。最後に，本書を世に送り出してくださったＺ会の加藤文夫社長に，深甚より感謝申し上げます。

泉　忠司

CONTENTS

はしがき …… 2
TOEFL®iBT について …… 6
本書の構成と活用法 …… 8

Chapter 1：受験英語からの必須語！ 一般語彙 レベル 1 …… 14

Chapter 2：受験英語からの必須語！ 一般語彙 レベル 2 …… 116

Chapter 3：TOEFL 特有の頻出語！ 一般語彙 レベル 3 …… 218

Chapter 4：TOEFL 特有の分野別専門語！ 専門語彙 Natural Science

1. Biology（生物学）① …… 320
2. Biology（生物学）② …… 322
3. Biology（生物学）③ …… 324
4. Biology（生物学）④ …… 326
5. Biology（生物学）⑤ …… 328
6. Biology（生物学）⑥ …… 330
7. Biology（生物学）⑦ …… 332
8. Biology（生物学）⑧ …… 334
   Other Important Words — Biology …… 336
9. Astronomy（天文学）① …… 338
10. Astronomy（天文学）② …… 340
11. Meteorology（気象学）① …… 342
12. Meteorology（気象学）② …… 344
13. Earth Science（地球科学）① …… 346
14. Earth Science（地球科学）② …… 348
15. Ecology（生態学）① …… 350
16. Ecology（生態学）② …… 352
   Other Important Words — Astronomy／Meteorology／Earth Science／Ecology …… 354
17. Medical Science（医学）① …… 356
18. Medical Science（医学）② …… 358
19. Medical Science（医学）③ …… 360
20. Medical Science（医学）④ …… 362
21. Medical Science（医学）⑤ …… 364
22. Medical Science（医学）⑥ …… 366
23. Chemistry（化学）① …… 368
24. Chemistry（化学）② …… 370
   Other Important Words — Medical Science／Chemistry …… 372
25. Physics（物理学）① …… 374
26. Physics（物理学）② …… 376
27. Physics（物理学）③ …… 378
28. Mathematics（数学）① …… 380

29. Mathematics（数学）②……382
30. Mathematics（数学）③……384
Other Important Words —
Physics／Mathematics／Architecture……386

Chapter 5：TOEFL 特有の分野別専門語！ 専門語彙 Humanities & Social Science

31. American History（アメリカの歴史）①……392
32. American History（アメリカの歴史）②……394
33. American History（アメリカの歴史）③……396
34. Archaeology（考古学）……398
35. Politics（政治学）①……400
36. Politics（政治学）②……402
37. Law（法律学）①……404
38. Law（法律学）②……406
Other Important Words —
American History／Archaeology／Politics／Law……408
39. Sociology（社会学）①……410
40. Sociology（社会学）②……412
41. Sociology（社会学）③……414
42. Journalism（ジャーナリズム）……416
43. Art（美術）①……418
44. Art（美術）②……420
45. Music & Theater（音楽・演劇）①……422
46. Music & Theater（音楽・演劇）②……424
Other Important Words — Sociology／Art／Music & Theater……426
47. Literature（文学）①……428
48. Literature（文学）②……430
49. Literature（文学）③……432
50. Linguistics（言語学）……434
51. Economics（経済学）①……436
52. Economics（経済学）②……438
53. Economics（経済学）③……440
54. Investment（投資）……442
Other Important Words —
Literature／Linguistics／Economics／Investment……444
55. Business（商業）①……446
56. Business（商業）②……448
57. Religious Studies（宗教学）①……450
58. Religious Studies（宗教学）②……452
59. Psychology（心理学）……454
60. Campus Life（大学生活）……456
Other Important Words —
Business／Religious studies／Psychology／Campus Life……458

INDEX……462

TOEFL®iBT について

従来の TOEFL と比較した TOEFL® iBT の特徴は，以下の通りです。

◎オペレーションの変更点

1．試験日が固定に

CBT では祝祭日以外の毎日受験可能でしたが，iBT ではあらかじめ決められた試験日にのみ受験が可能になります。試験日は金曜・土曜・日曜で，年間30～40回設けられることに。

2．Tutorial 機能の廃止

CBT ではテスト開始前に操作方法を説明してくれる Tutorial 機能があり，コンピュータの操作をその場で練習した上で試験に臨めましたが，iBT では事前に practice test を入手して，操作に慣れる必要があります。

3．全員が同じ問題を受ける

CBT では受験者の回答状況に応じて問題の難易度が調整されるシステムが採用されていましたが，iBT では全員が同じ問題を受けることになります。

◎問題に関わる変更点 ― 受験者に有利になった点 ―

4．試験中のメモが可能に

従来の TOEFL では試験中にメモを取ることが禁止されていましたが，iBT では全セクションにおいてメモを取ることが可能に。Listening 問題での記憶のサポートや，Writing，Speaking でのまとめなどに大いに役立てることができるようになりました。

5．Reading に Review 機能 と Glossary 機能の追加

Reading Section に Review（見直し）と Glossary（語注）という便利な機能が追加されました。具体的に説明すると，Review は未解答の問題を一覧表示してくれるもの。これにより，難しい問題を後回しにしておき，時間が余れば回答するという類の戦略が容易になります。また，Glossary は専門的な単語やフレーズの意味を表示してくれる機能です。語注のついている単語やフレーズは，本文中では他の単語と異なる色で表示されています（とはいえ，語注が付いているものは一部の極めて専門的な表現に限られるので，語彙力の重要性は今までとまったく変わらないですよ）。

◎問題に関わる変更点 ― 受験者に不利になった点 ―

6．文法問題の廃止

PBT では約 3 分の 1 を占め，CBT では Writing 導入により比率は落ちたものの，それでも確実に存在していた文法問題が iBT ではついになくなりました。文法問題を得意とする傾向にある日本人受験者には辛いですよね。

7．Speaking の導入

文法問題がなくなるかわりに導入されるのが Speaking Section です。対面式のインタビューではなく，マイクに向かって回答を吹き込むスタイルで実施されます。これも，読み書きは得意でもオーラルが苦手な人が多い日本人には厳しい決定です。

8．Integrated Task の導入

英語の 4 技能（Listening・Speaking・Reading・Writing）を個別的に測るだけではなく，統合的に測るような問題形式 Integrated Task が導入されました。具体的には，次の 3 つのパターンの問題です。

a. 読み，聞いた内容に関して口頭で解答する。（Reading＋Listening＋Speaking）
b. 聞いた内容に関して口頭で解答する。（Listening＋Speaking）
c. 読み，聞いた内容に関して文章で解答する。（Reading＋Listening＋Writing）

従来の日本の大学受験や英検などではほとんど見られない問題形式ですので，慣れるまではちょっと大変でしょう。

9．Writing Section での手書きが廃止に

CBT のライティングでは，回答をコンピュータに入力するか，答案用紙に手書きするかの 2 種類から好きな方を選べましたが，iBT では全員がコンピュータに入力することに。キーボードに慣れておくことが必須になりました。

以上の 9 点が，従来の TOEFL と TOEFL® iBT の相違点ですが，要は「受信」だけでなく「発信」にも重きを置いた，より実践的で，真の英語コミュニケーション能力を測るテストになったと言えるでしょう。

本書の構成と活用法

■ 章構成

大学受験で学んだ知識を活かしながら，TOEFL レベルに到達できるような構成になっています。

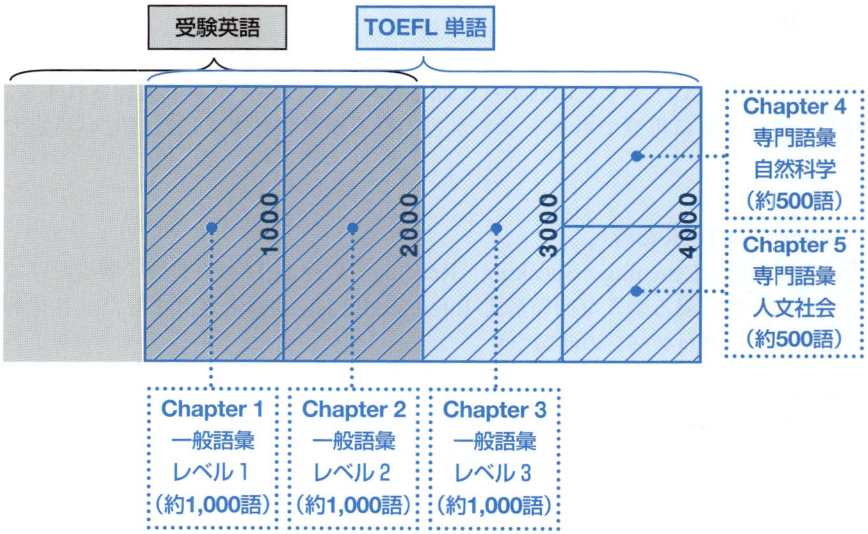

本書では，TOEFL テストで必要な語彙を「一般語彙」と「専門語彙」に大きく 2 つに分けています。

「一般語彙」は受験英語をステップとした，3 段階（Chapter 1，2，3）に分けていますので，無理なく，効率よく TOEFL 単語をマスターできます。

「専門語彙」は「自然科学分野」（Chapter 4）と「人文社会分野」（Chapter 5）に分け，それぞれの分野で TOEFL 頻出のテーマの理解に必要な単語を，長文の中で覚える構成になっています。

◆一般語彙

Chapter 1 ： 受験英語からの必須語！ 一般語彙 レベル1

Chapter 2 ： 受験英語からの必須語！ 一般語彙 レベル2

受験英語を思い出そう！

大学受験でもよく使われ，TOEFL でも頻出の英単語を基礎レベルと標準レベルに分け，それぞれ約1,000語ずつのトータル約2,000語収録。学習レベルを考慮に入れ，例文は一般的な内容のものになっています。

Chapter 3 ： TOEFL 特有の頻出語！ 一般語彙 レベル3

TOEFL 特有の語をマスター！

難易度が高いため大学受験で問われることはあまりないものの，TOEFL を受験するなら絶対に覚えておくべき TOEFL 特有語を約1,000語収録しました。ここからは，例文は TOEFL レベルのものになっています。

＊ Chapter 1～3はそれぞれ10の Unit に分けてあります（1日1 Unit で30日完成）。学習スケジュールを立てる際の目安にしてください。

◆専門語彙

Chapter 4 ：TOEFL 特有の分野別専門語！ 専門語彙 Natural Science

Chapter 5 ：TOEFL 特有の分野別専門語！ 専門語彙 Humanities & Social Science

専門語彙＆背景知識＆ Listening CD で総仕上げ！

TOEFL の英文は広範囲の分野から出題される上，そのレベルはアメリカの高校の教科書や一般的な新聞・雑誌に掲載されている文章とほぼ同じです。そこで，Chapter 4，5では TOEFL で出題される英文の理解に必要な分野別の専門語彙を約1,000語収録。あわせて背景知識も身につけられるよう，例文は長文形式にしてあります。また，各分野の長文の後には，長文に収録できなかった重要語句をリストで提示。覚えるべき語句の漏れがないように努めました。さらに，長文の例文は音声を CD に収録。Listening 対策としても有益です。

＊ Chapter 4，5はそれぞれ15の Unit に分けてあります（1日1 Unit で30日完成）。学習スケジュールを立てる際の目安にしてください。

■ ページ構成

《Chapter 1〜3》

❶ The opposition party **accused** the **government** of the **huge debt accumulated** for the last ten years. ❷

野党は過去10年間に**累積した莫大な債務**に関して**政府を非難した**。

1 ☑	**accuse** [əkjúːz]	他 を非難する，を責める	≒類 blame
2 ☑	**government** [ɡʌ́vərnmənt]	名 政府，統治機関	派 governmental 形 政府の，政治（上）の
3 ☑	**huge** [hjúːdʒ]	形 莫大な，巨大な	≒類 enormous
4 ☑	**debt** [dét]	名 債務，借金，負債	
5 ☑	**accumulate** [əkjúːmjəlèit] ❸	他 を累積させる，をためる，を蓄積する ❹	派 accumulation 名 蓄積（物） ❺

❶ 短文例文→Chapter 1，2では学習レベルを考慮に入れ，例文は一般的な内容のものに，Chapter 3では TOEFL レベルのものになっています。いずれも1つの例文に必ず4〜6つの見出し語を入れ，最小の暗記で最大の効果を発揮するようにしてあります。

❷ 例文と和訳の青文字→見出し語と，それに対応する訳を青字で表示しています。

❸ 見出し語→コーパスを参照し，TOEFL 頻出の約4,000語を選出しました。

❹ 語義→覚えておきたい語義を選出。例文を読んでから，確認用として使用してください。

❺ 類義語・派生語・フレーズなど→TOEFL で頻出の「類義語問題」に対応するため，押さえておきたい類義語を多く取り上げています（見出し語と共通する語義を持つ類義語については，語義の記載を省略しています）。

《Chapter 4, 5》

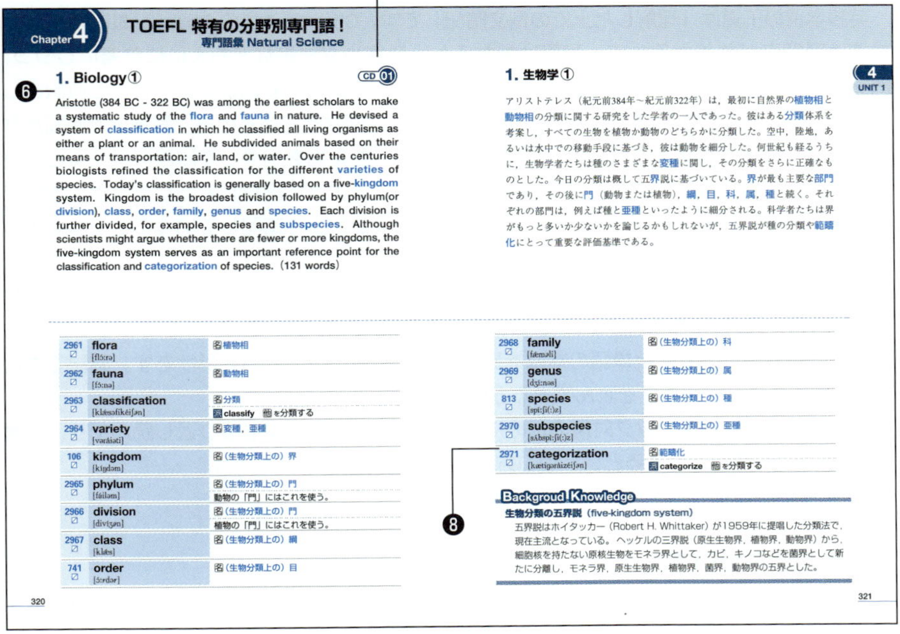

Chapter 4 TOEFL 特有の分野別専門語！ 専門語彙 Natural Science

1. Biology① CD 01

Aristotle (384 BC - 322 BC) was among the earliest scholars to make a systematic study of the flora and fauna in nature. He devised a system of classification in which he classified all living organisms as either a plant or an animal. He subdivided animals based on their means of transportation: air, land, or water. Over the centuries biologists refined the classification for the different varieties of species. Today's classification is generally based on a five-kingdom system. Kingdom is the broadest division followed by phylum(or division), class, order, family, genus and species. Each division is further divided, for example, species and subspecies. Although scientists might argue whether there are fewer or more kingdoms, the five-kingdom system serves as an important reference point for the classification and categorization of species.（131 words）

1. 生物学①

アリストテレス（紀元前384年～紀元前322年）は，最初に自然界の植物相と動物相の分類に関する研究をした学者の一人であった。彼はある分類体系を考案し，すべての生物を植物か動物のどちらかに分類した。空中，陸地，あるいは水中での移動手段に基づき，彼は動物を細分した。何世紀も経るうちに，生物学者たちは種のさまざまな変種に関し，その分類をさらに正確なものとした。今日の分類は概して五界説に基づいている。界が最も主要な部門であり，その後に門（動物または植物），綱，目，科，属，種と続く。それぞれの部門は，例えば種と亜種といったように細分される。科学者たちは界がもっと多いか少ないかを論じるかもしれないが，五界説が種の分類や範疇化にとって重要な評価基準である。

2961 ☑	flora [flɔ́ːrə]	名 植物相
2962 ☑	fauna [fɔ́ːnə]	名 動物相
2963 ☑	classification [klæ̀səfikéiʃən]	名 分類 派 classify 他 を分類する
2964 ☑	variety [vəráiəti]	名 変種，亜種
106 ☑	kingdom [kíŋdəm]	名（生物分類上の）界
2965 ☑	phylum [fáiləm]	名（生物分類上の）門 動物の「門」にはこれを使う。
2966 ☑	division [divíʒən]	名（生物分類上の）門 植物の「門」にはこれを使う。
2967 ☑	class [klǽs]	名（生物分類上の）綱
741 ☑	order [ɔ́ːrdər]	名（生物分類上の）目
2968 ☑	family [fǽməli]	名（生物分類上の）科
2969 ☑	genus [dʒíːnəs]	名（生物分類上の）属
813 ☑	species [spíːʃi(ː)z]	名（生物分類上の）種
2970 ☑	subspecies [sʌ́bspìːʃi(ː)z]	名（生物分類上の）亜種
2971 ☑	categorization [kæ̀tigərəizéiʃən]	名 範疇化 派 categorize 他 を分類する

Backgroud Knowledge

生物分類の五界説（five-kingdom system）

五界説はホイタッカー（Robert H. Whittaker）が1959年に提唱した分類法で，現在主流となっている。ヘッケルの三界説（原生生物界，植物界，動物界）から，細胞核を持たない原核生物をモネラ界として，カビ，キノコなどを菌界として新たに分離し，モネラ界，原生生物界，植物界，菌界，動物界の五界とした。

320 321

❻ 長文例文→TOEFL 頻出のテーマの英文を掲載しました。「語彙力」と「背景知識」，「読む力」が同時に身につきます。

❼ CD トラック→ナチュラルスピード（約150wpm）で，長文部分を吹き込んでいますので，「聴く力」も身につけることができます。

❽ Background Knowledge→当該英文に関連する背景知識をまとめてあります。

■本書で用いた記号

品詞

名 名詞　他 他動詞　自 自動詞　形 形容詞　副 副詞

前 前置詞　接 接続詞

その他

≒類 類義語　派 派生語　反 反意語

[ ] 交換可能

～ 名詞句の代用

… 動詞や節の代用

to do ... to不定詞

...ing 動名詞または現在分詞

■効果的活用法　～「理解した上での例文暗記」～ が大切！

英語学習の王道は「理解した上での例文暗記」です。Chapter 1から Chapter 3に関しては，まずは疑問点がなくなるまで，和訳はもちろん，辞書や文法書なども大いに参考にしつつ，例文の理解に努めてください（和訳は，単語の意味が把握しやすいように，わざと直訳にしてあるものも多いです）。疑問点がなくなれば，あとは例文暗記あるのみ。受験まで時間がない場合は，見出し語だけを一気に確認して，一時的に語彙力を増やして試験に備えるという方法もありうると思いますし，そういう使い方もできるように編纂してありますが，本当に実力をつけたいなら，一つでもたくさんの例文を理解した上で暗記していくことをお勧めします。

Chapter 4，5に関しては，まずは辞書や和訳を参考にしつつ，英文の意味を確認してください。次に，英文を声に出して読みましょう。その際，付属 CD を大いに活用してください。そして，英文中に出てきた単語の意味を確認し，どんどん覚えていくだけです。暗記できたら，最後にもう一度，長文を読んでみるといいですね。

リーディングやリスニング対策のために，Chapter 4，5の長文を繰り返し読んだり，付属 CD を繰り返し聴いたりするという使い方も効果的です。

■語彙選定について

『TOEFL®iBT Sample Test』や『The Official Guide To The New TOEFL®iBT』などの公式教材や各種模試教材をデジタルデータ化し，独自のコーパス（約12万語）を作成しました。このデータをもとに，『速読英単語』シリーズ（Z会出版）など大学受験用の単語集および既刊の TOEFL 用単語集や参考書なども参考にし，最終的に4,027語を選びました。

Chapter 1

受験英語からの必須語！

一般語彙　レベル 1

受験英語で学んだ単語の中から，
TOEFL® テストに頻出の単語を取り上げました。
（基礎レベル）

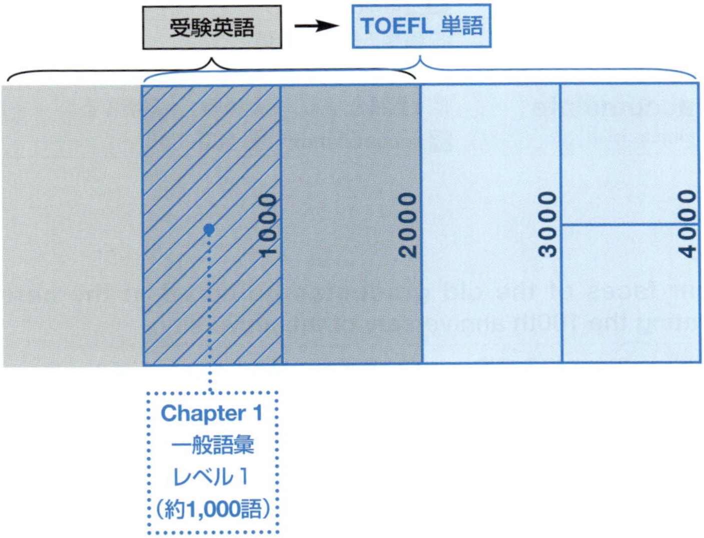

受験英語からの必須語！
一般語彙 レベル1

The opposition party **accused** the **government** of the **huge debt** **accumulated** for the last ten years.

野党は過去10年間に**累積した莫大な債務**に関して**政府を非難した**。

1 ☐	**accuse** [əkjú:z]	他 を非難する，を責める ≒類 blame
2 ☐	**government** [gʌ́vərnmənt]	名 政府，統治機関 派 governmental 形 政府の，政治（上）の
3 ☐	**huge** [hjú:dʒ]	形 莫大な，巨大な ≒類 enormous
4 ☐	**debt** [dét]	名 債務，借金，負債
5 ☐	**accumulate** [əkjú:mjəlèit]	他 を累積させる，をためる，を蓄積する 派 accumulation 名 蓄積（物）

Familiar faces of the old **graduates gathered** at the **ceremony** **celebrating** the 100th anniversary of the university.

大学の創立100周年**を祝う式典**に，昔の**卒業生**の**懐かしい**面々が**集まった**。

6 ☐	**familiar** [fəmíljər]	形 懐かしい，よく知られた ≒類 common
7 ☐	**graduate** 名 [grǽdʒuət] 動 [grǽdʒuèit]	名 卒業生 自 卒業する graduate school 大学院
8 ☐	**gather** [gǽðər]	自 集まる 他 を集める ≒類 collect
9 ☐	**ceremony** [sérəmòuni]	名 式典，祭典，儀式 ≒類 rite 名（厳粛な）儀式
10 ☐	**celebrate** [séləbrèit]	他 を祝う，を祝賀する 派 celebration 名 祝賀，祝賀会

He was **astonished** to see there were a lot of **garbage** bags **discarded** beneath the bridge over the **bay**.

彼は**入り江**にかかる橋の下に**廃棄された**大量の**ごみ**袋があるのを見て**驚いた**。

11 ☑	**astonish** [əstániʃ]	他 を驚かす，をびっくりさせる ≒類 surprise
12 ☑	**garbage** [gɑ́:rbidʒ]	名 ごみ，くず ≒類 trash
13 ☑	**discard** [diskɑ́:rd]	他 を廃棄する，を捨てる，を放棄する ≒類 dump
14 ☑	**bay** [béi]	名 入り江，湾 ≒類 gulf 名 湾

The **illegal** immigrant tried to **defend** himself at the **local court**, **claiming** that he was **innocent**.

不法入国者は自分は**無罪**であると**主張し**，**地方裁判所**で自己**弁護し**ようとした。

15 ☑	**illegal** [ilí:gl]	形 不法の，非合法の，規則違反の ≒類 unlawful
16 ☑	**defend** [difénd]	他 を弁護する，を守る，を正当化する ≒類 justify 他 を正当化する
17 ☑	**local** [lóukl]	形 地方の，その土地の ≒類 regional, provincial
18 ☑	**court** [kɔ́:rt]	名 裁判所，宮廷，（テニスなどの）コート ≒類 law-court, bench 名 裁判所
19 ☑	**claim** [kléim]	他 と主張する，と言い張る 名 主張，要求 ≒類 profess, assert 他 と主張する
20 ☑	**innocent** [ínəsənt]	形 無罪の，無邪気な ≒類 blameless 形 無罪の

He finally **admitted** that he had made the **mistake** of **committing** the **crime** of **murder**.

彼はついに殺人罪を犯すという間違いをしてしまったことを認めた。

21 ☑	**admit** [ədmít, æd-]	他 を認める，に入場［入学］を認める 与類 allow, permit 他 を認める
22 ☑	**mistake** [mistéik]	名 間違い，誤り 他 を誤解する，を間違える 与類 error 名 間違い，誤り
23 ☑	**commit** [kəmít]	他 を犯す，を委ねる 派 commitment 名 献身，傾倒
24 ☑	**crime** [kráim]	名 罪 派 criminal 形 犯罪の 名 犯罪者
25 ☑	**murder** [mə́ːrdər]	名 殺人 他 を殺す 与類 killing, slaying 名 殺人

The doctor **expressed concerns** about the **medical** and **financial** conditions of the **patient**.

医師は患者の病状と財政事情について懸念を示した。

26 ☑	**express** [iksprés, eks-]	他 を示す，を表現する 形 急行の，速達の 与類 show, indicate 他 を示す
27 ☑	**concern** [kənsə́ːrn]	名 懸念，関心事 他 に関係がある，を心配させる 与類 worry, anxiety 名 懸念
28 ☑	**medical** [médikl]	形 病の，医学の，医療の 与類 therapeutic 形 治療の
29 ☑	**financial** [fənǽnʃl]	形 財政の，財政上の 派 finance 他 に融資する 名 財政，融資
30 ☑	**patient** [péiʃənt]	名 患者 形 我慢強い 派 patience 名 忍耐，忍耐力，我慢

He was **suffering** from **stomach cancer** and had to **endure extreme** pain.

彼は**胃癌**を**患って**いて，**猛烈な**痛み**に耐え**なければならなかった。

31 ☑	**suffer** [sʌ́fər]	自 患う，苦しむ　他（苦痛・損害など）を受ける ≒類 **undergo**　他（苦痛など）を受ける
32 ☑	**stomach** [stʌ́mək]	名 胃 ≒類 **belly**　名 腹
33 ☑	**cancer** [kǽnsər]	名 癌，（会社などの）害悪 ≒類 **tumor**　名 腫瘍
34 ☑	**endure** [end(j)úər]	他 に耐える ≒類 **stand, bear**
35 ☑	**extreme** [ikstríːm, eks-]	形 猛烈な，極端な，極度の，過激な　名 極端，極度 ≒類 **radical**　形 過激な

There is **virtually** no reliable **evidence** to **support** his **theory** about why we lose **memories**.

人が**記憶**を失う理由について，彼の**理論を裏づける**確かな**証拠**は**実際のところ**存在しない。

36 ☑	**virtually** [vəːrtʃuəli]	副 実際のところ，実質的には，事実上 ≒類 **practically**
37 ☑	**evidence** [évidns]	名 証拠 ≒類 **proof**
38 ☑	**support** [səpɔ́ːrt]	他 を裏づける，を支える，を養う　名 支持，援助，扶養 ≒類 **finance**　他 を扶養する
39 ☑	**theory** [θíːəri]	名 理論 派 **theoretical**　形 理論的な，理論上の
40 ☑	**memory** [méməri]	名 記憶，記憶力 ≒類 **remembrance, recollection**

Our hotel can accommodate all the athletes as well as all the accompanying officials associated with the Olympic organization.

当ホテルは，オリンピック組織に関連のある全同行役員はもとより，選手全員に宿泊していただけます。

41 ☑	**accommodate** [əkɑ́mədèit]	他 を宿泊させる，を収容する ≒類 house
42 ☑	**athlete** [ǽθliːt]	名 選手 ≒類 player
43 ☑	**accompany** [əkʌ́mpəni]	他 に同行する，と一緒に行く，と同時に生じる
44 ☑	**official** [əfíʃl]	名 役員，役人，公務員　形 公の，公式の ≒類 officer　名 役員，役人，公務員
45 ☑	**associate** [əsóuʃièit, -si-]	他 を関連づける　自 付き合う ≒類 link, connect, relate　他 を関連づける

The clinic didn't consider any change of schedule until someone complained about closing it for a week in December.

診療所は，12月に1週間診療所を閉めることについて誰かが不満を言うまで，いかなる予定の変更も検討しなかった。

46 ☑	**clinic** [klínik]	名 診療所
47 ☑	**consider** [kənsídər]	他 を検討する，を考慮する，を（～と）みなす ≒類 ponder　他 を熟考する
48 ☑	**change** [tʃéindʒ]	名 変更，変化　他 を変える　自 変わる ≒類 conversion, transformation　名 変化，転換
49 ☑	**complain** [kəmpléin]	自 不満を言う 派 complaint　名 不満，不平
50 ☑	**close** 動 [klóuz]　形 [klóus]	他 を閉める，を閉じる　自 閉まる　形 近い ≒類 shut　他 を閉める，を閉じる

The **priest preaches** that we cannot **save** ourselves from **sin** even by **sacrificing** our lives.

その**牧師**は，たとえ命**を犠牲にする**ことによっても，人は**罪**から自分たち**を救済する**ことはできない**と説いている**。

51 ☑	**priest** [príːst]	名 牧師，聖職者，長老 ≒類 clergyman, minister
52 ☑	**preach** [príːtʃ]	他 を説く，と説教する　自 説教する ≒類 sermonize
53 ☑	**save** [séiv]	他 を救済する，を省く，を節約する　前 を除いて ≒類 rescue　他 を救う
54 ☑	**sin** [sín]	名 罪，罪悪 ≒類 crime
55 ☑	**sacrifice** [sǽkrəfàis]	他 を犠牲にする　名 犠牲，いけにえ

Revenue from **tax** has **increased due** to the new economic **policy** by the central bank.

税収入は，中央銀行による新たな経済**政策によって増加して**きている。

56 ☑	**revenue** [révən(j)ùː]	名 収入 ≒類 means, income
57 ☑	**tax** [tǽks]	名 税，税金 ≒類 duty　名 税金，関税
58 ☑	**increase** 動 [inkríːs, ⸗–]　名 [⸗–, –⸗]	自 増加する　他 を増やす　名 増加 ≒類 swell
59 ☑	**due** [d(j)úː]	形 に帰すべき due to ～　～による，～のおかげで
60 ☑	**policy** [páləsi]	名 政策，方針 ≒類 plan, scheme

The travel **agency recommended** Arizona as our winter vacation **destination** because the **climate** there is very **comfortable** at that time.

旅行**代理店**が私たちの冬休みの**旅行先**にアリゾナ**を勧めた**のは，現地の**気候**がその時期はとても**快適**だからだ。

61 ☑	**agency** [éidʒənsi]	名 代理店，(政治的）機関，仲介 派 **agent** 名 代理人
62 ☑	**recommend** [rèkəménd]	他 を勧める，を推薦する 派 **recommendation** 名 推薦
63 ☑	**destination** [dèstənéiʃən]	名 旅行先，目的地，行先
64 ☑	**climate** [kláimət]	名 気候，風土 ≒類 **weather** 名 気候，天気
65 ☑	**comfortable** [kʌ́mftəbl, -fərt-]	形 快適な，心地よい ≒類 **pleasant**

Actually, I have to **adopt** a **habit** of **exercising** to stay in **shape**.

実のところ，私は**健康**維持のために**運動する習慣を採り入れ**なければならない。

66 ☑	**actually** [ǽktʃuəli, ǽktʃəli]	副 実は，実際は，実際に ≒類 **really, in fact**
67 ☑	**adopt** [ədápt]	他 を採り入れる，を採用する，を養子にする 派 **adoption** 名 採用，養子縁組
68 ☑	**habit** [hǽbit]	名 習慣，癖 ≒類 **custom**
69 ☑	**exercise** [éksərsàiz]	自 運動する，行使する 他 を働かせる ≒類 **train** 自 運動する
70 ☑	**shape** [ʃéip]	名 調子，形，姿 他 を形作る **be in (good) shape** 健康である，体調がいい

The flow of traffic in this region is much better in the urban areas than in the nearby suburbs.

この地域の交通の流れは，近隣の郊外よりも都市部での方がよっぽどよい。

71 ☑	**flow** [flóu]	名 流れ　自 流れる ≒類 run
72 ☑	**traffic** [trǽfik]	名 交通 traffic accident　交通事故
73 ☑	**urban** [ə́ːrbn]	形 都会の ≒類 city
74 ☑	**nearby** [níərbái]	形 近隣の ≒類 close
75 ☑	**suburb** [sʌ́bəːrb]	名 郊外 ≒類 outskirts

The car's unique interior features a hidden compartment and rear seats that can be adjusted to forward or reverse positions.

その車独特の内部は隠された仕切りと，前や逆の位置へと調節することができる後部座席を特色としている。

76 ☑	**unique** [juːníːk]	形 独特の，ただ一つの，他にない ≒類 peculiar
77 ☑	**feature** [fíːtʃər]	他 を特色とする　名 顔立ち，特徴 ≒類 aspect, characteristic　名 特徴
78 ☑	**hidden** [hídn]	形 隠された，秘密の ≒類 concealed, secret
79 ☑	**adjust** [ədʒʌ́st]	他 を調節する，に適合させる ≒類 fit, adapt
80 ☑	**reverse** [rivə́ːrs]	形 逆の　名 逆　他 を逆にする ≒類 opposite, contrary　形 反対の

My **impression** of the **natives** that **occupied** this land long ago is that they were **respectful** toward **nature**.

遠い昔にこの土地**に住み着いた先住民**についての私の**印象**は，彼らが**自然**に対して**敬意を払って**いたことだ。

81 ☑	**impression** [impréʃən]	名 印象 派 **impress** 他 (人)を感心させる
82 ☑	**native** [néitiv]	名 先住民 形 母国の，原住民の ≒類 **indigenous** 形 原住民の
83 ☑	**occupy** [ákjəpài]	他 に住み着く，を占める ≒類 **inhabit** 他 に住み着く
84 ☑	**respectful** [rispéktfl]	形 敬意を払う，敬う 派 **respectable** 形 尊敬に値する
85 ☑	**nature** [néitʃər]	名 自然，性質，本質 派 **natural** 形 自然の，生まれつきの

It was **selfish** of the **secretary** to **insist** that he was not **responsible** for the organization's poor **reputation**.

秘書が，組織の**評判**が悪いのは自分の**責任で**はない**と主張する**のは**身勝手な**ことだった。

86 ☑	**selfish** [sélfiʃ]	形 身勝手な，利己的な ≒類 **self-seeking, egocentric, egoistic**
87 ☑	**secretary** [sékrətèri]	名 秘書 派 **secret** 形 秘密の 名 秘密
88 ☑	**insist** [insíst]	他 と主張する，と言い張る 自 主張する 派 **insistence** 名 断言，執拗さ
89 ☑	**responsible** [rispánsəbl]	形 責任で，信頼できる ≒類 **reliable, dependable** 形 信頼できる
90 ☑	**reputation** [rèpjətéiʃən]	名 評判，名声 ≒類 **name, fame**

Animals are **slaughtered** daily to **supply** the world's **demand** for meat, causing **pollution** and other problems on **environment**.

動物たちは食肉に対する世界の**需要を満たす**ために日々**処分され**，**公害**やその他の**環境**問題を引き起こしている。

91 ☑	**slaughter** [slɔ́:tər]	他 を処分する，を虐殺する ≒類 slay, kill　他 を殺す
92 ☑	**supply** [səplái]	他 を満たす，を供給する　名 供給 ≒類 provide, furnish　他 を供給する
93 ☑	**demand** [dimǽnd]	名 需要，要求　他 を要求する 派 demanding　形 骨の折れる，要求の厳しい
94 ☑	**pollution** [pəlú:ʃən]	名 公害，汚染 派 pollute　他 を汚染する
95 ☑	**environment** [enváiərnmənt, -váirən-]	名 環境 ≒類 habitat, surroundings

The **professor encouraged** her students to read her **article** in the latest **edition** of the **psychology** journal.

教授は生徒たちに，**心理学**誌の最新**号**に載った自分の**論文**を読むよう**勧めた**。

96 ☑	**professor** [prəfésər]	名 教授 派 professional　形 専門職の，知的職業の
97 ☑	**encourage** [enkə́:ridʒ]	他 を勧める，を励ます，を促進する ≒類 inspire
98 ☑	**article** [ɑ́:rtikl]	名 論文，記事 ≒類 report　名 記事
99 ☑	**edition** [idíʃən]	名 号，版 ≒類 issue, number, version
100 ☑	**psychology** [saikɑ́lədʒi]	名 心理学 派 psychological　形 心理学の

I was **skeptical** when she **congratulated** him on **overcoming** his **hardship**, but she insisted she was being **sincere**.

彼女が，**苦難を乗り越えた**ことに対して彼**を祝った**時私は**半信半疑**だったが，彼女は**偽らざる気持ち**だったと言い張った。

101 ☑	**skeptical** [sképtikl]	形 半信半疑の，懐疑的な ≒類 incredulous
102 ☑	**congratulate** [kəngrǽtʃəlèit]	他 を祝う congratulate ～ on ... …のことで～を祝う
103 ☑	**overcome** [òuvərkʌ́m]	他 を乗り越える，に打ち勝つ，を克服する ≒類 defeat
104 ☑	**hardship** [hɑ́ːrdʃip]	名 苦難 ≒類 adversity, difficulty
105 ☑	**sincere** [sinsíər, sən-]	形 偽らざる気持ちの，誠実な，心からの ≒類 faithful, trustful

The **kingdom** became more **liberal** when it began **reforms** that allowed **protests** and other anti-government **behavior**.

抗議やその他の反政府**行動**を認める**改革**を開始したところ，その**王国**はいっそう**進歩的**になった。

106 ☑	**kingdom** [kíŋdəm]	名 王国 ≒類 realm, empire
107 ☑	**liberal** [líbərəl]	形 進歩的な，気前のよい ≒類 generous 形 気前のよい
108 ☑	**reform** [rifɔ́ːrm]	名 改革 他 を改革する，を改善する ≒類 betterment, amelioration 名 改革，改良
109 ☑	**protest** 名 [próutest] 動 [prətést, próutest]	名 抗議 他 に抗議する 自 抗議する ≒類 objection 名 抗議，反対
110 ☑	**behavior** [bihéivjər, bə-]	名 行動，振る舞い ≒類 conduct

Her study of **proverbs** gave her **insight** into the **minds** of the **citizens** of the **ancient** civilization.

彼女は**格言**を研究することによって，**古代**文明の**人民**の**心**を**見抜く力**を得た。

111 ☑	**proverb** [prɑ́vərb]	名 格言，ことわざ ≒類 saying
112 ☑	**insight** [ínsàit]	名 見抜く力，洞察（力），見識 ≒類 intuition, perception
113 ☑	**mind** [máind]	名 心，精神，知性　自 気にする　他 を嫌がる ≒類 spirit　名 精神
114 ☑	**citizen** [sítəzn, -sn]	名 人民，市民 ≒類 people　派 citizenship　名 市民権
115 ☑	**ancient** [éinʃənt]	形 古代の ≒類 old

The **physicians** were unable to **practice medicine** because the **flood** had left the hospital without **electricity**.

洪水によって病院に**電気**が来ないままになってしまったので，**医師**たちは**医療を行う**ことができなかった。

116 ☑	**physician** [fizíʃən]	名 医師 ≒類 doctor
117 ☑	**practice** [prǽktis]	他 を行う，を練習する，を営む　名 練習，実践 put ～ into practice　～を実行する
118 ☑	**medicine** [médəsn]	名 医療，医学，薬 派 medical　形 医学の，医療の
119 ☑	**flood** [flʌ́d]	名 洪水　他 に押し寄せる，を水浸しにする ≒類 inundate　他 に押し寄せる，を水浸しにする
120 ☑	**electricity** [ilèktrísəti, ìːlek-]	名 電気 派 electric　形 電気の，電動の

My nephew studied mathematics but also found time to volunteer to help the elderly with household chores.

私のおいは数学を勉強したが，それだけでなくお年寄りの家庭の雑用を手伝うボランティア活動をすることにも時間を割いた。

121 ☑	**nephew** [néfju:]	名 おい 反 **niece** 名 めい
122 ☑	**mathematics** [mæθəmǽtiks]	名 数学 派 **mathematical** 形 数学的な
123 ☑	**volunteer** [vɑ̀ləntíər]	自 ボランティア活動をする 名 志願者
124 ☑	**elderly** [éldərli]	形 年老いた，年配の **the elderly** お年寄り，高齢者
125 ☑	**household** [háushòuld, háusòuld]	形 家庭の，家事の 名 家庭，世帯 ≒類 **domestic** 形 家庭の

Not only is she a genius, but she is also very generous with her time and never hesitates to use her knowledge to assist others.

彼女は天才であるだけでなく，時間をことさら惜しまず，他人に力を貸すために自分の知識を生かすことを決して嫌がらない。

126 ☑	**genius** [dʒíːnjəs]	名 天才 ≒類 **talent**
127 ☑	**generous** [dʒénərəs]	形 惜しまない，寛大な，気前のよい ≒類 **liberal**
128 ☑	**hesitate** [hézitèit]	他 をためらう 自 嫌がる，ためらう ≒類 **falter** 自 ためらう，たじろぐ
129 ☑	**knowledge** [nɑ́lidʒ]	名 知識 派 **knowledgeable** 形 博学な
130 ☑	**assist** [əsíst]	他 に力を貸す，を助ける，を手伝う ≒類 **aid, help**

An **energetic pioneer** in the field of **manufacturing**, Henry Ford had the **passion** and **intellect** to make his dream a reality.

製造業の分野における**エネルギッシュな先駆者**，ヘンリー・フォードは夢を現実のものとするための**情熱**と**知性**を持ち合わせていた。

131 ☑	**energetic** [ènərdʒétik]	形 エネルギッシュな，精力的な ≒類 spirited, animated
132 ☑	**pioneer** [pàiəníər]	名 先駆者，草分け
133 ☑	**manufacture** [mæ̀njəfǽktʃər, mæ̀nə-]	自 製造する　他 を製造する　名 製造業 ≒類 produce　他 を製造する
134 ☑	**passion** [pǽʃən]	名 情熱，激情，愛情 ≒類 intensity, fervor, zeal
135 ☑	**intellect** [íntəlèkt]	名 知性，知力 ≒類 intelligence

The **maximum** capacity of this **shelter** is **restricted** to 100 **males** and 120 **females**.

この**避難施設**の**最大**収容人数は，**男性**100名および**女性**120名に**限られ**ている。

136 ☑	**maximum** [mǽksəməm]	形 最大の ≒類 highest, greatest, biggest, largest
137 ☑	**shelter** [ʃéltər]	名 避難施設 ≒類 refuge
138 ☑	**restrict** [ristríkt]	他 を限る，を制限する，を限定する ≒類 limit
139 ☑	**male** [méil]	名 男性　形 男の ≒類 man　名 男性
140 ☑	**female** [fí:meil]	名 女性　形 女の ≒類 woman　名 女性

When several high-**wage** jobs in the manufacturing **industry** became **available**, the **nation** experienced a huge **population** increase.

製造**業**における高**賃金**の職がいくつか**得られる**ようになると，その**国**は大幅な**人口**増加を経験した。

141 ☑	**wage** [wéidʒ]	名 賃金 ≒類 pay, earning, salary
142 ☑	**industry** [índəstri]	名 産業 派 industrial 形 産業の
143 ☑	**available** [əvéiləbl]	形 得られる，利用できる，入手できる ≒類 accessible, at hand
144 ☑	**nation** [néiʃən]	名 国，国民 ≒類 country
145 ☑	**population** [pàpjəléiʃən]	名 人口，住民 派 populous 形 人口の多い

The parents **raised** their child to be **independent** so that she could **develop** her **abilities** and **acquire** new skills on her own.

子どもが自分自身で**能力を伸ばし**，新たな技能**を身につける**ことができるように，両親は**自立心を持つ**ように彼女**を育てた**。

146 ☑	**raise** [réiz]	他 を育てる，を上げる，（問題など）を提起する ≒類 boost 他 を上げる
147 ☑	**independent** [ìndipéndənt]	形 自立心を持った，（～から）独立した ≒類 sovereign 形 独立した
148 ☑	**develop** [divéləp]	他 を伸ばす，を発達させる 自 発達する 派 development 名 発達，発展，開発
149 ☑	**ability** [əbíləti]	名 能力，手腕 ≒類 capacity
150 ☑	**acquire** [əkwáiər]	他 を身につける，を獲得する，を習得する 派 acquisition 名 獲得，習得

The new cleaning cloth is made of a **material** that can **absorb moisture** and **resist** tearing even under **vigorous** use.

新しい布巾は，**水分を吸収**でき，**激しい**使用にも破れ**にくい素材**で作られている。

151 ☑	**material** [mətíəriəl]	名 素材，物質，材料 与類 substance 名 物質
152 ☑	**absorb** [əbzɔ́ːrb, æb-, -sɔ́ːrb]	他 を吸収する，の心を奪う，を夢中にさせる be absorbed in ～ ～に夢中になる
153 ☑	**moisture** [mɔ́istʃər]	名 水分
154 ☑	**resist** [rizíst]	他 に抵抗する，に耐える 与類 withstand
155 ☑	**vigorous** [vígərəs]	形 激しい，精力的な，元気な 与類 strenuous, active

The young prince **dreaded** his every **encounter** with the **evil** dictators but remained **noble** in his fight against **tyranny**.

若き王子は**悪しき**独裁者らと**遭遇**するとことごとくそれ**を恐れた**が，**専制政治**に対する戦いでは**高潔な態度**を保った。

156 ☑	**dread** [dréd]	他 を恐れる 与類 be afraid of ～, be terrified by ～
157 ☑	**encounter** [enkáuntər]	名 遭遇，出会い 他 と遭遇する，に偶然出会う 与類 run across 出会う
158 ☑	**evil** [íːvl]	形 悪しき，邪悪な 名 悪，罪悪 与類 wicked, bad 形 悪しき，邪悪な
159 ☑	**noble** [nóubl]	形 高潔な態度，高貴な，気高い 与類 sublime
160 ☑	**tyranny** [tírəni]	名 専制政治 与類 despotism, absolutism

The victim of the flu virus sat in the doctor's office with a thermometer on her tongue and a needle in her arm.

インフルエンザウイルスにかかった患者は診察室で腰を掛けていたが，舌の上には体温計を載せ腕には注射針が刺さった状態だった。

161 ☑	**victim** [víktim]	名 患者，犠牲者 fall (a) victim to ～　～の犠牲になる，～のとりこになる
162 ☑	**virus** [váiərəs]	名 ウイルス 派 viral　形 ウイルスの
163 ☑	**thermometer** [θərmámətər]	名 体温計
164 ☑	**tongue** [tʌ́ŋ]	名 舌，言語 与類 language　名 言語
165 ☑	**needle** [níːdl]	名 針，注射針 needle therapy　鍼療法

It didn't occur to the host that he would offend some of the more sensitive members of the audience with his bold jokes.

司会者には，自分の無作法な冗談でいささか神経質な聴衆の人々の気分を害することになろうとは思いもよらなかった。

166 ☑	**occur** [əkə́ːr]	自 思う，ふと浮かぶ，起こる 与類 happen, take place
167 ☑	**host** [hóust]	名 司会者，主人
168 ☑	**offend** [əfénd]	他 (人) の気分を害する，を怒らせる 与類 insult
169 ☑	**sensitive** [sénsətiv]	形 神経質な，敏感な，影響を受けやすい 与類 keen　形 敏感な
170 ☑	**bold** [bóuld]	形 無作法な，不遜な，大胆な 与類 brazen, shameless, daring

One of his **shortcomings** is that he cannot **handle** pressure and tends to **surrender** easily when his **fortunes** do not look **favorable**.

彼の**弱点**の一つは，重圧**に対処**できず，自分の**運勢**が見たところ**好都合**ではないとあっさり**降参し**てしまいがちなことだ。

171 ☑	**shortcoming** [ʃɔ́ːrtkʌmiŋ]	名 弱点	≒類 deficiency, drawback, weakness
172 ☑	**handle** [hǽndl]	他 に対処する，を処理する，をつかむ	≒類 manipulate 他 をうまく処理する
173 ☑	**surrender** [səréndər]	自 降参する，降伏する	≒類 submit, yield
174 ☑	**fortune** [fɔ́ːrtʃən]	名 運勢，財産，幸運	派 fortunate 形 幸運な
175 ☑	**favorable** [féivərəbl]	形 好都合の，好意的な	派 favor 名 好意，親切心

She is a **brilliant** scientist who is **capable** of **solving** problems through her **research** that have **frustrated** others for decades.

彼女は**優秀な**科学者であり，自身の**研究**によって何十年も他の科学者たち**を頓挫させて**きた問題**を解決する能力がある**。

176 ☑	**brilliant** [bríljənt]	形 優秀な，才気あふれた，きらきら輝く，素晴らしい	≒類 intelligent, bright, smart 形 優秀な
177 ☑	**capable** [kéipəbl]	形 能力がある，有能な	≒類 competent
178 ☑	**solve** [sálv]	他 を解決する，を解く	派 solution 名 解決（法）
179 ☑	**research** [ríːsəːrtʃ, risə́ːrtʃ]	名 研究，調査	≒類 examination, investigation 名 調査
180 ☑	**frustrate** [frʌ́streit]	他 を頓挫させる，を失望させる	≒類 foil 他（計画など）を頓挫させる

The **passenger's luggage** includes a black **leather purse** and an **overnight** travel bag.

その**乗客**の**荷物**には黒い**革の財布**と**一泊用の**旅行かばんが含まれている。

181 ☑	**passenger** [pǽsəndʒər]	名 乗客
182 ☑	**luggage** [lʌ́gidʒ]	名 荷物 ≒類 baggage
183 ☑	**leather** [léðər]	形 革の　名 革
184 ☑	**purse** [pə́ːrs]	名 財布 ≒類 wallet
185 ☑	**overnight** [óuvərnàit]	形 一泊用の，夜通しの，一晩中の

You'll have to **pardon** his **aggressive** behavior; his **philosophy** is that if you want to study **law**, you have to be **frank** with everyone.

君は彼の**攻撃的な**振る舞い**を許して**やらねばならないだろう。彼の**哲学**は，**法律**を勉強したいのなら誰にでも**率直に**なるべきだというものだから。

186 ☑	**pardon** [pɑ́ːrdn]	他 を許す，を大目に見る ≒類 forgive, excuse
187 ☑	**aggressive** [əgrésiv]	形 攻撃的な，活動的な ≒類 assertive　形 押しの強い
188 ☑	**philosophy** [fəlɑ́səfi]	名 哲学，原理，人生観 派 philosophical　形 哲学的な
189 ☑	**law** [lɔ́ː]	名 法律，法学 ≒類 constitution, code
190 ☑	**frank** [frǽŋk]	形 率直な，あからさまな ≒類 direct, ingenuous, candid

She **gazed** at the **landscape** and **imagined** the day she would have the **opportunity** to **own** a hundred-acre farm in Nebraska.

彼女は**景色**を**眺め**，ネブラスカ州に100エーカーの農場**を所有する機会**を得るだろう日**を思い描いた**。

191 ☐	**gaze** [géiz]	自 眺める，じっと見る 与類 **stare** 自 じっと見る
192 ☐	**landscape** [lǽndskèip]	名 景色，地形 与類 **scene, scenery** 名 景色
193 ☐	**imagine** [imǽdʒin]	他 を思い描く 自 想像する 与類 **picture**
194 ☐	**opportunity** [àpərt(j)ú:nəti]	名 機会，チャンス 与類 **chance**
195 ☐	**own** [óun]	他 を所有する 形 自分自身の，独自の 与類 **have, keep, retain** 他 を所有する

The two men were found **guilty** of **theft** and illegal possession of a **weapon** and **sentenced** to twelve years in **prison**.

二人の男は**窃盗**と**武器**の不法所持で**有罪**判決を受け，**禁固**12年の**刑を宣告された**。

196 ☐	**guilty** [gílti]	形 有罪の，罪を犯した 派 **guilt** 名 罪，有罪，罪悪感
197 ☐	**theft** [θéft]	名 窃盗 与類 **stealing, robbery**
198 ☐	**weapon** [wépn]	名 武器，兵器
199 ☐	**sentence** [séntəns]	他 に刑を宣告する 名 文，判決 与類 **judgement** 名 判決
200 ☐	**prison** [prízn]	名 禁固，刑務所 与類 **dungeon, cell** 名 牢獄

The peculiar artist played many strange characters and performed parodies of famous movie scenes to the delight of TV audiences everywhere.

世界中のテレビ視聴者が喜んだことに，その風変わりな俳優は多くの変わった役に扮し，有名映画の場面のパロディーを演じた。

201 ☑	**peculiar** [pikjú:ljər]	形 風変わりな，独特の，特有の，変な，妙な ≒類 unique
202 ☑	**character** [kǽrəktər, kǽrik-]	名 役，性格，特徴，登場人物，人物，文字 派 characteristic 形 特有な，特徴的な
203 ☑	**perform** [pərfɔ́:rm, pə-]	他 を演じる，を行う，を演奏する，を上演する 派 performance 名 演奏，上演
204 ☑	**parody** [pǽrədi]	名 パロディー，風刺 他 を滑稽に真似る ≒類 satire 名 風刺
205 ☑	**delight** [diláit]	名 喜び，楽しみ 自 喜ぶ 他 を喜ばせる ≒類 pleasure, joy, happiness 名 喜び，楽しみ

During the 1930s, the canal burst its banks, scattering debris throughout the river and destroying nearby structures that took five years to repair.

1930年代の間に運河がその堤防を決壊させ，河川全域に残骸をまき散らし，隣接する建物を破壊し，それを修理するのに5年が費やされた。

206 ☑	**canal** [kənǽl]	名 運河，水路 ≒類 waterway
207 ☑	**burst** [bɔ́:rst]	他 を決壊させる，を爆発させる 自 爆発する burst into ～ 突然～し始める
208 ☑	**scatter** [skǽtər]	他 をまき散らす，をばらまく ≒類 disseminate, diffuse, spread
209 ☑	**destroy** [distrɔ́i]	他 を破壊する，を滅ぼす，を殺す ≒類 level, demolish, raze
210 ☑	**repair** [ripéər]	他 を修理する，を回復する 名 修理，回復 ≒類 fix, mend 他 を修理する

Although beach visitors who are **conscious** of **fashion** may want suntans, people are advised to relax in the **shade** and **avoid** exposure to **ultraviolet** light.

海辺を訪れる，**流行**に**敏感な**人々は日焼けしたいかもしれないが，世間の人々は**日陰**でくつろぎ，**紫外線**光に肌をさらすこと**を避ける**よう忠告されている。

211 ☑	**conscious** [kɑ́nʃəs]	形 敏感な，意識している，気づいている ≒類 aware
212 ☑	**fashion** [fǽʃən]	名 流行，やり方 ≒類 vogue, trend 名 流行
213 ☑	**shade** [ʃéid]	名 日陰 派 shading 名 陰にすること，遮光，日よけ
214 ☑	**avoid** [əvɔ́id]	他 を避ける ≒類 sidestep, evade, elude
215 ☑	**ultraviolet** [ʌ̀ltrəváiələt]	形 紫外線の 名 紫外線

My father always says it is more **polite** to **refrain** from talking about **religion** and **politics** when you **meet** someone for the first time.

私の父は，初めて誰か**に会う**時は，**宗教**や**政治**について話題にするのを**慎む**方が**礼儀にかなっている**と常々口にしている。

216 ☑	**polite** [pəláit]	形 礼儀にかなっている，礼儀正しい，丁寧な，上品な ≒類 well-mannered, courteous
217 ☑	**refrain** [rifréin]	自 慎む，控える ≒類 abstain
218 ☑	**religion** [rilídʒən]	名 宗教，信仰 派 religious 形 宗教の，信心深い
219 ☑	**politics** [pɑ́lətiks]	名 政治，政治学 派 political 形 政治の，政治的な
220 ☑	**meet** [míːt]	他 に会う，を満たす，にかなう 自 集合する，合流する ≒類 encounter 他 に会う

There was an odd scent of raw food coming from the refrigerator that no one could identify.

冷蔵庫からは生ものの変な匂いが漂っていたが，誰もそれが何かわからなかった。

221 ☐	**odd** [ɑ́d]	形 変な ≒類 unusual, strange
222 ☐	**scent** [sént]	名 匂い ≒類 odor, smell
223 ☐	**raw** [rɔ́ː]	形 生の ≒類 uncooked
224 ☐	**refrigerator** [rifrídʒərèitər]	名 冷蔵庫，冷却室 ≒類 fridge, icebox
225 ☐	**identify** [aidéntəfài, idén-]	他 を同一のものと確認する，の正体を確認する 派 identification 名 身元確認，身分証明

The sculpture of the town's beloved science fiction author will be revealed at a ceremony tomorrow on the site of his childhood home.

この町出身で，敬愛されている空想科学小説作家の彫像が，彼の子ども時代の家がある場所において明日開かれる式典で披露されることになっている。

226 ☐	**sculpture** [skʌ́lptʃər]	名 彫像，彫刻 ≒類 statue, statuette
227 ☐	**fiction** [fíkʃən]	名 小説，虚構，作り話 派 fictional 形 架空の，虚構の
228 ☐	**author** [ɔ́:θər]	名 作家，著者 ≒類 writer
229 ☐	**reveal** [riví:l]	他 を明らかにする，を見せる ≒類 expose, uncover, disclose
230 ☐	**site** [sáit]	名 場所，用地，遺跡 ≒類 region, area, spot, location 名 場所

The witness said that when the thief escaped through the window of the store, he looked anxious and seemed to be shaking.

目撃者の話によると，泥棒が店の窓から脱出した際，おびえて見えたし震えているようだったそうだ。

231 ☑	**witness** [wítnəs]	名 目撃者，証人　他 を証明する，を目撃する
232 ☑	**thief** [θíːf]	名 泥棒 ≒類 robber, bandit, burglar
233 ☑	**escape** [iskéip, es-]	自 逃げる　他 を逃れる　名 逃亡，逃げ道 ≒類 get away, run away　逃げる
234 ☑	**store** [stɔ́ːr]	名 店，蓄え　他 を蓄える 派 storage　名 貯蔵，保管
235 ☑	**anxious** [ǽŋkʃəs]	形 おびえて，心配して，不安に思って ≒類 concerned, solicitous

The fish in this stream, on which the wildlife in this area thrive, are being threatened by toxic chemicals.

この川はこの地域の野生生物が生育する源となっているが，そこに住む魚類は有毒化学物質によって脅威にさらされている。

236 ☑	**stream** [stríːm]	名 河川，小川，流れ　自 流れる ≒類 current, flow　名 流れ
237 ☑	**wildlife** [wáildlàif]	名 野生生物 wildlife conservation park　野生生物保護公園
238 ☑	**thrive** [θráiv]	自 繁栄する，成長する ≒類 flourish　自 繁栄する
239 ☑	**threaten** [θrétn]	他 を脅威にさらす，を脅迫する，の恐れがある ≒類 menace, intimidate
240 ☑	**toxic** [tάksik]	形 有毒な　名 毒物 ≒類 poison　名 毒，毒素

Opponents of atomic energy argue that an accident at a nuclear plant could wipe out an entire city.

原子力エネルギーに反対する人々は，原子力発電所での事故が街全体を壊滅させることになりかねないと主張している。

241 ☐	**opponent** [əpóunənt]	名 反対者，敵，(ゲームなどの) 相手，対抗者 ≒類 antagonist 名 敵
242 ☐	**atomic** [ətámik]	形 原子力の 派 atom 名 原子
243 ☐	**argue** [áːrgjuː]	他 と主張する 自 議論する，口論する 派 argument 名 議論，論争
244 ☐	**nuclear** [n(j)úːkliər]	形 原子力の，核の 名 核兵器 nuclear weapon 核兵器
245 ☐	**wipe** [wáip]	他 をふく，をぬぐう，を除去する wipe out ～ ～を粉砕する，～を破壊する

I was very grateful that my neighbor brought me a souvenir cloth made from silk thread from her visit to the religious monument.

隣人が宗教遺跡を訪ねた際のお土産に絹糸で織った布地を届けてくれて，私はとてもありがたく思った。

246 ☐	**grateful** [gréitfl]	形 感謝して ≒類 thankful
247 ☐	**neighbor** [néibər]	名 隣人，近所の人 派 neighborhood 形 近所，近隣
248 ☐	**souvenir** [sùːvəníər, ←−⌄]	名 お土産，記念品 ≒類 memento, token, reminder
249 ☐	**thread** [θréd]	名 糸
250 ☐	**monument** [mánjəmənt]	名 遺跡，記念碑 ≒類 memorial 名 記念碑

The woman let out a **sigh** as she **twisted** the cap of the **perfume** bottle with her **thumb** and **spilled** some into her hand.

親指で**香水**瓶のふた**をねじって**手に少し**こぼした**ところで，その女性は**ため息**を漏らした。

251 ☑	**sigh** [sái]	名 ため息　自 ため息をつく　他 とため息まじりに言う
252 ☑	**twist** [twíst]	他 をねじる，を巻きつける ≒類 wind
253 ☑	**perfume** [pə́ːrfjuːm]	名 香水，香り ≒類 scent, fragrance
254 ☑	**thumb** [θʌ́m]	名 親指
255 ☑	**spill** [spíl]	他 をこぼす，をまき散らす　名 こぼれること，流出

It is a **custom** in my family to **pray** at the **beginning** of every meal, a **tradition** that we have **followed** for decades.

食事のたびに**最初**に**祈りをささげる**のは私の家族の**習慣**であり，何十年もの間私たちが**継承して**きた**伝統**である。

256 ☑	**custom** [kʌ́stəm]	名 習慣 ≒類 habit
257 ☑	**pray** [préi]	自 祈りをささげる，祈る 派 prayer　名 祈り
258 ☑	**beginning** [bigíniŋ, bə-]	名 最初 ≒類 start
259 ☑	**tradition** [trədíʃən]	名 伝統，習慣 ≒類 custom, convention
260 ☑	**follow** [fálou]	他 を継承する，の後に続く，に従う　自 次に続く ≒類 succeed

The parents were **annoyed** by their son's **negative attitude** and **warned** him that he would be **punished** if he didn't behave better.

両親は息子の**反抗的な態度**に**苛立ち**，行儀よくしないと**お仕置きされ**ますよと息子**に警告した**。

261 ☑	**annoy** [ənɔ́i]	他 をいらだたせる ≒類 bother, vex　他 をやきもきさせる
262 ☑	**negative** [négətiv]	形 反抗的な，否定的な 反 positive　形 前向きな，積極的な
263 ☑	**attitude** [ǽtət(j)ù:d]	名 態度，姿勢，心構え ≒類 posture
264 ☑	**warn** [wɔ́:rn]	他 に警告する 派 warning　名 警告，警報，注意
265 ☑	**punish** [pʌ́niʃ]	他 を罰する ≒類 discipline

The owners of the **property** have obviously not **maintained** it well, as the carpets were **ruined** and there was **dust** all over the **furniture**.

所有者がきちんと**建物を維持して**いなかったのは明らかだ。絨毯は**ぼろぼろになり**，**家具**一面は**ほこり**まみれだったから。

266 ☑	**property** [prɑ́pərti]	名 建物，財産，資産 ≒類 belongings, estate
267 ☑	**maintain** [meintéin, men-, mən-]	他 を維持する，（家族など）を扶養する ≒類 keep
268 ☑	**ruin** [rú(:)in]	他 を破滅させる，を台無しにする　名 荒廃，破滅 ≒類 spoil　他 を台無しにする
269 ☑	**dust** [dʌ́st]	名 ほこり ≒類 dirt
270 ☑	**furniture** [fə́:rnitʃər]	名 家具 派 furnish　他 に備え付ける，に供給する

The island's tropical climate offers a **fantastic atmosphere** to **entertain** your important **customers** and **retain** their loyalty.

島の熱帯性気候は，あなたの大切な**お客様をもてなし**，ご支持**を保持して**いただけるように，**素晴らしい雰囲気**を醸し出します。

271 ☑	**fantastic** [fæntǽstik]	形 素晴らしい，空想的な，風変わりな 派 fantasy 名 空想，夢想
272 ☑	**atmosphere** [ǽtməsfìər]	名 雰囲気，大気，空気 ≒類 air
273 ☑	**entertain** [èntərtéin]	他 をもてなす，を楽しませる ≒類 amuse
274 ☑	**customer** [kʌ́stəmər]	名 お客様，客 ≒類 client, guest, visitor
275 ☑	**retain** [ritéin]	他 を保持する，を保つ ≒類 hold, withhold, keep

He is **apt** to **agree** with anyone who can deliver a **logical** and **objective analysis** of the circumstances.

彼には，状況について**論理的**かつ**客観的な分析**を与えることができる人には誰にでも**同意して**しまう**傾向がある**。

276 ☑	**apt** [ǽpt]	形 …しがちな，（…する）傾向のある ≒類 likely
277 ☑	**agree** [əgríː]	自 同意する，意見が一致する，賛成する，体質に合う ≒類 assent, consent 自 同意する，意見が一致する
278 ☑	**logical** [lɑ́dʒikl]	形 論理的な，筋の通った ≒類 coherent, consistent
279 ☑	**objective** [əbdʒéktiv]	形 客観的な ≒類 detached, unbiased
280 ☑	**analysis** [ənǽləsis]	名 分析 派 analyze 他 を分析する

The concept of **wealth** is **relative**, since it is not only the **amount** of money and property you **possess** but also the **quality** of your life overall.

富の概念は**相対的な**ものだ。というのも，富とは**持っている**金や財産の**量**だけでなく全体としての人生の**質**でもあるからだ。

281 ☑	**wealth** [wélθ]	名 富，財産 派 wealthy 形 裕福な，豊富な
282 ☑	**relative** [rélətiv]	形 相対的な，比較上の，（～に）関連した 名 親戚，親族 ≒類 comparative 形 相対的な，比較上の
283 ☑	**amount** [əmáunt]	名 量，総計，合計 自 総計（～に）なる ≒類 quantity 名 量
284 ☑	**possess** [pəzés]	他 を持つ，を所有する，にとりつく ≒類 have 他 を持つ，を所有する
285 ☑	**quality** [kwáləti]	名 質，特質 形 質の高い

The book is a very **amusing** tale of a **cosmic** explorer who travels to a **remote planet** where the locals **worship** him as a god.

その本は**宇宙**探検家のとても**愉快な**物語で，彼が**遠く離れた惑星**を旅し，星の人々が神として彼**を崇拝する**という話だ。

286 ☑	**amusing** [əmjú:ziŋ]	形 愉快な，面白い ≒類 entertaining
287 ☑	**cosmic** [kázmik]	形 宇宙の ≒類 universal
288 ☑	**remote** [rimóut]	形 遠く離れた，遠い，へんぴな ≒類 distant
289 ☑	**planet** [plǽnit]	名 惑星 派 planetary 形 惑星の，惑星のような
290 ☑	**worship** [wə́:rʃəp]	他 を崇拝する 名 崇拝 ≒類 idolize 他 を崇拝する

This course's **curriculum aims** to **educate** students on the role of the **subconsciousness** in controlling bodily **functions** and growth.

本講座の**教育課程**は，身体的**機能**や成長を調整する際の**潜在意識**が持つ役割について学生**を教育すること**を**目的としている**。

291 ☑	**curriculum** [kəríkjələm]	名 教育課程，カリキュラム curriculum vitae　履歴書
292 ☑	**aim** [éim]	他 を目的としている　自 狙う，目指す　名 目標
293 ☑	**educate** [édʒəkèit]	他 を教育する ≒類 instruct, teach
294 ☑	**subconsciousness** [sʌbkánʃəsnəs]	名 潜在意識 派 subconscious　形 潜在意識の
295 ☑	**function** [fʌ́ŋkʃən]	名 機能，役割　自 機能する，役目を果たす ≒類 role　名 役割

The explorers **assumed** that the **abandoned castle** contained all kinds of **treasure**, but all they found was **worms** and dirt.

探検家たちはその**見捨てられた城**にはあらゆる類いの**宝**がある**と思っていた**が，見つけたのは**うじ虫**と泥だけだった。

296 ☑	**assume** [əs(j)úːm]	他 を想定する，と仮定する，の態度をとる，を装う ≒類 suppose　他 と想定する，と仮定する
297 ☑	**abandon** [əbǽndən]	他 を見捨てる，を放棄する，をあきらめる ≒類 leave, forsake, cast aside
298 ☑	**castle** [kǽsl]	名 城
299 ☑	**treasure** [tréʒər]	名 宝，財宝，富，貴重品　他 を大事にする ≒類 riches, valuables, wealth, fortune　名 富，貴重品
300 ☑	**worm** [wə́ːrm]	名 うじ虫，虫，いも虫，青虫

Drivers on this **narrow** road must **yield** to cars coming from the **opposite** direction, which creates a **hazard** for those who are not **accustomed** to the conditions.

この**狭い**道路で車を運転する人は**反対**方向から来る車に**道を譲ら**なければならず，こうした状況に**慣れて**いない人にとって**危険要因**となっている。

301 ☑	**narrow** [nǽrou]	形 狭い，細い　他 を狭くする ≒類 slender, slim　名 細い
302 ☑	**yield** [jíːld]	自 道を譲る，負ける，屈服する ≒類 submit, surrender　自 負ける，屈服する
303 ☑	**opposite** [ápəzit]	形 反対の 派 opposition　名 反対，抵抗，妨害
304 ☑	**hazard** [hǽzərd]	名 危険なもの　他 を危険にさらす ≒類 danger, peril, risk
305 ☑	**accustomed** [əkʌ́stəmd]	形（～に）慣れた be accustomed to ～　～に慣れている

The **politician** took time in his speech to **acknowledge** how **loyal** his supporters had been during the **incident involving** the mine workers.

その**政治家**は自身の演説で時間を割き，鉱山労働者**に関わる事件**の最中に支持者がいかに**忠実で**いてくれたか**に感謝の意を示した**。

306 ☑	**politician** [pàlətíʃən]	名 政治家 ≒類 statesman
307 ☑	**acknowledge** [əknálidʒ, æk-]	他 に感謝の意を示す，（真実である）と認める ≒類 recognize, realize　他（真実である）と認める
308 ☑	**loyal** [lɔ́iəl]	形 忠実な ≒類 faithful
309 ☑	**incident** [ínsədənt]	名 事件，出来事 ≒類 event, occurrence　名 出来事
310 ☑	**involve** [inválv]	他 を関係させる，を巻き込む，を伴う，を含む ≒類 include, contain, cover　他 を含む

To **prevent** an explosion, **remove** the flask from the **flame** **immediately** at the first **instance** of any vapors or smoke.

爆発**を防ぐ**ために，気体あるいは煙が少しでも最初に現れた**段階**で，**直ちに炎**からフラスコ**を移動させなさい**。

311 ☑	**prevent** [privént]	他 を防ぐ，を妨げる ≒類 block 他 を妨げる
312 ☑	**remove** [rimúːv]	他 を移動させる，を取り除く，を脱ぐ，を解任する ≒類 eliminate, exclude 他 を取り除く
313 ☑	**flame** [fléim]	名 炎，激情 自 燃え上がる ≒類 fire, blaze
314 ☑	**immediately** [imíːdiətli]	副 直ちに，すぐに ≒類 instantly, at once
315 ☑	**instance** [ínstəns]	名 段階，場合，例 ≒類 example 名 例

The **versatile** painter is **admired** for her **portrait** of the **President** as well as her **vivid** modern art pieces.

その**多芸多才な**画家は，彼女の**鮮烈な**現代美術作品はもちろんのこと**大統領**の**肖像画**でも**賞賛されて**いる。

316 ☑	**versatile** [vɔ́ːrsətl]	形 多芸多才な ≒類 all-around
317 ☑	**admire** [ədmáiər]	他 を賞賛する，に感心する ≒類 respect, appreciate, praise
318 ☑	**portrait** [pɔ́ːrtrət, -treit]	名 肖像画，描写 ≒類 painting, picture
319 ☑	**president** [prézədənt]	名 大統領，社長，総裁，学長 ≒類 head, chief, leader
320 ☑	**vivid** [vívid]	形 鮮烈な，鮮やかな，生き生きとした ≒類 bright, brilliant 形 鮮明な

When all passengers were **aboard** the plane, the attendants put their **baggage** in the compartments and **prepared** for the plane to **accelerate** and **roar** down the runway.

乗客全員が飛行機に**搭乗する**と，乗務員は**手荷物**をコンパートメントに入れ，飛行機が**加速し**滑走路を**疾走するのに備えた**。

321 ☑	**aboard** [əbɔ́ːrd]	形 搭乗して 派 **board** 他 に乗り込む
322 ☑	**baggage** [bǽgidʒ]	名 手荷物，荷物 ≒類 **luggage**
323 ☑	**prepare** [pripéər]	自 準備する　他 を用意する，の心構えをさせる ≒類 **arrange**
324 ☑	**accelerate** [əksélərèit, æk-]	自 加速する　他 を加速する，を促進する 派 **acceleration** 名 加速
325 ☑	**roar** [rɔ́ːr]	自 疾走する，ほえる，とどろく　名 ほえ声，とどろき

The political party's **faithful** supporters were **united** in their **opinion** that the opposition party's leaders could not **govern** and had **accomplished** nothing.

その政党の**忠実な**支持者たちは，野党の指導者が**統治を行う**のは不可能であり，これまで何事も**成し遂げて**きていないという**意見**で**団結した**。

326 ☑	**faithful** [féiθfl]	形 忠実な，信心深い ≒類 **trustful, sincere**
327 ☑	**unite** [junáit]	他 を団結させる，を結合する　自 結合する，団結する ≒類 **join, link, connect, combine**
328 ☑	**opinion** [əpínjən]	名 意見，考え，考え方，評価 ≒類 **thought, view, belief**
329 ☑	**govern** [gʌ́vərn]	自 統治を行う　他 を統治する，を支配する ≒類 **rule**
330 ☑	**accomplish** [əkɑ́mpliʃ]	他 を成し遂げる，を達成する ≒類 **achieve, perform, realize, attain**

The shipping company employs over 500 temporary workers, mostly immigrants, for its global delivery service.

その輸送会社は，世界的規模の配送サービスのために，主として移民が占める500人あまりの臨時職員を雇用している。

331 ☑	**shipping** [ʃípiŋ]	名 輸送，出荷 ≒類 transportation
332 ☑	**employ** [emplɔ́i]	他 を雇う，を用いる ≒類 hire
333 ☑	**temporary** [témpərèri]	形 臨時の，一時的な ≒類 impermanent
334 ☑	**mostly** [móustli]	副 主として ≒類 primarily, mainly, principally, chiefly
335 ☑	**global** [glóubl]	形 世界的規模の，世界的な，地球規模の ≒類 worldwide, universal

Statistics prove that there is a significant trend toward bad behavior among teens whose parents are too strict.

統計によると，厳しすぎる保護者を持つ十代の若者の間では，品行不良への著しい傾向が見られることがわかる。

336 ☑	**statistics** [stətístiks]	名 統計，統計（学），統計の数字
337 ☑	**prove** [prú:v]	自（～であると）わかる 他 を証明する ≒類 demonstrate, verify 他 を証明する
338 ☑	**significant** [signífikənt]	形 著しい，かなり多くの，重要な ≒類 major, important, dominant 形 重要な
339 ☑	**trend** [trénd]	名 傾向，流行 ≒類 tendency
340 ☑	**strict** [stríkt]	形 厳しい，厳格な，厳密な ≒類 stringent, severe, stern, harsh, rigid

Though his fall only caused **minor harm,** he took **caution** not to **injure** himself any further and rested to **heal** his wounds.

落下によって負ったのは**ささいな痛手**だったが，彼はそれ以上自分**を傷つける**ことのないように**用心**してけが**を治す**ために身体を休めた。

341 ☑	**minor** [máinər]	形 ささいな，（2者のうち）小さい方の ≒類 insignificant, lesser
342 ☑	**harm** [há:rm]	名 痛手，害，危害　他 を害する，に害を与える ≒類 damage　名 害，損害
343 ☑	**caution** [kɔ́:ʃən]	名 用心，警告　他 に警告する ≒類 alertness, care, attention　名 用心，警戒
344 ☑	**injure** [índʒər]	他 を傷つける，にけがをさせる ≒類 hurt
345 ☑	**heal** [hí:l]	他 を治す，を癒す ≒類 cure, remedy, treat

The children had a **pleasant** time playing their **merry** games until one started a **physical quarrel** with one of the more **passive** boys.

子どもたちは**楽しい**遊びをして**愉快な**時間を過ごしていたが，しまいにはある子がいくぶん**おとなしい**男の子たちの一人に**手を出してけんか**を始めた。

346 ☑	**pleasant** [pléznt]	形 愉快な，楽しい ≒類 enjoyable, happy, joyful
347 ☑	**merry** [méri]	形 楽しい ≒類 happy, joyful, gay, jolly
348 ☑	**physical** [fízikl]	形 肉体の ≒類 bodily
349 ☑	**quarrel** [kwɔ́(:)rəl]	名 けんか，口論，口げんか　自 口論する，けんかする ≒類 squabble
350 ☑	**passive** [pǽsiv]	形 おとなしい，受動的な，消極的な ≒類 inactive

It is truly a pity that future generations will not be able to stroll through this pretty meadow and plant trees in its rich soil.

これからの世代が，この美しい草原を抜けて散歩したりその豊かな土壌に木々を植えたりできないことになるのは実に残念なことだ。

351 ☑	pity [píti]	名残念なこと，あわれみ，同情 他をかわいそうに思う ≒類 condolence, sympathy 名あわれみ，同情
352 ☑	generation [dʒènəréiʃən]	名世代
353 ☑	stroll [stróul]	自散歩する，ぶらつく ≒類 amble
354 ☑	pretty [príti]	形美しい，きれいな ≒類 attractive, lovely, charming
355 ☑	soil [sɔ́il]	名土壌，土，土地 ≒類 ground, land 名土地

The child took a leaf from the plant and pretended that it contained poison, much to the alarm of his mother.

子どもが植物から葉を１枚取ってそれに毒があるようなそぶりをして見せたので，母親はとても慌てた。

356 ☑	leaf [lí:f]	名葉，（本の紙の）１枚
357 ☑	plant [plǽnt]	名植物 plant kingdom 植物界
358 ☑	pretend [priténd]	他のふりをする ≒類 act, dissemble
359 ☑	poison [pɔ́izn]	名毒，毒物 他に毒を入れる ≒類 venom 名毒
360 ☑	alarm [əlá:rm]	名警報，警告，驚き 他をはっとさせる，をおびえさせる ≒類 warning, caution 名警告

It would be an **honor** to **accept** your **invitation** to **join** your metalworkers' **union**.

あなたの金属工**組合に参加する**という**お誘いに応じる**ことを**光栄**に存じます。

361 ☑	**honor** [ánər]	名 光栄，名誉，敬意　他 を尊敬する，に栄誉を授ける ≒類 credit, distinction　名 栄誉
362 ☑	**accept** [əksépt, æk-]	他 に応じる，を受け入れる，を認める ≒類 take
363 ☑	**invitation** [ìnvitéiʃən]	名 お誘い，招待 派 invite　他 を招待する
364 ☑	**join** [dʒɔ́in]	他 に参加する，に加わる，をつなぐ　自 加わる ≒類 participate　自 加わる，参加する
365 ☑	**union** [jú:njən]	名 組合 ≒類 association, guild

She **assured** me that **remaining calm** would best **enable** me to handle the crisis.

彼女は，**落ち着いたままでいる**ことで最もうまく危機に対処することが**できる**でしょうと私**に請け合った**。

366 ☑	**assure** [əʃúər]	他 に請け合う，を保証する，を安心させる ≒類 declare, affirm
367 ☑	**remain** [riméin]	自 （～の）ままでいる，とどまる
368 ☑	**calm** [ká:m]	形 落ち着いた，穏やかな　自 落ち着く ≒類 serene, peaceful, tranquil　形 穏やかな
369 ☑	**enable** [enéibl]	他 を可能にする ≒類 allow, permit

She left in a **haste** and **neglected** to take out the **trash**, which she didn't **realize** until her neighbors complained about the **tremendous** smell.

彼女は**そそくさと**出かけて，**ごみ**を取り除くこと**を怠って**しまい，近所の人たちが**すさまじい**匂いのことで苦情を言うまでそのこと**に気づか**なかった。

370 ☑	**haste** [héist]	名 急ぐこと ≒類 speed, rapidity
371 ☑	**neglect** [niglékt]	他 を怠る，を無視する 名 怠慢，無視，不注意，放置 ≒類 disregard, ignore 他 を無視する
372 ☑	**trash** [træʃ]	名 ごみ ≒類 garbage, refuse
373 ☑	**realize** [ríːəlàiz]	他 に気づく，を悟る，を実現する ≒類 acknowledge, recognize
374 ☑	**tremendous** [triméndəs]	形 すさまじい，巨大な，莫大な，とてつもなく大きな ≒類 enormous, huge, vast, gigantic 形 巨大な

If you **reject** this **offer**, you may never **attain** the **fame** that you have **desired** for so long.

この**申し出を断る**なら，長年あなたが**望んで**きた**名声を手に入れる**ことは決してないかもしれない。

375 ☑	**reject** [ridʒékt]	他 を断る，を拒絶する ≒類 refuse
376 ☑	**offer** [ɔ́(ː)fər]	名 申し出，提供，提案 他 を提供する，を申し出る 派 offering 名 供え物，献金
377 ☑	**attain** [ətéin]	他 を手に入れる，を達成する，を獲得する，に到達する ≒類 reach, achieve
378 ☑	**fame** [féim]	名 名声，評判 ≒類 renown, eminence
379 ☑	**desire** [dizáiər]	他 を望む 名 願望，要求 ≒類 wish

The **poet** was known for **occasionally** missing **deadlines** and giving no **notice** to publishers **beforehand**.

その**詩人**は，**時おり締め切り**を守らず，また出版社に**あらかじめ通知**をしないことで有名だった。

380 ☑	**poet** [póuət]	名 詩人
381 ☑	**occasionally** [əkéiʒənəli]	副 時おり，時々 ≒類 on occasion, sometimes, once in a while
382 ☑	**deadline** [dédlàin]	名 締め切り
383 ☑	**notice** [nóutəs]	名 通知，掲示，注意　他 に気づく，に通知する，だとわかる ≒類 information, announcement　名 通知
384 ☑	**beforehand** [bifɔ́ːrhæ̀nd]	副 あらかじめ

The foot that he **hurt** in the game began to **swell** and became so **sore** he had to have an **operation** to fix his **smashed** toe.

試合で**傷つけた**足が**腫れ**始めて非常に**痛く**なったので，彼は**強打した**つま先を治すために**手術**を受けなければならなかった。

385 ☑	**hurt** [hə́ːrt]	他 を傷つける　自 痛める，痛む　名 傷 ≒類 injure　他 を傷つける
386 ☑	**swell** [swél]	自 腫れる，ふくらむ，増加する　他 を増大させる ≒類 increase, grow　自 増加する
387 ☑	**sore** [sɔ́ːr]	形 痛い ≒類 painful, aching
388 ☑	**operation** [àpəréiʃən]	名 手術，操作，活動，軍事行動 派 operate　他 を操作する　自 手術する
389 ☑	**smash** [smǽʃ]	他 を強打する，を粉砕する　自 壊れる　名 粉砕，大成功 ≒類 break, crash

The council proposed a solution to the waste disposal problem that looks promising.

委員会は廃棄物処理問題に対する解決策を提案したが，それは見込みがありそうだ。

390 ☑	**council** [káunsl]	名 委員会 ≒類 board, committee
391 ☑	**propose** [prəpóuz]	他 を提案する ≒類 suggest, come up with ～
392 ☑	**solution** [səlú:ʃən]	名 解決，解答，溶解 ≒類 answer 名 解答
393 ☑	**waste** [wéist]	名 廃棄物，ごみ，浪費 他 を浪費する 形 荒れた，不用の ≒類 rubbish, garbage, trash 名 ごみ
394 ☑	**promising** [prάməsiŋ]	形 見込みがある，将来有望な ≒類 hopeful, encouraging

The large corporation's purchase of the smaller company led to a reduced profit in the third quarter.

その大企業による同社を下回る規模の企業の買収は，第 3 四半期における収益の減少を結果としてもたらした。

395 ☑	**purchase** [pə́:rtʃəs]	名 買収，購入，購入品，買い物 他 を買う ≒類 buy
396 ☑	**lead** [lí:d]	自 通じる，至る 他 を導く，(生活) を送る，の先を行く lead to ～ 結果として～となる
397 ☑	**reduce** [rid(j)ú:s]	他 を減らす，に降格する，に変える 自 減少する ≒類 lessen 他 を減らす
398 ☑	**profit** [prάfət]	名 収益，儲け，利益 自 利益を得る ≒類 gain, benefit
399 ☑	**quarter** [kwɔ́:rtər]	名 4 分の 1，四半期，25セント，15分

The girl showed no **emotion** and **shrugged** her **slender** shoulders when told she was being **stalked** by a man holding a **whip**.

少女は，**むち**を持った男に**こっそりつけ回されて**いたと聞かされても，**感情**を表に出すことなく**ほっそりした**肩**をすくめた**。

400 ☐	**emotion** [imóuʃən]	名 感情 ≒類 feeling, sentiment, passion
401 ☐	**shrug** [ʃrʌ́g]	他 をすくめる shrug one's shoulders　肩をすくめる
402 ☐	**slender** [sléndər]	形 ほっそりとした ≒類 thin, slim
403 ☐	**stalk** [stɔ́ːk]	他 をこっそりつけ回す，にしつこく近づく ≒類 pursue, chase, follow, shadow
404 ☐	**whip** [*h*wíp]	名 むち ≒類 lash

He gave a **hug** to his **fellow** travelers and **wandered** off in the **direction** of the **horizon**.

彼は旅**仲間**たちを**抱きしめる**と，**地平線**の**方向**へと**歩いていった**。

405 ☐	**hug** [hʌ́g]	名 抱きしめること　他 を抱きしめる　自 抱きつく ≒類 embrace
406 ☐	**fellow** [félou]	名 仲間 ≒類 friend, companion, colleague
407 ☐	**wander** [wándər]	自 歩き回る，さまよう ≒類 roam, stroll
408 ☐	**direction** [dərékʃən, dai-]	名 方向，指揮，指図 ≒類 command, order, instruction　名 指揮，指図
409 ☐	**horizon** [həráizn]	名 地平線，水平線 ≒類 skyline

The **quiz consisted** of a **sequence** of **rapid** questions which were designed to test the **mental** skills of students.

その**小テスト**は，学生の**知的**技能を調べることを目的として作られた，**一連**の**矢継ぎ早な**設問で**構成されていた**。

410 ☑	**quiz** [kwíz]	名 試問，試験，小テスト	≒類 test
411 ☑	**consist** [kənsíst]	自 成る，ある	派 consistent 形 一致する，首尾一貫した
412 ☑	**sequence** [síːkwəns]	名 連続（するもの），順序，場面	≒類 succession 名 連続
413 ☑	**rapid** [rǽpid]	形 急速な，速い 名 快速電車	≒類 quick, fast 形 急速な，速い
414 ☑	**mental** [méntl]	形 精神の，知的な，知力の	≒類 intellectual 形 知力の

These candidates are not **likely** to **inspire** the **ignorant** citizens of this state to **engage** themselves in the political **process**.

こうした候補者たちが，この州の**ものを知らない**市民を政治**過程に携わらせる**よう，彼ら**を感化する見込み**は薄い。

415 ☑	**likely** [láikli]	形 ありそうな，…しそうな，本当らしい	≒類 apt 形 …しそうな
416 ☑	**inspire** [inspáiər]	他 を奮い立たせる，をやる気にさせる，を吹き込む	≒類 encourage
417 ☑	**ignorant** [ígnərənt]	形 無知な，知らない	≒類 unaware 形 知らない
418 ☑	**engage** [engéidʒ]	他 を従事させる 自 従事する	≒類 occupy 他 を従事させる
419 ☑	**process** [práses, -əs]	名 過程，経過	≒類 operation, step

A special antenna is **attached** to the TV that **permits** the user to **receive** broadcasts **via satellite**.

利用者が**衛星中継で**放送**を受信する**の**を可能にする**専用アンテナがテレビに**取り付けられて**いる。

420 ☑	**attach** [ətǽtʃ]	他 を取り付ける，をくっつける ≒類 fasten, fix
421 ☑	**permit** 動 [pərmít]　名 [pə́ːrmit]	他 を可能にする，を許す　名 許可，許可証 ≒類 allow, enable　他 を許す，を可能にする
422 ☑	**receive** [risíːv]	他 を受信する，を受け取る ≒類 get
423 ☑	**via** [váiə, víːə]	前 ～を経て，～を経由して ≒類 by way of ～
424 ☑	**satellite** [sǽtəlàit]	名 衛星 satellite town　衛星都市

He was found in the **suit** to be **liable** for damages totaling **exactly** $10,000 for his **role** in causing the car **crash**.

彼は**訴訟**で，彼が車の**衝突事故**を引き起こす上で果たした**役割**に対し，総額で**きっかり**1万ドルの損害賠償**責任がある**とされた。

425 ☑	**suit** [súːt]	名 訴訟，スーツ　他 に似合う，に好都合である ≒類 lawsuit, courtcase　名 訴訟
426 ☑	**liable** [láiəbl]	形 責任がある，…しがちな，(～に) かかりやすい ≒類 responsible　形 責任がある
427 ☑	**exactly** [igzǽktli, egz-]	副 きっかり，ちょうど，正確に ≒類 just　副 ちょうど
428 ☑	**role** [róul]	名 役割，(役者の) 役 ≒類 function　名 役割
429 ☑	**crash** [krǽʃ]	名 衝突，墜落，衝撃音　自 激突する，墜落する ≒類 collision　名 衝突

The **manual** for this computer **includes** a **useful** section that **describes** the **inner** workings in very clear terms.

このコンピュータの**取扱説明書**には，とてもわかりやすい言葉で**内部の**仕組み**を説明している便利な**節**がついている**。

430 ☑	**manual** [mǽnjuəl]	名 取扱説明書 ≒類 handbook, guidebook
431 ☑	**include** [inklúːd]	他 を含む ≒類 contain, hold
432 ☑	**useful** [júːsfl]	形 有益な，役立つ ≒類 helpful
433 ☑	**describe** [diskráib]	他 を説明する，を描写する ≒類 portray, depict
434 ☑	**inner** [ínər]	形 内部の ≒類 internal

Though their **duties** on the job **hardly differ** at all, their monthly **incomes** are far from **equal**.

彼らの業務上の**任務**が**異なる**ということは**ほとんどない**にもかかわらず，彼らの月**収**は**同等**というには程遠い。

435 ☑	**duty** [d(j)úːti]	名 任務，義務，義理，関税 ≒類 responsibility, obligation 名 責務，義務
436 ☑	**hardly** [háːrdli]	副 ほとんど…ない ≒類 scarcely
437 ☑	**differ** [dífər]	自 異なる，違う ≒類 vary
438 ☑	**income** [ínkʌm]	名 収入，所得 ≒類 revenue
439 ☑	**equal** [íːkwəl]	形 同等の，等しい，匹敵する 他 に等しい，に匹敵する ≒類 same 形 等しい

In the homework **assigned** by the teacher, students had to **draw** a **circle** around the two **objects** that are **alike** on each page.

先生に**出され**た宿題で，生徒たちは各ページの**よく似た**２つの**物体**の周りに**円を描か**なければならなかった。

440 ☑	**assign** [əsáin]	他を割り当てる，を任命する	与類 allocate, allot　他を割り当てる
441 ☑	**draw** [drɔ́ː]	他を描く，を引く，を引きつける　名引くこと，引き分け	与類 sketch, depict　他を描く
442 ☑	**circle** [sə́ːrkl]	名円，仲間，周期	与類 ring　名円
443 ☑	**object** 名[ábdʒikt]　動[əbdʒékt]	名物体，対象，目的　自反対する　他に反対する	与類 purpose　名目的
444 ☑	**alike** [əláik]	形よく似た	与類 similar

He **begged** the phone company to **allow** him to pay his **bill** the following month, but they **refused** and **terminated** his service.

彼は**勘定**をその翌月に払うことを**許可する**よう電話会社**に頼んだ**が，電話会社は**拒否し**彼へのサービス**を打ち切った**。

445 ☑	**beg** [bég]	他に頼む，にお願いする，を乞い求める　自乞う	与類 plead, implore
446 ☑	**allow** [əláu]	他を許す，を許可する	与類 permit
447 ☑	**bill** [bíl]	名勘定，請求書，紙幣，法案　他に請求する	与類 check　名請求書
448 ☑	**refuse** [rifjúːz]	自拒否する，断る　他を拒否する，を断る	与類 decline, turn down
449 ☑	**terminate** [tə́ːrmənèit]	他を打ち切る，を終わらせる	与類 halt, stop

The student said she was **absent** from her test because she was **awake** until 3 a.m. the **previous** evening, but her professor **failed** her **nevertheless**.

その生徒は**前の**晩に午前３時まで**起きて**いたために試験を**欠席した**と言ったが，**それでもやはり**教授は彼女**を不合格にした**。

450 ☑	**absent** [ǽbsənt]	形 欠席して	反 present 形 出席して
451 ☑	**awake** [əwéik]	形 起きて，目が覚めて 他 を目覚めさせる 自 目が覚める	派 awakening 名 目覚め，覚醒
452 ☑	**previous** [príːviəs]	形 前の，以前の	≒類 preceding
453 ☑	**fail** [féil]	他 を不合格にする，を怠る 自 失敗する	派 failure 名 失敗
454 ☑	**nevertheless** [nèvərðəlés]	副 それにもかかわらず	≒類 nonetheless

I **scarcely** had any **reason** to buy such an expensive car; I **merely** felt an **impulse** at the **sight** of its beautiful design.

あんな高級車を買うような**理由**は私には**ほとんどなかった**。**ただ**その美しいデザインを**見て衝動**に駆られたのだ。

455 ☑	**scarcely** [skéərsli]	副 ほとんど…ない	≒類 hardly
456 ☑	**reason** [ríːzn]	名 理由，理性 自 推論する	≒類 ground 名 理由
457 ☑	**merely** [míərli]	副 ただ，単に	≒類 only, just
458 ☑	**impulse** [ímpʌls]	名 衝動	≒類 urge
459 ☑	**sight** [sáit]	名 見ること，視界，光景，視力	≒類 view, vision 名 視界

Somehow the man entered the hotel rooms by force and robbed the guests of over a million dollars worth of jewelry.

なんとかしてその男はホテルの部屋に力ずくで入り込み，100万ドルを超える金額に相当する宝石類を宿泊客から奪った。

460 ☐	**somehow** [sʌ́mhàu]	副 なんとかして，どういうわけか，なぜか ≒類 by some means, in some way　なんとかして
461 ☐	**enter** [éntər]	他 に入る，を記入する，に加わる 派 entrance　名 入口，入ること
462 ☐	**force** [fɔ́ːrs]	名 力，暴力，軍隊　他 を強いる，を強制する ≒類 energy, strength　名 力
463 ☐	**rob** [rɑ́b]	他 から奪う 派 robbery　名 盗難（事件）　派 robber　名 泥棒
464 ☐	**million** [míljən]	名 100万 派 millionaire　名 百万長者

One factor in the enterprise's decision to locate its headquarters near the border is that it could more easily conduct trade with the neighboring country.

その企業が国境付近に本社を構えることに決めた一つの要因は，隣国との貿易がもっとやりやすくなるであろうということだ。

465 ☐	**factor** [fǽktər]	名 要因，要素 ≒類 element
466 ☐	**enterprise** [éntərpràiz, éntə-]	名 企業，事業
467 ☐	**locate** [lóukeit, ーˊ]	他 （店・住居）を構える，に位置する ≒類 situate　他 に位置する
468 ☐	**border** [bɔ́ːrdər]	名 国境，国境地帯，境界 ≒類 boundary
469 ☐	**trade** [tréid]	名 貿易，商売　自 貿易する　他 を売買する ≒類 commerce, dealing　名 商業，通商

The financial company is **promoting** a fund that they **promise** will collect 7% **interest** over a five-year **period regardless** of economic conditions.

その金融会社は，5年の**間**は経済状況**にかかわらず**7パーセントの**利子**を得るとその会社が**約束する**基金**を売り込んで**いる。

470 ☑	**promote** [prəmóut]	他 を売り込む，を促進する，を昇進させる	≒類 foster 他 を促進する
471 ☑	**promise** [prɑ́məs]	他 を約束する	≒類 swear
472 ☑	**interest** [íntərəst, -èst]	名 利子，関心，利害（関係） 他 に興味を持たせる	
473 ☑	**period** [píəriəd]	名 期間，時代	≒類 era 名 時代
474 ☑	**regardless** [rigɑ́ːrdləs]	形 気にかけない，無頓着な	regardless of ～ ～にかかわらず，～に頓着なく

She is very **fond** of **fine** stationery and bought a set of **plain envelopes** that **cost** over $100.

彼女は**上質の**文房具が大**好き**で，100ドルを上回る**値段の無地の封筒**を1セット買った。

475 ☑	**fond** [fɑ́nd]	形 好んで	be fond of ～ ～を好む
476 ☑	**fine** [fáin]	形 上質の，快晴の，元気な，細かい	≒類 excellent, first-class, exceptional 形 上質の
477 ☑	**plain** [pléin]	形 無地の，平易な，単純な 名 平地，平野	≒類 simple 形 単純な
478 ☑	**envelope** [énvəlòup, ɑ́ːn-]	名 封筒	派 envelop 他 を包む，を覆う
479 ☑	**cost** [kɔ́(ː)st]	他 の値段である，（費用）を要する 名 費用，犠牲	派 costly 形 高価な，損失の大きい

Present at the meeting was the CEO, who looked **ashamed** and **nodded** in a **timid** manner when asked if he would **resign**.

会議に**出席して**いたのは最高経営責任者だったのだが，**面目なさ**そうにしており**辞職する**かと尋ねられると，**おどおどとした**様子で**うなずいた**。

480 ☑	**present** 形名 [préznt] 動 [prizént]	形 出席して，現在の 名 現在 他 を与える 反 **absent** 形 欠席して
481 ☑	**ashamed** [əʃéimd]	形 恥ずかしがって，恥じて ≒類 **humiliated**
482 ☑	**nod** [nád]	自 うなずく，いねむりする 名 会釈，うなずき，いねむり
483 ☑	**timid** [tímid]	形 おどおどした，臆病な，内気な ≒類 **shy, bashful** 形 内気な
484 ☑	**resign** [rizáin]	自 辞職する，やめる 他 を辞任する，を辞職する ≒類 **leave, quit, give up**

The company had to **recall** its **entire** shipment of **imported** snack foods because some **contained** ingredients that had not been **approved** by the local government.

一部のものが地方自治体が**認可して**いない原料**を含んでいた**との理由で，その会社は**輸入した**スナック食品の**全**出荷**を回収し**なければならなかった。

485 ☑	**recall** 動 [rikɔ́:l] 名 [rikɔ́:l, rí:kɔ:l]	他 を回収する，を思い出す 名 リコール ≒類 **remember, recollect** 他 を思い出す
486 ☑	**entire** [entáiə*r*]	形 全体の，完全な，すべての ≒類 **whole**
487 ☑	**import** 動 [impɔ́:*r*t] 名 [´−−]	他 を輸入する 名 輸入，輸入品 反 **export** 他 を輸出する 名 輸出，輸出品
488 ☑	**contain** [kəntéin]	他 を含む，を中に入れている，を収容する ≒類 **include** 他 を含む
489 ☑	**approve** [əprú:v]	他 を認可する，を承認する，に賛成する 自 承認する ≒類 **accept, agree**

The detective **indicated** that the **missing element** in this case would have no **effect** on its **legal** outcome.

その刑事は，今回の件で**欠けている要素**が**法律上の**結論に及ぼす**影響**はないだろうということ**を指摘した**。

490 ☑	**indicate** [índikèit]	他 を指摘する，を指す，を指し示す，を指示する ≒類 point out ～, show
491 ☑	**missing** [mísiŋ]	形 欠けている，あるべきところにない ≒類 lost
492 ☑	**element** [éləmənt]	名 要素 ≒類 factor
493 ☑	**effect** [ifékt, ə-]	名 影響 ≒類 influence
494 ☑	**legal** [lí:gl]	形 法律上の，適法の ≒類 legitimate, valid, lawful 形 適法の

Residents of the **region** felt **bitter** that the woman who **represents** them in Congress seemed **indifferent** to the concerns of the **common** people.

その**地域**の住民は，連邦議会で自分たち**の代表を務める**女性が**一般**人の関心事に**無関心の**ようなので**憤慨した**。

495 ☑	**region** [rí:dʒən]	名 地域 ≒類 site, area
496 ☑	**bitter** [bítər]	形 憤慨した，苦い，辛い，痛烈な ≒類 resentful, acrimonious 形 憤慨した
497 ☑	**represent** [rèprizént]	他 を代表する，を描写する ≒類 stand for ～
498 ☑	**indifferent** [indífərnt, -dífərənt]	形 無関心の ≒類 unconcerned, careless
499 ☑	**common** [kámən]	形 一般の，共通の，広く知られた ≒類 ordinary, general, universal

My dog is usually quite **tame**, but it is **possible** that if **teased** too much he may show his real **temperament** and behave like a **savage** beast.

我が家の犬は普段はすっかり**飼いならされて**いるが，あまりに**いじめら**れたりしたら本当の**気質**を現し**猛**獣のように振舞うことも**あり得る**。

500 ☑	**tame** [téim]	形 飼いならされた，慣れた，柔順な	≒類 docile, obedient, domesticated
501 ☑	**possible** [pάsəbl]	形 可能な，実行できる，あり得る	≒類 feasible, practicable
502 ☑	**tease** [tí:z]	他 をいじめる，を悩ませる	≒類 torment
503 ☑	**temperament** [témpərəmənt]	名 気質	≒類 disposition, nature
504 ☑	**savage** [sǽvidʒ]	形 どう猛な，野蛮な，未開の	≒類 uncivilized, untamed

The committee was **praised** by the mayor for the **progress** they had **displayed** and was urged to **continue** looking for ways to **attract** business to the city.

委員会は，自ら**見せた進歩**を市長に**賞賛され**，市に事業**を誘致する**方法を模索**し続ける**よう頼まれた。

505 ☑	**praise** [préiz]	他 を賞賛する	≒類 applaud
506 ☑	**progress** [prάgres]	名 進歩	≒類 advancement
507 ☑	**display** [displéi]	他 を見せる，を広げる，を陳列する	≒類 show, exhibit
508 ☑	**continue** [kəntínju:]	他 を続ける 自 続く	≒類 last 自 続く
509 ☑	**attract** [ətrǽkt]	他 を誘致する，を引き寄せる，を引きつける	≒類 draw

The survey shows a split in public sentiment toward the tactics the president is using to gain support for his war.

その調査は，大統領が戦争への支持を得るために使っている策略に対する国民感情の分裂を示している。

510 ☑	**split** [splít]	名 分裂　他 を裂く　自 割れる ≒類 break, cut
511 ☑	**public** [pʌ́blik]	形 国民一般の，公共の，公衆の ≒類 civil
512 ☑	**sentiment** [séntəmənt]	名 感情 ≒類 emotion, feelings
513 ☑	**tactics** [tǽktiks]	名 策略，戦略 ≒類 strategy
514 ☑	**gain** [géin]	他 を得る　自 利益を得る　名 利益 ≒類 obtain, get, acquire　他 を得る

When I glanced at the document, I was curious as to why so many apparent errors had not been corrected.

その書類をちらっと見たとき，私はあんなに多くの明らかな間違いがなぜ訂正されていないのか知りたかった。

515 ☑	**glance** [glǽns]	自 ちらっと見る ≒類 glimpse
516 ☑	**document** [dákjəmənt]	名 書類 派 documentary　形 書類の，文書の，記録による
517 ☑	**curious** [kjúəriəs]	形 ものを知りたがる，好奇心の強い ≒類 inquisitive, interested
518 ☑	**apparent** [əpǽrənt, əpéər-]	形 明らかな ≒類 manifest, plain, obvious
519 ☑	**correct** [kərékt]	他 を訂正する，を修正する　形 正しい ≒類 remedy, rectify　他 を矯正する

My father possesses more **courage** and **wisdom** than **ordinary** people—a fact that will **probably** not be **recognized** until after he is gone.

私の父には**普通の**人々よりも**勇気**と**知恵**があるのだが，それは**おそらく**父が亡くなるまでは**認められ**ない事実だろう。

520 ☐	**courage** [kə́ːridʒ]	名 勇気 ≒類 bravery, fearlessness
521 ☐	**wisdom** [wízdəm]	名 知恵 ≒類 sageness, cleverness
522 ☐	**ordinary** [ɔ́ːrdənèri]	形 普通の ≒類 usual, common
523 ☐	**probably** [prɑ́bəbli, prɑ́bbli]	副 おそらく ≒類 likely, perhaps, maybe
524 ☐	**recognize** [rékəgnàiz]	他 を認める，とわかる，と見分ける ≒類 acknowledge, accept, admit 他 を認める

The agriculture department **seized** the shipment of **rare seeds** which were on the **list** of **prohibited** flora and fauna.

農務省は，**禁止された**動植物の**リスト**に載っている**希少な種**の積み荷**を押収した**。

525 ☐	**seize** [síːz]	他 を押収する，を没収する，を差し押さえる ≒類 confiscate
526 ☐	**rare** [réər]	形 希少な，稀な ≒類 infrequent, uncommon
527 ☐	**seed** [síːd]	名 種，種子
528 ☐	**list** [líst]	名 リスト，一覧表，表 ≒類 inventory, catalog
529 ☐	**prohibit** [prouhíbət]	他 を禁止する ≒類 ban, forbid

Among all of **humanity**, there **exists** a nearly **universal** need for **individuals** to achieve **glory**.

あらゆる**人間性**の中には，**個人**が**栄光**を勝ち取るというほとんど**普遍的な**欲求が**存在する**。

530 ☑	**humanity** [hju:mǽnəti]	名 人間性，人類
531 ☑	**exist** [igzíst, eg-]	自 存在する 派 existence 名 存在
532 ☑	**universal** [jù:nəvə́:rsl]	形 普遍的な，一般的な，宇宙の ≒類 common, general 形 一般的な
533 ☑	**individual** [ìndəvídʒuəl]	名 個人 ≒類 person
534 ☑	**glory** [glɔ́:ri]	名 栄光，(神の)栄光

A team from a **major** consulting company was asked to help the firm **examine** ways to **improve** its **image** and **expand** its operations.

ある**大手の**コンサルティング会社のチームが，その企業が自社**イメージを改善し**事業**を拡大する**方法**を吟味する**のを手伝うよう求められた。

535 ☑	**major** [méidʒər]	形 大きい方の，主な，大きな ≒類 dominant, significant 形 主な
536 ☑	**examine** [igzǽmin, egz-]	他 を吟味する，を検査する ≒類 scrutinize, inspect
537 ☑	**improve** [imprú:v]	他 を改善する，を向上させる 自 よくなる ≒類 better, upgrade
538 ☑	**image** [ímidʒ]	名 イメージ，印象，姿，外見
539 ☑	**expand** [ikspǽnd, eks-]	他 を拡大する，を広げる 自 広がる ≒類 enlarge, magnify

Workers from all industries **attended** the **labor** union meeting to **discuss** the issues of their **respective occupations**.

あらゆる産業の労働者が，**各自の職業**の問題**を議論する**ために**労働**組合の会合**に出席した**。

540 ☑	**attend** [əténd]	他 に出席する 派 attendance 名 出席
541 ☑	**labor** [léibər]	名 労働 ≒類 work
542 ☑	**discuss** [diskʌ́s]	他 を議論する 派 discussion 名 議論
543 ☑	**respective** [rispéktiv]	形 各自の，それぞれの ≒類 individual, separate
544 ☑	**occupation** [àkjəpéiʃən]	名 職業，仕事 ≒類 job, profession, vocation

The lovely **path** to the museum was **illuminated** by the **glow** of candles and featured small hoses that **produced** a refreshing **mist** of water.

博物館へのすてきな**小道**はろうそくの**光**で**照らされ**，すがすがしい**霧を産み出す**小さなホースを呼び物にしていた。

545 ☑	**path** [pæθ]	名 小道 ≒類 pathway, footway, trail
546 ☑	**illuminate** [ilú:mənèit]	他 を照らす ≒類 light, brighten
547 ☑	**glow** [glóu]	名 光，照り輝き，真っ赤な輝き，（ほおの）赤らみ ≒類 gleam, glimmer 名 輝き，きらめき
548 ☑	**produce** [prəd(j)ú:s]	他 を産み出す ≒類 make, create
549 ☑	**mist** [míst]	名 霧 ≒類 haze, fog

The general's task was to change the arrangement of the troops so they could react to the enemy's strategy and recover quickly from an attack.

将官の任務は，敵の戦略に反応し直ちに攻撃から回復することができるよう軍隊の配置を変更することだった。

550 ☑	**task** [tǽsk]	名 任務，仕事 ≒類 job, duty
551 ☑	**arrangement** [əréindʒmənt]	名 配置 ≒類 order
552 ☑	**troop** [trú:p]	名（複数形で）軍隊，群れ ≒類 band, group 名 群れ
553 ☑	**react** [ri(:)ǽkt]	自 反応する ≒類 respond
554 ☑	**recover** [rikʌ́vər]	自 回復する ≒類 get better, recuperate

We should address this issue from a variety of aspects that reflect the demands of the occasion.

我々は，その時の要求を反映するさまざまな面からこの問題に取り組むべきである。

555 ☑	**address** [ədrés]	他 に取り組む，に精力を傾ける 名 あいさつ，演説
556 ☑	**issue** [íʃu:]	名 問題 ≒類 problem, topic, theme
557 ☑	**aspect** [ǽspekt]	名 面，相 ≒類 facet, phase
558 ☑	**reflect** [riflékt]	他 を反映する，を映し出す 自 反射する，映す 派 reflection 名 反射
559 ☑	**occasion** [əkéiʒən]	名 時，機会 ≒類 opportunity, chance

The director stood near the **exit** to **greet** the guests as they were **leaving** and **respond** to their questions about the health insurance **scheme** he was selling.

その重役は，招待客が**立ち去る**際に**あいさつし**，自分が売り込んでいる健康保険**計画**に関する質問に**応答する**ため**出口**近くに立っていた。

560 ☑	**exit** [égzit, éksit]	名 出口
561 ☑	**greet** [grí:t]	他 にあいさつする ≒類 address
562 ☑	**leave** [lí:v]	自 立ち去る　他 を去る ≒類 depart, go away
563 ☑	**respond** [rispɑ́nd]	自 応答する，答える ≒類 reply
564 ☑	**scheme** [skí:m]	名 計画 ≒類 project, plan

We can only **guess** what her ultimate **destiny** will be, but I would **bet** that a woman as kind and **honest** as she will be welcomed into **heaven**.

彼女の最終的な**運命**がどうなるか，私たちには**推測する**ことしかできないが，私は彼女ほど親切で**正直な**女性が**天国**に迎えられる**のはきっと間違いないと思う**。

565 ☑	**guess** [gés]	他 を推測する　自 推測する　名 推測 ≒類 conjecture, surmise
566 ☑	**destiny** [déstəni]	名 運命 ≒類 fate, fortune
567 ☑	**bet** [bét]	他 を賭けて主張する，を賭ける　自 賭ける I('ll) bet (that) ...　きっと…だ
568 ☑	**honest** [ɑ́nəst]	形 正直な ≒類 sincere, genuine
569 ☑	**heaven** [hévn]	名 天国 反 hell　名 地獄

The media have **pursued** charges that an aide **lied** about the **affair**, **arousing** suspicion that has become a **nightmare** for the president.

メディアは，補佐官がその**事件**に関して**嘘をついた**という嫌疑**を追求している**が，このことが大統領にとっては**悪夢**となった疑念**を呼び起こしている**。

570 ☑	**pursue** [pərs(j)úː]	他 を追求する，を追う	≒類 chase
571 ☑	**lie** [lái]	自 嘘をつく　他 に嘘をつく　名 嘘	≒類 fabricate　他 をでっちあげる
572 ☑	**affair** [əféər]	名 事件，問題，こと	≒類 concern, business, matter
573 ☑	**arouse** [əráuz]	他 を呼び起こす，を起こす，を刺激する	≒類 excite, inspire, provoke　他 を刺激する
574 ☑	**nightmare** [náitmèər]	名 悪夢	

It has been for **sheer** obligation that I **devoted** myself to this **tedious** work for so long, and I have **reached** the **limit** of my patience.

私がこんな**退屈な**仕事に長年にわたって身**をささげた**のは**純粋な**義務のためだったので，我慢の**限界に達してしまった**。

575 ☑	**sheer** [ʃíər]	形 まったくの，完全な	≒類 complete, absolute　形 完全な
576 ☑	**devote** [divóut]	他 をささげる	≒類 dedicate
577 ☑	**tedious** [tíːdiəs]	形 退屈な	≒類 boring, tiring
578 ☑	**reach** [ríːtʃ]	他 に到達する　自 手を伸ばす	≒類 arrive at ～, get to ～　～に到達する
579 ☑	**limit** [límit]	名 限界	≒類 boundary

He **added** a protein **supplement** to his daily **vitamin** tablets while doing his **muscle** training, helping him **achieve** great results.

彼は**筋力**トレーニングをする傍ら，毎日の**ビタミン**剤にタンパク質**補給剤を追加して**，大きな成果**を達成する**のに役立てた。

580 ☑	**add** [ǽd]	他 を加える 派 addition 名 追加
581 ☑	**supplement** [sʌ́pləmənt]	名 栄養補助食品，補充するもの
582 ☑	**vitamin** [váitəmin]	名 ビタミン
583 ☑	**muscle** [mʌ́sl]	名 筋肉 派 muscular 形 筋肉の，強い，強そうな
584 ☑	**achieve** [ətʃíːv]	他 を達成する，を成し遂げる ≒類 attain, reach

I **oppose** war for **moral** reasons, because I believe every life is **precious** and we should **restrain** ourselves from the **usage** of force.

私は**道徳的な**理由で戦争**に反対である**。すべての生命は**尊く**，武力**行使を抑制する**べきだと信じているからだ。

585 ☑	**oppose** [əpóuz]	他 に反対する 派 opposition 名 反対，抵抗，敵意
586 ☑	**moral** [mɔ́(ː)rəl]	形 道徳的な ≒類 ethical
587 ☑	**precious** [préʃəs]	形 尊い，貴重な ≒類 valuable
588 ☑	**restrain** [ristréin]	他 を抑制する ≒類 control, suppress
589 ☑	**usage** [júːsidʒ, júːz-]	名 使用，用い方 ≒類 use

You are almost **certain** to **burn** yourself if you walk on the hot concrete in **bare** feet, so please **protect** yourself with the **proper** footwear.

熱いコンクリートの上を**裸**足で歩いたりすると**やけどをする**のはほぼ**確実**なので，**適切な**履物でご自身**を守って**ください。

590 ☑	**certain** [sə́ːrtn]	形 確かな，確実な ≒類 sure, assured
591 ☑	**burn** [bə́ːrn]	他 を燃やす，をやけどさせる　自 燃える ≒類 ignite
592 ☑	**bare** [béər]	形 裸の，むき出しの ≒類 naked, nude
593 ☑	**protect** [prətékt]	他 を守る，を保護する ≒類 safeguard, defend
594 ☑	**proper** [prápər]	形 適切な ≒類 suitable, right

The professor **summarized** the **tale** and explained the main **themes** to the class, **implying** that it was actually an **analogy** for capitalism.

教授はその**話を要約し**，主要な**テーマ**をクラスの生徒に説明すると，実際にはそれが資本主義に対する**たとえ**だということ**をほのめかした**。

595 ☑	**summarize** [sʌ́məràiz]	他 を要約する ≒類 sum up
596 ☑	**tale** [téil]	名 話 ≒類 story
597 ☑	**theme** [θíːm]	名 テーマ ≒類 issue, topic
598 ☑	**imply** [implái]	他 をほのめかす，を暗示する ≒類 hint, suggest
599 ☑	**analogy** [ənǽlədʒi]	名 たとえ，類似 ≒類 similarity, resemblance　名 類似

There is a high **probability** that your children will **imitate** your actions, so it is **essential** that you serve as a **positive influence** on them.

あなたの子どもはあなたの行い**を真似る見込み**が高いので，あなたが子どもたちに**前向きな影響を与える人**になることが**極めて重要だ**。

600 ☑	**probability** [pràbəbíləti]	名 見込み，ありそうなこと，可能性 ≒類 likelihood
601 ☑	**imitate** [íməteìt]	他 を真似る ≒類 copy
602 ☑	**essential** [isénʃl, es-]	形 最も重要な，本質的な，欠くことのできない ≒類 basic, fundamental, inevitable
603 ☑	**positive** [pázətiv]	形 前向きな，積極的な 反 negative 形 否定的な，消極的な
604 ☑	**influence** [ínfluəns]	名 影響，影響を与える人［物］ ≒類 effect 名 影響

The **dynamic** global **economy** is in a constant state of **transition**, so make sure your information is **accurate** and **up-to-date**.

力強い世界**経済**は常に**移り変わり**の状態にあるため，あなたの情報が**正確**かつ**最新である**ように注意してください。

605 ☑	**dynamic** [dainǽmik]	形 動的な，力強い，活動的な ≒類 energetic, active, lively
606 ☑	**economy** [ikánəmi]	名 経済 派 economics 名 経済学
607 ☑	**transition** [trænzíʃən, -síʃən]	名 移り変わり，推移 ≒類 move, change, transformation
608 ☑	**accurate** [ǽkjərət]	形 正確な ≒類 precise, exact
609 ☑	**up-to-date** [ʌ́ptədéit]	形 最新の ≒類 current, modern

The river has become **shallow** and the **so-called** lakes nearby are nearly **empty** with dead fish **floating** on the surface, making for a terrible **scene**.

その川は**浅く**なってしまい，すぐ近くの**いわゆる**湖はほとんど**空っぽで**死んだ魚が湖面に**浮かんで**おり，ひどい**光景**を生み出している。

610 ☑	**shallow** [ʃǽlou]	形 浅い，浅はかな 反 deep 形 深い
611 ☑	**so-called** [sóukɔ́:ld]	形 いわゆる
612 ☑	**empty** [émpti]	形 空っぽの ≒類 vacant
613 ☑	**float** [flóut]	自 浮かぶ 他 を浮かせる 反 sink 自 沈む 他 を沈める
614 ☑	**scene** [sí:n]	名 光景，景色，場面 ≒類 scenery, view 名 景色

She believes children have too much **leisure** time, **thereby** becoming **idle** and leading lives that are **seemingly** without **purpose**.

子どもたちには**暇な**時間が有り余っており，**その結果怠惰に**なって**見たところ目的**のない生活を送ってしまっていると，彼女は考えている。

615 ☑	**leisure** [lí:ʒər]	形 暇な 名 暇 ≒類 free, spare 形 暇な
616 ☑	**thereby** [ðèərbái]	副 その結果，それによって ≒類 therefore
617 ☑	**idle** [áidl]	形 怠惰な，怠けた ≒類 lazy, sluggish
618 ☑	**seemingly** [sí:miŋli]	副 見たところ ≒類 apparently
619 ☑	**purpose** [pə́:rpəs]	名 目的 ≒類 intention, motive

Even a **slight tumor** may be a sign of **serious illness** and should not be **ignored**.

わずかな腫瘍でさえも**深刻な病気**の徴候である場合もあるため，**無視する**べきではない。

620 ☐	**slight** [sláit]	形 わずかな，すこしの ≒類 petty, small
621 ☐	**tumor** [t(j)ú:mər]	名 腫瘍，腫れ，ふくらみ ≒類 cancer
622 ☐	**serious** [síəriəs]	形 深刻な，まじめな ≒類 thoughtful, earnest
623 ☐	**illness** [ílnəs]	名 病気 ≒類 disease, sickness
624 ☐	**ignore** [ignɔ́:r]	他 を無視する ≒類 disregard

The suspect made his confession of his own **accord** and was **transported** to jail in a **bright** orange **uniform** to **await** his trial.

その容疑者は**自発**的に自白し，**鮮やかな**オレンジ色の**制服**を着て刑務所に**移動させられ**，裁判**を待つ**こととなった。

625 ☐	**accord** [əkɔ́:rd]	名 任意，一致　自 一致する of one's own accord　自発的に
626 ☐	**transport** [trænspɔ́:rt]	他 を移動させる，を運ぶ ≒類 carry, transfer, convey
627 ☐	**bright** [bráit]	形 鮮やかな ≒類 vivid, brilliant
628 ☐	**uniform** [jú:nəfɔ̀:rm]	名 制服　形 不変の，一様な ≒類 constant, consistent　形 不変の
629 ☐	**await** [əwéit]	他 を待つ ≒類 wait for ～

The online retailer **stocks** products in various **categories** such as computers and **mobile** phones and uses an online order **form** for **transactions**.

オンライン小売業者は，コンピュータや**携帯**電話など，さまざまな**種類**の製品**をそろえており**，**取引**にはオンライン注文**書**を使用している。

630 ☑	**stock** [stάk]	他 (商品) をそろえている，を置いている 名 在庫品，仕入れ品 ≒類 store, keep 他 を保存する
631 ☑	**category** [kǽtəgɔ̀:ri]	名 種類，範疇 ≒類 class, classification
632 ☑	**mobile** 形 [móubl, -bi:l] 名 [móubi:l]	形 移動できる 名 携帯電話 ≒類 movable, portable 形 移動できる
633 ☑	**form** [fɔ́:rm]	名 書式，形式，形 他 を形作る 自 形をなす ≒類 shape 名 形
634 ☑	**transaction** [trænsǽkʃən]	名 取引 ≒類 deal

One **advantage** of this **sort** of bridge is that it can be built to **span** a **distance** of three miles and still remain **stable** in an earthquake.

この**種**の橋の**利点**の一つは，3マイルもの**距離にかかり**，それでも地震の際には**安定した**状態を保つように造ることができるということだ。

635 ☑	**advantage** [ədvǽntidʒ]	名 利点，有利な立場，優位 反 disadvantage 名 不利な立場，不利
636 ☑	**sort** [sɔ́:rt]	名 種類，性質 ≒類 kind, type
637 ☑	**span** [spǽn]	他 に (橋が) かかっている，に渡る，に及ぶ 名 期間
638 ☑	**distance** [dístəns]	名 距離 ≒類 length
639 ☑	**stable** [stéibl]	形 安定した ≒類 firm, solid, steady

By most **accounts**, the actress' date to the dinner was a **thin** man with a **neat** appearance who **somewhat resembled** her ex-husband.

たいていの人の**話**では，その女優が夕食を共にしたデート相手は**やせた**男で**きちんとした**身だしなみをしており，彼女の別れた夫**にいくぶん似ていた**。

640 ☑	**account** [əkáunt]	名 話，説明，計算　自 説明する ≒類 statement, report, description　名 話
641 ☑	**thin** [θín]	形 やせた，薄い，細い ≒類 slender, slim　形 やせた
642 ☑	**neat** [níːt]	形 きちんとした，整然とした ≒類 clean, orderly
643 ☑	**somewhat** [sʌ́mhwʌ̀t, -hwɑ̀t, -hwət]	副 いくぶん，多少 ≒類 slightly
644 ☑	**resemble** [rizémbl]	他 に似ている ≒類 look like ～, take after ～

The doctors encountered **trouble** that they did not **expect** during the heart **transplant** and could not **revive** the patient, which greatly **upset** his family.

医師たちは，心臓**移植**の間に**予期せ**ぬ**困難**に直面し，患者**の意識を回復させる**ことができなかった。そしてこのことは大いに患者の家族**を狼狽させた**。

645 ☑	**trouble** [trʌ́bl]	名 困難，苦労，悩み ≒類 difficulty, worry, adversity
646 ☑	**expect** [ikspékt, eks-]	他 を予期する，を期待する，と思う ≒類 anticipate, suppose, think
647 ☑	**transplant** [trǽnsplænt]	名 移植 ≒類 transfer
648 ☑	**revive** [riváiv]	他 の意識を回復させる，を生き返らせる　自 生き返る 派 revival　名 生き返らせること，回復
649 ☑	**upset** [ʌpsét]	他 を狼狽させる，をひっくり返す ≒類 disturb　他 をかき乱す

If you wish to borrow capital, you must apply anywhere from 2 days to 3 weeks in advance depending on the amount and purpose.

もし資本金を借りたいと思うのならば，額と目的に応じて2日から3週間前に申し込む必要がある。

650 ☑	**borrow** [bɔ́(:)rou, bárou]	他 を借りる 派 borrower 名 借用者
651 ☑	**capital** [kǽpətl]	名 資本（金），首都 ≒類 money, finance 名 資金
652 ☑	**apply** [əplái]	自 申し込む，当てはまる 他 を利用する，をあてがう 派 application 名 適用，応用，申し込み
653 ☑	**advance** [ədvǽns]	名 事前，前進，前払い 他 を進める，を昇進させる in advance 前もって
654 ☑	**depend** [dipénd]	自 次第である，頼る ≒類 rely 自 頼る

He compared the train fares and the highway tolls to his destination and concluded that they were nearly the same.

彼は自分の目的地への鉄道運賃と幹線道路の通行料を比較して，ほとんど同じ料金だと結論づけた。

655 ☑	**compare** [kəmpéər]	他 を比較する，をたとえる ≒類 contrast 他 を対比させる
656 ☑	**fare** [féər]	名 運賃，料金 ≒類 price, cost
657 ☑	**toll** [tóul]	名 料金，使用料，報酬 ≒類 charge, fee, payment
658 ☑	**conclude** [kənklú:d]	他 と結論づける，を終える ≒類 finish, terminate, halt 他 を終える
659 ☑	**nearly** [níərli]	副 ほとんど ≒類 almost

He couldn't concentrate today because he can't bear being apart from his wife, but otherwise he is a very decisive person.

彼は妻と離れていることに耐えられないばかりに，今日は集中することができなかったが，他の点では彼はとても決断力のある人である。

660 ☑	**concentrate** [kάnsəntrèit, -sen-]	自 集中する，専念する　他 を集中する ≒類 focus, center, consolidate
661 ☑	**bear** [béər]	他 に耐える，を支える　自 持ちこたえる ≒類 stand　他 に耐える
662 ☑	**apart** [əpάːrt]	副 離れて，わきの方に，別個に ≒類 separately
663 ☑	**otherwise** [ʌ́ðərwàiz]	副 他の点では，さもなくば，別の方法で
664 ☑	**decisive** [disáisiv]	形 決断力のある，決定的な ≒類 conclusive

The board of directors appointed a new sales manager, who my boss swears is a legend for his ability to motivate employees.

取締役会は新しい販売部長を任命したのだが，私の上司は社員にやる気を起こさせるその手腕ゆえに彼は伝説的人物なのだと断言している。

665 ☑	**board** [bɔ́ːrd]	名 委員会，会議 ≒類 committee, council　名 委員会
666 ☑	**appoint** [əpɔ́int]	他 を任命する，を指名する ≒類 designate, nominate　他 を任命する，を指名する
667 ☑	**swear** [swéər]	他 を誓う，を誓って言う，と断言する　自 誓う ≒類 declare　他 と断言する
668 ☑	**legend** [lédʒənd]	名 伝説的人物，伝説 ≒類 myth, saga, story, tale　名 伝説
669 ☑	**motivate** [móutəvèit]	他 にやる気を起こさせる，に動機を与える 派 motivation　名 動機づけ

This year a **broad** development will **unfold** that will **fulfill** the company's goal to **connect** its multinational operations with one **standard** network.

今年は，一つの**標準**ネットワークで多国籍事業**を結ぶ**という企業の目的**を果たす幅広い**開発が**進展する**だろう。

670 ☑	**broad** [brɔ́:d]	形 幅広い，広い ≒類 wide, large, extensive
671 ☑	**unfold** [ʌnfóuld]	自 進展する，展開する，開く 他 を開く，を打ち明ける ≒類 develop 自 進展する
672 ☑	**fulfill** [fulfíl]	他 を果たす，を遂げる ≒類 carry out ～, accomplish, achieve
673 ☑	**connect** [kənékt]	他 を結ぶ，をつなぐ 自 つながる ≒類 join, attach
674 ☑	**standard** [stǽndərd]	形 標準の，基準の 名 標準，基準 ≒類 usual, ordinary, average 形 標準の

In his **reply** to the newspaper's e-mail, the senator **referred** reporters to a previous **statement** that said he would not **hold** back the **passage** of the bill.

新聞社からのEメールに**答え**て，その上院議員は記者たちに，彼が法案の**通過**を**阻止する**つもりはないという前**言を参照させた**。

675 ☑	**reply** [ripláí]	名 答え，返事 自 返事をする，応答する 他 と答える ≒類 answer
676 ☑	**refer** [rifə́:r]	他 を参照させる，を照会させる 自 言及する，引き合いに出す refer to ～ ～に言及する
677 ☑	**statement** [stéitmənt]	名 言うこと，所説，言い方，声明文 ≒類 declaration, report
678 ☑	**hold** [hóuld]	他 を持つ，をつかむ，を保持する，を所有する hold back ～ ～を阻止する
679 ☑	**passage** [pǽsidʒ]	名 （法案の）通過，通行，通過，通路 ≒類 acceptance, approval 名 （法案の）通過

The congressman **introduced** a bill that would **require** local governments to **provide** health services for **reasonable fees.**

その下院議員は，**相応な料金**で公共医療サービス**を提供する**よう地方自治体**に求める**法案**を提出した**。

680 ☐	**introduce** [ìntrəd(j)ú:s]	他（議案など）を提出する，を紹介する ≒類 bring up ～ （話題など）を持ち出す
681 ☐	**require** [rikwáiər]	他 を要求する，を強く要請する，を必要とする ≒類 demand, order 他 を要求する
682 ☐	**provide** [prəváid]	他 を提供する，を供給する 自 準備する ≒類 supply, furnish 他 を供給する
683 ☐	**reasonable** [rí:znəbl]	形 相応な，道理をわきまえた，無理のない ≒類 just, right, fair 形 正しい
684 ☐	**fee** [fí:]	名 料金，報酬 ≒類 charge, price

We **interpreted** the boss' **subtle** hints as meaning that she had **decided** she was **ready** to **hire** a new secretary.

私たちは上司の**かすかな**暗示を，彼女が**喜んで**新しい秘書**を雇う**こと**を決めた**ということを意味すると**解釈した**。

685 ☐	**interpret** [intə́:rprət]	他 を解釈する，を通訳する 自 通訳する ≒類 translate 他 を解釈する，を翻訳する
686 ☐	**subtle** [sʌ́tl]	形 かすかな，微妙な，ほのかな ≒類 elusive, delicate, faint
687 ☐	**decide** [disáid]	他 を決める，を決心する 自 決定する ≒類 determine 他 を決める
688 ☐	**ready** [rédi]	形 喜んで…しようとして，準備ができて ≒類 prepared, willing
689 ☐	**hire** [háiər]	他 を雇う ≒類 employ

Congressional observers were **divided** as to what the bill's **fate** would be, but supporters **mounted** a campaign to **persuade** undecided members to approve the measure.

法案の**運命**がどうなるかに関して議会の立会人の意見が**分かれた**が，支持者は法案に賛成するよう立場を決めかねている議員たち**を説得する**運動**に乗り出した**。

690 ☑	**divide** [diváid]	他 を分裂させる，を分割する　自 分かれる 与類 cut up 〜, split, separate
691 ☑	**fate** [féit]	名 運命 与類 destiny
692 ☑	**mount** [máunt]	他（運動など）に乗り出す，を繰り広げる，を展開する
693 ☑	**persuade** [pərswéid]	他 を説得する，を納得させる 与類 sway, convince

A **lack** of **sufficient self-esteem** was **determined** to be a **cause** of the high **suicide** rate among college students.

十分な自尊心の**欠如**が，大学生の間での高い**自殺**率の**原因**である**と断定された**。

694 ☑	**lack** [lǽk]	名 欠如，不足　他 を欠いている 与類 absence　名 欠如，不足
695 ☑	**sufficient** [səfíʃənt]	形 十分な 与類 adequate, enough
696 ☑	**self-esteem** [sélfistíːm, -es-]	名 自尊心 与類 self-respect, self-regard
697 ☑	**determine** [ditə́ːrmin]	他 を決定する　自 決心する 与類 fix, decide
698 ☑	**cause** [kɔ́ːz]	名 原因　他 を引き起こす 与類 bring about 〜
699 ☑	**suicide** [súːəsàid]	名 自殺 assisted suicide　ほう助自殺

He was tempted to approach her because he was amazed by her pure and natural beauty that seemed to have no faults.

彼は，完全無欠のように思える彼女の清らかで生まれながらの美しさに驚嘆したため，彼女に言い寄りたくなった。

700 ☑	**tempt** [témpt]	他 を…する気にさせる，を誘惑する，をそそのかす ≒類 induce, entice
701 ☑	**amaze** [əméiz]	他 を驚かせる ≒類 astonish, surprise
702 ☑	**pure** [pjúər]	形 清らかな，純粋な，高潔な ≒類 unmixed, genuine, clear
703 ☑	**beauty** [bjúːti]	名 美しさ ≒類 loveliness, attractiveness
704 ☑	**fault** [fɔ́ːlt]	名 欠点，誤り ≒類 defect, imperfection

A modern apartment like this would be ideal, but I doubt that we can afford the rent.

このような近代的なアパートは理想的だろうが，私たちに家賃を払う余裕があるかは疑わしい。

705 ☑	**modern** [mádərn]	形 近代的な，現代の ≒類 contemporary, new
706 ☑	**ideal** [aidíːəl]	形 理想的な　名 理想 ≒類 perfect, supreme　形 最高の
707 ☑	**doubt** [dáut]	他 を疑う，を不審に思う 派 doubtful　形 疑わしい，ありそうにない
708 ☑	**afford** [əfɔ́ːrd]	他 の費用を負担する余裕がある
709 ☑	**rent** [rént]	名 家賃，貸室，貸家

Out of **respect** to your fellow students, please **observe** the class guidelines and be **punctual** unless you have a **valid excuse**.

学友に**配慮**して，クラスの指針**を遵守し**，**正当な口実**がない限りは**時間を厳守して**ください。

710 ☑	**respect** [rispékt]	名 配慮，尊重，敬意，尊敬　他 を尊敬する ≒類 esteem　他 を尊敬する　名 尊重
711 ☑	**observe** [əbzə́ːrv]	他 を遵守する，を観察する ≒類 keep, obey　他 を守る，に従う
712 ☑	**punctual** [pʌ́ŋktʃuəl, pʌ́ŋkʃuəl, -tʃl]	形 時間厳守の ≒類 on time, prompt
713 ☑	**valid** [vǽlid]	形 正当な，（法的に）有効な ≒類 sound, reasonable　形 正当な
714 ☑	**excuse** 名 [ikskjúːs]　動 [ikskjúːz, eks-]	名 口実，言い訳　他 を許す ≒類 justification　名 弁明

The PC **unit** that was **installed last** week sits **upright** and its hard disk **rotates** at a speed of 7,200 RPM.

先週**据え付けられ**たパソコン**設備**は，**まっすぐに**置いてあり，ハードディスクは毎分7,200回転の速度で**回転する**。

715 ☑	**unit** [júːnit]	名 設備一式，単一体，構成単位
716 ☑	**install** [instɔ́ːl]	他 を据え付ける，を置く，をインストールする ≒類 place　他 を置く
717 ☑	**last** [lǽst]	形 すぐ前の，最近の，最後の　名 最後
718 ☑	**upright** [ʌ́pràit, ʌpráit]	副 まっすぐに　形 まっすぐの，直立した ≒類 vertical　形 垂直の
719 ☑	**rotate** [róuteit]	自 回転する　他 を回転させる ≒類 go round, move round, revolve　回転する

The young man's **rescue** of his neighbor's cat earned him a **brief** **mention** in the local paper, and **moreover** the **eternal** gratitude of the owner.

その青年が隣人のネコを**救助したこと**は地元紙で**寸評**され，**加えて**彼への**永遠の**感謝の気持ちを飼い主に持たせた。

720 ☐	**rescue** [réskjuː]	名 救助，救出　他 を救う ≒類 save
721 ☐	**brief** [bríːf]	形 簡潔な，短い ≒類 short
722 ☐	**mention** [ménʃən]	名 言及，記載　他 に言及する ≒類 reference, allusion　名 言及
723 ☐	**moreover** [mɔːróuvər]	副 加えて，さらに ≒類 also, besides, in addition
724 ☐	**eternal** [itə́ːrnl]	形 永遠の

With **regard** to how we should **proceed**, I believe there are a few **measures** we can take that **vary** greatly in difficulty and **merit**.

我々がどのように**進む**べきかに**関して**は，我々がとれる**手段**で難しさや**利点**が大き く**異なる**ものがいくつかあると私は思う。

725 ☐	**regard** [rigɑ́ːrd]	名 点，事項，関心，注意　他 を（～と）みなす with regard to ～　～に関しては
726 ☐	**proceed** [prəsíːd]	自 進む，前進する ≒類 go on, go ahead, go forward
727 ☐	**measure** [méʒər]	名（複数形で）手段，方法　他 を計る，を評価する ≒類 means　名 手段
728 ☐	**vary** [véəri]	自 変わる　他 を変える ≒類 change, alter
729 ☐	**merit** [mérət]	名 利点，長所 ≒類 worth, value, advantage

The prime minister took a **neutral** stance in hopes of **mending** his **rough** relationship with his party, which was **actively** working to **desert** him.

総理大臣は，自らが率いる党との**苦しい**関係**を修復する**ことを期待して，**中立的な**姿勢をとったが，彼の党は彼**を見捨てる**ため**積極的に**活動していた。

730 ☑	**neutral** [n(j)úːtrl]	形 中立的な，中間的な ≒類 impartial, unbiased, unprejudiced
731 ☑	**mend** [ménd]	他 を修復する，を修理する，を直す ≒類 fix, repair
732 ☑	**rough** [rʌ́f]	形 苦しい，つらい，手荒い，粗野な ≒類 coarse 形 粗野な
733 ☑	**actively** [ǽktivli]	副 積極的に，活動的に ≒類 energetically
734 ☑	**desert** 動 [dizə́ːrt] 名 [dézərt]	他 を見捨てる，を放棄する 名 砂漠，荒野 ≒類 abandon, forsake 他 を見捨てる

The students did an **experiment** in which they **melted** part of an **actual** glacier to **illustrate** how greenhouse gases **affect** the environment.

学生たちは，いかに温室効果ガスが環境**に影響を及ぼす**か**を説明する**ために，**本物の**氷河の一部**を溶かす実験**を行った。

735 ☑	**experiment** [ikspérəment, eks-]	名 実験 ≒類 test, investigation, trial
736 ☑	**melt** [mélt]	他 を溶かす 自 溶ける ≒類 dissolve, thaw 自 溶ける
737 ☑	**actual** [ǽktʃuəl, ǽktʃl]	形 現実の，実際の ≒類 real, true
738 ☑	**illustrate** [íləstrèit]	他 を説明する，を図解する ≒類 portray, picture, depict 他 を図解する
739 ☑	**affect** [əfékt]	他 に影響を及ぼす ≒類 influence

I tried to **count** these files in **order**, but lost my **mark** when I **paused** to answer the phone and may have **missed** a few.

私は**順番**にこれらのファイル**を数え**ようと努めたが，電話に出ようと**中断した**際に**しるし**を見失ってしまったので，いくつか**抜かし**てしまったかもしれない。

740 ☐	**count** [káunt]	他 を数える，を思う　名 計算 ≒類 sum up ～, calculate　他 を数える
741 ☐	**order** [ɔ́:rdər]	名 順番，整理，命令　他 に命令する ≒類 command　他 に命令する
742 ☐	**mark** [má:rk]	名 しるし，（成績の）評価　他 にしるしをつける ≒類 sign, indication　名 しるし
743 ☐	**pause** [pɔ́:z]	自 中断する，小休止する，立ち止まる　名 小休止 ≒類 stop
744 ☐	**miss** [mís]	他 を抜かす，を見落とす　名 失敗 ≒類 overlook　他 を見落とす

We were very **fortunate** to have the **chance** to visit this **temple**, the **origin** of many of the **primary** sources of Buddhism.

仏教の多くの**主な**根源の**始まり**であるこの**寺院**を訪れる**機会**を得て，私たちはとても**幸運だ**った。

745 ☐	**fortunate** [fɔ́:rtʃənət]	形 幸運な ≒類 lucky
746 ☐	**chance** [tʃǽns]	名 機会 ≒類 opportunity
747 ☐	**temple** [témpl]	名 寺院
748 ☐	**origin** [ɔ́(:)ridʒin]	名 始まり，起源，源 ≒類 beginning
749 ☐	**primary** [práimèri, -məri]	形 主な，最初の ≒類 elementary　形 最初の

I was delighted by the **tender note** of thanks the child **delivered**, and I **regret** that I couldn't receive it in person.

その子どもが**届けてくれた優しさのある礼状**が私にはうれしかったので，直接受け取れなかったこと**を残念に思う**。

750 ☑	**tender** [téndər]	形 優しい，柔らかい ≒類 soft
751 ☑	**note** [nóut]	名 短い手紙，メモ，記録 ≒類 memorandum
752 ☑	**deliver** [dilívər]	他 を届ける ≒類 distribute, carry
753 ☑	**regret** [rigrét]	他 を残念に思う，を悔やむ　名 残念，遺憾 派 regretful　形 後悔している，残念がっている

Indeed, I **fear** that my stress is building and I'm looking for a **method** through which I can **release** my **tension**.

確かに，私は自分にストレスがたまっていること**を懸念しており**，自分の**緊張を解き放す**ことができる**方法**を探している。

754 ☑	**indeed** [indí:d]	副 確かに ≒類 really　副 実際に
755 ☑	**fear** [fíər]	他 を懸念する，を恐れる　名 恐れ，不安 ≒類 dread　他 を恐れる
756 ☑	**method** [méθəd]	名 方法 ≒類 way, means
757 ☑	**release** [rilí:s]	他 を解き放つ，を離す　名 解放 ≒類 free, liberate　他 を解放する
758 ☑	**tension** [ténʃən]	名 緊張 ≒類 strain

She has the **illusion** that everyone can **rely** on her **supreme** abilities, but **meanwhile** everyone thinks she's **ridiculous**.

誰もが自分の**絶大なる**才能を**あてにする**ことができるという**錯覚**を彼女は抱いているが，**その一方で**みんなが彼女は**ばかげている**と思っている。

759 ☑	**illusion** [ilúːʒən]	名 錯覚，幻想 ≒類 deception, misperception
760 ☑	**rely** [rilái]	自 あてにする，頼る ≒類 depend
761 ☑	**supreme** [suprí:m]	形 絶大なる，至高の，最高の ≒類 highest, chief
762 ☑	**meanwhile** [mí:nwàil]	副 その一方で，それに対し ≒類 meantime
763 ☑	**ridiculous** [ridíkjələs]	形 ばかげた ≒類 foolish, laughable, absurd

He is very **nervous** by nature and **pronounces** his words in a **manner** that makes him seem shy and **reserved**.

彼は生来とても**神経質**で，自分を内気で**控えめ**に見せてしまうような**方法**で言葉**を発音する**。

764 ☑	**nervous** [nə́:rvəs]	形 神経質な，臆病な ≒類 timid 形 臆病な
765 ☑	**pronounce** [prənáuns, pər-]	他 を発音する ≒類 utter, voice
766 ☑	**manner** [mǽnər]	名 方法，態度，風習，作法 ≒類 way, means, method 名 方法
767 ☑	**reserved** [rizə́:rvd]	形 控えめの，内気な，留保した，予約した ≒類 self-restrained 形 控えめの

What I **mean** is that I **owe** you a very big **favor**, and **once** the **moment** comes you will be repaid.

私が**言いたい**のは，あなたには多大な**恩恵を受けて**おり，**時**が来**たら**あなたに恩返しをするつもりだということだ。

768 ☑	**mean** [mí:n]	他 を言う，を意味する　形 卑劣な ≒類 indicate, signify　他 を意味する
769 ☑	**owe** [óu]	他 に恩義がある，に借りがある，に負うている
770 ☑	**favor** [féivər]	名 好意，親切 ≒類 kindness, courtesy
771 ☑	**once** [wʌ́ns]	接 いったん…すると　副 一度，かつて ≒類 as soon as ...　…するとすぐに
772 ☑	**moment** [móumənt]	名 時，時期，瞬間，時間 ≒類 minute, instant　名 瞬間

During **medieval civilization**, our **ancestors**, the **inhabitants** of this region, were surely considered **barbarians**.

中世文明の頃には，この地域の**住人**であった私たちの**祖先**は間違いなく**未開人**だと考えられていた。

773 ☑	**medieval** [mì:dií:vl, midí:vl]	形 中世の ≒類 Middle-Age
774 ☑	**civilization** [sìvələzéiʃən]	名 文明 派 civilized　形 文明化した
775 ☑	**ancestor** [ǽnsestər]	名 祖先 ≒類 forerunner
776 ☑	**inhabitant** [inhǽbətənt]	名 住人，住民 ≒類 resident
777 ☑	**barbarian** [bɑːrbéəriən]	名 未開人 ≒類 savage

The **clerk** **apologized** for the inconvenience but said he had to **deny** my request because he did not have the **authority** to issue a passport without a birth **certificate**.

その**職員**は不便を**わびた**が，出生**証明書**なしで旅券を発行する**権限**が彼にはないので私の要求**を拒否し**なければならないと述べた。

778 ☑	**clerk** [klə́ːrk]	名 職員，店員，事務員 ≒類 staff
779 ☑	**apologize** [əpɑ́lədʒàiz]	自 わびる，謝る 派 apology 名 謝罪
780 ☑	**deny** [dinái]	他 を拒否する，を否定する，を与えない ≒類 decline 他 を拒否する
781 ☑	**authority** [əθɔ́ːrəti, əθɑ́ːr-]	名 権限 ≒類 power, right, sanction
782 ☑	**certificate** [sərtífikət]	名 証明書 ≒類 document, authorization

Her **rational** arguments and **earnest** attitude **convinced** the **committee** to **grant** her the scholarship.

彼女の**理性的な**主張と**真剣な**態度が**委員会を納得させ**，彼女に奨学金**を与える**ことになった。

783 ☑	**rational** [rǽʃənl]	形 理性的な，分別のある，合理的な ≒類 sensible, reasonable
784 ☑	**earnest** [ə́ːrnist]	形 真剣な ≒類 serious, thoughtful
785 ☑	**convince** [kənvíns]	他 を納得させる，を確信させる ≒類 persuade
786 ☑	**committee** [kəmíti]	名 委員会 ≒類 board, council
787 ☑	**grant** [grǽnt]	他 を与える，を認める 名 授与されたもの，補助金 ≒類 accord, award 他 を与える

The woman who **manages** the office would **prefer** to **forbid** employees from accepting personal calls, but she cannot **obtain** permission from her supervisor.

その事務所**を管理する**女性は，従業員が私用電話を受けることを**禁じる**のを**好む**だろうが，上司の許可**を得る**ことができないのだ。

788 ☑	**manage** [mǽnidʒ]	他 を管理する，を経営する，どうにか…する ≒類 run 他 を管理する，を経営する
789 ☑	**prefer** [prifə́ːr]	他 をむしろ好む ≒類 choose
790 ☑	**forbid** [fərbíd, fɔːr-]	他 を禁じる ≒類 prohibit, ban
791 ☑	**obtain** [əbtéin]	他 を得る ≒類 get, acquire

While some behaviors in **infants** are **attributed** to **instinct**, these arguments are **contradicted** by the unique **traits** that even young babies **exhibit**.

幼児の行動には**本能**に**起因する**ものもあるが，こうした議論は，小さな赤ん坊でも**表す**独特な**性質**によって**否定され**ている。

792 ☑	**infant** [ínfənt]	名 幼児 形 幼児（期）の ≒類 baby
793 ☑	**attribute** 動 [ətríbjuːt, ətríbjət], 名 [ǽtrəbjùːt]	他 が（〜に）起因する，を（〜の）せいにする 名 属性，特性 ≒類 ascribe 他 が（〜に）起因する，を（〜の）せいにする
794 ☑	**instinct** [ínstiŋkt]	名 本能，直感，天性 派 instinctive 形 本能的な，本能の
795 ☑	**contradict** [kɑ̀ntrədíkt]	他 を否定する，と矛盾する ≒類 deny, refuse 他 を否定する
796 ☑	**trait** [tréit]	名 性質 ≒類 characteristic
797 ☑	**exhibit** [igzíbit, egz-]	他 を表す，を展示する，を示す 名 展示物，展覧会 ≒類 show, display 他 を表す，を展示する

The advertisement reminded potential investors that those reluctant to take risk would not reap the rewards of higher returns.

その広告は，危険を冒したがらない人間はより高い収益という報酬を獲得することはないだろう，と投資をしようと思っている人々に思い知らせた。

798 ☑	**advertisement** [æ̀dvərtáizmənt, ədvə́:rtəs-, -təz-]	名 広告 ad と省略して使うことが多い。
799 ☑	**remind** [rimáind]	他 に思い知らせる，に気づかせる 派 reminder 名 督促状，思い出させるもの
800 ☑	**reluctant** [rilʌ́ktənt]	形 …したがらない，気が進まない，しぶしぶの ≒類 unwilling
801 ☑	**reap** [rí:p]	他 を獲得する，を刈り取る ≒類 receive, obtain 他 を獲得する
802 ☑	**reward** [riwɔ́:rd]	名 報酬，賞，賞金 他 に報いる，に報酬を与える ≒類 prize, award 名 報酬，賞，賞金

The crew of the ship received an award for coordinating the relief effort following the tsunami disaster.

その船の乗組員は，津波災害の後に救援活動を調整したことに対して賞を受け取った。

803 ☑	**crew** [krú:]	名 乗組員
804 ☑	**award** [əwɔ́:rd]	名 賞，賞金，報酬 他 を授与する ≒類 prize, reward 名 賞，賞金，報酬
805 ☑	**coordinate** [kouɔ́:rdənèit]	他 を調整する ≒類 arrange, organize
806 ☑	**relief** [rilí:f]	名 救援，安心，解放，救済 派 relieve 他 を取り除く，を安心させる
807 ☑	**disaster** [dizǽstər]	名 災害，惨事 ≒類 catastrophe, calamity

At **dawn**, the **gentle current** of the river **swept** his raft downstream toward a giant rock covered in moss.

夜明けに，川の**静かな流れ**が下流のコケに覆われた巨大な岩の方へと彼のいかだ**を押し流した**。

808 ☑	**dawn** [dɔ́:n]	名 夜明け　自 わかり始める ≒類 sunrise　名 日の出
809 ☑	**gentle** [dʒéntl]	形 静かな，優しい，親切な，穏やかな ≒類 kind, soft
810 ☑	**current** [kə́:rənt]	名 流れ，潮流　形 最新の，現在の ≒類 flow, stream　名 流れ
811 ☑	**sweep** [swí:p]	他 を押し流す，を掃く，をさっと通る 自 さっと通る，たちまち広がる　名 掃き掃除，一掃

Scientists were **puzzled** by the sudden disappearance of the **species**, which was **contrary** to their initial **hypothesis** that the population would **gradually decline** over time.

科学者たちはその**種**が突然消滅したことに**当惑した**。というのは，個体数が長い期間をかけて**徐々に減少する**だろうという彼らの最初の**仮説**に**反して**いたからだ。

812 ☑	**puzzle** [pʌ́zl]	他 を当惑させる　自 頭を悩ます，当惑する　名 難問，謎 ≒類 perplex　他 を当惑させる
813 ☑	**species** [spí:ʃi(:)z]	名 種（単数・複数同形）
814 ☑	**contrary** [kάntrèri]	形（～に）反する，反対の　副（～に）反して　名 逆，反対 contrary to ～　～に反して
815 ☑	**hypothesis** [haipάθəsis]	名 仮説，仮定 ≒類 assumption
816 ☑	**gradually** [grǽdʒuəli]	副 徐々に，次第に ≒類 little by little　少しずつ
817 ☑	**decline** [dikláin]	自 減少する，衰える，衰退する　他 を断る，を辞退する ≒類 diminish, dwindle, shrink　自 減少する，小さくなる

Success in agriculture requires adequate control of the insects that plague farmers of wheat and other crops.

農業における成功には，小麦などの作物の農業経営者を苦しめる虫の適切な抑制が必要である。

818 ☑	**agriculture** [ǽgrikʌ̀ltʃər]	名 農業 派 agricultural 形 農業の
819 ☑	**adequate** [ǽdəkwət]	形 適切な，適当な，十分な ≒類 sufficient, enough
820 ☑	**insect** [ínsekt]	名 虫，昆虫 ≒類 bug
821 ☑	**plague** [pléig]	他 を苦しめる，を悩ます 名 疫病，伝染病，災害 ≒類 annoy, irritate, bother 他 を悩ます
822 ☑	**wheat** [hwí:t]	名 小麦

The party lost confidence in its senate candidate, feeling he wasn't competent and didn't have a clue how to handle domestic problems.

その党は，党の上院議員候補が有能ではなく，どのように国内問題に対処すべきかの糸口をつかめていないと感じて，彼のことが信頼できなくなった。

823 ☑	**confidence** [kɑ́nfidəns]	名 信頼，自信，秘密 派 confident 形 確信している，自信がある
824 ☑	**candidate** [kǽndədèit, -dət]	名 候補者 派 candidacy 名 立候補
825 ☑	**competent** [kɑ́mpətnt]	形 有能な ≒類 capable
826 ☑	**clue** [klú:]	名 糸口，手がかり，ヒント ≒類 hint, indication
827 ☑	**domestic** [dəméstik]	形 国内の，国産の，家庭の，飼いならされた ≒類 household 形 家庭の

While the **poll results** show that a **majority** of residents support the measure, that figure is **misleading** since the data was **calculated** in an improper way.

世論調査の**結果**によると，居住者の**過半数**がその法案を支持しているが，そのデータは不適切な方法で**算出され**たので，その数字は**誤解を招く**ものとなっている。

828 ☑	**poll** [póul]	名 世論調査，投票　自 投票する 類 vote　名 投票　自 投票する
829 ☑	**result** [rizʌ́lt]	名 結果　自（～から）生じる，（～に）終わる 類 consequence, outcome　名 結果
830 ☑	**majority** [mədʒɔ́(:)rəti]	名 過半数，大多数 類 bulk　名 大部分
831 ☑	**misleading** [mìslí:diŋ]	形 誤解を招く，人を誤らせる，まぎらわしい 類 deceptive, delusive　形 人を誤らせる
832 ☑	**calculate** [kǽlkjəlèit]	他 を計算する，と推定する 派 calculation　名 計算

The child **yelled** to her mother when she saw the **vicious beast** in the **yard** biting a rabbit's **throat**.

その子どもは，**凶暴な獣**が**庭**でウサギの**のど**にかみついているのを見ると，母親に向かって**叫んだ**。

833 ☑	**yell** [jél]	自 大声で叫ぶ　名 叫び声 類 shout, cry
834 ☑	**vicious** [víʃəs]	形 凶暴な，悪徳の，意地の悪い 類 wicked, cruel, harmful
835 ☑	**beast** [bí:st]	名 野獣 類 animal
836 ☑	**yard** [já:rd]	名 庭 類 garden
837 ☑	**throat** [θróut]	名 のど

The agreement states that the two firms would establish a concrete framework to integrate their networks.

この２つの会社が両社のネットワークを統合するための具体的な枠組みを確立するだろうと，協定には書かれている。

838 ☑	**agreement** [əgríːmənt]	名 協定，条約，合意 ≒類 **pact, treaty** 名 協定，条約
839 ☑	**establish** [istǽbliʃ, es-]	他 を確立する，を設立する ≒類 **institute, found** 他 を制定する，を設立する
840 ☑	**concrete** [kánkriːt, –´]	形 具体的な，コンクリートの 名 コンクリート
841 ☑	**framework** [fréimwə̀ːrk]	名 枠組み ≒類 **frame, substructure**
842 ☑	**integrate** [íntəgrèit]	他 を統合する，をまとめる，を集約する ≒類 **unite, join, combine**

The technicians in the chemistry laboratory worked to alter the constitution of the cell, to no avail.

化学研究所の専門家たちは，細胞の組成を変えようと努めたが無駄だった。

843 ☑	**chemistry** [kémistri]	名 化学
844 ☑	**laboratory** [lǽbərətɔ̀ːri]	名 研究所，実験室 **laboratory animal** 実験動物
845 ☑	**alter** [ɔ́ːltər]	他 を変える 自 変わる ≒類 **change, vary**
846 ☑	**constitution** [kànstət(j)úːʃən]	名 組成，構成，構造，憲法，体質 派 **constitute** 他 を構成する
847 ☑	**cell** [sél]	名 細胞，電池，小室，独房

These mammals have a **keen** ability to **adapt** to new surroundings, a **genetic** trait they have **inherited** from their parents.

これらの哺乳動物は，新たな環境に**順応する**ための**優れた**能力，すなわち親から**受け継いで**きた**遺伝的**形質を持っている。

848 ☑	**keen** [kíːn]	形 優れた，鋭い，鋭敏な，熱心な ≒類 sharp 形 鋭敏な
849 ☑	**adapt** [ədǽpt]	自 順応する，適応する 他 を適応させる ≒類 fit
850 ☑	**genetic** [dʒənétik]	形 遺伝的な，遺伝子の 派 gene 名 遺伝子
851 ☑	**inherit** [inhérət]	他 を受け継ぐ，を相続する 名 継承，遺伝，遺産 派 inherent 形 本来備わった，固有の

She is **fluent** in several languages, and can **instantly translate** even **vocabulary** that are **specific** to **obscure** fields.

彼女はいくつかの言語に**堪能な**人で，**わかりにくい**分野に**特有の語彙**であっても**即座に訳す**ことができる。

852 ☑	**fluent** [flúːənt]	形（言語に）堪能な，流暢な 派 fluency 名 流暢さ
853 ☑	**instantly** [ínstəntli]	副 即座に，すぐに 派 instant 名 瞬間 形 瞬時の
854 ☑	**translate** [trǽnsleit, trǽnz-, ‒ˊ]	他 を訳す，を翻訳する 派 translation 名 翻訳
855 ☑	**vocabulary** [voukǽbjəlèri]	名 語彙
856 ☑	**specific** [spəsífik]	形 特有の，特定の，具体的な，明確な ≒類 particular
857 ☑	**obscure** [əbskjúər, ɑb-]	形 わかりにくい，不明瞭な 他 をあいまいにする ≒類 unclear 形 不明瞭な

I worry about the **welfare** of children **exposed** to such **violence**, especially if they do not **frequently** have **interaction** with positive influences.

私は，こうした**暴力**に**さらされて**いる子どもたち，特に彼らが好ましい影響と**頻繁**に**相互作用**がない場合の，彼らの**幸福**について憂慮している。

858 ☑	**welfare** [wélfèər]	名 幸福，福祉，生活保護 ≒類 well-being 名 幸福，福祉
859 ☑	**expose** [ikspóuz, eks-]	他 をさらす，を暴露する ≒類 uncover, reveal, disclose
860 ☑	**violence** [váiələns]	名 暴力 派 violent 形 乱暴な，暴力的な，激しい
861 ☑	**frequently** [frí:kwəntli]	副 頻繁に 派 frequency 名 頻度
862 ☑	**interaction** [ìntərǽkʃən]	名 相互作用，（人と人の）交流，言葉のやりとり 派 interact 自 相互に影響する，相互にやりとりする

The **crowd stared** in **utter disgust** at the **terrible** sight of the accident.

群集は，**ひどい嫌悪**を感じつつその事故の**恐ろしい**光景に**見入っていた**。

863 ☑	**crowd** [kráud]	名 群集，人ごみ 他 に群がる 自 群がる ≒類 throng 名 群集，人ごみ
864 ☑	**stare** [stéər]	自 見入る，じっと見つめる ≒類 gaze
865 ☑	**utter** [ʌ́tər]	形 ひどい，まったくの，徹底的な 他 を発する，を述べる ≒類 perfect, complete 形 完全な
866 ☑	**disgust** [disgʌ́st]	名 嫌悪 他 に嫌悪を抱かせる 派 disgusting 形 うんざりするような，（人を）むかつかせる
867 ☑	**terrible** [térəbl]	形 恐ろしい，ひどい ≒類 awful, dreadful

After her divorce, she withdrew from society, dining alone every day and seldom leaving her apartment.

離婚後，彼女は世間から引きこもり，来る日も来る日も一人で食事をし，自分のアパートから出ることはめったになかった。

868 ☑	**divorce** [divɔ́:rs]	名 離婚　他 と離婚する，を切り離す
869 ☑	**withdraw** [wiðdrɔ́:, wiθ-]	自 引っ込む，撤退する　他 を引っ込める，を撤回する ≒類 **retreat** 自 引っ込む，撤退する
870 ☑	**society** [səsáiəti]	名 世間，社会 派 **social** 形 社会の，社交的な，社会的な
871 ☑	**dine** [dáin]	自 食事をする　他 に食事を出す
872 ☑	**seldom** [séldəm]	副 めったにない ≒類 **rarely, hardly ever**

Chasing a rabbit that had gotten loose from its cage, the boy scratched his knee on a log, causing it to bleed slightly.

おりから逃げ出したウサギを追っていて，その少年は丸太で膝を引っかき，そのせいで少し出血した。

873 ☑	**chase** [tʃéis]	他 を追う，を追跡する　自 追いかける　名 追跡 ≒類 **pursue**
874 ☑	**loose** [lú:s]	形 解き放たれた，結んでいない，ゆるい ≒類 **free, untied**
875 ☑	**scratch** [skrǽtʃ]	他 を引っかく　名 引っかくこと，引っかき傷
876 ☑	**log** [lɔ́(:)g]	名 丸太 **log cabin**　丸太小屋
877 ☑	**bleed** [blí:d]	自 出血する 派 **bleeding** 形 出血した

If sleep is **interrupted** due to **external** conditions, you may become **vulnerable** to **fatigue** or even **fever** during the day.

睡眠が**外的**条件によって**妨げられる**場合，**疲労しやすく**なるか，あるいは日中に**発熱**までする可能性がある。

878 ☑	**interrupt** [ìntərʌ́pt]	他 を妨げる，を中断する ≒類 disrupt
879 ☑	**external** [ikstə́ːrnl, eks-]	形 外的な，外の ≒類 outside
880 ☑	**vulnerable** [vʌ́lnərəbl]	形 傷つきやすい，(～に) 弱い 派 vulnerability 名 傷つきやすさ
881 ☑	**fatigue** [fətíːg]	名 疲労　他 を疲れさせる ≒類 weariness 名 疲労
882 ☑	**fever** [fíːvər]	名 発熱，熱，熱病，熱狂 派 feverish 形 熱のある，熱狂的な

Disposing of such chemicals so close to the **wilderness** could **endanger** the animals that make it their **habitat** and cause **ecological** disaster.

そういった化学薬品を**原野**に極端に近い場所に**廃棄する**ことは，そこを**生息場所**とする動物**を危険にさらし**，**生態学的な**災害の原因となりかねない。

883 ☑	**dispose** [dispóuz]	他 を配置する，を（…する）気にさせる dispose of ～　～を廃棄する，～を捨てる
884 ☑	**wilderness** [wíldərnəs]	名 原野，未開地，荒野
885 ☑	**endanger** [endéindʒər]	他 を危険にさらす ≒類 threaten, jeopardize
886 ☑	**habitat** [hǽbitæ̀t]	名 生息場所
887 ☑	**ecological** [èkəlɑ́dʒikl]	形 生態学的な，生態学の 派 ecology 名 生態学，エコロジー

He peered into the telescope to track the movements of the stars in the Galaxy, hoping to unlock the mysteries of the universe.

彼は，銀河系内の星の動きをたどろうと望遠鏡を覗き込み，宇宙の不思議を解き明かしたいと考えた。

888 ☑	**peer** [píər]	自 覗き込む，じっと見る　名 同僚，仲間 ≒類 stare, gaze　自 じっと見る
889 ☑	**telescope** [téləskòup]	名 望遠鏡 派 telescopic　形 望遠鏡の，望遠鏡で見た
890 ☑	**track** [træk]	他 をたどる，の跡を追う　名 小道，足跡，鉄道線 keep [lose] track of ～　～の跡をたどる［見失う］
891 ☑	**unlock** [ʌnlák]	他 を解き明かす，の錠をあける
892 ☑	**universe** [jú:nəvə̀:rs]	名 宇宙，世界 派 universal　形 普遍的な，宇宙の，世界の

An anonymous letter regarding adult literacy was published in an annual review of sociology issues.

成人識字能力に関する匿名の手紙が，社会学の刊行物の年次書評に発表された。

893 ☑	**anonymous** [ənánəməs]	形 匿名の
894 ☑	**literacy** [lítərəsi]	名 識字能力，読み書き能力 派 literal　形 文字通りの
895 ☑	**publish** [pʌ́bliʃ]	他 を発表する，を出版する 派 publisher　名 出版社
896 ☑	**review** [rivjú:]	名 書評，批評，復習　他 を批評する，を復習する
897 ☑	**sociology** [sòusiálədʒi]	名 社会学 派 sociological　名 社会学の

Listeners were **stunned** that such a **sophisticated** journalist would **stereotype** people based on **race**, but he claims his words were taken out of **context**.

聴き手は，あんな**教養のある**ジャーナリストが**人種**に基づいて人々**を固定観念で見る**ことに**衝撃を受け**たが，彼は自分の言葉が**文脈**を無視して受け取られたと主張している。

898 ☐	**stun** [stʌ́n]	他 に衝撃を与える，をびっくりさせる ≒類 shock, amaze, astonish
899 ☐	**sophisticated** [səfístikèitid]	形 教養のある，洗練された，精巧な 派 sophistication 名 洗練
900 ☐	**stereotype** [stériətàip]	他 を固定観念で見る 名 固定観念，類型 派 stereotyped 形 型にはまった
901 ☐	**race** [réis]	名 人種，競争 自 競争する 派 racial 形 人種の，民族の
902 ☐	**context** [kántekst]	名 文脈，（文化的・社会的）状況，背景

The rocket was **launched** into the atmosphere, breaking the **barrier** of **gravity** and rising into the new **frontier** known as outer space.

ロケットは大気圏に向けて**打ち上げられ**，**重力**の**壁**を突き破って，宇宙空間として知られる新しい**領域**へと上昇していった。

903 ☐	**launch** [lɔ́:ntʃ]	他 を打ち上げる，を始める 自（事業などに）乗り出す
904 ☐	**barrier** [bǽriər]	名 壁 ≒類 barricade, bar, fence
905 ☐	**gravity** [grǽvəti]	名 重力，引力，重大さ ≒類 importance, seriousness 名 重大さ
906 ☐	**frontier** [frʌntíər, frɑn-]	名 領域，国境，辺境，最前線 ≒類 border, boundary

Navy officials criticize the decision to stop construction of new ships, saying the current capacity is insufficient for any potential conflicts.

海軍当局者たちは，新しい軍艦の建造を中止する決定を批判し，現在の軍事能力は起こりうるいかなる軍事衝突にとっても不十分であると述べた。

907 ☐	**navy** [néivi]	名 海軍 ≒類 army, military 名 軍隊
908 ☐	**criticize** [krítəsàiz]	他 を批判する，を批評する，を非難する ≒類 censure, blame
909 ☐	**construction** [kənstrʌ́kʃən]	名 建設 派 construct 他 を建設する，を構築する，を組み立てる
910 ☐	**capacity** [kəpǽsəti]	名 能力，収容能力 ≒類 ability 名 能力
911 ☐	**conflict** [kɑ́nflikt]	名 衝突，不和 ≒類 discord, clash

Children who are given intense pressure to compete with others may be inclined to cheat to avoid feeling inferior to their peers.

他の子たちと競争するよう重圧を受ける子どもたちは，同級生より劣っていると感じるのを避けるために，不正をする気になるかもしれない。

912 ☐	**intense** [inténs]	形 重い，激しい，強烈な 派 intensify 他 を強める
913 ☐	**compete** [kəmpíːt]	自 競争する，匹敵する ≒類 contend
914 ☐	**incline** [inkláin]	他 を（…する）気にさせる，を傾ける be inclined to do ... …したいと思う
915 ☐	**cheat** [tʃíːt]	自 不正をする 他 をだます ≒類 deceive
916 ☐	**inferior** [infíəriər]	形 より劣った，劣等の ≒類 poor, bad 形 劣等の

We must find an **efficient** and **practical** way to **separate** the items with **defects** from those in **sound** working condition.

安定した稼動状態の商品と**欠陥**商品と**を分ける**ための**効率的**かつ**実用的な**方法を探さなければならない。

917 ☑	**efficient** [ifíʃənt]	形 効率的な，有能な 派 efficiency 名 能率，効率
918 ☑	**practical** [prǽktikl]	形 実用的な，実際的な ≒類 utilitarian
919 ☑	**separate** 動 [sépərèit] 形 [sépərət]	他 を分ける 自 分かれる 形 分かれた，離れた ≒類 disconnect, detach 他 を分離する 自 つながりを絶つ
920 ☑	**defect** [dí:fekt, difékt]	名 欠陥，欠点 ≒類 fault, deficiency
921 ☑	**sound** [sáund]	形 安定した，健全な，（睡眠が）十分な 自 聞こえる ≒類 stable, steady 形 安定した

A lack of proper **nutrition** puts a **strain** on your internal **organs** and can lead to **various** kinds of **symptoms**.

適切な**栄養**の欠如は内**臓**に**負担**をかけ，**さまざまな**種類の**症状**を引き起こしかねない。

922 ☑	**nutrition** [n(j)u:tríʃən]	名 栄養，栄養をとること 派 nutritious 形 栄養分のある
923 ☑	**strain** [stréin]	名 負担，重圧，緊張（状態），過労 ≒類 burden 名 負担，重圧
924 ☑	**organ** [ɔ́:rgn]	名 臓器，器官 派 organism 名 有機体，生物
925 ☑	**various** [véəriəs]	形 さまざまな 派 variation 名 変化 派 variety 名 多様性
926 ☑	**symptom** [símptəm]	名 症状，兆候，兆し ≒類 sign

In her **youth**, she **yearned** for a life of **luxury**, but as she **matured** she realized she lacked the **ambition** to make it happen.

彼女は**若い頃**には**ぜいたく**な生活に**あこがれていた**が，**大人になる**につれて，自分にはそれを実現させようという**野心**が足りないということを悟った。

927 ☑	**youth** [jú:θ]	名 青春時代，若者，若々しさ in one's youth 若い頃
928 ☑	**yearn** [jə́:rn]	自 あこがれる，切望する ≒類 long
929 ☑	**luxury** [lʌ́gʒəri, lʌ́kʃəri]	名 ぜいたく 派 luxurious 形 豪華な，一流好みの
930 ☑	**mature** [mətúər, -tʃúər]	自 大人になる，成熟する 他 を成熟させる 形 成熟した ≒類 ripe 形 熟した
931 ☑	**ambition** [æmbíʃən]	名 野心，野望，熱望 派 ambitious 形 野心のある，野望に燃えている

It is a **privilege** to work with a group with such a **heritage** of **profound** thought, and I truly **appreciate** the **trust** you have placed in me.

そうした**深い**思考を**受け継いだ**集団とともに仕事をするのは**光栄**であり，私に置いてきてくださった**信頼**を心より**ありがたく思います**。

932 ☑	**privilege** [prívəlidʒ]	名 光栄なこと，名誉，特権 他 に特権を与える ≒類 right 名 特権
933 ☑	**heritage** [hérətidʒ]	名 受け継いだもの，遺産
934 ☑	**profound** [prəfáund, prou-]	形 深い，深遠な ≒類 deep, thoughtful
935 ☑	**appreciate** [əprí:ʃièit, -si-]	他 をありがたく思う，を高く評価する ≒類 esteem, respect 他 を高く評価する
936 ☑	**trust** [trʌ́st]	名 信頼，信用 他 を信頼する，を信用する 派 trustworthy 形 信頼に値する

The **merchants created** a plan that would **merge** their **specialized** services into one larger store that would **satisfy** all of their customers.

商店主たちが**作った**計画は，自分たちの**専門**サービス**を合併し**て一つの大きな店舗を作り上げ，顧客すべて**を満足させ**ようというものだった。

937 ☑	**merchant** [mə́:rtʃənt]	名 商人 派 **merchandise** 名（集合的に）商品（＝**goods**）
938 ☑	**create** [kriéit, krì:-]	他 を創造する，を作り出す ≒類 **invent**
939 ☑	**merge** [mə́:rdʒ]	他 を合併する，を溶け込ませる ≒類 **combine**
940 ☑	**specialize** [spéʃəlàiz]	他 を専門化する 自 専門とする，専攻する 派 **special** 形 専門の，特別の
941 ☑	**satisfy** [sǽtisfài]	他 を満足させる，を満たす 派 **satisfactory** 形 満足な

Although it is hard to **distinguish** between the two **procedures**, I **presume** that the **latter** would **resolve** the problem much more quickly.

この二種類の**方法**を**区別する**のは難しいが，**後者**の方がいっそう迅速に問題**を解決してくれる**だろう**と推測する**。

942 ☑	**distinguish** [distíŋgwiʃ]	自 区別する，識別する 派 **distinct** 形 異なった，別個の
943 ☑	**procedure** [prəsí:dʒər]	名 方法，手続き，手順 派 **proceed** 自 進む，前進する
944 ☑	**presume** [priz(j)ú:m]	他 と推定する，と思う 派 **presumably** 副 たぶん，おそらく（＝**probably**）
945 ☑	**latter** [lǽtər]	形 後の，後者の **the latter** 後者
946 ☑	**resolve** [rizálv]	他 を解決する，を決心する 自 決心する 派 **resolution** 名 決心，決意

The **unprecedented benefits** package the workers received was a **triumph** that was **credited** to the bargaining **skills** of the team's leader.

従業員が受け取った**前例のない福利**厚生は，チームリーダーの団体交渉**能力のおかげによる大勝利**だった。

947 ☑	**unprecedented** [ʌnprésidəntid]	形 前例のない，新奇な 与類 uncommon, unusual
948 ☑	**benefit** [bénəfit]	名 利益，恩恵 他 のためになる 自 利益を得る 与類 profit
949 ☑	**triumph** [tráiəmf, -ʌmf]	名 大勝利，大成功 自 勝利を得る 派 triumphant 形 勝利をおさめた
950 ☑	**credit** [krédit]	他 に帰する 名 信用，（大学などの）単位 be credited to ～ ～のおかげである，～のせいである
951 ☑	**skill** [skíl]	名 能力，技術，技能，熟練 派 skillful 形 上手な

Slaves were **confined** to rooms no more than a few meters **square**, some with **boundaries** made of **rusted** metal.

奴隷たちは，わずか数メートル**四方**の部屋に**閉じ込められて**いたが，中には**さびついた**金属でできた**壁**で隔てられている部屋もあった。

952 ☑	**slave** [sléiv]	名 奴隷 派 slavery 名 奴隷制度，奴隷の身分
953 ☑	**confine** [kənfáin]	他 を閉じ込める，を限定する 与類 limit, restrict, curtail 他 を制限する
954 ☑	**square** [skwéər]	名 正方形，（面積の単位）平方，2乗，（四角い）広場
955 ☑	**boundary** [báund(ə)ri]	名 境界，限界 与類 border, limit
956 ☑	**rust** [rʌ́st]	他 をさびさせる 自 さびる 名 さび 派 rusty 形 さびた，さびついた

It would not be **sensible** to **persist** in **probing** this pursuit any longer, since our results thus far are so **vague** they are nearly **useless**.

この研究の**調査**にこれ以上**固執する**ことは**賢明**ではないだろう。私たちがこれまでに得た結果は**漠然として**いてほとんど**役に立たない**のだから。

957 ☐	**sensible** [sénsəbl]	形 賢明な，分別のある ≒類 rational, reasonable
958 ☐	**persist** [pərsíst]	自 固執する，し続ける 派 persistent 形 粘り強い，しつこい
959 ☐	**probe** [próub]	他 を調査する，を探査する ≒類 investigate, scrutinize
960 ☐	**vague** [véig]	形 漠然とした，あいまいな ≒類 obscure, intangible
961 ☐	**useless** [jú:sləs]	形 役に立たない，無駄な ≒類 futile

The tires had **worn** so badly and the **wheels** had to be **reinforced** with **steel** chains **loaned** to us by a gas station.

タイヤはひどく**磨耗して**しまい，**車輪**はガソリンスタンドで**貸してもらった鋼鉄の**鎖で**補強し**なければならなかった。

962 ☐	**wear** [wéər]	自 磨耗する，すり減る 他 をすり減らす
963 ☐	**wheel** [hwí:l]	名 車輪，ハンドル
964 ☐	**reinforce** [rì:infɔ́:rs]	他 を補強する，を強める 派 reinforcement 名 補強
965 ☐	**steel** [stí:l]	名 鋼鉄 他 を強固にする，に鋼をかぶせる
966 ☐	**loan** [lóun]	他 を貸し付ける，を貸す 名 貸付け，ローン ≒類 lend 他 を貸す

It was not very **considerate** of the real estate agency to **omit** the costs of **equipping** the kitchen when making their **estimate**, since it **exceeded** what we were willing to pay.

見積りの際，不動産業者は台所の**設備**費用**を除外し**たが，それは私たちが支払うことに異存がないと考える額**を超えていた**ので，あまり**親切な**こととは言えなかった。

967 ☑	**considerate** [kənsídərət]	形 親切な，思いやりのある	与類 kind, thoughtful
968 ☑	**omit** [oumít, ə-]	他 を除外する，を省略する	与類 exclude, leave out ～
969 ☑	**equip** [ikwíp]	他 に備え付ける，に装備する	与類 furnish
970 ☑	**estimate** 名 [éstəmət] 動 [éstəmèit]	名 見積り 他 を評価する，を見積る	与類 appraisal 名 見積り，値踏み
971 ☑	**exceed** [iksí:d, ek-]	他 を超える，に勝る	与類 outstrip, excel, surpass

Founded in 1882, the first bank offered **comprehensive** services that let customers make **deposits**, **convert** money to other currencies, and even **compose** telegrams.

1882年に**設立された**最初の銀行は，顧客に**預金**，他の通貨への**換**金，さらに電報の**作成**まで**幅広い**サービスを提供した。

972 ☑	**found** [fáund]	他 を設立する，を創立する	与類 establish, institute
973 ☑	**comprehensive** [kàmprihénsiv]	形 幅広い，包括的な，理解力のある	与類 inclusive 名 包括的な
974 ☑	**deposit** [dipázət]	名 預金，手付金，堆積物，鉱床 他 を置く，を預ける	
975 ☑	**convert** [kənvə́:rt]	他 を転換する，を改宗させる 自 改宗する	派 conversion 名 転換，変化，改宗
976 ☑	**compose** [kəmpóuz]	他（曲・文）を作る，を構成する	与類 write, create 他 を創作する

The **survey** revealed that some doctors feel **obliged** to **prescribe** medicines at **relatively** high doses to **treat** the growing number of diseases.

この**調査**により，医師の中には，増えつつある多くの疾病**を治療する**ために**比較的**多い量の薬**を処方する**こと**を強いられて**いると感じる人もいることが明らかになった。

977 ☑	**survey** 名 [sə́rvei, səːrvéi] 動 [-ˊ, ˊ-]	名 調査，概観，報告書　他 を調査する，を概観する ≒類 study
978 ☑	**oblige** [əbláidʒ]	他 に強いる ≒類 compel, force, drive
979 ☑	**prescribe** [priskráib]	他（薬）を処方する，（行為など）を指示する 派 prescription　名 処方箋，指示
980 ☑	**relatively** [rélətivli]	副 比較的に，相対的に 派 relative　形 相対的な，比較上の　名 親戚
981 ☑	**treat** [tríːt]	他 を治療する，を扱う　名 楽しみ，喜び 派 treatment　名 取り扱い，治療

The **realm** of Chinese history is so vast that to **trace** any particular events, we must **refine** our search within a specific **frame** of time to **derive** any useful results.

中国史の**範囲**は膨大なので，任意の特定の出来事**をさかのぼって調べる**には，何らかの有効な結果**を引き出す**よう，具体的な時間**枠**の範囲内で検索**を洗練させ**なければならない。

982 ☑	**realm** [rélm]	名 範囲 ≒類 field, sphere
983 ☑	**trace** [tréis]	他 をさかのぼって調べる，の跡をたどる　名 跡
984 ☑	**refine** [rifáin]	他 を洗練する，を精錬する，に磨きをかける 派 refined　形 上品な，洗練された
985 ☑	**frame** [fréim]	名 枠，骨組み，構造　他 を作る，を組み立てる ≒類 structure　名 構造
986 ☑	**derive** [diráiv]	他 を引き出す　自（に）由来する ≒類 originate in ～, stem from ～　～に由来する

My **conception** of this **routine** is that it **constitutes** an excellent way to **distribute** values at fixed **intervals**.

この**日常業務**に関して持っている私の**概念**とは，これは決まった**間隔**で数値**を配信する**素晴らしい手段**を構成している**ということだ。

987 ☑	**conception** [kənsépʃən]	名 概念，心に抱くこと，考え方，想像 派 concept 名 概念
988 ☑	**routine** [ru:tí:n]	名 日常業務，日課 形 決まりきった，いつもの ≒類 usual 形 いつもの
989 ☑	**constitute** [kɑ́nstət(j)ù:t]	他 を構成する ≒類 compose
990 ☑	**distribute** [distríbjət]	他 を配信する，を分配する，を割り当てる ≒類 allocate, allot 他 を割り当てる
991 ☑	**interval** [íntərvl]	名 間隔，合間 at intervals 時々，ところどころに

He **clarified** in his speech that the **sole exception** in which he would feel **compelled** to use force is in the event of a **crisis** such as a military coup.

彼は，武力を行使すること**を強いられる**とどうしても自分が感じる**唯一の例外**は，軍事クーデターなどの**危機**が起きた場合であると，自身の演説で**明らかにした**。

992 ☑	**clarify** [klǽrifài]	他 を明らかにする，を清らかにする 派 clarity 名 明快，明瞭，清澄さ
993 ☑	**sole** [sóul]	形 唯一の ≒類 exclusive, single
994 ☑	**exception** [iksépʃən, ek-]	名 例外 派 exceptional 形 例外的な
995 ☑	**compel** [kəmpél]	他 を強いる，に強制する ≒類 force, drive, oblige
996 ☑	**crisis** [kráisis]	名 危機 ≒類 emergency

1 UNIT10

Chapter 2

受験英語からの必須語！

一般語彙　レベル 2

受験英語で学んだ単語の中から，
TOEFL® テストに頻出の単語を取り上げました。
（標準レベル）

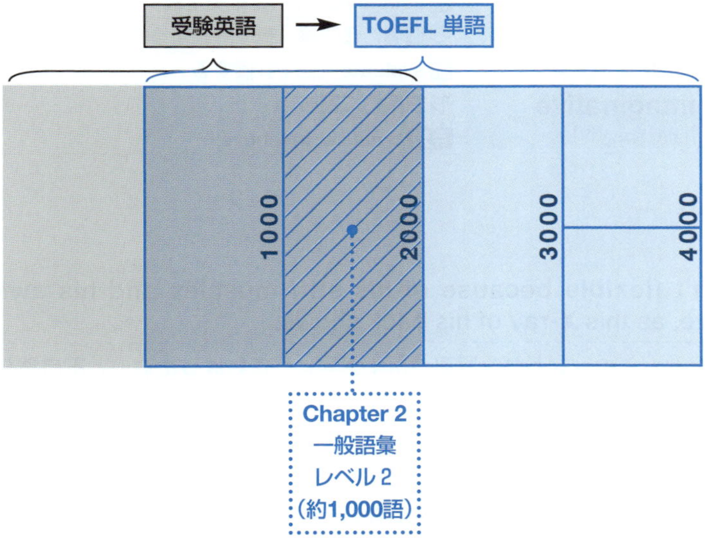

Often considered **masterpieces**, his paintings were held in high **esteem** for their **aesthetic value** and **imaginative** compositions.

彼の絵画は**傑作**であると認められることが多く，その**美的価値**と**想像力に富む**構成が高い**評価**を受けていた。

997 ☐	**masterpiece** [mǽstərpìːs]	名 傑作，名作
998 ☐	**esteem** [istíːm, es-]	名 評価，尊敬　他 を尊ぶ ≒類 respect　名 尊敬
999 ☐	**aesthetic** [esθétik, is-]	形 美的な 派 aestheticism　名 唯美主義
1000 ☐	**value** [vǽljuː]	名 価値，価値観　他 を評価する，を尊重する 派 evaluate　他 を評価する
1001 ☐	**imaginative** [imǽdʒənətiv]	形 想像力に富む ≒類 creative, inventive

He isn't **flexible** because of his **stiff** muscles and his **awkward posture**, as this **X-ray** of his back shows.

背中を写したこの**レントゲン写真**が示すように，**こわばった**筋肉と**不自然な姿勢**のせいで，彼は身体が**柔らかく**ない。

1002 ☐	**flexible** [fléksəbl]	形 柔らかい，柔軟な，変更可能な ≒類 soft　形 柔らかい
1003 ☐	**stiff** [stíf]	形 こわばった，堅い，断固とした ≒類 rigid, hard　形 堅い
1004 ☐	**awkward** [ɔ́ːkwərd]	形 ぎこちない，不器用な，気まずい，扱いにくい ≒類 clumsy
1005 ☐	**posture** [pástʃər]	名 姿勢，態度 ≒類 attitude　名 態度
1006 ☐	**X-ray** [éksrèi]	名 レントゲン写真 ≒類 radiograph

The townspeople felt **contempt** for the **wicked witch**, who was **notorious** for her **curses** on livestock.

町の人たちは，家畜に**呪い**をかけることで**悪名高い意地悪な魔女**に**軽蔑**を感じていた。

1007 ☑	**contempt** [kəntémpt]	名 軽蔑，侮辱 派 contemptuous 形 軽蔑した
1008 ☑	**wicked** [wíkid]	形 意地悪な
1009 ☑	**witch** [wítʃ]	名 魔女 ≒類 wizard 名（男の）魔法使い
1010 ☑	**notorious** [noutɔ́riəs]	形 悪名高い ≒類 infamous
1011 ☑	**curse** [kə́ːrs]	名 呪い，ののしり 他 を呪う，をののしる 反 blessing 名 祝福，恵み

These **fossil fragments suggest** that dinosaurs **dominated** this area until they were **overtaken** by some natural disaster.

こうした**化石**の**破片**は，恐竜がこの地域**を支配し**，最後には何らかの自然災害に**襲われた**こと**を暗示している**。

1012 ☑	**fossil** [fásl]	名 化石 形 化石の fossil fuel （石油・石炭などの）化石燃料
1013 ☑	**fragment** [frǽgmənt]	名 破片，かけら ≒類 part, piece
1014 ☑	**suggest** [sʌgdʒést]	他 を暗示する，をほのめかす，を提案する ≒類 imply, hint at ～
1015 ☑	**dominate** [dámənèit]	他 を支配する ≒類 rule, govern
1016 ☑	**overtake** [òuvərtéik]	他 に襲いかかる，に追いつく，を追い越す ≒類 catch up with ～ ～に追いつく

Residents of the **metropolitan** Tokyo area must **cope** with the **abundant** number of **crows** that make their **nests** near the city.

大都市東京近郊の**住人**は，街の近くに**巣**を作る**おびただしい**数の**カラス**に**立ち向かわ**なければならない。

1017 ☑	**resident** [rézidənt]	名 住人，住民，居住者　形 住んでいる ≒類 inhabitant　名 住人，住民，居住者
1018 ☑	**metropolitan** [mètrəpɑ́lətn]	形 大都市の，大都会の 派 metropolis　名 中心都市，大都市，首都
1019 ☑	**cope** [kóup]	自 立ち向かう，うまく処理する，うまく対処する cope with ～　～をうまく処理する
1020 ☑	**abundant** [əbʌ́ndənt]	形 豊富な，あり余るほどの ≒類 plentiful, affluent, profuse, ample
1021 ☑	**crow** [króu]	名 カラス ≒類 raven, rook
1022 ☑	**nest** [nést]	名 巣，避難所，隠れ場所 ≒類 retreat, hideaway　名 避難所，隠れ場所

Eventually a major conflict was started due to a **cartoon** that many believed **mocked** the **fundamental** beliefs of the religion.

ついには漫画が原因で大きな争いが始まったが，その漫画はその宗教の**基本的**信条**をからかった**と多くの人々が思ったものだった。

1023 ☑	**eventually** [ivéntʃuəli]	副 ついには，結果的に ≒類 ultimately
1024 ☑	**cartoon** [kɑːrtúːn]	名 漫画 派 cartoonish　形 漫画的な，戯画的な
1025 ☑	**mock** [mɑ́k]	他 をからかう，をばかにする ≒類 ridicule, deride, make fun of ～
1026 ☑	**fundamental** [fʌ̀ndəméntl]	形 基本的な，根本的な ≒類 essential, basic

Misery, revenge, and sorrow are some of the predominant themes we can detect throughout all of classic literature.

苦悩，復讐，そして悲しみは，あらゆる古典文学を通して見出すことができる主要なテーマの一部である。

1027 ☑	**misery** [mízəri]	名 苦悩，悲惨さ，惨めさ，不幸 派 **miserable** 形 惨めな，不幸な，不十分な
1028 ☑	**sorrow** [sárou]	名 悲しみ　自 悲しむ ≒類 **sadness, grief, woe** 名 悲しみ
1029 ☑	**predominant** [pridámənənt]	形 主要な ≒類 **chief, main, primary**
1030 ☑	**detect** [ditékt]	他 を見出す，を探知する，を発見する ≒類 **discover**
1031 ☑	**literature** [lítərətʃər]	名 文学 派 **literal** 形 文字通りの

Residents of the countryside tend to be more conservative in their political views and adhere to traditional values.

地方の住人は，政治的な考え方がいっそう保守的であり，従来の価値観に固執する傾向がある。

1032 ☑	**countryside** [kʌ́ntrisàid]	名 地方
1033 ☑	**tend** [ténd]	自 傾向がある，…しがちである 派 **tendency** 名 傾向，風潮，性癖
1034 ☑	**conservative** [kənsə́ːrvətiv]	形 保守的な　名 保守的な人
1035 ☑	**view** [vjúː]	名 考え方，眺め，風景，見解，見通し，視力
1036 ☑	**adhere** [ədhíər, æd-]	自 固執する，くっつく ≒類 **stick, cling**

The theater's **censors eliminated** all of the **naughty** parts from the **script**, leaving it **dull**.

映画館の**検閲官**たちが，**脚本**からすべての**下品な**箇所**を削除した**ので，それは**つまらない**ものになった。

1037 ☑	**censor** [sénsər]	名 検閲官 ≒類 examiner, inspector
1038 ☑	**eliminate** [ilímənèit]	他 を削除する，を除去する，を完全になくす ≒類 remove
1039 ☑	**naughty** [nɔ́:ti]	形 下品な，いたずらな，邪悪な ≒類 bad, mischievous
1040 ☑	**script** [skrípt]	名 脚本，台本，手書き ≒類 handwriting 名 手書き
1041 ☑	**dull** [dʌ́l]	形 つまらない，鈍い，退屈な ≒類 unintelligent 形 愚鈍な

The **heir** to the hotel fortune is an **eccentric** young man whose long hair is always in **knots** because he doesn't have the **dignity** to **comb** it.

そのホテルの財産**相続人**は**風変わりな**若者で，自分の長髪**に櫛を入れる品位**を持たないので，いつも髪が**もつれ**ている。

1042 ☑	**heir** [éər]	名 相続人，跡継ぎ ≒類 inheritor, successor
1043 ☑	**eccentric** [ikséntrik]	形 風変わりな，常軌を逸した ≒類 erratic, strange, unusual, odd
1044 ☑	**knot** [nát]	名 もつれ，結び目 他 を結ぶ
1045 ☑	**dignity** [dígnəti]	名 品位，威厳，尊厳 ≒類 nobility, majesty 名 気高さ，威厳
1046 ☑	**comb** [kóum]	他 に櫛を入れる 名 櫛

When I went to the hospital to get the **vaccine**, I was **startled** by how **utterly awful** the **sanitation** was.

ワクチンを接種しに病院へ行った時，私はそこの**衛生状態**が**まったくひどい**ことに**驚いた**。

1047 ☑	**vaccine** [væksí:n]	名 ワクチン 派 **vaccinate** 他 にワクチン注射をする
1048 ☑	**startle** [stá:rtl]	他 を驚かせる，をびっくりさせる 派 **startling** 形 びっくりさせるような，驚かせるような
1049 ☑	**utterly** [ʌ́tərli]	副 まったく，完全に 派 **utter** 形 まったくの，完全な
1050 ☑	**awful** [ɔ́:fl]	形 ひどい，悪い，恐ろしい，嫌な ≒類 **terrible**
1051 ☑	**sanitation** [sæ̀nətéiʃən]	名 衛生状態，下水処理 派 **sanitary** 形 衛生の，衛生的な

His **thick** glasses and **mustache** give him the appearance of being a **scholar**, but his **colleagues** know it's only his **superficial** appearance and not his true character.

彼の**分厚い**眼鏡と**口ひげ**は彼を**学者**然と見せているが，**同僚**たちにはそれは**外見上の**見せかけにすぎず彼本来の人柄ではないとわかっている。

1052 ☑	**thick** [θík]	形 厚い，太い 反 **thin** 形 薄い
1053 ☑	**mustache** [mʌ́stæʃ, məstǽʃ]	名 口ひげ
1054 ☑	**scholar** [skálər]	名 学者 派 **scholarship** 名 奨学金
1055 ☑	**colleague** [káli:g]	名（仕事の）同僚 ≒類 **associate, comrade, companion**
1056 ☑	**superficial** [sù:pərfíʃl]	形 外見上の，表面的な ≒類 **surface, exterior**

2
UNIT 1

The **crops** on this **plot** of land used to **sustain** several families, but now they can **barely feed** one.

土地のこの**小区画**での**作物**がかつてはいくつかの家族**を支えて**いたが，現在では**かろうじて**一つの家族**を食べさせる**のがやっとだ。

1057 ☐	**crop** [kráp]	名 作物　他 を収穫する　自（作物が）できる ≒類 product　名 生産物
1058 ☐	**plot** [plát]	名 小区画，陰謀，（小説などの）筋　他 を謀る ≒類 patch　名 小さな土地，一区画
1059 ☐	**sustain** [səstéin]	他 を支える，を維持する ≒類 uphold, support
1060 ☐	**barely** [béərli]	副 かろうじて，やっとのことで，ほとんど…ない ≒類 scarcely　副 ほとんど…ない
1061 ☐	**feed** [fí:d]	他 を食べさせる，を養う　自 エサを食べる ≒類 nourish　他 に栄養を与える

The current president's **administration** tells its citizens to be **patriotic**, but its own **suppression** of **civil rights** is truly un-American.

現行の大統領**政権**は市民に**愛国心を持つ**よう訴えているが，政権自らの**人権弾圧**はまことにアメリカ的ではない。

1062 ☐	**administration** [ədmìnəstréiʃən]	名 政権，政府，管理，経営，運営，行政 派 administrative　形 行政の，管理の
1063 ☐	**patriotic** [pèitriátik]	形 愛国心を持つ 派 patriotism　名 愛国心
1064 ☐	**suppression** [səpréʃən]	名 弾圧，抑制，抑圧 派 suppress　他 を抑える，を抑圧する
1065 ☐	**civil** [sívl]	形 市民の，行政の civil rights　人権，公民権，市民権
1066 ☐	**right** [ráit]	名 権利，右，正しいこと　形 正しい，右の ≒類 privilege　名 特権

Students in the **biology** class used a **microscope** to **inspect** the organisms they had been **cultivating** in the **liquid** solution.

生物学の授業で生徒たちは，**顕微鏡**を使って，溶**液**の中に**培養して**おいた有機体**を詳細に調べた**。

1067 ☑	**biology** [baiálədʒi]	名 生物学 派 biological 形 生物学の
1068 ☑	**microscope** [máikrəskòup]	名 顕微鏡 派 microscopic 形 顕微鏡の
1069 ☑	**inspect** [inspékt]	他 を詳細に調べる，を検査する，を視察する ≒類 scrutinize, investigate, probe
1070 ☑	**cultivate** [kʌ́ltəvèit]	他 を培養する，を耕す，（才能など）をみがく ≒類 till, farm 他 を耕す
1071 ☑	**liquid** [líkwid]	名 液，液体 形 液体の ≒類 fluid

The **rotting** food in the trash behind the restaurant **emitted** an **overwhelming smell** that made me **choke**.

レストランの裏のごみにある**腐りかけの**食べ物が**ものすごい匂いを放ち**，私は**息が詰まった**。

1072 ☑	**rot** [rát]	自 腐る 他 を腐敗させる ≒類 decay, spoil
1073 ☑	**emit** [imít]	他 を放つ，を排出する ≒類 give off ～, issue
1074 ☑	**overwhelming** [òuvər*h*wélmiŋ]	形 ものすごい，圧倒的な，抗しがたい 派 overwhelm 他 を圧倒する，を困惑させる
1075 ☑	**smell** [smél]	名 匂い ≒類 scent, odor
1076 ☑	**choke** [tʃóuk]	自 息が詰まる，窒息する 他 を窒息させる ≒類 strangle

Using **secondhand** machine parts, she built a **prototype** to **demonstrate** the piece of **equipment** she wanted to **invent**.

中古の機械部品を利用して，彼女は自分が**考案し**たい**装置**の一部分**を説明する**ために，**試作品**を作り上げた。

1077 ☑	**secondhand** [sékəndhǽnd]	形 中古の ≒類 used, worn
1078 ☑	**prototype** [próutoutàip, próutə-]	名 試作品，原型 ≒類 original
1079 ☑	**demonstrate** [démənstrèit]	他 を説明する，を証明する ≒類 prove, verify 他 を証明する
1080 ☑	**equipment** [ikwípmənt]	名 装置，設備，装備 ≒類 apparatus, device
1081 ☑	**invent** [invént]	他 を考案する，を発明する ≒類 create

A **flock** of consumers **descended** on **retail** stores downtown hoping to **grab** some **bargains** during the holiday sale.

多数の消費者が，休日セール中にいくつか**特価品をつかもう**と狙って，繁華街の**小売**店に**押しかけた**。

1082 ☑	**flock** [flɑ́k]	名（鳥・羊などの）群れ 自 群がる，集まる a flock of ～ 多数の～
1083 ☑	**descend** [disénd]	自 下る，降りる 他 を下る，を降りる descend on ～ ～に押しかける，～に飛びつく
1084 ☑	**retail** [rí:tèil]	名 小売り 形 小売りの
1085 ☑	**grab** [grǽb]	他 を（不意に）つかむ，をひったくる
1086 ☑	**bargain** [bɑ́:rgən]	名 特価品，契約，協定

Racial prejudice is prevalent in some rural areas due to the lack of ethnic diversity.

農村地域では，民族の多様性に乏しいことが原因で，人種的偏見が蔓延しているところがある。

1087 ☑	**prejudice** [prédʒədəs]	名 偏見，先入観　他 に偏見を持たせる	≒類 bias
1088 ☑	**prevalent** [prévələnt]	形 蔓延している，普及している，流布している	≒類 widespread, extensive
1089 ☑	**rural** [rúərəl]	形 農村の，田舎の，田園の	反 urban　形 都会の
1090 ☑	**ethnic** [éθnik]	形 民族の，民族的な	ethnic minority　少数民族
1091 ☑	**diversity** [dəvə́:rsəti]	名 多様性，相違性	≒類 variety

The widespread unemployment in this area is out of proportion to the high number of college degree holders, a trend that discourages many graduates from staying.

この地域において広範囲に及ぶ失業率は，大学の学位の所有者が多くいることと釣り合いが取れず，多くの卒業生からこの地にとどまる意欲を奪う流れとなっている。

1092 ☑	**widespread** [wáidspréd]	形 広範囲に及ぶ	≒類 prevalent, extensive
1093 ☑	**unemployment** [ʌ̀nimplɔ́imənt]	名 失業（率）	派 unemployed　形 失業中の
1094 ☑	**proportion** [prəpɔ́:rʃən]	名 釣り合い，比率，均衡，調和	in proportion to ～　～に比例して
1095 ☑	**degree** [digrí:]	名 学位，程度，（温度・角度などの）度	
1096 ☑	**discourage** [diskə́:ridʒ]	他 の意欲を奪う，の勇気をくじく，のやる気をそぐ	discourage ～ from ...ing　～に…する気をなくさせる

The fuel company achieved a breakthrough by mixing carbon particles with the oxygen in gasoline.

その燃料会社は，炭素粒子と酸素をガソリンに混合させることで飛躍的発展を遂げた。

1097 ☑	**fuel** [fjúːəl]	名 燃料 fossil fuel　化石燃料
1098 ☑	**breakthrough** [bréikθrùː]	名 飛躍的発展，突破
1099 ☑	**carbon** [kɑ́ːrbən]	名 炭素 carbon dioxide　二酸化炭素
1100 ☑	**particle** [pɑ́ːrtikl]	名 粒子，微量，小さな粒
1101 ☑	**oxygen** [ɑ́ksidʒən]	名 酸素

The civic organization welcomed the collective of chefs whose alternative forms of cuisine are considered an innovation in cooking.

市民団体は，そのシェフ集団を喜んで受け入れたし，型にはまらない彼らの料理形式は料理における革新であると認められている。

1102 ☑	**civic** [sívik]	形 市民の，市の 与類 municipal, public
1103 ☑	**collective** [kəléktiv]	名 集団　形 集合的な 派 collect　他 を集める　自 集まる
1104 ☑	**alternative** [ɔːltə́ːrnətiv]	形 型にはまらない，代わりの　名 選択肢 与類 option, choice　名 選択肢
1105 ☑	**cuisine** [kwizíːn]	名 料理 与類 cookery, cooking
1106 ☑	**innovation** [ìnəvéiʃən]	名 革新 派 innovative　形 革新的な

A funeral was held for the folk singer who collapsed onstage in front of scores of spectators last week.

先週，多数の観客を前にして舞台で倒れたフォーク歌手の葬儀が行われた。

1107 ☑	**funeral** [fjúːnərəl]	名 葬儀
1108 ☑	**folk** [fóuk]	名 フォークソング，民族，人々
1109 ☑	**collapse** [kəlǽps]	自 倒れる，崩壊する，崩れる　名 崩壊，挫折，衰弱
1110 ☑	**score** [skɔ́ːr]	名 得点，成績，（scores の形で）多数 scores of ～　多数の～
1111 ☑	**spectator** [spékteitər, –⁻–]	名 観客，見物人

The bus abruptly stopped at the intersection, scaring the pedestrians who were chatting with each other near the crosswalk.

バスが交差点で急に止まったので，横断歩道の近くでお互いにおしゃべりしていた歩行者を驚かせた。

1112 ☑	**abruptly** [əbrʌ́ptli]	副 急に，不意に 与類 suddenly
1113 ☑	**intersection** [ìntərsékʃən]	名 交差点，横断 与類 crossroad　名 交差点
1114 ☑	**scare** [skéər]	他 を驚かせる，を怖がらせる　名 恐怖，不安 派 scary　形 おびえさせる，怖がらせる
1115 ☑	**pedestrian** [pədéstriən]	名 歩行者 pedestrian bridge　歩道橋
1116 ☑	**chat** [tʃǽt]	自 おしゃべりする　名 おしゃべり 派 chatty　形 おしゃべり好きな

2
UNIT 2

A **vehicle wrecked** into a fuel station, **triggering** an **explosion** that forced all nearby residents to **flee** the area.

一台の**車**が燃料補給所にぶつかって**大破し**，**爆発を誘発し**たので近隣の住人は皆その場所**から避難さ**せられた。

1117 ☑	**vehicle** [ví:əkl]	名 乗物，手段，媒体 派 vehicular 形 車両の，乗物の
1118 ☑	**wreck** [rék]	自 大破する，難破する 名 大破，難破
1119 ☑	**trigger** [trígər]	他 を誘発する，の引き金を引く 名 引き金
1120 ☑	**explosion** [iksplóuʒən, eks-]	名 爆発 ≒類 blast
1121 ☑	**flee** [flí:]	他 から避難する，から逃げる 自 避難する，逃げる ≒類 run away 逃げる

The **refugees** who were **displaced** by the **earthquake** lived in **poverty** conditions for weeks, with many sleeping on the **pavement**.

地震によって**退去させられ**た**避難者たち**は，その多くが**舗装道路**で睡眠を取りながら，**窮乏**状態で数週間生活した。

1122 ☑	**refugee** [rèfjudʒí:]	名 避難者，難民 派 refuge 名 避難，避難所
1123 ☑	**displace** [displéis]	他 を退去させる，を故郷から追い出す，に取って代わる
1124 ☑	**earthquake** [ə́:rθkwèik]	名 地震，（社会的）大変動
1125 ☑	**poverty** [pávərti]	名 窮乏，貧乏，貧困 ≒類 need, want
1126 ☑	**pavement** [péivmənt]	名 舗装道路，歩道 派 pave 他 を舗装する

Do not hold the acid additive over the flame for too long, because its composition makes it prone to erupt like a volcano.

その酸添加剤を炎の上に長くかざしすぎてはならない。というのも，その組成が酸を火山のように噴出させる傾向があるからだ。

1127 ☑	**acid** [ǽsid]	名 酸 acid rain　酸性雨
1128 ☑	**additive** [ǽdətiv]	名 添加剤，添加物
1129 ☑	**composition** [kàmpəzíʃən]	名 組成，構成，合成物，作文，創作 派 compose　他 を構成する，（曲・文）を作る
1130 ☑	**volcano** [vɑlkéinou]	名 火山 派 volcanic　形 火山の，火山性の

2
UNIT 2

Fans were bewildered as to how the magician had the nerve to attempt such a deadly trick, and many thought he was insane.

手品師がどうしてそんな命にかかわる奇術を試みるような神経をしているのかファンは当惑したし，多くの人が彼は正気ではないと思った。

1131 ☑	**bewilder** [biwíldər]	他 を当惑させる ≒類 confound, puzzle
1132 ☑	**nerve** [nə́ːrv]	名 神経，図々しさ 派 nervous　形 神経質な，不安な
1133 ☑	**attempt** [ətémpt]	他 を試みる，を企てる　名 試み，企て
1134 ☑	**deadly** [dédli]	形 命にかかわる，致命的な，致死の ≒類 fatal
1135 ☑	**insane** [inséin]	形 正気でない ≒類 crazy

In **defiance** of employees' **vocal** protests, the board voted to **revise** the company policy to **abolish** the **pension** system for new hires.

従業員らの**口頭による**抗議を**無視**して，委員会は新規雇用者を対象とした**年金**制度**を廃止する**ために，会社の方針**を改正する**ことを可決した。

1136 ☑	**defiance** [difáiəns]	名（公然たる）無視，大胆な抵抗 派 defiant 形 挑戦的な，反抗的な
1137 ☑	**vocal** [vóukl]	形 口頭による，声の，音声の　名 ボーカル
1138 ☑	**revise** [riváiz]	他 を改正する，を修正する，を変更する ≒類 alter, change, amend
1139 ☑	**abolish** [əbáliʃ]	他 を廃止する ≒類 do away with ～, get rid of ～
1140 ☑	**pension** [pénʃən]	名 年金 派 pensioner 名 年金生活者

She entered the **nursing profession** to help the **handicapped** and those **afflicted** with mental **disorders**.

彼女は，**障害者**や精神**疾患**に**苦しむ**人々の力になるために**看護の仕事**を始めた。

1141 ☑	**nursing** [nə́ːrsiŋ]	形 看護の，哺乳の　名 保育業務 派 nursery 名 育児室，子ども部屋，託児所
1142 ☑	**profession** [prəféʃən]	名 仕事，職業 ≒類 occupation, job, vocation, career
1143 ☑	**handicapped** [hǽndikæ̀pt]	形 障害のある，不具の the handicapped　障害者
1144 ☑	**afflict** [əflíkt]	他 を苦しめる，を悩ます ≒類 trouble, burden, distress, worry
1145 ☑	**disorder** [disɔ́ːrdər, diz-]	名 疾患，無秩序，乱雑 ≒類 mess 名 乱雑

The **lungs** of men working in the **coal mine** were **contaminated** from the thick black air they had **breathed** for years.

炭鉱で働く人々の**肺**は，何年もの間**吸い込んできた**濃い汚れた空気で**汚染されていた**。

1146 ☑	**lung** [lʌ́ŋ]	名 肺
1147 ☑	**coal** [kóul]	名 石炭
1148 ☑	**mine** [máin]	名 鉱山 派 **miner** 名 鉱山業者，鉱夫
1149 ☑	**contaminate** [kəntǽminèit]	他 を汚染する ≒類 **pollute**
1150 ☑	**breathe** [bríːð]	他 を吸い込む 自 呼吸する 派 **breath** 名 呼吸

Congress plans to **regulate** energy usage as part of a **strategy** to **spread** the use of **solar** power.

国会は，**太陽熱**発電の使用**を広める**ための**戦略**の一部として，エネルギーの利用**を規制する**予定である。

1151 ☑	**congress** [káŋgrəs]	名 国会，議会 ≒類 **assembly, meeting** 名 議会
1152 ☑	**regulate** [régjəlèit]	他 を規制する，を調整する ≒類 **control, govern, rule**
1153 ☑	**strategy** [strǽtədʒi]	名 戦略，作戦 ≒類 **tactics** 名 戦略
1154 ☑	**spread** [spréd]	他 を広める，を普及させる 自 広がる ≒類 **diffuse, propagate** 他 を広める
1155 ☑	**solar** [sóulər]	形 太陽熱を利用した，太陽の **solar eclipse** 日食

2
UNIT 2

The dazzling skater excelled in the competition with a magnificent performance that combined technique and grace.

その見事なスケーターは，技術と優美さが組み合わされた堂々たる演技で，競技会において優れた成績を収めた。

1156 ☐	**dazzling** [dǽzliŋ]	形 見事な，まぶしい，目がくらむほどの 派 **dazzle** 他 の目をくらます，をまぶしがらせる
1157 ☐	**excel** [iksél, ek-]	自 優れている，他にまさる 他 より優れている ≒類 **exceed, outstrip, surpass** 他 にまさる
1158 ☐	**magnificent** [mægnífəsnt]	形 堂々とした，荘厳な ≒類 **superb**
1159 ☐	**combine** [kəmbáin]	他 を組み合わせる，を結合させる 自 結合する ≒類 **merge** 他 を合併する
1160 ☐	**grace** [gréis]	名 優美さ，気品 派 **graceful** 形 優雅な，上品な

The doctor gave him an oral medicine to help soothe the acute pain of his sprained ankle and broken toe.

医者は，捻挫した足首と骨折した足指の激痛を和らげるために，彼に経口薬を与えた。

1161 ☐	**oral** [ɔ́:rəl]	形 経口の，口頭の，口の
1162 ☐	**soothe** [sú:ð]	他 を和らげる，をなだめる ≒類 **lull, calm**
1163 ☐	**acute** [əkjú:t]	形 激しい，鋭い，深刻な，急性の ≒類 **sharp, keen** 形 鋭い
1164 ☐	**ankle** [ǽŋkl]	名 足首，くるぶし
1165 ☐	**toe** [tóu]	名 足指，爪先，足の先

The puppy didn't make a peep as he crawled into my lap, yawned and started to take a nap.

子犬は鳴き声をあげずに私の膝にはってきて，あくびをし，昼寝をし始めた。

1166 ☑	**peep** [pí:p]	名 ピーピーいう音［鳴き声］ 自 ピーピー泣く ≒類 cry
1167 ☑	**crawl** [krɔ́:l]	自 はう，はって進む ≒類 creep
1168 ☑	**lap** [lǽp]	名 膝
1169 ☑	**yawn** [jɔ́:n]	自 あくびをする 名 あくび
1170 ☑	**nap** [nǽp]	名 昼寝，居眠り 自 うたた寝する，居眠りする ≒類 sleep, doze

The weather forecast called for more humid weather near the equator and some storms and morning frost in parts of Europe.

天気予報は，赤道付近の天気はさらに湿度が高くなり，またヨーロッパの一部では嵐が吹く場合があって朝には霜が降りると予報した。

1171 ☑	**forecast** [fɔ́:*r*kæ̀st]	名 予報，予測 他 を予報する ≒類 prediction, prophecy 名 予測
1172 ☑	**humid** [hjú:mid]	形 湿度が高い，蒸し暑い，湿気の多い ≒類 damp, moist, wet
1173 ☑	**equator** [ikwéitə*r*]	名 赤道 派 equatorial 形 赤道の
1174 ☑	**storm** [stɔ́:*r*m]	名 嵐 ≒類 tempest
1175 ☑	**frost** [frɔ́(:)st]	名 霜 ≒類 freeze

The **mayor** was **elected** because he is a **moderate** whose budget **initiatives** can bring the town back to **prosperity**.

市長が**選出された**のは，彼が**穏健主義者**であり，彼の予算の**施策**が町に**繁栄**を呼び戻す可能性があるからだ。

1176 ☑	**mayor** [méiər]	名 市長
		派 **mayorship** 名 市長の職
1177 ☑	**elect** [ilékt]	他 を選出する，を選ぶ
		派 **election** 名 選挙
1178 ☑	**moderate** 名形 [mádərət] 動 [mádərèit]	名 穏健主義者 形 適度な 他 を和らげる
		≒類 **calm, lessen** 他 を和らげる
1179 ☑	**initiative** [iníʃətiv, -ʃiə-]	名 施策，主導権，自発性，独創性
		派 **initiate** 他 を始める
1180 ☑	**prosperity** [prɑspérəti]	名 繁栄
		派 **prosper** 自 繁栄する，成功する

Critics considered the **narrative prose** in the author's work **rigid** with too many **abstract metaphors**.

批評家たちは，その作家の作品中にある**物語散文**は，**抽象的な隠喩**が多すぎて**堅い**と判断した。

1181 ☑	**narrative** [nǽrətiv]	形 物語の 名 物語
		≒類 **story, tale** 名 物語
1182 ☑	**prose** [próuz]	名 散文
1183 ☑	**rigid** [rídʒid]	形 堅い，堅苦しい，厳格な，頑固な
		≒類 **stiff, hard**
1184 ☑	**abstract** [ǽbstrækt]	形 抽象的な
1185 ☑	**metaphor** [métəfɔ̀ːr, -fər]	名 隠喩，比喩

Her mother, who was **addicted** to illegal drugs, showed her little **affection** and **abused** her by using **cruel** and **excessive** force.

違法薬物**中毒**であった彼女の母親は，彼女にほとんど**愛情**を示さず，**残酷で過剰な**暴力を用いて**虐待した**。

1186 ☑	**addict** 動[ədíkt] 名[ǽdikt]	他 を中毒にする 名 中毒患者 派 **addictive** 形 中毒性の
1187 ☑	**affection** [əfékʃən]	名 愛情，愛着，好意 派 **affectionate** 形 愛情深い
1188 ☑	**abuse** 動[əbjú:z] 名[əbjú:s]	他 を虐待する，を乱用する 名 虐待，乱用 ≒類 **misuse** 他 を虐待する
1189 ☑	**cruel** [krú:əl]	形 残酷な ≒類 **vicious**
1190 ☑	**excessive** [iksésiv, ek-]	形 過剰な，過度の ≒類 **inordinate**

Despite its **grotesque** appearance, the **statue** in the **tomb** is worshiped as an **idol** and **adored** by millions.

奇怪な外見にもかかわらず，**墓**の**彫像**は**偶像**として崇拝され，何百万人もの人々に**あがめられて**いる。

1191 ☑	**grotesque** [groutésk]	形 奇怪な，グロテスクな ≒類 **bizarre, weird** 形 奇怪な
1192 ☑	**statue** [stǽtʃu:]	名 彫像 ≒類 **statuette, sculpture**
1193 ☑	**tomb** [tú:m]	名 墓 ≒類 **grave**
1194 ☑	**idol** [áidl]	名 偶像 ≒類 **icon**
1195 ☑	**adore** [ədɔ́:r]	他 をあがめる，を崇拝する ≒類 **worship, glorify**

The man had to **undergo surgery** to remove blockage in a blood **vessel** in his **liver** that was **interfering** with its normal function.

その男は，**肝臓**の中で正常機能を**妨げて**いた，血**管**中の閉塞を取り除く**手術を受け**なければならなかった。

1196 ☑	**undergo** [ʌndərgóu]	他 を受ける，を経験する ≒類 go through ～
1197 ☑	**surgery** [sə́:rdʒəri]	名 手術 ≒類 operation
1198 ☑	**vessel** [vésl]	名 管，血管，大型船，器
1199 ☑	**liver** [lívər]	名 肝臓
1200 ☑	**interfere** [ìntərfíər, ìntə-]	自 妨げる，じゃまする，干渉する ≒類 hinder, prevent

Outraged that the time he **contributed** to the project was **rudely overlooked** by the committee, he refused to **participate** in the closing ceremony.

自分がそのプロジェクトに**提供した**時間を委員会に**無礼にも無視された**ことに**憤慨し**，彼は閉会式に**参加する**ことを拒否した。

1201 ☑	**outrage** [áutrèidʒ]	他 を憤慨させる ≒類 resent
1202 ☑	**contribute** [kəntríbju:t]	他 を提供する，を寄付する　自 寄与する，貢献する 派 contribution　名 貢献，寄付
1203 ☑	**rudely** [rú:dli]	副 無礼にも ≒類 impolitely
1204 ☑	**overlook** [òuvərlúk]	他 を無視する，を見落とす，を見逃す，を見渡す
1205 ☑	**participate** [pɑ:rtísəpèit]	自 参加する ≒類 take part

An organism not **visible** to the naked eye caused an **outbreak** of **disease** that **infected** thousands.

肉眼では**見えない**微生物が，何千人もの人々**に伝染する病気**の**突発的な大発生**を引き起こした。

1206 ☑	**visible** [vízəbl]	形 目に見える ≒類 observable
1207 ☑	**outbreak** [áutbrèik]	名 突発的な大発生
1208 ☑	**disease** [dizí:z]	名 病気 ≒類 illness, sickness
1209 ☑	**infect** [infékt]	他 に伝染する，に（病気を）うつす，を感染させる 派 infectious 形 伝染病の

In terms of **geography**, those making the **expedition** could not **conceive** that the country was so **gigantic** when they planned the initial **voyage**.

地理的に見て，**探検**に行く人々には，最初の**航海**を計画した時に，その国がそこまで**巨大である**とは**想像**もできなかった。

1210 ☑	**geography** [dʒiágrəfi]	名 地理，地形 派 geographical 形 地理的な（＝geographic）
1211 ☑	**expedition** [èkspədíʃən]	名 探検，遠出，探検隊
1212 ☑	**conceive** [kənsí:v]	他 を想像する，と考える 自 想像する，考える，思いつく 派 concept 名 概念，考え
1213 ☑	**gigantic** [dʒaigǽntik]	形 巨大な ≒類 huge, immense, tremendous, enormous, colossal
1214 ☑	**voyage** [vɔ́iidʒ]	名 航海，人生行路，宇宙旅行 ≒類 navigation 名 航海

An **acquaintance** of mine is an **advocate** of a **ban** on **racial** discrimination and was an **attendant** at the civil rights protest yesterday.

私の**知人の**一人は**人種**差別**禁止**の**支持者**であり，昨日の人権に関する抗議集会の**参加者**だった。

1215 ☑	**acquaintance** [əkwéintəns]	名 知人，交際，知識 派 acquaint 他 に知らせる
1216 ☑	**advocate** 名 [ǽdvəkət, -keit] 動 [-kèit]	名 支持者，主張する人 他 を主張する，を支持する ≒類 supporter, backer 名 支持者
1217 ☑	**ban** [bǽn]	名 禁止 ≒類 prohibition
1218 ☑	**racial** [réiʃl]	形 人種の，民族の 派 race 名 人種
1219 ☑	**attendant** [əténdənt]	名 参加者，付添人 ≒類 escort 名 付添人

There is no **absolute guarantee** that the type of **timber** you requested for your **roof** will be available, so please plan **accordingly**.

あなたが**屋根**用に要請した種類の**木材**が入手できるという**絶対的な保証**はないので，**それに応じて**計画を立ててください。

1220 ☑	**absolute** [ǽbsəlùːt]	形 絶対的な，絶対の，完全な ≒類 implicit
1221 ☑	**guarantee** [gæ̀rəntíː]	名 保証，保証人 他 を保証する ≒類 assurance 名 保証
1222 ☑	**timber** [tímbər]	名 木材 ≒類 wood, lumber
1223 ☑	**roof** [rúːf, rúf]	名 屋根
1224 ☑	**accordingly** [əkɔ́ːrdiŋli]	副 それに応じて，それ相応に，したがって 派 according 形 一致した

The idea that **aliens** from **Mars** are going to **invade** the planet and cause **chaos** is simply **absurd**.

火星からやってくる**宇宙人**が地球**を侵略して大混乱**をもたらすだろうという考えは，**ばかげている**というほかない。

1225 ☑	**alien** [éiliən,-ljən]	名 宇宙人，外国人　形 外国人の，なじみがない ≒類 foreigner　名 外国人
1226 ☑	**Mars** [mɑ́ːrz]	名 火星
1227 ☑	**invade** [invéid]	他 を侵略する，に侵入する 派 invasion　名 侵入，侵略
1228 ☑	**chaos** [kéiɑs]	名 大混乱，混沌，無秩序 派 chaotic　形 混沌とした
1229 ☑	**absurd** [əbsə́ːrd, -zə́ːrd]	形 ばかげている，不合理な ≒類 ridiculous, foolish, laughable

In the famous baseball player's **biography**, his wife **contends** that she **confronted** him about the **reckless** behavior in which he regularly **indulged**.

その有名な野球選手の**伝記**の中で，彼の妻は彼がしょっちゅう**ふけっていた向こう見ずな**行為に関して彼**と対決していたと主張している**。

1230 ☑	**biography** [baiɑ́grəfi]	名 伝記
1231 ☑	**contend** [kənténd]	他 と主張する　自 戦う，争う，議論する ≒類 claim　他 と主張する
1232 ☑	**confront** [kənfrʌ́nt]	他 と対決する，に立ち向かう，に直面する ≒類 face
1233 ☑	**reckless** [rékləs]	形 向こう見ずな ≒類 rash
1234 ☑	**indulge** [indʌ́ldʒ]	自 ふける　他 にふけらせる，を甘やかす 派 indulgence　名 道楽，快楽，甘やかすこと

The rumor about his tacit support of terrorism began to bother the statesman, and he publicly disputed the charges.

その政治家の暗黙のテロリズム支持に関するうわさが彼を悩ませるようになったので，彼は公衆の面前で非難に異議を唱えた。

1235 ☑	rumor [rú:mər]	名 うわさ ≒類 gossip
1236 ☑	tacit [tǽsit]	形 暗黙の ≒類 implicit
1237 ☑	bother [báðər]	他 を悩ます，を困らせる　自 思い悩む，気にする ≒類 vex, annoy　他 を悩ます
1238 ☑	statesman [stéitsmən]	名 政治家 ≒類 politician
1239 ☑	dispute [dispjú:t]	他 に異議を唱える，を議論する　自 議論する，言い争う ≒類 object, protest　他 に異議を唱える

The limb of the tallest tree in the meadow was struck by lightning, and it clung to the tree for a few minutes before falling to the bottom.

牧草地で最も高い木の大枝は稲妻に打たれ，数分間木にくっついていたが，その後根元に落ちた。

1240 ☑	limb [lím]	名 大枝，手足 ≒類 bough, branch　名 枝
1241 ☑	meadow [médou]	名 牧草地 ≒類 pasture
1242 ☑	lightning [láitniŋ]	名 稲妻
1243 ☑	cling [klíŋ]	自 くっつく，固執する ≒類 adhere, stick
1244 ☑	bottom [bátəm]	名 底，（木の）根元

This mold can **irritate** the lungs and create a **nasty cough**, so use this mask to **decrease** your risk of breathing it in.

このかびは肺**に炎症を起こさせて不快なせき**を引き起こすことがあるので，吸い込んでしまう危険**を減らす**ためにこのマスクを使ってください。

1245 ☑	**irritate** [íritèit]	他 に炎症を起こさせる，をいらだたせる ≒類 annoy 他 をいらだたせる
1246 ☑	**nasty** [nǽsti]	形 不快な，嫌な，意地悪な ≒類 unpleasant, disturbing
1247 ☑	**cough** [kɔ́(:)f]	名 せき 自 せきをする
1248 ☑	**decrease** 動 [dìːkríːs, di-] 名 [díːkriːs, dikríːs]	他 を減らす 自 減少する 名 減少 ≒類 shrink, reduce 自 減ずる 他 を減らす

Even **communist** countries could not **settle** the imbalance of those with **greedy appetites** and their fellow countrymen who were **starving**.

共産主義国でさえも，**貪欲**な者たちと**飢えている**同胞の不均衡**を解決する**ことができなかった。

1249 ☑	**communist** [kámjənist]	名 共産主義者 形 共産主義の 派 communism 名 共産主義
1250 ☑	**settle** [sétl]	他 を解決する，を置く 自 定住する，落ち着く ≒類 solve, resolve 他 を解決する
1251 ☑	**greedy** [gríːdi]	形 欲張りな，貪欲な ≒類 avaricious, hungry
1252 ☑	**appetite** [ǽpətàit]	名 欲，食欲，欲求
1253 ☑	**starve** [stáːrv]	自 飢える，餓死する 他 を飢えさせる 派 starvation 名 餓死，飢餓

In **feudal** times, the **lords imposed** strict controls so that **peasants** could only own a **modest** amount of land.

封建時代には，**農民**が**ささやかな**土地しか所有できないように**君主**が厳しい取締まり**を押しつけた**。

1254 ☑	**feudal** [fjúːdl]	形 封建制の 派 **feudalism** 名 封建制度
1255 ☑	**lord** [lɔ́ːrd]	名 君主，（Lord の形で）神 ≒類 **ruler** 名 支配者
1256 ☑	**impose** [impóuz]	他（意見など）を押しつける，（義務など）を課す 派 **imposition** 名 押しつけること，課税
1257 ☑	**peasant** [péznt]	名 農民 ≒類 **farmer**
1258 ☑	**modest** [mádəst]	形 ささやかな，謙虚な，控えめな，質素な

Though her parents **dispensed** an **ample allowance** to her every week, she **literally** spent it all the same day, for which she was frequently **scolded**.

彼女の両親は彼女に毎週**十分な小遣いを与えた**が，彼女は**文字通り**その日のうちに使い切ってしまい，そのことでたびたび**しかられた**。

1259 ☑	**dispense** [dispéns]	他 を与える，を分配する ≒類 **distribute** 他 を分配する
1260 ☑	**ample** [ǽmpl]	形 十分な ≒類 **enough, sufficient, adequate, substantial**
1261 ☑	**allowance** [əláuəns]	名 小遣い，（会社などが支給する）手当 派 **allow** 他 を許す，を許可する
1262 ☑	**literally** [lítərəli]	副 文字通りに 派 **literal** 形 文字通りの
1263 ☑	**scold** [skóuld]	他 をしかる 自 しかる

Though its **gross margin** improved in the first quarter, the company took a **loss** in the second, causing its stock price to **tumble** **drastically**.

その会社は第1四半期で**粗利益**が増大したが，第2四半期で**損失**を出したせいで株価が**急激に暴落した**。

1264 ☑	**gross** [gróus]	形 おおまかな，総体の，はなはだしい，粗い	≒類 total 形 総計の
1265 ☑	**margin** [má:rdʒin]	名 利益，マージン，縁，余白	gross margin 粗利益
1266 ☑	**loss** [lɔ́(:)s]	名 損失，損害，失うこと，喪失	派 lose 他 を失う，に負ける 自 損をする，負ける
1267 ☑	**tumble** [tʌ́mbl]	自 暴落する，倒れる 他 を倒す 名 転落，転倒	≒類 fall, drop 自 落ちる
1268 ☑	**drastically** [drǽstikəli]	副 急激に，徹底的に	≒類 thoroughly, completely 副 徹底的に

Their traditional dress **incorporates** **woven** designs and **ornaments** that are **sewn** into the **fabric** of their garments.

彼らの伝統的衣装は，衣服の**布地**に**織**模様と**縫いつけられた装飾品を取り入れている**。

1269 ☑	**incorporate** [inkɔ́:rpərèit]	他 を取り入れる，を組み込む	≒類 join, include
1270 ☑	**weave** [wí:v]	他 を織る	≒類 knit 他 を編む
1271 ☑	**ornament** [ɔ́:rnəmənt]	名 装飾品	≒類 decoration
1272 ☑	**sew** [sóu]	他 を縫う	sewing machine ミシン
1273 ☑	**fabric** [fǽbrik]	名 布地，布，構造	派 fabricate 他 をでっちあげる

Call me **pessimistic**, but seeing the **hostile** resistance to our effort to spread **democracy**, I believe the **outcome** of this war will be **grim**.

悲観的と思われるだろうが，**民主主義**を広めようとする私たちの努力への**敵意のある**抵抗を見ると，この戦争の**結果**は**恐ろしい**ものになるだろうと私は思う。

1274 ☑	**pessimistic** [pèsəmístik]	形 悲観的な ≒類 gloomy
1275 ☑	**hostile** [hástl]	形 敵意のある ≒類 antagonistic
1276 ☑	**democracy** [dimákrəsi]	名 民主主義，民主国家 派 democratic　形 民主（主義）的な
1277 ☑	**outcome** [áutkʌm]	名 結果，結末，成果 ≒類 consequence, result
1278 ☑	**grim** [grím]	形 恐ろしい，ぞっとするような，いかめしい 派 grimace　名 顔をゆがめること，しかめ面

I **suppose** that he considered it a **novelty** to wear the fake **beard** as a **disguise**, but the **spectacle** he created amused no one.

私が**思う**には，彼は**仮装**としてつけ**ひげ**をつけるのが**目新しいこと**と考えたのだろうが，彼が作り出した**見世物**は誰も面白がらなかった。

1279 ☑	**suppose** [səpóuz]	他 と思う，と想像する，と仮定する ≒類 assume
1280 ☑	**novelty** [návəlti]	名 目新しいこと，目新しさ ≒類 originality　名 斬新さ
1281 ☑	**beard** [bíərd]	名 ひげ ≒類 mustache, whisker
1282 ☑	**disguise** [disgáiz]	名 変装，見せかけ　他 を変装させる
1283 ☑	**spectacle** [spéktəkl, -tikl]	名 見世物，光景，壮観，（spectacles の形で）眼鏡 派 spectacular　形 壮観な，見ごたえのある

Prior to the invention of the telephone, **telegrams** were the most **convenient** way to **convey** important information or **correspond** over long distances.

電話の発明より**前**には，遠距離で重要な情報**を伝え**たり**通信する**のに**電報**が最も**便利な**方法だった。

1284 ☑	**prior** [práiər]	形（時間・順序が）前の，先の，優先する	派 priority 名 優先，優先事項
1285 ☑	**telegram** [téləgræm]	名 電報	≒類 telegraph
1286 ☑	**convenient** [kənví:niənt]	形 便利な，都合のよい	≒類 handy, useful
1287 ☑	**convey** [kənvéi]	他 を伝える，を運ぶ	≒類 carry, transport, transfer
1288 ☑	**correspond** [kɔ̀:rəspɑ́nd, kɑ̀r-]	自 通信する，一致する，相当する	≒類 agree, accord 自 一致する

To **affirm** its **autonomy**, the **province** refused to **obey** the laws of the central **republic**.

自治権を持つ**と主張する**ために，その**地方**は中央**共和制国家**の法律**に従う**ことを拒否した。

1289 ☑	**affirm** [əfə́:rm]	他 と主張する，と断言する	派 affirmative 形 肯定的な 名 肯定
1290 ☑	**autonomy** [ɔ:tɑ́nəmi]	名 自治権，自治	
1291 ☑	**province** [prɑ́vins]	名 地方，田舎	≒類 countryside, country
1292 ☑	**obey** [oubéi, ə-]	他 に従う，を守る	≒類 follow, comply with ～
1293 ☑	**republic** [ripʌ́blik]	名 共和制国家	≒類 commonwealth

Though her face was **wrinkled** and her beauty had **largely withered** away over time, her **hospitality** was the quality that made her truly **gorgeous**.

彼女の顔には**しわが刻ま**れ，長い年月の間に彼女の美しさは**大部分があせてしまっ**ていたが，彼女の**親切なもてなし**は彼女を実に**魅力的**にする特性だった。

1294 ☐	**wrinkle** [ríŋkl]	他 にしわを寄らせる 自 しわが寄る 名 しわ	≒類 crease 名 しわ
1295 ☐	**largely** [lá:rdʒli]	副 大部分は，主として，たいてい，広く	≒類 mainly, chiefly 副 主として
1296 ☐	**wither** [wíðər]	自 あせる，しぼむ，しおれる 他 を衰えさせる	≒類 wilt, fade 自 あせる
1297 ☐	**hospitality** [hàspətǽləti]	名 親切なもてなし，歓待	≒類 kindness
1298 ☐	**gorgeous** [gɔ́:rdʒəs]	形 魅力的な，すてきな，豪華な，見事な	≒類 splendid

It is **crucial** that police **capture** and **arrest** the **burglar** soon, because his victims are getting very **impatient**.

警察がすぐに**泥棒を捕え**て**逮捕する**ことが**極めて重要**である。というのは，被害者たちがはなはだ**いらつき**だしているからだ。

1299 ☐	**crucial** [krú:ʃl]	形 極めて重要な，重大な，決定的な	≒類 important 形 重大な
1300 ☐	**capture** [kǽptʃər]	他 を捕える，を獲得する 名 捕獲すること，捕獲物	≒類 seize 他 を捕える
1301 ☐	**arrest** [ərést]	他 を逮捕する 名 逮捕	派 arresting 形 人目を引く
1302 ☐	**burglar** [bə́:rglər]	名 泥棒	≒類 thief
1303 ☐	**impatient** [impéiʃənt]	形 いらいらしている，我慢できない	≒類 nervous, intolerable

This **shrine** is the most famous **landmark** in the country, though its once **genuine** gold statue was **replaced** with a **synthetic** one in the 1950s.

この**神社**は国で最も有名な**歴史的建造物**である。もっとも，かつては**本物の**金でできたそこの像は1950年代に**作り物の**像と**取り替えられ**たが。

1304 ☑	**shrine** [ʃráin]	名 神社
1305 ☑	**landmark** [lǽndmὰːrk]	名 歴史的建造物，画期的な事件，境界標識 ≒類 **milestone** 名 画期的な出来事
1306 ☑	**genuine** [dʒénjuin]	形 本物の，心からの，純粋な ≒類 **real, true, authentic** 形 正真正銘の
1307 ☑	**replace** [ripléis]	他 を取り替える，に取って代わる ≒類 **take the place of ～, substitute for ～** ～に取って代わる
1308 ☑	**synthetic** [sinθétik]	形 作り物の，人造の，合成の ≒類 **compound, complex** 形 合成の

I remain **optimistic** about the **awesome potential** of **mankind** to overcome even the most difficult **obstacles**.

最も困難な**障害**でさえも乗り越える**人類**の**すさまじい可能性**について，相変わらず私は**楽天的**である。

1309 ☑	**optimistic** [ὰptəmístik]	形 楽天的な，楽観的な ≒類 **carefree, easygoing**
1310 ☑	**awesome** [ɔ́ːsəm]	形 すさまじい，畏敬の念を表した ≒類 **awe-inspiring**
1311 ☑	**potential** [pəténʃəl, pou-]	名 可能性，潜在能力 形 可能性のある，潜在的な ≒類 **latent** 形 潜在の
1312 ☑	**mankind** [mǽnkáind]	名 人類 ≒類 **humanity, people, humans**
1313 ☑	**obstacle** [ɑ́bstəkl]	名 障害，障害物 ≒類 **barrier, impediment**

The **minister** was very **straightforward** in the interview about **intimate** details of life with his **spouse**, which caused quite a **stir** in the media.

その**大臣**は，**配偶者**との生活に関する**個人的な**内容のインタビューの中で大変**率直**だったので，メディアに大変な**物議**を醸した。

1314 ☑	**minister** [mínəstər]	名 大臣，牧師 派 ministry 名（政府の）省
1315 ☑	**straightforward** [strèitfɔ́ːrwərd]	形 率直な，正直な ≒類 honest, truthful
1316 ☑	**intimate** [íntəmət]	形 個人的な，私事の，親密な 派 intimacy 名 親密さ
1317 ☑	**spouse** [spáus, spáuz]	名 配偶者 ≒類 partner, mate
1318 ☑	**stir** [stə́ːr]	名 物議，かくはん 他 をかき混ぜる ≒類 mix 他 をかき混ぜる

Critics of the play **applauded** most of the performances but were **disappointed** by the **considerable flaws** in the script.

演劇**評論家**たちは大半の演技**を賞賛したが**，台本中の**かなりの不備**には**失望した**。

1319 ☑	**critic** [krítik]	名 評論家，批評家 ≒類 reviewer
1320 ☑	**applaud** [əplɔ́ːd]	他 を賞賛する 自 賞賛する，拍手する ≒類 praise 他 を賞賛する
1321 ☑	**disappoint** [dìsəpɔ́int]	他 を失望させる，をがっかりさせる 派 disappointment 名 失望，落胆
1322 ☑	**considerable** [kənsídərəbl]	形 かなりの ≒類 large, many
1323 ☑	**flaw** [flɔ́ː]	名 不備，きず，割れ目 ≒類 imperfection 名 不備

In **astronomy**, students use every **imaginable** kind of **instrument** to **precisely** measure the orbits of the planets around the sun.

天文学では，太陽の周りを回る惑星の軌道を**正確に**測定するために学生たちは**考えられるかぎりの**種類の**機器**を残らず使用する。

1324 ☑	**astronomy** [əstrάnəmi]	名 天文学 派 astronomical 形 天文学の，天文学的な
1325 ☑	**imaginable** [imǽdʒənəbl]	形 考えられるかぎりの，想像できる ≒類 thinkable, conceivable
1326 ☑	**instrument** [ínstrəmənt]	名 機器，器具，道具，楽器 ≒類 tool, implement
1327 ☑	**precisely** [prisáisli]	副 正確に，まさに 派 precise 形 正確な，まさにその

In the **orchard**, the **blossom** was carried from its **branch** by the **breeze** and **drifted** down the stream.

果樹園で，**花**が**そよ風**に乗って**枝**から運ばれ，川の流れに**漂って**いった。

1328 ☑	**orchard** [ɔ́:rtʃərd]	名 果樹園，果樹
1329 ☑	**blossom** [blάsəm]	名 花 自 花が咲く ≒類 flower, bloom
1330 ☑	**branch** [brǽntʃ]	名 枝，支店，部門 ≒類 bough, limb 名 枝
1331 ☑	**breeze** [brí:z]	名 そよ風 ≒類 wind, blow
1332 ☑	**drift** [dríft]	自 漂う，漂流する 名 漂流 ≒類 float

Shoppers were **perplexed** as to why the **grocery** store would place its **shelves** at a **height** that few could reach with **ease**.

買い物客たちは，その**食料品**店が**容易**に手を伸ばして取れる人がほとんどいないような**高さ**にどうして**棚**を据えようとするのか**困惑した**。

1333 ☑	**perplex** [pərpléks]	他 を困惑させる，を困らせる ≒類 confuse, confound, bewilder, annoy
1334 ☑	**grocery** [gróusəri]	名 食料品，食料品店 派 grocer 名 食料品店の主人
1335 ☑	**shelf** [ʃélf]	名 棚 ≒類 rack
1336 ☑	**height** [háit]	名 高さ，身長，高地，最盛期 ≒類 elevation 名 高さ
1337 ☑	**ease** [íːz]	名 容易なこと，安らぎ，安楽 with ease 容易に（＝easily）

Some analysts **blame** the decline in corporate **ethics** on a simple lack of **courtesy** in this **era** of **fierce** competition.

アナリストの中には，企業**倫理**の低下を今日の**猛烈な**競争の**時代**における**礼儀**の単なる欠落**のせいにする**人もいる。

1338 ☑	**blame** [bléim]	他 を（～の）せいにする，を非難する 名 非難，責任 ≒類 criticize, censure, reproach, rebuke 他 を非難する
1339 ☑	**ethics** [éθiks]	名 倫理，倫理学 派 ethical 形 倫理的な，道徳的な
1340 ☑	**courtesy** [kə́ːrtəsi]	名 礼儀，礼儀正しさ 派 courteous 形 礼儀正しい
1341 ☑	**era** [íːrə, éərə]	名 時代 ≒類 period
1342 ☑	**fierce** [fíərs]	形 猛烈な，激しい，厳しい ≒類 ferocious

Stubborn linguistic scholars tend to **despise** the use of **slang** by young people, but I think they are making too much of a **fuss** about it.

頑固な言語学者たちは，若者が**俗語**を使うの**を軽蔑する**傾向にあるが，私は彼らがそのことで**大騒ぎ**しすぎだと考える。

1343 ☑	**stubborn** [stʌ́bərn]	形 頑固な，強情な ≒類 obstinate, tenacious
1344 ☑	**linguistic** [liŋgwístik]	形 言語学の，言語の 派 linguistics 名 言語学
1345 ☑	**despise** [dispáiz]	他 を軽蔑する，を見下す 自 見下す ≒類 disdain, scorn 他 を軽蔑する
1346 ☑	**slang** [slǽŋ]	名 俗語
1347 ☑	**fuss** [fʌ́s]	名 大騒ぎ，やきもち，空騒ぎ 自 やきもきする ≒類 tumult, turmoil 名 大騒ぎ

In **principle**, you should only **donate** your money to the **charities** that are **consistent** with your **core** values.

原則として，自分のお金は，自分の**中心的**価値観に**一致する慈善事業**に対してだけ**寄付する**べきだ。

1348 ☑	**principle** [prínsəpl, -səbl]	名 原則，原理，主義 in principle 原則として，原則的には
1349 ☑	**donate** [dóuneit, −⏊]	他 を寄付する，を提供する ≒類 present, bestow, give
1350 ☑	**charity** [tʃǽrəti]	名 慈善事業 ≒類 benefaction
1351 ☑	**consistent** [kənsístənt]	形 一致する，矛盾のない，首尾一貫した ≒類 harmonious
1352 ☑	**core** [kɔ́:r]	形 中心的な，主要な 名 中心，（問題の）核心 ≒類 heart, center 名 中心，核心

The mother lamented the grief that her infamous son's latest act of mischief had caused the townspeople.

母親は，自分の悪名高い息子の最近の迷惑な振舞いが町の人々にもたらした悲しみを嘆いた。

1353 ☑	lament [ləmént]	他 を嘆く　名 悲しみ，嘆き ≒類 mourn　他 を嘆く
1354 ☑	grief [grí:f]	名 悲しみ，悲嘆，心痛の種 ≒類 sorrow, woe　名 悲しみ
1355 ☑	infamous [ínfəməs]	形 悪名高い，不名誉な ≒類 notorious
1356 ☑	latest [léitist]	形 最近の，最新の ≒類 recent
1357 ☑	mischief [místʃif]	名 迷惑，悪さ，いたずら，害 派 mischievous　形 いたずら好きな

The government has begun to enforce so-called eminent domain laws, which allow it to appropriate private property for public use after compensating the owner.

政府は，いわゆる土地収用法の施行を開始したので，所有者への補償が行われた後，政府が公共利用に私有地を割り当てることができることになる。

1358 ☑	enforce [enfɔ́:rs]	他（法律など）を施行する，を強制する ≒類 force, compel
1359 ☑	eminent [émənənt]	形 著名な，高名な eminent domain laws　土地収用法
1360 ☑	domain [douméin]	名 領地，領土，領域 ≒類 sphere, realm, area　名 領域
1361 ☑	appropriate 動 [əpróuprièit]　形 [əpróupriət]	他 を割り当てる　形 適切な，ふさわしい ≒類 suitable, proper, fit, opportune　形 適切な
1362 ☑	compensate [kámpənsèit, -pen-]	他 に補償する　自 償う 派 compensation　名 補償

The hatred that the opposing tribes have for each other still lingers, and it is inevitable that the region will soon sink into civil war.

敵対する部族が互いに持っている憎しみは依然として消えず，その地域が間もなく内戦に陥ることになるのは避けられない。

1363 ☑	**hatred** [héitrid]	名 憎しみ，憎悪 ≒類 hate, disgust
1364 ☑	**tribe** [tráib]	名 部族 ≒類 ethnic group, family
1365 ☑	**linger** [líŋgər]	自 なかなか消えない，ぐずぐずする ≒類 remain 自 残る，消えない
1366 ☑	**inevitable** [inévətəbl]	形 避けられない，必ず起こる，必然的な ≒類 unescapable, unavoidable
1367 ☑	**sink** [síŋk]	自 陥る，沈む 他 を沈める 名（台所の）流し ≒類 fall, drop 自 沈む

In the past decade, this small college has grown into a mighty institution, thanks to the indispensable efforts of our faculty.

過去10年間で，この小さな大学は巨大な組織に成長してきたが，それは当大学教職員のなくてはならない努力のおかげだ。

1368 ☑	**decade** [dékeid, −´, di-]	名 10年間
1369 ☑	**mighty** [máiti]	形 巨大な，強力な ≒類 potent, powerful
1370 ☑	**institution** [ìnstət(j)úːʃən]	名 組織，機関，制度 派 institutional 形 制度の，制度上の
1371 ☑	**indispensable** [ìndispénsəbl]	形 なくてはならない，不可欠な ≒類 essential, necessary
1372 ☑	**faculty** [fǽkəlti]	名 大学教職員，（大学の）学部，教授スタッフ，能力 ≒類 department 名 学部

I was **thrilled** to receive the singer's **autograph** as he came down from the **stage**, an **incredible** moment I will **cherish** forever.

その歌手が**舞台**から降りてきたところで，彼の**サイン**を受け取って私は**感激した**。私はいつまでもその**素晴らしい**瞬間**をいとおしむ**ことになるだろう。

1373 ☑	**thrill** [θríl]	他 を感激させる　自 ぞくぞくする
1374 ☑	**autograph** [ɔ́:təgræ̀f, ɑ́:tə-]	名（芸能人などの）サイン ≒類 **signature** 名 署名
1375 ☑	**stage** [stéidʒ]	名 舞台 ≒類 **platform** 名 演壇
1376 ☑	**incredible** [inkrédəbl]	形 素晴らしい，信じられない，とてつもない ≒類 **unbelievable, extraordinary**
1377 ☑	**cherish** [tʃériʃ]	他 をいとおしむ，を胸に抱く，を大切にする

In his speech, the **chairperson underscored** the need to increase market **share** and break the **monopoly** held by the company's main **rival**.

議長が自身の演説で**強調した**のは，市場**占有率**を上昇させ，会社の主な**競争相手**に握られた**独占状態**を打破する必要性だった。

1378 ☑	**chairperson** [tʃéərpə̀:rsn]	名 議長
1379 ☑	**underscore** [ʌ́ndərskɔ̀:r]	他 を強調する，の下に線を引く ≒類 **emphasize** 他 を強調する
1380 ☑	**share** [ʃéər]	名 占有率，分け前，分担　他 を共有する，を分ける
1381 ☑	**monopoly** [mənɑ́pəli]	名 独占 派 **monopolize** 他 を独占する，の独占権を得る
1382 ☑	**rival** [ráivl]	名 競争相手 ≒類 **competitor, opponent**

The **breakdown** of the **fund's annual** performance shows that **bonds** had made **outstanding** gains.

その**基金**の**年次**業績の**内訳**を見ると，**債券**が**著しい**利益をもたらしていたことがわかる。

1383 ☑	**breakdown** [bréikdàun]	名 内訳，明細，故障，衰弱 ≒類 detail 名 明細
1384 ☑	**fund** [fʌ́nd]	名 基金　他 に資金を提供する
1385 ☑	**annual** [ǽnjuəl]	形 年次の，一年に一度の，一年の　名 年報 派 annually 副 年に一度
1386 ☑	**bond** [bɑ́nd]	名 債券，きずな，足かせ
1387 ☑	**outstanding** [àutstǽndiŋ]	形 著しい，目立った ≒類 distinguished, eminent

One of the **consequences** of this **syndrome** is the **steep** costs for **therapy**, which can become as much of a **burden** on the family as the disease itself.

この**症候群**の**影響**の一つに**治療**に**法外な**お金がかかることが挙げられ，家族にとっては病気そのものと同様の**負担**となる可能性がある。

1388 ☑	**consequence** [kɑ́nsəkwèns]	名 影響，結果，重要さ ≒類 result, outcome 名 結果
1389 ☑	**syndrome** [síndroum]	名 症候群
1390 ☑	**steep** [stí:p]	形 法外な，険しい ≒類 precipitous 形 切り立った
1391 ☑	**therapy** [θérəpi]	名 治療 ≒類 treatment, cure, remedy
1392 ☑	**burden** [bə́:rdn]	名 負担，重荷　他 (重荷・負担) を負わせる ≒類 load 名 荷物

The **recession** **dragged** the already **weary** citizens into a state of **melancholy** from which they would not **emerge** for years.

不景気が，すでに**疲弊した**国民を**憂うつ**な状況へと**引きずり込んだ**が，そこから**抜け出す**ことは何年もないだろう。

1393 ☑	**recession** [riséʃən]	名 不景気，景気後退 ≒類 depression, slump
1394 ☑	**drag** [drǽg]	他 を引きずる ≒類 pull
1395 ☑	**weary** [wíəri]	形 疲れきった ≒類 exhausted, worn-out, tired
1396 ☑	**melancholy** [mélənkɑ̀li]	名 憂うつ，うつ病　形 憂うつな ≒類 depression　名 憂うつ，うつ病
1397 ☑	**emerge** [imə́ːrdʒ]	自（苦境から）抜け出す，現れる 派 emergency　名 緊急事態

The **damp** weather caused the roof to **leak**, and water **poured** into the room and **soaked** a box of **rags** that was sitting in the corner.

湿気の多い天候が屋根が**水漏れする**原因となって，部屋に水が**流れ込み**，隅に置いておいた**ぼろ切れ**の入った箱**をびしょぬれにした**。

1398 ☑	**damp** [dǽmp]	形 湿気の多い，湿っぽい　名 湿気 ≒類 humid, moist, wet　形 湿った
1399 ☑	**leak** [líːk]	自 漏れる　他 を漏らす　名 漏れ，漏らすこと ≒類 seep　自 漏れる
1400 ☑	**pour** [pɔ́ːr]	自 流れ出る，雨が激しく降る，押し寄せる ≒類 drain　自 流れ出る
1401 ☑	**soak** [sóuk]	他 を浸す，をたっぷり湿らせる　自 浸る，浸透する
1402 ☑	**rag** [rǽg]	名 ぼろ切れ，切れ端 ≒類 shred　名 切れ端

All stood **solemnly** and some began to **weep** at the **recollection** of their grandfather's **legacy** and his **remarkable** achievements.

全員が**厳かに**たたずみ，祖父の**遺産**とその**素晴らしい**偉業を**思い出して涙を流し**始める者もいた。

1403 ☑	**solemnly** [sáləmli]	副 厳かに，厳粛に	類 gravely
1404 ☑	**weep** [wíːp]	自 涙を流す，泣く，すすり泣く	類 cry, sob
1405 ☑	**recollection** [rèkəlékʃən]	名 思い出すこと，思い出	類 memory, remembrance
1406 ☑	**legacy** [légəsi]	名 遺産	類 inheritance
1407 ☑	**remarkable** [rimáːrkəbl]	形 素晴らしい，注目すべき，著しい	類 noticeable 形 注目すべき

Workers were ordered not to **defy** their place in the company's **hierarchy**, which **dictates** that **supervisors** must approve all responses to customer **inquiries**.

従業員らは，会社の**階層組織**内における自分たちの役割**を拒ま**ぬよう指示されたが，これは**監督者**が顧客の**問い合わせ**に対するすべての対応に承認を与えなければならない**と指示する**ものだ。

1408 ☑	**defy** [difái]	他 を拒む，に公然と反抗する，に挑む	類 decline, repel 他 を受け入れない
1409 ☑	**hierarchy** [háiərὰːrki]	名 階層組織	類 rank, class
1410 ☑	**dictate** [díkteit, –⌐]	他 を指示する，を命じる，を書き取らせる	派 dictator 名 独裁者
1411 ☑	**supervisor** [súːpərvàizər]	名 監督者	類 superintendent, boss
1412 ☑	**inquiry** [ínkwəri, inkwàiəri]	名 問い合わせ，調査，探求	派 inquire 他 を尋ねる

Parcels that are shipped during **nighttime** hours are **subject** to conditions that are sometimes **harsh**, so we recommend you purchase extra **insurance** for them.

夜間の営業時間中に発送される**小包**は，**過酷な**条件**にさらされる**場合があるので，荷物に対する付加**保険**をかけるようお勧めします。

1413 ☑	**parcel** [pá:rsl]	名 小包，区画 ≒類 **package, packet** 名 小荷物，小包
1414 ☑	**nighttime** [náittàim]	名 夜間，夜
1415 ☑	**subject** [sʌ́bdʒekt, -dʒikt]	形 (～を) 受けやすい，(～に) かかりやすい **be subject to ～** ～を受けやすい，～の支配下にある
1416 ☑	**harsh** [há:rʃ]	形 過酷な，厳しい，無慈悲な ≒類 **severe** 形 厳しい
1417 ☑	**insurance** [inʃúərəns]	名 保険 派 **insure** 他 に保険をかける，を保証する

While you are **entitled** to **utilize** this **facility** as a student of the university, we **urge** you to do your **utmost** to keep it clean.

この大学の学生としてこの**施設を利用する権利を与えられて**いるかぎり，あなたにはここを清潔にするよう**最善**を尽くすよう**強くお願いする**。

1418 ☑	**entitle** [entáitl]	他 に権利を与える 派 **entitled** 形 権利があって，題された
1419 ☑	**utilize** [jú:təlàiz]	他 を利用する ≒類 **harness, exploit, use**
1420 ☑	**facility** [fəsíləti]	名 施設，設備，容易さ，器用さ ≒類 **institution** 名 施設
1421 ☑	**urge** [ə́:rdʒ]	他 に強く迫る，をせきたてる，に説得する 派 **urgent** 形 急を要する，差し迫った
1422 ☑	**utmost** [ʌ́tmòust, -məst]	名 最善，最大限 形 最大の ≒類 **maximum** 名 最大限

With the **tragedy** making **headlines** throughout the country, many wrote to the family to **extend** their **sympathy** and **reassure** them that their son would get better.

全国の**トップ記事**となった**惨事**を目にして，多くの人が，その家族に対して**同情の気持ちを述べ**，息子さんは快復するだろうと彼ら**を元気づける**手紙を書き送った。

1423 ☑	**tragedy** [trǽdʒədi]	名 惨事，悲劇 派 tragic 形 悲劇の，悲劇的な
1424 ☑	**headline** [hédlàin]	名 トップ記事，見出し 他 に見出しをつける ≒類 title 名 見出し
1425 ☑	**extend** [iksténd, eks-]	他 を述べる，を伸ばす，を延長する ≒類 stretch 他 を伸ばす
1426 ☑	**sympathy** [símpəθi]	名 同情，共感 ≒類 compassion
1427 ☑	**reassure** [rìəʃúər]	他 を元気づける，を安心させる

Unable to **withstand** the **torment** brought by her boss' **insults** and unpredictable **temper**, she **quit** her job yesterday.

彼女は，自分の上司による**侮辱**とその予想できない**気性**によってもたらされた**苦しみに耐え**切れず，昨日仕事**を辞めた**。

1428 ☑	**withstand** [wiðstǽnd,wiθ-]	他 に耐える，に持ちこたえる ≒類 stand, sustain, bear, endure
1429 ☑	**torment** [tɔ́ːrmənt]	名 苦しみ，苦痛 ≒類 agony
1430 ☑	**insult** 名 [ínsʌlt] 動 [insʌ́lt]	名 侮辱 他 を侮辱する ≒類 contempt 名 侮辱
1431 ☑	**temper** [témpər]	名 気性，気分，かんしゃく 他 を調節する
1432 ☑	**quit** [kwít]	他 を辞める 自 辞職する ≒類 give up ～

Resenting having been **obedient** to such a **corrupt** leader for so long, the military group **overthrew** the Prime Minister and **declared** its leader the new President.

そのような**腐敗した**指導者に非常に長く**従順で**あったこと**に憤慨して**，軍閥は首相**を引きずり下ろし**，軍の指導者を新たな大統領であると**宣言した**。

1433 ☑	**resent** [rizént]	他 に憤慨する ≒類 outrage
1434 ☑	**obedient** [oubíːdiənt]	形 従順な，おとなしい ≒類 docile, tame, domesticated
1435 ☑	**corrupt** [kərʌ́pt]	形 腐敗した 他 を堕落させる 派 corruption 名 腐敗，堕落
1436 ☑	**overthrow** 動 [òuvərθróu] 名 [´−−`]	他 を引きずり下ろす，を転覆させる 名 転覆 ≒類 upset, overturn 他 を転覆させる
1437 ☑	**declare** [dikléər]	他 を宣言する 派 declaration 名 宣言

Just after **departure**, pilots detected a problem with the plane's **exhaust** system, **prompting** an **emergency** landing.

操縦士は**出発**直後，飛行機の**排気**系統に問題を発見し，**緊急**着陸**を促した**。

1438 ☑	**departure** [dipáːrtʃər]	名 出発，逸脱 ≒類 start 名 出発
1439 ☑	**exhaust** [igzɔ́ːst, egz-]	名 排気，排ガス 他 を疲れ果てさせる，を使い果たす ≒類 deplete 他 を使い果たす
1440 ☑	**prompt** [prámpt]	他 を促す，を刺激する 形 すばやい，迅速な 派 promptly 副 すばやく，即座に
1441 ☑	**emergency** [imə́ːrdʒənsi]	名 緊急，緊急事態，非常事態 ≒類 crisis 名 危機

The president **emphasized** in his speech that his **doctrine** was **integral** to national security, but others **dismissed** his statements as more political **rhetoric**.

大統領は自身の演説で，自分の**基本政策**は国家安全保障に**不可欠であると力説した**が，他の人々はいささか政治的な**美辞麗句**であるとして彼の発言**を退けた**。

1442 ☑	**emphasize** [émfəsàiz]	他 を力説する，を強調する ≒類 stress 他 を強調する
1443 ☑	**doctrine** [dάktrin]	名 方策，学説，教義 ≒類 teaching 名 教義
1444 ☑	**integral** [íntəgrəl]	形 不可欠な 派 integrate 他 を統合する，を結合する
1445 ☑	**dismiss** [dismís]	他 を退ける，を無視する，を解雇する ≒類 discharge, fire 他 を解雇する
1446 ☑	**rhetoric** [rétərik]	名 美辞麗句，雄弁，効果的な話し方

A lack of **protein** taken while **pregnant** can **hinder** the growth of the offspring and **induce** major problems.

妊娠中に摂取される**たんぱく質**が欠乏すると，子どもの発育**を妨げ**たり大きな問題**を誘発し**たりしかねない。

1447 ☑	**protein** [próuti:n, -ti(:)in]	名 たんぱく質
1448 ☑	**pregnant** [prégnənt]	形 妊娠した 派 pregnancy 名 妊娠
1449 ☑	**hinder** [híndər]	他 を妨げる ≒類 interfere, prevent
1450 ☑	**induce** [ind(j)ú:s]	他 を誘発する，を誘う，を引き起こす 派 induction 名 誘導，導入

Instead of trying to find its **literal** meaning, readers should take her writing as a **riddle** or **paradox**, and look for the **underlying irony** in her stories.

読者は，彼女の作品の**文字通りの**意味を探り当てようとするのではなく，**謎**あるいは**逆説**ととらえてその物語の**基礎をなす皮肉**を見つけ出すべきである。

1451 ☑	**literal** [lítərəl]	形 文字通りの 派 literature 名 文学
1452 ☑	**riddle** [rídl]	名 謎，不可解なもの 他 の謎を解く 自 謎をかける ≒類 mystery, enigma 名 謎
1453 ☑	**paradox** [pǽrədɑ̀ks]	名 逆説，矛盾 ≒類 contradiction 名 矛盾
1454 ☑	**underlying** [ʌ́ndərlàiiŋ]	形 基礎をなす，基本的な ≒類 fundamental, basic
1455 ☑	**irony** [áiərəni]	名 皮肉 派 ironical 形 皮肉な

The company will **shift** its **export** business to a group company with the **intention** of focusing on **goods** sold domestically.

その会社は国内販売**製品**に重点を置く**目的**で関連会社へ**輸出**事業**を移す**予定である。

1456 ☑	**shift** [ʃíft]	他 を移す，を変える 自 転じる 名 変化，交替 ≒類 transfer, move 他 を移動させる
1457 ☑	**export** 名 [ékspɔːrt] 動 [ikspɔ́ːrt, ékspɔːrt]	名 輸出 他 を輸出する 反 import 名 輸入 他 を輸入する
1458 ☑	**intention** [inténʃən]	名 目的，意図 ≒類 purpose, aim
1459 ☑	**goods** [gúdz]	名 製品，商品 ≒類 commodity, merchandise

As he **ascended** the **ladder**, he **bumped** his head on one of the **columns** that was not where he expected, **embarrassing** him in front of his wife.

彼が**はしごを登って**いくと，意外な場所にあった**柱**の一本に頭**をぶつけ**，妻の面前で**恥ずかしい思いをした**。

1460 ☑	**ascend** [əsénd]	他 を登る ≒類 climb
1461 ☑	**ladder** [lǽdər]	名 はしご
1462 ☑	**bump** [bʌ́mp]	他 をぶつける 自 ぶつかる 名 衝突 ≒類 strike 他 をぶつける
1463 ☑	**column** [kɑ́ləm]	名 柱，円柱，（新聞の）コラム ≒類 cylinder 名 円柱
1464 ☑	**embarrass** [embǽrəs]	他 を恥ずかしがらせる，を困惑させる 派 embarrassment 名 困惑

The child **bit** his nails as he **confessed** to his father that he had **dug** a hole and **buried** the **drowned** animal in the backyard.

その子は爪**を噛んで**，自分が裏庭に穴**を掘って溺れ死んだ**動物**を埋めた**と父親に**告白した**。

1465 ☑	**bite** [báit]	他 を噛む 自 噛む ≒類 chew
1466 ☑	**confess** [kənfés]	他 を告白する，を認める 自 白状する 派 confession 名 告白，自白
1467 ☑	**dig** [díg]	他 を掘る ≒類 excavate
1468 ☑	**bury** [béri]	他 を埋める，を埋葬する 派 burial 名 埋葬
1469 ☑	**drown** [dráun]	他 を溺死させる，を水浸しにする 自 溺れ死ぬ ≒類 flood, overflow 他 を水浸しにする

Before you **embark** on your **excursion**, it is **vital** that you have full knowledge of the **territory**, including the types of **surfaces** you will be walking on.

遠足に**出かける**前に，これから歩く**地表**の種類も含め，**行動範囲**に関する最大限の知識を得ることが**不可欠**である。

1470 ☑	**embark** [embá:rk]	自 乗り出す，搭乗する embark on ～　～に乗り出す
1471 ☑	**excursion** [ikskə́:rʒən, eks-]	名 遠足 ≒類 hiking, picnic
1472 ☑	**vital** [váitl]	形 不可欠な，極めて重要な ≒類 essential, necessary, indispensable
1473 ☑	**territory** [térətɔ̀:ri]	名 行動範囲，領土，領域，なわばり 派 territorial　形 土地の，領土の
1474 ☑	**surface** [sə́:rfəs]	名 地表，表面　形 うわべだけの ≒類 outside, exterior　名 外面，表面

She took an **intensive** course and was **certified** by the official board for her **command** of **numerous** aeronautic **devices**.

彼女は**集中**講義を受講し，**多数の**航空**機器**に関するその**操作能力**に対し，公式委員会によって**認定を受けた**。

1475 ☑	**intensive** [inténsiv]	形 集中的な 派 intense　形 激しい，強烈な
1476 ☑	**certify** [sə́:rtifài]	他 を認定する，を証明する ≒類 guarantee, endorse　他 を保証する
1477 ☑	**command** [kəmǽnd]	名 能力，命令，支配　他 に命令する，を支配する ≒類 order　名 命令　他 に命令する
1478 ☑	**numerous** [n(j)ú:mərəs]	形 多数の ≒類 many
1479 ☑	**device** [diváis]	名 機器，装置，工夫，策略 ≒類 apparatus, equipment　名 機器，装置

The **vacuum** sealed bottle in which the **specimen** was being **preserved** fell off the shelf and **shattered** into a **billion** pieces.

標本が保存されていた真空パックの瓶が，棚から落下して無数のかけらに砕け散った。

1480 ☑	**vacuum** [vǽkjuəm]	名 真空，空虚，空白 ≒類 void 名 真空
1481 ☑	**specimen** [spésəmin]	名 標本，見本 ≒類 sample, example
1482 ☑	**preserve** [prizə́:rv]	他 を保存する，を保護する，を保つ ≒類 conserve, save
1483 ☑	**shatter** [ʃǽtər]	自 砕け散る ≒類 break 自 粉々になる
1484 ☑	**billion** [bíljən]	名 10億，無数

He is an **ingenious** director with **notable prestige** in the film industry, yet he remained **humble** when **summoned** to the stage to receive his award.

彼は，映画界では傑出した名声を持つ創意に満ちた監督だが，賞を受け取るために舞台に呼び出されても謙虚なままであった。

1485 ☑	**ingenious** [indʒí:njəs]	形 創意に満ちた，工夫に富む ≒類 clever
1486 ☑	**notable** [nóutəbl]	形 傑出した，著しい，注目すべき ≒類 remarkable, marked 形 著しい
1487 ☑	**prestige** [prestí:ʒ, -tí:dʒ]	名 名声，威信 派 prestigious 形 名声のある，一流の
1488 ☑	**humble** [hʌ́mbl]	形 謙虚な，卑下した，卑しい 派 humility 名 謙虚
1489 ☑	**summon** [sʌ́mən]	他 を呼び出す ≒類 call

A **senior** member of the cabinet was **nominated** to be the **successor** to the prime minister, who was on **trial** for **violating** ethics rules.

内閣の**古参**議員が首相の**後継者**になるよう**指名され**た。首相は倫理規約**に違反した**ことで**公判**中だったのだ。

1490 ☑	**senior** [síːnjər]	形 古参の，年上の　名 年長者 反 junior　形 後輩の，年下の　名 後輩
1491 ☑	**nominate** [námənèit]	他 を指名する，を任命する ≒類 appoint, name　他 を任命する
1492 ☑	**successor** [səksésər]	名 後継者 ≒類 heir
1493 ☑	**trial** [tráiəl]	名 公判，裁判，試し，試練 ≒類 judgment, case　名 裁判
1494 ☑	**violate** [váiəlèit]	他 に違反する ≒類 transgress, disobey

The **soar** in stock prices **coincided** with the **simultaneous** drop in interest **rates** and the **substantial** increase in consumer confidence.

株価の**急騰**は，金**利**の**同時**下落および消費者の景況感の**かなりの**上昇と**同時に起こった**。

1495 ☑	**soar** [sɔ́ːr]	名 急騰，舞い上がること　自 舞い上がる，急に上がる
1496 ☑	**coincide** [kòuinsáid]	自 同時に起こる，一致する ≒類 agree, accord　自 一致する
1497 ☑	**simultaneous** [sàiməltéiniəs, sì-]	形 同時の
1498 ☑	**rate** [réit]	名 利率，割合，速度，料金　他 を評価する interest rate　金利
1499 ☑	**substantial** [səbstǽnʃl]	形 かなりの，十分な，実質的な ≒類 ample, considerable　形 十分な

In most cultures, showing **mercy** is considered a **virtue**, while a **coward** would be **reckoned** as displaying a **vice**.

おおかたの文化において，**慈悲の心**を示すのは**美徳**と考えられるが，一方**臆病者**は**悪徳**を表すと**みなされる**ものである。

1500 ☑	**mercy** [mə́:rsi]	名 慈悲の心，情け	派 merciful　形 慈悲深い
1501 ☑	**virtue** [və́:rtʃu:]	名 美徳	派 virtuous　形 有徳の，高潔な
1502 ☑	**coward** [káuərd]	名 臆病者　形 臆病な	≒類 sissy　名 臆病者
1503 ☑	**reckon** [rékn]	他 を（～と）評価する，を（～と）みなす	
1504 ☑	**vice** [váis]	名 悪徳，（役職名の前につけて）副～，～代理	vice versa　逆もまた同様

Walking through the desert, they saw an **imaginary** figure in their **midst**, a **phenomenon** that happens often when one is very **thirsty** and feeling **faint**.

砂漠を歩いている**真っ最中**に彼らは**架空の**物体を見たが，それは人が極めて**喉が渇き**，**気が遠くなる**感じがする時に起こることが多い**現象**である。

1505 ☑	**imaginary** [imǽdʒənèri]	形 架空の，想像上の	≒類 unreal
1506 ☑	**midst** [mídst, mítst]	名 真っ最中	≒類 middle, center
1507 ☑	**phenomenon** [finámənàn]	名 現象，驚くべきこと	複数形は phenomena。
1508 ☑	**thirsty** [θə́:rsti]	形 喉が渇いた，渇望した	≒類 dry　形 渇いた
1509 ☑	**faint** [féint]	形 気が遠くなる，かすかな，弱々しい　自 気絶する	≒類 dim, feeble, obscure　形 かすかな

He snapped the stem of the pear from the branch and squeezed it to see if it was ripe.

彼は西洋梨の枝から茎をポキリと折り，熟しているかどうか確かめるためにその実を強く握ってみた。

1510 ☐	**snap** [snǽp]	他 をポキリと折る，をパチンと鳴らす　自 ポキリと折れる ≒類 **break, fracture**　自 折れる
1511 ☐	**stem** [stém]	名 茎，幹　自 由来する
1512 ☐	**pear** [péər]	名 西洋梨
1513 ☐	**squeeze** [skwíːz]	他 を強く握る，を締めつける，を搾り出す　名 絞ること
1514 ☐	**ripe** [ráip]	形 熟した，熟れた，（唇などが）赤くふっくらした ≒類 **mature**　形 熟した，熟れた

The professor told her not to exaggerate and to avoid making trivial points in her discourse, which would confuse her audience and undermine her purpose.

聞き手を混乱させ，その目的を損なうことになるので，教授は彼女に講演では大げさに言わず，瑣末な点の主張を避けるように注意した。

1515 ☐	**exaggerate** [igzǽdʒərèit, egz-]	自 大げさに言う　他 を大げさに言う ≒類 **overstate**　他 を大げさに言う
1516 ☐	**trivial** [tríviəl]	形 瑣末な，ささいな，取るに足らない ≒類 **negligible, minimal, slight**
1517 ☐	**discourse** [dískɔːrs, −ˊ]	名 講演，講和，会話，談話 ≒類 **conversation, talk**　名 会話
1518 ☐	**confuse** [kənfjúːz]	他 を混乱させる，を困惑させる ≒類 **perplex, disorient, confound, annoy**
1519 ☐	**undermine** [ʌ̀ndərmáin, ˊ−ˋ]	他 を損なう，を駄目にする，の下を掘る

Exploding in rage, he pounded the desk and exclaimed in a stern tone of voice, "Get out of here!"

怒りが爆発して，彼は机を強く叩き，容赦のない口調で「ここから出て行け！」と叫んだ。

1520 ☑	**explode** [iksplóud, eks-]	自 爆発する 他 を爆発させる	≒類 erupt, burst
1521 ☑	**rage** [réidʒ]	名 怒り，激怒，熱望 自 猛威を振るう，激怒する	≒類 anger, fury, wrath 名 怒り
1522 ☑	**pound** [páund]	他 を強く叩く，をすりつぶす，を打ち込む	≒類 mash 他 をすりつぶす
1523 ☑	**exclaim** [ikskléim, eks-]	自 叫ぶ，強く反対する 他 と叫ぶ	≒類 cry, shout
1524 ☑	**stern** [stə́ːrn]	形 容赦のない，厳しい，いかめしい	≒類 strict, stringent, harsh, rigid 形 厳しい

2
UNIT 6

Not having a college diploma is a disadvantage, since it is the norm that college graduates earn much more in contrast to those without degrees.

大学の卒業証書を持っていないのは不利である。というのも，大学の卒業生は学位のない人とは対照的にはるかに多い収入を得るのが普通だからだ。

1525 ☑	**diploma** [diplóumə]	名 卒業証書，資格免許状，賞状	≒類 testimonial 名 賞状
1526 ☑	**disadvantage** [dìsədvǽntidʒ]	名 不利，不利な立場	反 advantage 名 有利，有利な立場
1527 ☑	**norm** [nɔ́ːrm]	名 普通，規範，行動基準	≒類 standard 名 規範
1528 ☑	**earn** [ə́ːrn]	他 （お金など）を稼ぐ，（評判・名声など）を得る	
1529 ☑	**contrast** 名 [kɑ́ntræst] 動 [kəntrǽst]	名 対照，対比 他 を対照させる，と対比する	in contrast to ～ ～と対照的に

The complicated device can transmit optical signals, yet weighs only a few grams and fits in the palm of your hand.

その複雑な機器は光信号を伝送することができるが，それでいて数グラムの重さであり，手のひらに収まるサイズである。

1530 ☑	**complicated** [kámpləkèitəd]	形 複雑な，困難な 派 complicate 他 を複雑にする
1531 ☑	**transmit** [trænsmít, trænz-]	他 を伝送する，を送る，を伝える，（病気など）をうつす ≒類 send 他 を送る
1532 ☑	**optical** [áptikl]	形 光の，光学の，視力の 派 optician 名 眼鏡商，光学機商
1533 ☑	**weigh** [wéi]	自 重さがある，重要である 他 をよく考える 派 weight 名 重さ
1534 ☑	**palm** [pá:m]	名 手のひら 他 を掌中に隠す，をこっそり拾う

There is a slope on my commute to school where it is particularly hard to steer my bicycle, and I worry I may have a collision there someday.

学校への通学路に自転車を操るのが特に難しい坂があるので，いつかそこで衝突を起こすかもしれないと心配だ。

1535 ☑	**slope** [slóup]	名 坂，斜面，スロープ ≒類 hill 名 坂
1536 ☑	**commute** [kəmjú:t]	名 通学，通勤 自 通勤する，通学する 派 commuter 名 通勤者，通学者
1537 ☑	**particularly** [pərtíkjələrli, pə-]	副 特に ≒類 especially
1538 ☑	**steer** [stíər]	他 を操る，を操縦する，を向ける，をそらす ≒類 operate 他 を操る
1539 ☑	**collision** [kəlíʒən]	名 衝突 ≒類 crash, smash, hit

She believes that those who **stray** from their path and **rebel** against their parents are **doomed** to a life of **despair**, but I **disagree**.

彼女の考えでは，道を**踏みはずし**，両親に**反抗する**人々は**絶望**的な人生を送る**運命だ**というが，私は**そうは思わない**。

1540 ☑	**stray** [stréi]	自 わき道にそれる，道に迷う　形 道に迷った ≒類 **digress, deviate**　自 わき道にそれる
1541 ☑	**rebel** 動 [ribél]　名 [rébl]	自 反抗する，反逆する　名 反逆者 派 **rebellion**　名 反乱，反抗
1542 ☑	**doom** [dúːm]	他 を運命づける，名 運命，宿命 ≒類 **fate, fortune, destiny**
1543 ☑	**despair** [dispέər]	名 絶望，落胆，絶望の種　自 絶望する ≒類 **dismay**　名 絶望
1544 ☑	**disagree** [dìsəgríː]	自 意見が合わない，一致しない ≒類 **dissent**

2
UNIT 6

The specially designed sports suit comes **furnished** with an **internal layer** of fabric that **wraps** around the arms and quickly absorbs **sweat**.

その特別デザインの運動着は，腕を**包み込んで**すばやく**汗**を吸収する，**内側で層**になった生地が**装備されて**いる。

1545 ☑	**furnish** [fə́ːrniʃ]	他 を備え付ける，を供給する ≒類 **provide, supply**　他 を供給する
1546 ☑	**internal** [intə́ːrnl]	形 内側の ≒類 **inner**
1547 ☑	**layer** [léiər, léər]	名 層 ≒類 **stratum**
1548 ☑	**wrap** [rǽp]	自 巻きつく　他 を包み込む，を巻きつける ≒類 **roll, enfold**　他 をくるむ
1549 ☑	**sweat** [swét]	名 汗　自 汗をかく ≒類 **perspire**　自 汗をかく

We had to use our **intuition** to find our way on the **trail** because our flashlight had **dimmed** due to a **drain** in the battery's **charge**.

私たちが**小道**で進む道を探すのに**直感**に頼らねばならなかったのは，電池の**充電**が**消耗**したせいで懐中電灯の光が**薄れてしまった**からだった。

1550 ☑	**intuition** [ìnt(j)uíʃən]	名 直感 与類 instinct
1551 ☑	**trail** [tréil]	名 小道，跡　他 の跡をつける，を引きずる 与類 drag, cripple　他 を引きずる
1552 ☑	**dim** [dím]	自 薄まる　形 薄暗い，ぼやけた 与類 dark, dusky, gloomy　形 薄暗い
1553 ☑	**drain** [dréin]	名 消耗，流出，排水溝　他 を排出させる，の排水をする
1554 ☑	**charge** [tʃá:rdʒ]	名 充電，料金，非難，告発，攻撃，責任 与類 storage　名 充電

After **retiring**, the actor grew tired of the **publicity** and **retreated** to his ranch, keeping an **isolated** and **solitary** lifestyle until his death.

引退後，その俳優は**世間の注目**にうんざりするようになり，自分の牧場に**引きこもって**，亡くなるまで**孤立した寂しい**生き方を貫いた。

1555 ☑	**retire** [ritáiər]	自 引退する，退職する 与類 withdraw　自 引退する
1556 ☑	**publicity** [pʌblísəti]	名 世間の注目，宣伝，広告 与類 popularity　名 評判
1557 ☑	**retreat** [ritrí:t]	自 引きこもる，引退する　名 退くこと，休養の場所 与類 withdraw　自 引退する
1558 ☑	**isolated** [áisəlèitid]	形 孤立した，分離した 派 isolate　他 を孤立させる
1559 ☑	**solitary** [sálətèri]	形 寂しい，孤独な，ひとりだけの 派 solitude　名 孤独，寂しさ

The farmer **invested** in a new **plow** to **facilitate** a greater **harvest** from her **fertile** fields.

その農場主は，自分の**肥沃な**農場からこれまで以上の大きな**収穫を得やすくし**ようと，新しい**すき**に**投資した**。

1560 ☑	**invest** [invést]	自 投資する　他 を投資する，をつぎ込む 派 investment　名 投資，出資
1561 ☑	**plow** [pláu]	名（農具の）すき　他 をすきで耕す　自 すきで耕す ≒類 spade　名（農具の）すき
1562 ☑	**facilitate** [fəsílətèit]	他 を容易にする，の手助けをする 派 facilitator　名 容易にする物，（会などの）進行係
1563 ☑	**harvest** [hɑ́:rvist]	名 収穫，収穫量　他 を収穫する ≒類 crop
1564 ☑	**fertile** [fə́:rtl]	形 肥沃な，肥えた ≒類 rich

She was **fascinated** to learn that fossils **uncovered** in the **mud** near her house showed that some of the earliest known **primates** once **dwelled** there.

彼女は，自分の家の近辺で**泥**の中から**発掘された**化石から，初期の有名な**霊長類**の一部がかつてその地に**住んでいた**ことがわかったと知って，**興味をかき立てられ**た。

1565 ☑	**fascinate** [fǽsənèit]	他 の興味をかき立てる，を魅惑する，を夢中にさせる 派 fascinating　形 魅力的な，魅惑的な
1566 ☑	**uncover** [ʌnkʌ́vər]	他 を発掘する，を明らかにする ≒類 expose, reveal, disclose　他 を明らかにする
1567 ☑	**mud** [mʌ́d]	名 泥 ≒類 dirt, sludge
1568 ☑	**primate** [práimət, -meit]	名 霊長類，大主教
1569 ☑	**dwell** [dwél]	自 住む，暮らす ≒類 live

This **tool** is **modified** with a **tip** that can neatly **carve** shapes in even the most **fragile** surfaces.

この**道具**は，最も**壊れやすい**表面でも巧みに形**を刻む**ことができる**先端部**を取り付けて**改良されて**いる。

1570 ☑	**tool** [tú:l]	名 道具 ≒類 implement, instrument
1571 ☑	**modify** [mádəfài]	他 を改良する，を修正する ≒類 alter, change
1572 ☑	**tip** [típ]	名 先端部，先，先端，チップ　他 にチップをあげる ≒類 point　名 先端
1573 ☑	**carve** [ká:rv]	他 を刻む，を彫る ≒類 cut, chip
1574 ☑	**fragile** [frædʒəl]	形 壊れやすい，もろい ≒類 brittle, breakable

Few could **comprehend** why so many **bowed** to the hotel heiress and **flattered** her **continuously**, since she clearly did not **deserve** such praise.

そのホテルの女性相続人にどうして多くの人々が**屈服し**，**絶えず**彼女**をほめそやす**のか，彼女が明らかにそうした賞賛**に値し**なかったことを考えると，**理解**できる者はほとんどいなかった。

1575 ☑	**comprehend** [kàmprihénd]	他 を理解する ≒類 understand
1576 ☑	**bow** [báu]	自 屈服する，おじぎをする　名 おじぎ
1577 ☑	**flatter** [flǽtər]	他 をほめそやす，にお世辞を言う，をおだてる ≒類 cajole, coax　他 をおだてて…させる
1578 ☑	**continuously** [kəntínjuəsli]	副 連続的に，途切れなく ≒類 successively, straight
1579 ☑	**deserve** [dizə́:rv]	他 に値する，を受ける価値がある

It is only for **economic** reasons that the government is **willing** to **reconcile** with its neighbor, since it wishes to maintain favorable trade ties to **enrich successive** generations of its citizens.

政府が近隣国との**和解**に**乗り気である**のはもっぱら**経済的**理由のためであり，それは自国民の**代々の**世代**を豊かにする**ため望ましい貿易関係を維持する狙いがあるからである。

1580 ☑	**economic** [èkənámik]	形 経済的な，経済の 派 economical 形 安上がりの，節約できる
1581 ☑	**willing** [wíliŋ]	形 乗り気である，進んで…する，喜んで…する 派 willingness 名 快くすること
1582 ☑	**reconcile** [rékənsàil]	自 和解する 他 を仲直りさせる 派 reconciliation 名 和解
1583 ☑	**enrich** [enrítʃ]	他 を豊かにする，を濃縮する
1584 ☑	**successive** [səksésiv]	形 代々の，次に来る，連続した ≒類 consecutive 形 連続した

To stop the conflict that was consuming the entire **continent**, the three warring parties **negotiated** a **deal** to **cease revenge** attacks.

その**大陸**全土を消耗させていた紛争を食い止めるために，交戦中の三者は**報復**攻撃**を中止する**ための**協定を取り決めた**。

1585 ☑	**continent** [kántənənt]	名 大陸 派 continental 形 大陸の，大陸的な
1586 ☑	**negotiate** [nigóuʃièit]	他 を取り決める 自 交渉を行う，話し合う 派 negotiation 名 交渉，協議
1587 ☑	**deal** [díːl]	名 取引，協定，契約，扱い 自 扱う 他 を分配する ≒類 transaction 名 取引
1588 ☐	**cease** [síːs]	他 を中止する，を止める 自 止まる，終わる ≒類 stop, end, terminate
1589 ☑	**revenge** [rivéndʒ]	名 報復，復讐

A criterion for those who immigrate to the area is that they must consult with the local office and register to vote.

その地域に移住する人々が満たすべき条件は，当地の出先機関と相談し，選挙登録しなければならないことである。

1590 ☑	**criterion** [kraitíəriən]	名 満たすべき条件，（判断・評価の）基準，尺度 ≒類 standard, basis　名 基準
1591 ☑	**immigrate** [ímigrèit]	自（他国から）移住する 派 immigrant　名（他国からの）移民
1592 ☑	**consult** [kənsʌ́lt]	自 相談する　他 に診察してもらう，を参照する ≒類 talk, counsel　自 相談する
1593 ☑	**register** [rédʒistər]	他 に登録する　名 記録，登録 ≒類 record
1594 ☑	**vote** [vóut]	自 選挙する，投票する　名 投票，票，選挙権

This is just the initial draft of my report, and the details of the final report may be diverted from this one in plenty of places.

これは，あくまで私の報告書の最初の草案であって，最終報告書の詳細は多くの箇所においてこの草案から方向転換される可能性がある。

1595 ☑	**initial** [iníʃl]	形 最初の，初期の　名 頭文字 ≒類 first
1596 ☑	**draft** [drǽft]	名 草案，線画　他 の下図を描く，を起草する ≒類 note, sketch　名 草案
1597 ☑	**detail** [díːteil, ditéil]	名 詳細，細部 ≒類 item　名 細目
1598 ☑	**divert** [dəvə́ːrt]	他 を方向転換させる，をわきにそらす 派 diversity　名 相違，多様性
1599 ☑	**plenty** [plénti]	名 たくさん　形 多くの plenty of ～　多くの～

One **characteristic** that **defines** these birds is that they **shed** their **surplus** feathers to keep themselves looking **tidy**.

これらの鳥を特徴づける一つの特色は，こぎれいに見えるようにしておくために余分な羽を落としてしまうことである。

1600 ☑	**characteristic** [kæ̀rəktərístik, kæ̀rik-]	名 特色，特性　形 特有の，特徴的な ≒類 proper, peculiar, particular　形 特有の
1601 ☑	**define** [difáin]	他 を特徴づける，を定義する，を明らかにする ≒類 specify　他 を明確に定める
1602 ☑	**shed** [ʃéd]	他（葉など）を落とす，（血・涙など）を流す
1603 ☑	**surplus** [sə́:rplʌs, -pləs]	形 余分の　名 余り ≒類 extra, spare, redundant　形 余分の
1604 ☑	**tidy** [táidi]	形 こぎれいな，きちんとした，整然とした ≒類 neat, straight

When he was **recruited** to **serve** his country, his **conscience** told him not to **shrink** away from his duty to protect **justice**.

彼が国に仕えるため軍に召集された時，自らの良心が，正義を守るためには自分の任務にひるんではならない，と告げた。

1605 ☑	**recruit** [rikrú:t]	他（新人など）を入れる，を勧誘する　名 新人，新入生
1606 ☑	**serve** [sə́:rv]	他 に仕える，（食事など）を出す，に役立つ　自 役立つ ≒類 attend　他 に仕える
1607 ☑	**conscience** [kάnʃəns]	名 良心，分別 派 conscientious　形 良心的な
1608 ☑	**shrink** [ʃríŋk]	自 ひるむ，（量などが）減る　他 を縮ませる ≒類 wince　自 ひるむ
1609 ☑	**justice** [dʒʌ́stis]	名 正義 派 justify　他 を正当化する

The video shows a **miserable** looking boy, **frowning** as he **rubs** the **wound** on his **forehead**.

ビデオには，**額**に負った**傷をこすり**ながら**顔をしかめる**，**みじめな**様子の少年が映っている。

1610 ☑	**miserable** [mízərəbl]	形 みじめな，不幸な，不十分な ≒類 wretched 形 哀れな，みすぼらしい
1611 ☑	**frown** [fráun]	自 顔をしかめる，眉をひそめる ≒類 grimace
1612 ☑	**rub** [rʌ́b]	他 をこする，をすりこむ ≒類 scrap, scrub 他 をこする
1613 ☑	**wound** [wú:nd]	名 傷，けが 他 を傷つける，にけがを負わせる ≒類 injury 名 傷
1614 ☑	**forehead** [fɔ́:rhèd]	名 額

The mayor's relationship with teacher's union **soured** when he did not **uphold** his **vow** to raise their pay, and their subsequent **strike** forced him to hire **substitutes**.

市長が教員組合の賃金値上げに対する**誓約を支持し**なかった時点で，彼と組合の関係は**こじれ**，続いて起こった組合の**ストライキ**により，市長は**代替要員**の雇用を余儀なくされた。

1615 ☑	**sour** [sáuər]	自（事態が）こじれる 他（事態）をまずくする
1616 ☑	**uphold** [ʌphóuld]	他 を支持する，を是認する ≒類 sustain, support 他 を支える
1617 ☑	**vow** [váu]	名 誓約，誓い 他 を誓う ≒類 oath, pledge
1618 ☑	**strike** [stráik]	名 ストライキ 他 を打つ 自 打つ，ストライキをする ≒類 hit, beat, knock 他 を打つ 自 打つ
1619 ☑	**substitute** [sʌ́bstət(j)ù:t]	名 代替要員，代わり 他 を代用する ≒類 replacement 名 代わり

The revolutionary leader was imprisoned for assaulting a police officer, which spurred a riot in the streets.

革命の指導者が警官を襲ったことで拘置され，そのことが街路での暴動に拍車をかけた。

1620 ☑	**revolutionary** [rèvəl(j)úːʃənèri]	形 革命の，革命的な 派 revolution 名 革命，改革，回転
1621 ☑	**imprison** [imprízn]	他 を拘置する，を投獄する ≒類 jail, incarcerate 他 を投獄する
1622 ☑	**assault** [əsɔ́ːlt]	他 を襲撃する 自 襲撃する 名 激しい襲撃，非難 ≒類 attack
1623 ☑	**spur** [spə́ːr]	他 に拍車をかける，をせきたてる 名 拍車 ≒類 hurry, hasten, urge 他 をせきたてる
1624 ☑	**riot** [ráiət]	名 暴動 自 暴動を起こす ≒類 disturbance, uprising 名 暴動

The plum blossoms bloomed and turned the street a splendid pink that made everyone cheerful despite the brutal chill of the late winter evenings.

梅の花が咲き，通りを華麗な薄紅色に塗り替えたので，晩冬の夕方の厳しい冷え込みにもかかわらず，人々は陽気になった。

1625 ☑	**bloom** [blúːm]	自 咲く，栄える 名 花，最盛期 ≒類 blossom 自 花が咲く 名 花
1626 ☑	**splendid** [spléndid]	形 華麗な，素晴らしい，豪華な，壮麗な ≒類 gorgeous, glorious
1627 ☑	**cheerful** [tʃíərfl]	形 陽気な，快活な，楽しい ≒類 merry, lively, sunny
1628 ☑	**brutal** [brúːtl]	形 厳しい，冷厳な，残酷な ≒類 cruel, merciless 形 残酷な
1629 ☑	**chill** [tʃíl]	名 冷たさ，恐怖心，寒気 他 を冷やす，を冷ます 派 chilly 形 うすら寒い，ひんやりとした

The notion that Arabs **rejoice** at America's **defeat** is a **myth** that is **generated** by government **propaganda**.

アラブ諸国はアメリカの**敗北**を**喜ぶ**という概念は，政府の**宣伝活動**によって**生み出された根拠のない話**である。

1630 ☑	**rejoice** [ridʒɔ́is]	自（大いに）喜ぶ　他 を喜ばせる ≒類 please, delight　他 を喜ばせる
1631 ☑	**defeat** [difí:t]	名 敗北　他 を負かす，を破る ≒類 overcome　他 を打ちやぶる
1632 ☑	**myth** [míθ]	名（信じられているが）根拠のない話，神話，社会通念 派 mythology　名 神話，神話学
1633 ☑	**generate** [dʒénərèit]	他 を生み出す ≒類 spawn, produce
1634 ☑	**propaganda** [pràpəgǽndə]	名 宣伝活動，プロパガンダ ≒類 advertisement, publicity　名 宣伝

She is a **diligent** student who worked part-time to pay her own **tuition** and **succeeded** in completing all her **compulsory** courses in just two **terms**.

彼女は**勤勉な**学生で，自分自身の**授業料**を払うためにアルバイトをし，全**必修**科目をわずか 2 **学期**で履修することに**成功した**。

1635 ☑	**diligent** [dílidʒənt]	形 勤勉な ≒類 industrious, hardworking, earnest
1636 ☑	**tuition** [t(j)u(:)íʃən]	名 授業料，授業，指導
1637 ☑	**succeed** [səksí:d]	自 成功する，受け継ぐ　他 の後を継ぐ，に次いで起こる 派 success　名 成功
1638 ☑	**compulsory** [kəmpʌ́lsəri]	形 必修の，義務の，義務的な ≒類 mandatory, required
1639 ☑	**term** [tə́:rm]	名 学期，期間，言葉，（terms の形で）間柄，条件

Though our initial **outlook** called for **respectable** growth, we didn't **foresee** that the **firm** would **flourish** as much as it has.

私たちの当初の**見通し**では，**かなりの**成長を予測したものの，**会社**が現在ほど**繁栄するとは予想し**なかった。

1640 ☑	**outlook** [áutlùk]	名 見通し，展望，態度 ≒類 prospect
1641 ☑	**respectable** [rispéktəbl]	形 かなりの，ちゃんとした，品のいい ≒類 considerable, good　形 かなりの
1642 ☑	**foresee** [fɔːrsíː]	他 と予想する，を予測する ≒類 anticipate, predict
1643 ☑	**firm** [fəːrm]	名 会社　形 堅い，しっかりした ≒類 company, office　名 会社
1644 ☑	**flourish** [fləːriʃ]	自 繁栄する，栄える ≒類 thrive

The **architect's client** expected him to **assemble** another **massive** model of the building by tomorrow, which he considered a bothersome **chore**.

建築家は**依頼主**から，明日までにもう一つその建物の**巨大な**模型**を組み立てる**よう求められ，厄介な**つらい仕事**だと考えた。

1645 ☑	**architect** [áːrkətèkt]	名 建築家 派 architecture　名 建築
1646 ☑	**client** [kláiənt]	名 依頼人，顧客 ≒類 customer
1647 ☑	**assemble** [əsémbl]	他 を組み立てる，を集める　自 集まる ≒類 arrange　他 を集める
1648 ☑	**massive** [mǽsiv]	形 巨大な，大きくて重い，大規模の 派 mass　名 かたまり，多量
1649 ☑	**chore** [tʃɔːr]	名 つらい仕事，雑用，日課，きまりきった仕事 ≒類 routine　名 日課，きまりきった仕事

The **applications** we have received have far **surpassed** what we **anticipated**, **hence** the need for us to **suspend** our acceptance period.

これまでに受けた**申し込み**は，はるかに私たちの**予想を越えて**おり，**それゆえに**受領期間**を一時停止する**必要がある。

1650 ☑	**application** [æ̀plikéiʃən]	名 申し込み，適用，応用 派 apply 自 あてはまる，申し込む
1651 ☑	**surpass** [sə:rpǽs]	他 を越える，にまさる ≒類 exceed, outstrip, excel
1652 ☑	**anticipate** [æntísəpèit]	他 を予想する，を期待する ≒類 foresee, predict
1653 ☑	**hence** [héns]	副 それゆえに ≒類 therefore, accordingly
1654 ☑	**suspend** [səspénd]	他 を一時停止する，を保留する，をつるす ≒類 hang 他 をつり下げる

The **lump** of food that was placed on the **trap** had **disappeared**, and was later found in a **pile** of leaves by the baby's **cradle**.

わなに置かれていた食べ物の**かたまり**が**なくなり**，その後，赤ん坊の**ゆりかご**のそばにある落ち葉の**山**の中から見つかった。

1655 ☑	**lump** [lʌ́mp]	名 かたまり，こぶ ≒類 mass, chunk 名 塊
1656 ☑	**trap** [trǽp]	名 わな，策略 ≒類 snare, catch 名 わな
1657 ☑	**disappear** [dìsəpíər]	自（突然）消える，（完全に）消滅する ≒類 vanish
1658 ☑	**pile** [páil]	名 積み重ね 他 を積み重ねる 自 積み重なる a pile of ～ ～の山，たくさんの～
1659 ☑	**cradle** [kréidl]	名 ゆりかご 他 をゆすってあやす ≒類 lull, dandle 他 をあやす

She is resolute in her desire to undertake some vocational training and seek the next phase in her career.

彼女は，何らかの職業訓練を始めて，自分の経歴における次の段階を模索したいと堅く決心している。

1660 ☑	**resolute** [rézəlù:t]	形 堅く決心した，決意した，意志の固い 派 resolve 他 を解決する，を決心する 自 決心する
1661 ☑	**undertake** [ʌ̀ndərtéik]	他 を始める，を引き受ける，に取り掛かる ≒類 begin, start, initiate 他 を始める
1662 ☑	**vocational** [voukéiʃənl]	形 職業上の ≒類 occupational
1663 ☑	**seek** [sí:k]	他 を模索する，を求める ≒類 hunt, search for ～ ～を探す
1664 ☑	**phase** [féiz]	名 段階，（問題などの）面，相 ≒類 stage 名 段階

The food with the harmful ingredient was partially digested and began to penetrate into his blood, so doctors extracted what they could from his stomach.

有害な成分を含む食品は部分的に消化され，彼の血液に入り込み始めたので，医者たちは彼の胃からできるだけのものを除去した。

1665 ☑	**ingredient** [ingrí:diənt]	名 成分，材料，要素 ≒類 material
1666 ☑	**partially** [pá:rʃəli]	副 部分的に ≒類 partly
1667 ☑	**digest** [daidʒést, di-]	他 を消化する，をよく理解する 派 digestion 名 消化
1668 ☑	**penetrate** [pénətrèit]	自 入り込む，突き抜ける，見通す 他 に入り込む，を貫く 派 penetration 名 浸透（度），貫通（力）
1669 ☑	**extract** [ikstrǽkt, eks-]	他 を除去する，を引き出す，を抜き出す

In their mourning ritual, the tribe's members are clothed in dresses and shirts with special folds that are a sign of grief.

死を悼む儀式で，その部族の人々は悲しみのしるしである特別なひだのついたドレスやシャツを着る。

1670 ☐	**mourn** [mɔ́:rn]	自 死を悼む，悲しむ，嘆く　他 を悲しむ，の喪に服す ≒類 lament, weep at ～　～を嘆き悲しむ
1671 ☐	**ritual** [rítʃuəl]	名 儀式　形 儀式の ≒類 ceremony　名 儀式
1672 ☐	**clothe** [klóuð]	他 （衣服を）を着せる ≒類 dress
1673 ☐	**fold** [fóuld]	名 ひだ，折り目　他 を折りたたむ　自 折り重なる ≒類 pleat, gather　名 ひだ
1674 ☐	**sign** [sáin]	名 しるし，記号，兆候　他 に署名する，に合図する ≒類 indication, token　名 しるし

The company proclaims that its new computer represents the sum of many technicians' efforts and an extraordinary leap over conventional systems.

その会社は，自社の新しいコンピュータは多くの技術者の努力を結集したものであり，旧来のシステムに比べて並外れた飛躍を遂げたことの象徴であると公言している。

1675 ☐	**proclaim** [proukléim]	他 と公言する，を宣言する，をはっきり示す 派 proclamation　名 宣言
1676 ☐	**sum** [sʌ́m]	名 合計，金額，要約　他 を要約する　自 要約する 派 summary　名 要約
1677 ☐	**extraordinary** [ikstrɔ́:rdənèri, eks-]	形 並外れた，普通ではない，異常な ≒類 phenomenal, great
1678 ☐	**leap** [lí:p]	名 飛躍，跳ぶこと，跳躍　自 跳ぶ　他 を跳び越える ≒類 jump　自 跳ぶ　他 を跳び越える
1679 ☐	**conventional** [kənvénʃənl]	形 旧来の，慣習的な，従来の，平凡な 派 convention　名 慣習，しきたり，会議，集会

Early in the evolution of physics, the school of Pythagoras used number as its principal concept, which it said was relevant even for the tuning of musical instruments.

物理学の発展の黎明期には，ピタゴラス学派では主な概念として数を使用したが，それは楽器の調律にも関連があると言われることだった。

1680 ☑	**evolution** [èvəlú:ʃən]	名 発展，進化 派 evolutionary 形 進化（論）の
1681 ☑	**physics** [fíziks]	名 物理学 派 physical 形 身体の，肉体の，物理学の，物理的な
1682 ☑	**principal** [prínsəpl, -səbl]	形 主な，主要な 名 校長 ≒類 staple, chief, main 形 主な，主要な
1683 ☑	**relevant** [réləvənt]	形 関連のある，適切な 派 relevance 名 関連性
1684 ☑	**tune** [t(j)ú:n]	名 調律，曲，調和 他 を調和させる

The president felt deceived that his aide intruded on his privacy by disclosing such information, though he was qualified to do so.

大統領は，そのような情報を公表することで補佐官が自分の私生活に入り込んだので，補佐官にはそうする資格があったとはいえ，裏切られたように感じた。

1685 ☑	**deceive** [disí:v]	他 を裏切る，をだます ≒類 take in ～ ～を欺く
1686 ☑	**intrude** [intrú:d]	自 入り込む，侵入する，邪魔する 他 を押しつける intrude on ～ ～に立ち入る
1687 ☑	**disclose** [disklóuz]	他 を公表する，をあばく，を暴露する ≒類 reveal, uncover, expose 他 を暴露する
1688 ☑	**qualify** [kwáləfài]	他 に資格を与える be qualified to do ... …する資格がある

Those who feel **oppressed** need an **outlet** for their frustration, and **therefore** such feelings may **provoke radical** behavior.

虐げられていると感じる人々には，やり場のない感情の**はけ口**が必要であるが，**それだけに**そうした感情が**過激な**行動**を引き起こす**可能性がある。

1689 ☑	**oppress** [əprés]	他 を虐げる，を圧迫する 派 oppression 名 圧迫，圧政
1690 ☑	**outlet** [áutlèt, -lət]	名 はけ口，出口，販路，コンセント ≒類 exit 名 出口
1691 ☑	**therefore** [ðéərfɔ̀ːr]	副 それだけに，それゆえに，したがって ≒類 consequently, thus 副 それゆえに，したがって
1692 ☑	**provoke** [prəvóuk]	他 を引き起こす，を怒らせる，を駆り立てる ≒類 anger, enrage, exasperate 他 を怒らせる
1693 ☑	**radical** [rǽdikl]	形 過激な，急進的な，根本的な ≒類 extreme 形 過激な，急進的な

The **artificial** hand is connected to the **veins** of the **wrist**, allowing its user to **contract** the muscles to perform tasks such as **fastening** jackets.

義手は**手首**の**血管**に接続され，その利用者が上着**を留める**といった作業を行うために，筋肉**を収縮**できるようになっている。

1694 ☑	**artificial** [ɑ̀ːrtifíʃl]	形 人工の ≒類 manmade
1695 ☑	**vein** [véin]	名 血管，静脈 反 artery 名 動脈
1696 ☑	**wrist** [ríst]	名 手首
1697 ☑	**contract** [kəntrǽkt]	他 を収縮する，を契約する，（病気）にかかる
1698 ☑	**fasten** [fǽsn]	他 を留める，をしっかり固定する ≒類 fix, hold, stick 他 を固定する

The search for the suspect took police down the lane, where their dog fetched an enormous bag of stolen jewels from under a porch.

容疑者の捜索で警察は路地へと入り込み，警察犬がそこでポーチの下から盗まれた宝飾品の入った非常に大きい袋を取ってきた。

1699 ☑	**search** [sə́:rtʃ]	名 捜索，追求 他 を捜す 自 捜し求める ≒類 hunt 名 捜索
1700 ☑	**suspect** 名[sʌ́spekt] 動[səspékt]	名 容疑者，疑わしいもの 他（～ではないか）と疑う
1701 ☑	**lane** [léin]	名 路地，細道，小道 ≒類 path, track, footway 名 小道
1702 ☑	**fetch** [fétʃ]	他 を行って取ってくる，を行って連れてくる ≒類 get, collect 他 を取ってくる
1703 ☑	**enormous** [inɔ́:rməs]	形 非常に大きい，莫大な，巨大な ≒類 gigantic, huge, tremendous, vast

The chicks that hatched in this laboratory were created through a fusion of genes, a technique with which the researchers hope to reproduce other species.

この研究所でかえった鶏のヒナは遺伝子融合によって生み出されたが，研究者はこの技術を利用して他の種を繁殖させたいと考えている。

1704 ☑	**hatch** [hǽtʃ]	自（卵が）かえる 他（卵）をかえす ≒類 breed 他（卵）をかえす
1705 ☑	**fusion** [fjú:ʒən]	名 融合 ≒類 blend, combination, mixture
1706 ☑	**technique** [tekní:k]	名 技術，技法，手法 派 technical 形 技術的な
1707 ☑	**reproduce** [rì:prəd(j)ú:s]	他 を繁殖させる，を再生する ≒類 breed, propagate 他 を繁殖させる

She looked marvelous at the informal event, in a casual yet striking dress with gold trim.

彼女は非公式な催しで素敵な様子を見せてくれて，形式張らないがそれでいて金色の装飾のついた人目を引くドレスを着ていた。

1708 ☑	**marvelous** [mɑ́ːrvələs]	形 素敵な，驚くべき，不思議な，素晴らしい ≒類 astonishing, astounding 形 驚くべき
1709 ☑	**informal** [infɔ́ːrml]	形 非公式な，形式張らない，くだけた ≒類 casual
1710 ☑	**casual** [kǽʒuəl]	形 形式張らない，うちとけた，カジュアルな ≒類 informal
1711 ☑	**striking** [stráikiŋ]	形 人目を引く，目立った，著しい ≒類 conspicuous, noticeable
1712 ☑	**trim** [trím]	名 装飾，身なり 他 を刈り込む，を手入れする ≒類 decoration, ornament 名 飾り

The prospect that the meeting would be prolonged rattled the team members, who felt uneasy that they could not get back to urgent business.

会議が延長されるだろうという見通しは，チームのメンバーたちを当惑させ，彼らは急ぎの業務に戻れないかもしれないという不安を感じた。

1713 ☑	**prospect** [prɑ́spekt]	名 見通し，見込み ≒類 outlook
1714 ☑	**prolong** [prəlɔ́(ː)ŋ]	他 を延長する，をのばす 派 prolonged 形 長引く，長期にわたる
1715 ☑	**rattle** [rǽtl]	他 を当惑させる，をガタガタいわせる 自 ガタガタいう ≒類 confuse, disturb, perplex 他 を混乱させる
1716 ☑	**uneasy** [ʌníːzi]	形 不安な ≒類 anxious
1717 ☑	**urgent** [ɔ́ːrdʒənt]	形 急ぎの，差し迫った，緊急の ≒類 pressing, rush 形 急ぎの

Although this **strip** was once one of the **prominent** areas in the **district**, **lately** it has fallen victim to **decay**.

この**通り**は，かつてこの**地方**で**突出した**区域の一つだったが，**近頃**では**衰退**に見舞われてきている。

1718 ☑	**strip** [stríp]	名 通り，街路，細長い一片　他 をはぐ，をむく
1719 ☑	**prominent** [prámin<u>ə</u>nt]	形 突出した，有名な，目立つ ≒類 noticeable, striking, conspicuous　形 顕著な
1720 ☑	**district** [dístrikt]	名 地方，地区，地域
1721 ☑	**lately** [léitli]	副 近頃，最近 ≒類 recently, nowadays
1722 ☑	**decay** [dikéi]	名 衰退，腐敗　自 衰退する，腐敗する ≒類 rot, spoil　自 腐る

The embassy has a **vast range** of **resources** available to those who are **contemplating** a **venture** into international trade.

その大使館は，国際貿易への**投機的事業**を**もくろんでいる**人々が利用できる**広範囲**の**手段**を持っている。

1723 ☑	**vast** [vǽst]	形 広い，広大な，莫大な ≒類 enormous, gigantic, huge, tremendous　形 巨大な
1724 ☑	**range** [réindʒ]	名 範囲，領域，幅　自（範囲などが）及ぶ，分布する ≒類 scope, extent　名 範囲
1725 ☑	**resource** [ríːsɔːrs, -zɔːrs]	名 手段，（resources の形で）資源，財源，貯蔵 派 resourceful　形 資源に富んだ
1726 ☑	**contemplate** [kántəmplèit, -tem-]	他 をもくろむ，を熟慮する　自 じっくり考える ≒類 intend, think, aim　他 を意図する
1727 ☑	**venture** [véntʃər]	名 投機的事業，冒険　自 思い切ってやる

They still believe in the **superstition** that **messing** up a spider's **web** will cause that spider to **haunt** your **grave**.

彼らは，クモの**巣を壊す**とそのクモが**墓場**まで自分**にたたる**ことになる，という**迷信**をいまだに信じている。

1728 ☑	**superstition** [sù:pərstíʃən]	名 迷信，偶像崇拝 派 superstitious　形 迷信の
1729 ☑	**mess** [més]	他 を散らかす　名 混乱，取り散らかした状態 ≒類 disorder　名 混乱
1730 ☑	**web** [wéb]	名 クモの巣，クモの巣状のもの，織物
1731 ☑	**haunt** [hɔ́:nt]	他 （幽霊が）に現れる，（考えなどが）につきまとう 派 haunted　形 （場所が）幽霊の出る
1732 ☑	**grave** [gréiv]	名 墓場　形 重大な，重々しい，威厳のある ≒類 tomb　名 墓

A **veteran** of both **literary** and performing circles, she offers a **perspective** and **wit** unlike that of any of her **contemporaries**.

文学と舞台集団の**経験豊富な人物**である彼女は，彼女の**同時代の人**の誰とも異なった**物の見方**や**機知**を披露してくれる。

1733 ☑	**veteran** [vétərən]	名 経験豊富な人，退役軍人　形 老練な，ベテランの ≒類 experienced, old　形 老練な
1734 ☑	**literary** [lítərèri]	形 文学の，文芸の 派 literally　副 文字通りに
1735 ☑	**perspective** [pərspéktiv]	名 見方，観点，展望，遠近法，正しい見方
1736 ☑	**wit** [wít]	名 機知，頭の回転 ≒類 esprit
1737 ☑	**contemporary** [kəntémpərèri]	名 同時代の人，現代人　形 同時代の，現代の ≒類 modern, present　形 現代の

He **betrayed** his agent by accepting other work without her **consent**, and **thus** their **mutual** trust came **undone**.

彼は自分の代理人**を裏切って**彼女の**承諾**なしに他の仕事を受けたが，**そのために**彼らの**相互**信頼は**崩れ去る**こととなった。

1738 ☑	**betray** [bitréi, bə-]	他 を裏切る，（秘密など）をもらす，をうっかり表に出す 派 betrayal 名 裏切り，暴露
1739 ☑	**consent** [kənsént]	名 承諾，同意　自 承諾する，同意する ≒類 agree, assent 自 同意する
1740 ☑	**thus** [ðʌ́s]	副 そのために，それゆえ ≒類 therefore
1741 ☑	**mutual** [mjúːtʃuəl]	形 相互の ≒類 reciprocal
1742 ☑	**undone** [ʌ̀ndʌ́n]	形 破滅した，ほどいた，はずした come undone　ほどける，失敗する，破滅する

The **former** prime ministers, now living in **exile**, **pleaded** with the citizens to **restore** democracy and **security** to the country.

現在**亡命**中の**前**首相は，その国に民主主義と**治安を復活させる**よう国民に**嘆願した**。

1743 ☑	**former** [fɔ́ːrmər]	形 前の，以前の，前者の 派 formerly 副 以前は，昔は
1744 ☑	**exile** [égzail, éksail]	名 亡命，追放，流浪，亡命者　他 に追放される ≒類 asylum, defection 名 亡命
1745 ☑	**plead** [plíːd]	自 嘆願する，申し立てる　他 と弁解する ≒類 beg 自 懇願する
1746 ☑	**restore** [ristɔ́ːr]	他 を復活させる，を回復する，を戻す ≒類 renew 他 を修復する
1747 ☑	**security** [sikjúərəti]	名 治安，安全 派 secure 形 安全な，確実な　他 を確保する，を守る

The two sides executed a treaty that said they would not tolerate torture under any circumstances.

両国は，どのような状況下においても拷問を許容することはしないと謳った条約を執行した。

1748 ☑	**execute** [éksəkjùːt]	他 を執行する，を処刑する，を遂行する 派 execution 名 執行，処刑，遂行
1749 ☑	**treaty** [tríːti]	名 条約，交渉 ≒類 agreement, pact 名 協定
1750 ☑	**tolerate** [tάlərèit]	他 を許容する，を我慢する，に耐える ≒類 endure, stand, bear
1751 ☑	**torture** [tɔ́ːrtʃər]	名 拷問，苦痛 他 を拷問にかける ≒類 pain, torment, suffering 名 苦痛
1752 ☑	**circumstance** [sə́ːrkəmstæ̀ns]	名 状況，事情，生活状態 under no circumstances 決して～ない

Despite his apology, the religion's followers condemned the Pope for what they perceived was a negative remark about their sacred text.

ローマ法王の謝罪にもかかわらず，その宗教の信奉者らは，彼らの聖典に関する否定的な見解を自分たちは読み取ったとして，法王を非難した。

1753 ☑	**despite** [dispáit]	前 ～にもかかわらず ≒類 in spite of ～
1754 ☑	**condemn** [kəndém]	他 を非難する ≒類 blame, censure, criticize
1755 ☑	**perceive** [pərsíːv]	他 を知覚する，に気づく，と思う，を理解する 派 perception 名 知覚，認識
1756 ☑	**remark** [rimάːrk]	名 見解，発言 他 と述べる 自 意見を述べる
1757 ☑	**sacred** [séikrid]	形 神聖な，聖なる ≒類 divine, holy

Though usually **shy**, she is able to let out a **spontaneous** and **piercing scream** on **cue** when performing on stage.

普段は**内気**であるが，彼女は舞台で演じる時には**合図**と同時に**無意識のうちに大声の叫び声**をあげることができる。

1758 ☑	**shy** [ʃái]	形 内気な，恥ずかしがりの ≒類 timid, bashful
1759 ☑	**spontaneous** [spɑntéiniəs]	形 無意識の，自発的な，自然に起こる 派 spontaneity 名 自発性
1760 ☑	**piercing** [píərsiŋ]	形 大声の，かん高い，骨身にこたえる，鋭い
1761 ☑	**scream** [skríːm]	名 叫び声，悲鳴 自 悲鳴をあげる，叫ぶ ≒類 shriek
1762 ☑	**cue** [kjúː]	名 合図，指示 他 に合図を与える ≒類 sign, signal

This **breed** of horse cannot be **classified** as an Arabian because the **breadth** of its chest does not **conform** to that breed's **stature**.

この馬の**血統**をアラブ種に**分類する**ことができないのは，その胸**幅**がアラブ種の**発達度**と**一致し**ないからである。

1763 ☑	**breed** [bríːd]	名 血統，品種 他 を繁殖させる 自 繁殖する
1764 ☑	**classify** [klǽsəfài]	他 を分類する ≒類 categorize
1765 ☑	**breadth** [brédθ, brétθ]	名 幅，広がり ≒類 width, spread 名 幅
1766 ☑	**conform** [kənfɔ́ːrm]	自 一致する，（規則・慣習などに）従う 他 に従う 派 conformity 名（全体への）服従，一致
1767 ☑	**stature** [stǽtʃər]	名 発達度，身長，達成 ≒類 height 名 身長

The doctors performed a **transfer** of **similar tissue** to **stimulate** cell growth, but were unable to **remedy** the kidney.

医師たちは，細胞増殖**を活性化させる**ために**類似した組織**の**移転**を行ったが，腎臓**を治療する**ことはできなかった。

1768 ☑	**transfer** 名 [trǽnsfəːr] 動 [trænsfə́ːr, ´–]	名 移転，移動，譲渡　他 を移動させる　自 移転する ≒類 move, remove　他 を移動させる
1769 ☑	**similar** [símələr]	形 類似した，似た ≒類 alike
1770 ☑	**tissue** [tíʃuː]	名（動植物の細胞からなる）組織
1771 ☑	**stimulate** [stímjəlèit]	他 を活性化させる，を刺激する，を元気づける
1772 ☑	**remedy** [rémədi]	他 を治療する，を治す　名 治療，矯正（法） ≒類 treat, cure　他 を治療する，を治す

Remember to get plenty of **rest** and don't **skip** breakfast, because even a meal as simple as **toast** and eggs will help **boost** your energy.

休息をたっぷりとって朝食**を抜かない**こと**を忘れないよう注意し**なさい。**トースト**と卵のような簡単な食事でも活力**を高めてくれる**だろうから。

1773 ☑	**remember** [rimémbər]	他 を忘れないよう注意する，を覚えている，を思い出す ≒類 recollect, recall　他 を思い出す
1774 ☑	**rest** [rést]	名 休息，休憩　自 休憩する，頼る，横になる ≒類 break, recess　名 休憩
1775 ☑	**skip** [skíp]	他 を抜かす，を省く，を飛び越す　自 スキップする ≒類 omit, miss　他 を抜かす
1776 ☑	**toast** [tóust]	名 トースト，乾杯　他 をこんがり焼く，に乾杯する ≒類 roast, grill　他 を焼く
1777 ☑	**boost** [búːst]	他 を高める，を押し上げる，を上げる ≒類 raise　他 を上げる

The committee cannot **investigate** the failures in **intelligence** used to **justify** the war because the government refuses to **cooperate** in a **transparent** manner.

委員会は，戦争**を正当化する**ために利用された**情報収集**における失敗**を調査し**あぐねている。というのも，政府が**透明性のある**方法で**協力する**ことを拒んでいるからだ。

1778 ☑	**investigate** [invéstəgèit]	他 を調査する，を詳細に調べる　自 研究する ≒類 scrutinize, probe
1779 ☑	**intelligence** [intélidʒəns]	名 情報収集，知能，理解力，知性 ≒類 information, news, data　名 情報
1780 ☑	**justify** [dʒʌ́stəfài]	他 を正当化する 派 justification　名 正当化
1781 ☑	**cooperate** [kouápərèit]	自 協力する 派 cooperative　形 協力的な
1782 ☑	**transparent** [trænspǽrənt, -péər-]	形 透明な，明白な ≒類 clear, crystalline　形 透明な

The **ethnological** study showed the **peninsula** to be a largely **homogeneous** area lacking in diversity and prone to racial **discrimination**.

民族学の研究によると，その**半島**は多様性に欠けるおおむね**同質**の地域であり，人種**差別**が起きる傾向にあることがわかった。

1783 ☑	**ethnological** [èθnəládʒikl]	形 民族学の 派 ethnology　名 民族学
1784 ☑	**peninsula** [pənínsələ, -ʃələ]	名 半島
1785 ☑	**homogeneous** [hòumədʒíːniəs, hà-]	形 同質の，同種の，均質の 派 homogeneity　名 同質，均質
1786 ☑	**discrimination** [diskrìmənéiʃən]	名 差別，区別，識別，差別待遇，えこひいき ≒類 distinction, segregation　名 差別

The sensation of the pressure exerted on her arm caused her to shake and tremble, a reaction that was not at all typical.

腕にかかった圧迫感によって，彼女は身震いし小刻みに震えたが，それは典型的な反応ではまったくなかった。

1787 ☑	**sensation** [senséiʃən, sən-]	名 感覚，感じ ≒類 feeling
1788 ☑	**exert** [igzə́ːrt, egz-]	他（力など）を使う，を働かせる，を努力させる
1789 ☑	**shake** [ʃéik]	自 震える　他 を振る，を動揺させる
1790 ☑	**tremble** [trémbl]	自（小刻みに）震える　名 震え ≒類 shudder, shiver
1791 ☑	**typical** [típikl]	形 典型的な，特有の ≒類 representative, exemplary　形 典型的な

With heavy rains predicted, the organizers may resort to postponing the event or holding it in an enclosed venue, which could delay its start by several hours.

大雨が予想されるので，主催者は催しを延期するか屋根のある会場で開催するかという手段に訴えるかもしれないが，そうすると数時間開始が遅れることもありうる。

1792 ☑	**predict** [pridíkt]	他 を予想する，を予言する，を予測する ≒類 forecast, foresee
1793 ☑	**resort** [rizɔ́ːrt]	自（手段に）訴える　名 行楽地，訴えること resort to ～　～に訴える
1794 ☑	**postpone** [pous*t*póun]	他 を延期する ≒類 delay, put off ～
1795 ☑	**enclose** [enklóuz]	他（垣・壁などで）を囲む，を同封する 派 enclosure　名 包囲，同封
1796 ☑	**delay** [diléi]	他 を遅らせる，を延期する　名 遅延，延期 ≒類 postpone　他 を遅らせる

The film was dedicated to the director's professor, who was cited as the basis for approximately 90% of its premise.

その映画は監督の師にささげられたが，映画の前提となるアイデアのおよそ 9 割の拠り所として師の名前が引用されていた。

1797 ☑	**dedicate** [dédikèit]	他 をささげる
1798 ☑	**cite** [sáit]	他 を引用する ≒類 quote
1799 ☑	**basis** [béisis]	名 拠り所，基礎，根拠，方式，やり方
1800 ☑	**approximately** [əpráksəmətli]	副 およそ ≒類 about, roughly
1801 ☑	**premise** [prémis]	名 前提 ≒類 presupposition, assumption

Her enthusiasm for learning is embodied in the scope of the classes she takes, which thoroughly encompasses all of the instruction the school offers.

彼女の学習意欲は，履修している授業の範囲で具体化しており，学校が提供する教育のすべてを完璧に網羅している。

2
UNIT 9

1802 ☑	**enthusiasm** [enθ(j)úːziæ̀zm]	名 意欲，情熱，熱意，熱狂 派 enthusiastic 形 熱心な，熱狂的な
1803 ☑	**embody** [embádi]	他 を具体化する，を表現する ≒類 shape, materialize 他 を具体化する
1804 ☑	**scope** [skóup]	名 範囲 ≒類 range, extent
1805 ☑	**thoroughly** [θə́ːrouli, θʌ́ːrə-]	副 完璧に，徹底的に，完全に 派 thorough 形 徹底的な，完全な，まったくの
1806 ☑	**instruction** [instrʌ́kʃən]	名 教育，教えること，指示 ≒類 education 名 教育

Parents were at **odds** about how to **ensure** that the **restless** children do not **deliberately disturb** the nearby adults.

落ち着きのない子どもたちが，**わざと**近くにいる大人**を邪魔する**こと**を確実に**やめさせる方法について，両親の意見は**食い違って**いた。

1807 ☑	**odds** [ádz]	名 差異，見込み，勝ち目 at odds 不和で，争って，合致しない，ちぐはぐで
1808 ☑	**ensure** [enʃúər, -ʃɔ́ːr]	他 を確実にする，(人に)を保証する，を安心させる ≒類 insure, secure, guarantee 他 を保証する
1809 ☑	**restless** [réstləs]	形 落ち着かない，休めない ≒類 uneasy 形 落ち着かない
1810 ☑	**deliberately** [dilíbərətli]	副 わざと，故意に，慎重に ≒類 purposely, intentionally, on purpose
1811 ☑	**disturb** [distə́ːrb]	他 の邪魔をする，を妨げる 派 disturbance 名 邪魔，妨害

In establishing the **colony**, the nation's **intent** was to **civilize** what they considered the **primitive** people of the region, upon whom they looked with **scorn**.

植民地の構築に際して，国家の**意図**は，彼らが**原始的**と考えるその地域の人々**を文明化する**ことだったが，そうした人々を彼らは**軽蔑の眼差し**で見ていた。

1812 ☑	**colony** [kɑ́ləni]	名 植民地，集落 派 colonial 形 植民地の
1813 ☑	**intent** [intént]	名 意図 形 没頭した，集中した 派 intention 名 意図
1814 ☑	**civilize** [sívəlàiz]	他 を文明化する，を教化する，を洗練させる 派 civilization 名 文明
1815 ☑	**primitive** [prímətiv]	形 原始的な，未開の ≒類 primary 形 原始的な，初期の
1816 ☑	**scorn** [skɔ́ːrn]	名 軽蔑，あざけり 他 を軽蔑する，をさげすむ ≒類 disdain

They will not **prevail** on their **quest** to **conquer** the mountain without a **practicable** solution to the problem of oxygen **shortages**.

酸素**欠乏**という問題に対する**実行可能な**解決策なしに，彼らがその山**を征服する**という**探求**は**うまくいく**はずがない。

1817 ☑	**prevail** [privéil]	自 うまくいく，普及する，広まる，勝つ 派 **prevalent** 形 普及している，流布している
1818 ☑	**quest** [kwést]	名 探求，探索，追及 自 探し求める ≒類 **research, investigation, inquiry** 名 探求
1819 ☑	**conquer** [káŋkər]	他 を征服する ≒類 **defeat, subdue**
1820 ☑	**practicable** [prǽktikəbl]	形 実行可能な，実施されうる，実用的な 派 **practical** 形 実用的な，実際的な
1821 ☑	**shortage** [ʃɔ́:rtidʒ]	名 欠乏，不足

There was a **murmur** in the crowd as everyone **wondered** what the mother **whispered** in the girl's ear that made her **sob** and **beat** her chest.

大勢の人々の中で**ざわめき**が生じたが，その母親は少女の耳に何と**ささやいて**彼女を**すすり泣かせ**胸**を叩かせ**たのだろうと，その時誰もが**不思議に思った**。

1822 ☑	**murmur** [mə́:rmər]	名 ざわめき，つぶやき 自 ぶつぶつ言う ≒類 **mutter** 名 つぶやき
1823 ☑	**wonder** [wʌ́ndər]	他 と疑問に思う 自 不思議に思う 名 不思議 派 **wonderful** 形 素晴らしい，不思議な
1824 ☑	**whisper** [hwíspər]	他 をささやく，と小声で言う 自 ささやく 名 ささやき ≒類 **murmur** 名 つぶやき
1825 ☑	**sob** [sάb]	自 すすり泣く，むせび泣く ≒類 **cry, weep** 自 泣く
1826 ☑	**beat** [bí:t]	他 を叩く，を打つ 自 叩く 名 打つこと ≒類 **strike, hit, knock** 他 を叩く

The **plural** layers of the screen help increase the **quantity** and **ratio** of its pixels, emphasizing the **curves** of the **spheres** in its 3D display.

画面の**積**層はその画素**数**および画素**率**を増加させ，立体表示における**球面**の**曲線**を強調している。

1827 ☑	**plural** [plúərəl]	形 複数の 名 複数 反 singular 形 単数の 名 単数
1828 ☑	**quantity** [kwántəti]	名 数，量 ≒類 amount
1829 ☑	**ratio** [réiʃou]	名 率，比率，歩合 ≒類 proportion
1830 ☑	**curve** [kə́:rv]	名 曲線 他 を曲げる ≒類 sweep, twist 名 曲線
1831 ☑	**sphere** [sfíər]	名 球面，領域，範囲，球体

Staying **stationary** would **render** your health **situation** even worse, so I suggest you **consume** less food and **run** a few miles a day.

動かないでいることは健康**状態**をさらに悪化**させます**から，食事の**摂取**量を減らし，1日に数マイル**走る**ことをお勧めします。

1832 ☑	**stationary** [stéiʃənèri]	形 動かない，静止した，固定された stationery（文房具）と間違えないよう注意。
1833 ☑	**render** [réndər]	他 を（…）させる，を（～に）する，に（～を）与える ≒類 make 他 を（…）させる
1834 ☑	**situation** [sìtʃuéiʃən]	名 状態，状況，位置，立場
1835 ☑	**consume** [kəns(j)ú:m]	他 を摂取する，を消費する 派 consumption 名 摂取，消費
1836 ☑	**run** [rʌ́n]	自 走る，流れる，動く，作動する 他 を経営する

She leaned against the wall and bent her brow with a foul look that showed her envy toward the more popular girls.

彼女は壁にもたれ，嫌な表情をして眉をひそめたが，その顔には自分より人気のある少女たちへの嫉妬が表れていた。

1837 ☑	**lean** [líːn]	自 もたれる 他 を傾ける ≒類 rest, recline 自 もたれる
1838 ☑	**bend** [bénd]	他 を曲げる 自 曲がる 派 bent 形 曲がった
1839 ☑	**brow** [bráu]	名 眉，額 bend one's brow 眉をひそめる
1840 ☑	**foul** [fául]	形 嫌な，不潔な，汚い，不正な
1841 ☑	**envy** [énvi]	名 嫉妬，うらやみ，ねたみ 他 をうらやむ，をねたむ 派 envious 形 うらやんで

Though the vacant lot was covered with weeds, he found it refreshing to lie there and get a glimpse of the sunlight of which he had been deprived for so long.

空き地は雑草に覆われていたものの，そこに寝そべり，長い間奪われていた日光をひと目見るのはすがすがしいものだと彼は感じた。

1842 ☑	**vacant** [véikənt, -kŋt]	形 空きの，空いている，使用されていない ≒類 empty
1843 ☑	**weed** [wíːd]	名 雑草 他（庭など）の雑草を除く，を取り除く
1844 ☑	**refreshing** [rifréʃiŋ]	形 すがすがしい，さわやかな 派 refresh 他 の気分を回復させる，を思い出させる
1845 ☑	**glimpse** [glímps]	名 ひと目，ちらりと見えること，一瞥 ≒類 sight, look
1846 ☑	**deprive** [dipráiv]	他 から（～を）奪う deprive ～ of ... ～から…を奪う

Conversely, their model for **perpetual** growth and **infinite** potential does not account for **states** of **static** economic conditions.

逆の言い方をすれば，**絶え間ない**成長と**果てしない**可能性に関する彼らのモデルは，**静的な**経済情勢の**状況**について説明していない。

1847 ☑	**conversely** [kənvə́ːrsli]	副 逆の言い方をすれば，逆に，反対に，対照的に	派 **converse** 名 正反対，逆 形 逆の，正反対の
1848 ☑	**perpetual** [pərpétʃuəl]	形 絶え間ない，永久の	≒類 **lasting, permanent**
1849 ☑	**infinite** [ínfənət]	形 果てしない，無限の，無数の	≒類 **limitless, endless**
1850 ☑	**state** [stéit]	名 状況，様相，状態，州，国家 他 を述べる	≒類 **condition, situation, circumstance** 名 状況
1851 ☑	**static** [stǽtik]	形 静的な，固定的な	反 **dynamic** 形 動的な

With **freezing** roads, the **glare** from the sun, and a heavy **load** in his truck, he is **blessed** that he was able to drive safely in such harsh **surroundings**.

凍てつく道路，太陽から**照りつける光**，そしてトラックに重い**積荷**。そんな厳しい**状況**でも，**幸いにも**彼は安全に運転することができた。

1852 ☑	**freeze** [fríːz]	自 凍りつく 他 を凍らせる 名 氷結	≒類 **ice, frost** 自 凍る
1853 ☑	**glare** [gléər]	名 まぶしい光，ぎらぎらする光，にらみつけ	派 **glaring** 形 ぎらぎら輝く
1854 ☑	**load** [lóud]	名 積荷，荷物，重荷，負担 他 を積む，を詰め込む	≒類 **burden** 名 重荷，負担
1855 ☑	**bless** [blés]	他 を祝福する，（be blessed の形で）恩恵を受ける	派 **blessing** 名 祝福，恩恵
1856 ☑	**surrounding** [səráundiŋ]	名 状況，環境	≒類 **environment** 名 環境

The invention of **steam** trains and ships increased the **tide** of **migration**, with many **exploring** new lands and some **permanently** settling there.

蒸気機関車と**蒸気**船の発明によってますます**移住**の**流れ**ができたので，多くの人々が新たな土地**を探訪し**，そこに**一生**住み着く人もいた。

1857 ☑	**steam** [stíːm]	名 蒸気，水蒸気　自 蒸気を出す 与類 vapor, damp　名 蒸気，水蒸気
1858 ☑	**tide** [táid]	名 流れ，潮流，潮の干満，傾向，時流 派 tidal　形 潮の
1859 ☑	**migration** [maigréiʃən]	名 移住，（鳥・魚の）移動 派 migrate　自 移住する
1860 ☑	**explore** [iksplɔ́ːr, eks-]	他 を探訪する，を探検する，を探求する 派 exploration　名 探検
1861 ☑	**permanently** [pə́ːrmənəntli]	副 一生，永久に，不変に 与類 forever, eternally, everlastingly

She **sued** for the value of the **complete** set of dishes, which was **worth** over $50,000, but **ultimately** she only received a **token** amount of money.

彼女は５万ドルを超える**値打ちのある**コース料理用の皿の**完全な**一式の対価を求めて**訴訟を起こしたが**，**結果的には形だけの**金額を受け取ったにすぎなかった。

1862 ☑	**sue** [s(j)úː]	自 訴訟を起こす，訴える　他 を訴える 与類 accuse　他 を訴える
1863 ☑	**complete** [kəmplíːt]	形 完全な，完成した，まったくの 与類 perfect, utter
1864 ☑	**worth** [wə́ːrθ]	前（～の）値打ちがある　名 価値，重要性 与類 value, merit　名 価値
1865 ☑	**ultimately** [ʌ́ltəmətli]	副 結果的には，最終的に 与類 eventually
1866 ☑	**token** [tóukn]	形 形だけの，名ばかりの　名 しるし，商品券

When his **deficiency** in mathematics was discovered, he became **depressed**, feeling that all he had **strived** for had been **stolen** from his **grasp**.

数学における**能力不足**が明らかになった時，彼は**意気消沈し**，**懸命に努力して**きたことのすべてが自分の**手の届く範囲**から**盗まれて**しまったように感じた。

1867 ☐	**deficiency** [difíʃənsi]	名 不足，欠乏，欠陥 派 **deficient** 形 不足した，欠けている
1868 ☐	**depress** [diprés]	他 を意気消沈させる，を憂うつにさせる，を落胆させる 派 **depressed** 形 憂うつな，落胆した
1869 ☐	**strive** [stráiv]	自（懸命に）努力する
1870 ☐	**steal** [stí:l]	他 を盗む　自 盗みをする
1871 ☐	**grasp** [grǽsp]	名 手の届く範囲，理解　他 を理解する，をつかむ ≒類 **grip, clutch, clasp** 他 をつかむ

The **row** over the **deed** to the property has **deepened**, with no **definite** solution in sight and worry that the situation may **degrade** even further.

その不動産に対する**権利書**を巡って**騒動**は**深刻化したが**，**明確な**解決策は見えず，状況がさらにもっと**悪化し**かねない心配がある。

1872 ☐	**row** [róu]	名 騒動，騒々しい喧嘩，列　他（ボート）をこぐ ≒類 **quarrel, fight, dispute** 名 喧嘩
1873 ☐	**deed** [dí:d]	名 不動産譲渡証書，行為，行動，業績 ≒類 **action** 名 行為
1874 ☐	**deepen** [dí:pn]	自 深くなる　他 を深くする ≒類 **broaden, cultivate** 他 を深める
1875 ☐	**definite** [défənət]	形 明確な，限定された 派 **definitely** 副 明確に，はっきりと
1876 ☐	**degrade** [digréid]	自 悪化する，堕落する　他（品位など）を下げる 派 **degrading** 形 品位を下げるような

It wouldn't be **prudent** to have students **recite** major speeches without a **quote** from Dr. Martin Luther King, Jr., who **reigns** as one of the most **spectacular** speakers of all time.

史上最も**素晴らしい**演説者の一人として**君臨する**マーティン・ルーサー・キング・ジュニア牧師から**引用**せずに，学生たちに一流の演説**を朗読させる**のは**賢明で**はないだろう。

1877 ☑	**prudent** [prú:dənt]	形 賢明な，分別のある，用心深い，慎重な ≒類 wise 形 賢明な
1878 ☑	**recite** [risáit]	他 を朗読する，を暗唱する 自 暗唱する，朗読する ≒類 repeat 他 を暗唱する 自 暗唱する
1879 ☑	**quote** [kwóut]	名 引用 他 を引用する ≒類 cite 他 を引用する
1880 ☑	**reign** [réin]	自 君臨する，支配する 他 を統治する，を支配する ≒類 rule, dominate, govern 他 を統治する
1881 ☑	**spectacular** [spektǽkjələr]	形 素晴らしい，壮観な，見ごたえのある ≒類 striking, remarkable, noticeable

Multiply these figures by the **fractions** in the middle column and **delete** any **duplicate** entries.

これらの数字に縦列中央の**分数を掛け**，**重複する**記入すべて**を削除し**なさい。

2
UNIT 9

1882 ☑	**multiply** [mʌ́ltəplài]	他 を掛ける，を増やす 自 増える ≒類 increase 他 を増やす 自 増える
1883 ☑	**fraction** [frǽkʃən]	名 分数，一部分，小部分 ≒類 part, portion 名 一部分
1884 ☑	**delete** [dilí:t]	他 を削除する ≒類 eliminate, erase
1885 ☑	**duplicate** [d(j)ú:plikət]	形 重複の，まったく同じの 名 複写，まったく同じもの ≒類 copy

One cause of the **thawing** of the **glaciers** is **ozone**, an **oxidizing** agent that **dissolves** in water.

氷河が**溶ける**原因となるものの一つは，水に**溶解する酸化**剤，すなわち**オゾン**である。

1886 ☑	**thaw** [θɔ́ː]	自 溶ける　他 を溶かす ≒類 melt, dissolve
1887 ☑	**glacier** [gléiʃər]	名 氷河
1888 ☑	**ozone** [óuzoun, −ˊ]	名 オゾン ozone layer　オゾン層
1889 ☑	**oxidize** [ɑ́ksədàiz]	他 を酸化させる，をさびさせる　自 酸化する，さびる ≒類 rust　他 をさびさせる　自 さびる
1890 ☑	**dissolve** [dizɑ́lv]	自 溶ける　他 を溶かす ≒類 melt, thaw

Some diabetes patients use **sterilized** needles and a device with a **pump** and **reservoir** to **inject** their own insulin, while others feel **apprehension** to this practice.

糖尿病の患者の中には，自前のインシュリン**を注射する**ために**殺菌された**注射針と**ポンプ**および**容器**付きの機器を利用する人もいれば，こうした行為に**不安**を感じる人もいる。

1891 ☑	**sterilize** [stérəlàiz]	他 を殺菌する，を不妊にする，（土地）を不毛にする 派 sterilization　名 不妊，無菌，殺菌
1892 ☑	**pump** [pʌ́mp]	名 ポンプ　他 をポンプでくむ，をポンプで注入する
1893 ☑	**reservoir** [rézərvwɑ̀ːr, -vwɔ̀ːr]	名（液体を入れる）容器，貯水池 ≒類 container, vessel　名 容器
1894 ☑	**inject** [indʒékt]	他 を注射する，を注入する 派 injector　名 注射器，注入器
1895 ☑	**apprehension** [æ̀prihénʃən]	名 心配，懸念，理解 派 apprehensive　形 心配した，理解の早い

As articulated in its bimonthly bulletin, the church's agenda is to maintain its commitment to helping the poor.

隔月の会報ではっきり述べられているように，その教会の礼拝規定書は，貧しい人々を助けるという方針を守るためにある。

1896 ☑	**articulate** 動 [ɑːrtíkjəlèit] 形 [-lət]	他 をはっきり述べる 自 はっきり言う 形 はっきりした 派 articulation 名 明瞭な発音，（思想・感情の）表現，調音
1897 ☑	**bimonthly** [bàimʌ́nθli]	形 隔月の，月２回の 名 隔月刊行物 ≒類 semimonthly 形 半月ごとの，月２回の
1898 ☑	**bulletin** [búlətn]	名 会報，紀要 ≒類 journal, proceedings 名 会報
1899 ☑	**agenda** [ədʒéndə]	名 典礼，協議事項，議事，備忘録
1900 ☑	**commitment** [kəmítmənt]	名 方針，献身，傾倒 派 commit 他 を犯す，を委ねる

She obviously relishes this opportunity to resume her work, because she seemed desperate to show her full gratitude to the man who preceded her in the position.

彼女は紛れもなく，自分の仕事を再開するこの機会を楽しんでいる。というのも，彼女は無性に，その地位の彼女の前任者に対して感謝の意を存分に表したがっているようだったからだ。

1901 ☑	**relish** [réliʃ]	他 を楽しむ，を好む，をおいしく食べる 名 味，面白み ≒類 enjoy 他 を楽しむ
1902 ☑	**resume** [riz(j)úːm]	他 を再開する，を取り戻す 自 再び始まる ≒類 reopen 他 を再開する
1903 ☑	**desperate** [déspərət]	形（人が）必死の，自暴自棄の，（事態が）絶望的な 派 despair 名 絶望
1904 ☑	**gratitude** [grǽtət(j)ùːd]	名 感謝の意 ≒類 appreciation
1905 ☑	**precede** [prisíːd]	他 に先行する 自（時間的に）先行する ≒類 antedate 他 に先行する

This adhesive is not **dense** enough to **bind** to this **grade** of a surface, so we should **retrieve** a more **solid** one from the other room.

この接着剤は，表面のこの**傾斜面**に**固定する**には**濃さ**が足りないので，別の部屋からもっと**濃度の高い**もの**を取ってこなければ**ならない。

1906 ☑	**dense** [déns]	形 濃い，密集した 派 **density** 名 密度，濃度
1907 ☑	**bind** [báind]	自 固定する，束ねる　他 を固定する，を束ねる
1908 ☑	**grade** [gréid]	名 傾斜面，勾配，等級，学年，成績 ≒類 **slope, inclination** 名 勾配
1909 ☑	**retrieve** [ritríːv]	他 を探して持ってくる，を取り戻す，を回収する 派 **retrieval** 形 回復，復旧，回収
1910 ☑	**solid** [sáləd]	形 濃密な，固体の，頑丈な　名 固体 反 **liquid** 形 液体の　名 液体

Aviation experts recommend better air **circulation** within the **cabin** of aircraft as a means to **alleviate** pressure and discomfort caused by **turbulence**.

航空学の専門家は，**乱気流**によって起こる気圧変化や不快感**を緩和する**手段として，航空機の**客室**内における空気**循環**を改善するよう推奨している。

1911 ☑	**aviation** [èiviéiʃən]	名 航空（学），飛行（術） ≒類 **flight, flying** 名 飛行
1912 ☑	**circulation** [sə̀ːrkjəléiʃən]	名 循環，流通，発行部数 ≒類 **cycle, revolution, rotation** 名 循環
1913 ☑	**cabin** [kǽbin]	名 客室，小屋，船室 ≒類 **hut, barn** 名 小屋
1914 ☑	**alleviate** [əlíːvièit]	他 を緩和する，を軽減する，を楽にする ≒類 **ease, relax, relieve**
1915 ☑	**turbulence** [tə́ːrbjələns]	名 乱気流，（大気の）乱れ，大荒れ ≒類 **confusion, disorder** 名 乱れ

The smell of the books is far from **decent**, and **furthermore** their pages have **faded** so badly that some parts have become totally **erased**.

その本の匂いは**まとも**とは言いがたく，**その上**印刷されたページはひどく**色あせて**きているので，一部分はすっかり**消え失せて**しまっている。

1916 ☑	**decent** [dí:snt]	形 まともな，きちんとした，上品な
		派 decency 名 上品さ
1917 ☑	**furthermore** [fə́:rðərmɔ̀:r]	副 その上，おまけに，さらに
		≒類 besides, in addition
1918 ☑	**fade** [féid]	自 色あせる，薄れる，弱まる，消えていく
		≒類 vanish 自（次第に）消え去る
1919 ☑	**erase** [iréis]	他 を消す，を削除する
		≒類 delete, eliminate, cut 他 を削除する

When the boy's **terrific talent** for singing **manifested** itself, he was **thrust** into the spotlight, though he was not immediately **content** with being famous.

その少年の**ずばぬけた**歌唱の**才能**が**明らかになった**時，彼は世間の注目を**嫌でも浴びることになった**。しかしながら，彼は自分が有名になることにあっさり**甘んじる**ことはなかった。

1920 ☑	**terrific** [tərífik]	形 ずばぬけた，ものすごい，恐ろしい
		≒類 tremendous, awful, vast
1921 ☑	**talent** [tǽlənt]	名 才能，才能のある人
		≒類 ability, gift, genius 名 才能
1922 ☑	**manifest** [mǽnəfèst]	他 を明らかにする，を表す 形 明らかな，はっきりした
		≒類 apparent, plain, obvious 形 明らかな
1923 ☑	**thrust** [θrʌ́st]	他 を押しつける，を突き刺す
		thrust ～ into ... ～を…に追いやる
1924 ☑	**content** 形 [kəntént] 名 [kɑ́ntent]	形 甘んじた，満足した 名 中身
		≒類 satisfied 形 満足した

2 UNIT10

Besides its **boring** tone, the article's analysis showed **bias** by **excluding** companies in which the publisher did not have a financial **stake**.

その**退屈な**論調**の他に**，記事の分析には出版社と金銭的な**利害関係**のない企業**を除外する**ことによる**偏見**が表れていた。

1925 ☑	**besides** 前[bisàidz, bə-] 副[-⌣́]	前 ～の他に，～に加えて 副 その上	≒類 moreover, also, in addition その上
1926 ☑	**boring** [bɔ́:riŋ]	形 退屈な，退屈させるような	≒類 tiring, tedious
1927 ☑	**bias** [báiəs]	名 偏見，えこひいき 他 に偏見を持たせる	≒類 prejudice
1928 ☑	**exclude** [iksklú:d, eks-]	他 を除外する	≒類 omit, leave out ～ ～を省く
1929 ☑	**stake** [stéik]	名 利害関係，くい，賭け，掛け金 他 を賭ける	≒類 bet, chance, gamble 名 賭け

In this **mode**, the unit can **revolve** the attached camera, which is powered by a cable that is **inserted** into its **rear** panel.

この**状態**にするとその機器は付属のカメラ**を回転させる**ことができるが，カメラは**背面**パネルに**差し込まれ**たケーブルによって電源が投入されるようになっている。

1930 ☑	**mode** [móud]	名 状態，様式，方法，存在の仕方	≒類 manner, style 名 方法
1931 ☑	**revolve** [riválv]	他 を回転させる 自 回転する	≒類 rotate
1932 ☑	**insert** 動[insə́:rt] 名[ínsə:rt]	他 を差し込む，を書き込む 名 挿入物	≒類 plug, introduce 他 を差し込む
1933 ☑	**rear** [ríər]	名 背面，後部 他 を育てる，を養育する	≒類 back 名 背面，後ろ

The **onlookers roamed** around with **somber** faces as the houses were reduced to **rubble** by the landslide, with some concerned about the **safety** of people living there.

見物人たちは，家々が土砂崩れにより崩壊して**がれき**となって行く間，**重苦しい**表情で**うろうろ歩き回っていた**。その中にはそこに住んでいた人々の**無事**について気を揉む者もいた。

1934 ☑	**onlooker** [ánlùkər]	名（通りすがりの）見物人，傍観者
1935 ☑	**roam** [róum]	自 歩き回る 他 を歩き回る 名 歩き回ること，ぶらつき 派 **wander** 自 さまよう
1936 ☑	**somber** [sámbər]	形 重苦しい，暗く陰気な，薄暗い，黒ずんだ ≒類 **gloomy, dismal, dark** 名 陰気な
1937 ☑	**rubble** [rʌ́bl]	名 がれき ≒類 **debris**
1938 ☑	**safety** [séifti]	名 無事，安全 ≒類 **security**

The students **enrolled** in the university are **intended** to be the **beneficiaries** of this **colossal endeavor**.

大学に**入学した**学生たちが，この**とてつもない努力**の**受益者**に**予定されて**いる。

1939 ☑	**enroll** [enróul, -róuwəl]	自 入学する，入会する 他 を入学させる，を登録する ≒類 **enter** 自 入学する 他 を入学させる
1940 ☑	**intend** [inténd]	他 を意図する，をするつもりである ≒類 **mean**
1941 ☑	**beneficiary** [bènəfíʃièri, -ʃəri]	名 受益者，受取人 ≒類 **receiver, recipient**
1942 ☑	**colossal** [kəlásl]	形 膨大な，巨大な，素晴らしい ≒類 **gigantic, enormous** 形 巨大な
1943 ☑	**endeavor** [endévər]	名 努力 自（…しようと）努める，努力する ≒類 **attempt, try** 自（…しようと）努める，努力する

A renowned visionary in medicine was designated to coach the young talent, which many found intriguing.

医学界で有名な先見性のある人物が若い人材を指導する立場に任命され，そのことには多くの人が興味を持った。

1944 ☑	**renowned** [rináund]	形 有名な，高名な ≒類 famous, well-known, celebrated
1945 ☑	**visionary** [víʒənèri]	名 先見性のある人物　形 先見の明のある ≒類 farsighted, provident　形 先見の明のある
1946 ☑	**designate** 動 [dézignèit]　形 [-nət, -nèit]	他 を任命する，を指名する，を示す　形 指名された ≒類 nominate, appoint　他 を任命する，を指名する
1947 ☑	**coach** [kóutʃ]	他 を指導する　名 指導員 ≒類 guide, direct　他 を指導する
1948 ☑	**intriguing** [intríːgiŋ]	形 興味をそそる，魅力ある ≒類 interesting

Since the grain will not spoil so quickly in the temperate areas of the continent, it would be wise to collaborate with countries in that region from a storage standpoint.

穀類は，大陸の温暖な地域ではそう簡単に腐るものではないだろうから，貯蔵の観点からその地域に属する国々と協力することが賢明だろう。

1949 ☑	**grain** [gréin]	名 穀類，少量，粒　他 を粒状にする a grain of ～　少量の～
1950 ☑	**spoil** [spɔ́il]	自 腐る，台無しになる　他 を台無しにする ≒類 decay, rot　自 腐る
1951 ☑	**temperate** [témpərət]	形 温暖な，節度のある ≒類 moderate, mild
1952 ☑	**collaborate** [kəlǽbərèit]	自 協力する，共同する ≒類 cooperate, join
1953 ☑	**standpoint** [stǽndpɔ̀int]	名 観点，見地，立場 ≒類 viewpoint, perspective, point of view

The professors scanned the latest version of the report and concurred in it being redundant and void of any real meaning.

教授らは報告書の最新版を詳細に調べ，それが冗長なものであり，いかなる真の意味合いもないということで意見が一致した。

1954 ☑	**scan** [skǽn]	他 を詳細に調べる，をざっと見る　名 綿密な調査
1955 ☑	**version** [və́ːrʒən]	名 版，説明 与類 edition, issue　名 版
1956 ☑	**concur** [kənkə́ːr]	自 意見が一致する，同時に起こる 与類 accord, agree　自 意見が一致する
1957 ☑	**redundant** [ridʌ́ndənt]	形 冗長な，過剰な 与類 lengthy　形 冗長な
1958 ☑	**void** [vɔ́id]	形 何もない，無効の　名 空所，空虚感　他 を無効にする 与類 invalid, canceled　形 無効の

The Economic Ministry sought a viable way to put a lid on the growing number of insolvent companies, and denounced the executives who caused the problem.

経済省は，増えつつある債務不履行の企業の数を抑制するための実行可能な方法を模索し，問題を引き起こした経営幹部を非難した。

1959 ☑	**viable** [váiəbl]	形 実行可能な 与類 practicable
1960 ☑	**lid** [líd]	名 抑制，取り締まり，ふた put a lid on ～　～を抑制する
1961 ☑	**insolvent** [insɑ́lvənt]	形 債務不履行の，支払い不能の，破産した 与類 bankrupt
1962 ☑	**denounce** [dináuns]	他 を非難する，を告発する 与類 criticize, blame, accuse, condemn　他 を非難する
1963 ☑	**executive** [igzékjətiv, egz-]	名 経営幹部，重役，高官，執行部 与類 administrator, manager　名 管理者

Such a powerful **insecticide** must not be **dispersed** in a **haphazard** manner, for it could adversely affect the **herds** of nearby **livestock**.

そこまで強力な**殺虫剤**を**計画性のない**方法で**散布し**てはならない。付近にいる**家畜**の**群れ**に悪影響を及ぼす可能性があるからだ。

1964 ☑	**insecticide** [inséktəsàid]	名 殺虫剤
1965 ☑	**disperse** [dispə́ːrs]	他 を散らす，を分散させる，を追い払う 自 散らばる ≒類 **scatter, spread**
1966 ☑	**haphazard** [hæphǽzərd]	形 計画性のない，でたらめの，偶然の 派 **haphazardly** 副 でたらめに，偶然に
1967 ☑	**herd** [hə́ːrd]	名 群れ，多数 自 群れをなす 他 を集める ≒類 **flock** 名（鳥・羊などの）群れ 自 群がる
1968 ☑	**livestock** [láivstɑ̀k]	名 家畜 ≒類 **stock, domesticated animal**

During the **drought**, a **conservation** ordinance was passed **allocating** each family an **allotment** of water to prevent the town's supply from being **depleted**.

干ばつの期間，町の給水量の**欠乏**を未然に防ぐために，各世帯に水の**割り当てを配分する保全**条例が通過した。

1969 ☑	**drought** [dráut]	名 干ばつ，日照り続き，水不足
1970 ☑	**conservation** [kɑ̀nsərvéiʃən]	名 保全，保護，管理 派 **conserve** 他 を保存する，を保護する
1971 ☑	**allocate** [ǽləkèit]	他 を配分する，を割り当てる，を配置する ≒類 **assign, allot, distribute** 他 を割り当てる
1972 ☑	**allotment** [əlɑ́tmənt]	名 割り当て，分配 ≒類 **distribution, division** 名 分配
1973 ☑	**deplete** [diplíːt]	他 を使い果たす，を激減させる，を枯渇させる 派 **depletion** 名 減少，枯渇，消耗

After the vice president claimed the news **anchor** had **distorted** her words and focused on **irrelevant** details of her speech, the anchor **filed** a report to **rebut** those claims.

副社長が，ニュース**キャスター**が自分の言葉**を歪めて伝え**，話に**無関係な**細部に重点を置いたと主張した後，そのキャスターはそうした主張**に反論する**報告書**を正式に提出した**。

1974 ☑	**anchor** [ǽŋkər]	名 キャスター，いかり　他 のキャスターを務める
1975 ☑	**distort** [distɔ́ːrt]	他 を歪める，を曲げる ≒類 slant, pervert, warp　他 を歪める
1976 ☑	**irrelevant** [irélәvәnt]	形 無関係の，見当違いの，不適切な ≒類 unrelated　形 無関係の
1977 ☑	**file** [fáil]	他 を（正式に）提出する，を整理保存する　名 ファイル ≒類 present, submit　他 を提出する
1978 ☑	**rebut** [ribʌ́t]	他 に反論する　自 反論する ≒類 argue, object, contradict

Adolescent defiance toward authority comes from both their **tractable** nature and the need to **vent** their **innumerable** frustrations.

思春期における権力への反抗は，**従順な**気質と，**おびただしい**欲求不満**を発散させる**必要性の両方から来るものである。

1979 ☑	**adolescent** [æ̀dәlésnt]	形 思春期の，青春期の　名 若者 派 adolescence　名 思春期，青春期
1980 ☑	**tractable** [trǽktәbl]	形 従順な，扱いやすい ≒類 obedient, tame, submissive
1981 ☑	**vent** [vént]	他 を発散させる，に穴をあける　名 はけ口，穴
1982 ☑	**innumerable** [in(j)úːmәrәbl]	形 おびただしい，無数の，数えきれない ≒類 countless

After the vice president [illegible] the news [illegible] words and focused on [illegible] her speech, [illegible] filed a report to rebut [illegible]

[illegible]

1974 anchor [illegible]

1975 distort [illegible]

[illegible] slant, pervert [illegible]

1976 irrelevant [illegible]

[illegible] unrelated [illegible]

1977 file [illegible]

[illegible] present, submit [illegible]

1978 rebut [illegible]

[illegible] argue, object [illegible]

Adolescent defiance [illegible] authority comes [illegible] tractable nature [illegible] the need [illegible] their frustrations.

[illegible]

1979 adolescent [illegible]

[illegible] adolescence [illegible]

1980 tractable [illegible]

[illegible] pliable, [illegible]

1981 vent [illegible]

1982 innumerable [illegible]

[illegible] countless [illegible]

Chapter 3

TOEFL 特有の頻出語！

一般語彙　レベル 3

難易度が高いため大学受験で問われることはあまりないものの，
TOEFL® テストを受験するなら絶対に覚えておくべき単語を取り上げました。

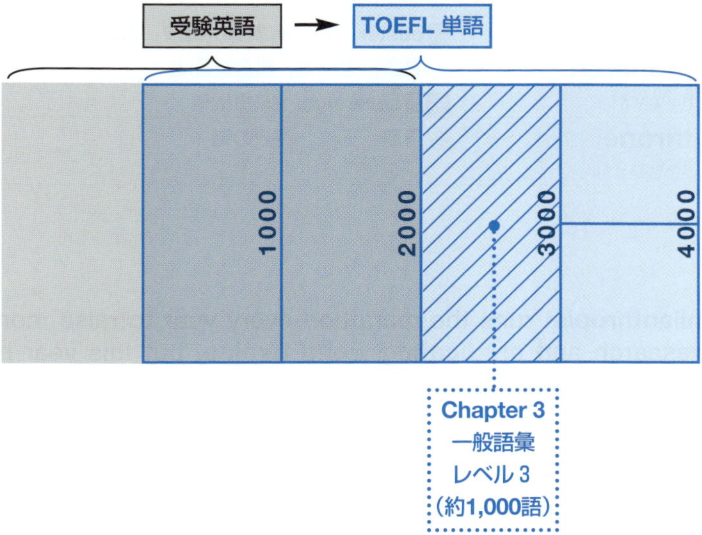

In a massive **uprising**, the country's **anarchists** attempted to **oust** the **monarch** from his **throne**.

大きな**暴動**で，国内の**無政府主義者**たちが**君主**をその**座**から**追い払おう**と試みた。

1983 ☑	**uprising** [ʌ́pràiziŋ]	名 暴動，反乱，蜂起 与類 revolt 名 反乱，謀反，一揆，反抗（心），不快
1984 ☑	**anarchist** [ǽnərkist]	名 無政府主義者 派 anarchism 名 無秩序，混乱，無法状態
1985 ☑	**oust** [áust]	他 を追い出す，に取って代わる，（権利など）を奪う 派 ouster 名 占有剥奪，追放，追い出し
1986 ☑	**monarch** [mɑ́nərk]	名 君主，主権者，最高支配者 与類 sovereign 名 主権者
1987 ☑	**throne** [θróun]	名 王座，王位，司教の職

The **philanthropist** runs the marathon every year to raise money for **AIDS** research and **eradicating** world **famine**, but this year he was **sidelined** with a sprained ankle.

その**慈善家**は**エイズ**の研究と世界的**飢饉**の**撲滅**の募金のために毎年マラソンをするが，今年は足首を捻挫したので**欠場した**。

1988 ☑	**philanthropist** [filǽnθrəpist]	名 慈善家，博愛主義者
1989 ☑	**AIDS** [éidz]	名 エイズ Acquired Immunodeficiency Syndrome の略。
1990 ☑	**eradicate** [irǽdikèit]	他 を撲滅する，を根絶する，を皆無にする 与類 root out ～
1991 ☑	**famine** [fǽmin]	名 飢饉，欠乏，品不足 与類 starvation 名 飢え
1992 ☑	**sideline** [sáidlàin]	他 を欠場させる，の参加を邪魔する

The large trunk in the boy's room was **stuffed** with **miscellaneous** items that included a **stapler**, a plastic toy **pail**, and some cooking **utensils**.

少年の部屋にある大型の旅行かばんには，**ホッチキス**，プラスチック製のおもちゃの**バケツ**，そして何点かの調理**器具**など**種々雑多な**物が**詰め込まれて**いた。

1993 ☑	**stuff** [stʌ́f]	他 に詰め込む，に押し込む　名 材料，原料，食べ物，所持品 ≒類 pack, cram　他 に詰め込む
1994 ☑	**miscellaneous** [mìsəléiniəs]	形 種々雑多な，多方面にわたる
1995 ☑	**stapler** [stéiplər]	名 ホッチキス 派 staple　他 をホッチキスでとめる　形 主要な，お決まりの
1996 ☑	**pail** [péil]	名 バケツ，円筒型容器 ≒類 bucket　名 バケツ
1997 ☑	**utensil** [ju(:)ténsl]	名 器具，道具，用具，台所用品 ≒類 tool　名 道具

The preacher **extolled** the virtues of **salvation** with a **dogmatic furor** that inspired the **throngs** of people who listened to him every week.

その説教師は**独断的な熱狂**で**救済**の美点**を絶賛し**，彼の話を毎週聞いていた**群衆**の意気を高揚させた。

1998 ☑	**extol** [ikstóul, eks-]	他 を絶賛する，を激賞する ≒類 praise　他 をほめる
1999 ☑	**salvation** [sælvéiʃən]	名 救済，救済手段，救世主，癒し，救い
2000 ☑	**dogmatic** [dɔ(:)gmǽtik]	形 独断的な，教義上の　名 独断家 ≒類 assertive　形 独善的な，独断的な
2001 ☑	**furor** [fjúərər, -rɔːr]	名 熱狂，激怒，騒動 ≒類 uproar, disturbance, outcry
2002 ☑	**throng** [θrɔ́(:)ŋ]	名 群衆，多数，人ごみ　自 群がる　他 に殺到する ≒類 crowd, mass　名 群衆，大衆

The **proton**, **neutron** and **electron** make up the atom and are individually called **subatomic** particles.

陽子，**中性子**，**電子**は原子を構成し，それぞれ**原子構成**粒子と呼ばれる。

2003 ☑	**proton** [próutan]	名 陽子
2004 ☑	**neutron** [n(j)ú:tran]	名 中性子
2005 ☑	**electron** [iléktran]	名 電子
2006 ☑	**subatomic** [sʌbətámik]	形 原子を構成する，素粒子の

The **quarantine** period was **initiated** as a **precaution** against **avian influenza** and other types of **viral** infection.

検疫期間は，**鳥インフルエンザ**およびその他の型の**ウイルス**感染に対する**予防措置**として**開始され**た。

2007 ☑	**quarantine** [kwɔ́(:)rəntì:n]	名 検疫，（伝染病地から旅行者・貨物に対する）隔離 ≒類 **isolation** 名 隔離
2008 ☑	**initiate** [iníʃièit]	他 を始める，を起こす，を加入させる，を伝授する ≒類 **start, originate, pioneer** 他 を始める
2009 ☑	**precaution** [prikɔ́:ʃən]	名 予防措置，用心 ≒類 **safeguard, security**
2010 ☑	**avian** [éiviən]	形 鳥の，鳥類の
2011 ☑	**influenza** [ìnfluénzə]	名 インフルエンザ ≒類 **flu**
2012 ☑	**viral** [váirəl]	形 ウイルス（性）の 派 **virus** 名 ウイルス

There has been much **archaeological** interest in this South Pacific **archipelago** for the **irrigation infrastructure** built by its early **agrarian** community.

この南太平洋**群島**は，初期の**農業**社会によって建設された**灌漑**の**基礎となる施設**に対する**考古学的な**関心を数多く集めてきた。

2013 ☑	**archaeological** [àːrkiəládʒikl]	形 考古学的な 派 archaeology 名 考古学
2014 ☑	**archipelago** [àːrkəpéləgòu]	名 群島，多島海
2015 ☑	**irrigation** [ìrigéiʃən]	名 灌漑 派 irrigate 他（土地）に水を引く
2016 ☑	**infrastructure** [ínfrəstrʌ̀ktʃər]	名 基礎となる施設，構造基盤，経済基盤
2017 ☑	**agrarian** [əgréəriən]	形 農業の，農民の，土地の 名 農地改革論者 派 agrarianism 名 農地改革論

There was a huge public **outcry** over the minister's **momentous** and **controversial** remarks alleging that the **Holocaust** was merely a **conspiracy**.

ユダヤ人大虐殺は単なる**陰謀**であったと主張する，大臣の**重大**かつ**論争の的となる**発言を巡って，大規模な一般市民の**抗議**があった。

2018 ☑	**outcry** [áutkrài]	名 激しい抗議，怒鳴り声 自 叫ぶ ≒類 protest, complain 名 抗議，不平
2019 ☑	**momentous** [mouméntəs]	形 重大な，重要な ≒類 important, significant, serious
2020 ☑	**controversial** [kàntrəvə́ːrʃl]	形 論争の的となる，問題［異論］の多い 派 controversy 名 論争，論議，口論
2021 ☑	**Holocaust** [háləkɔ̀ːst]	名 ユダヤ人大虐殺，ホロコースト，大虐殺
2022 ☑	**conspiracy** [kənspírəsi]	名 陰謀，謀議 ≒類 plot, scheme

The lucid states of mind accessible through meditation or hypnosis can transcend ordinary brain function.

瞑想あるいは催眠術を利用して到達することができる明晰な精神状態は，通常の脳機能を超越しうる。

2023 ☑	**lucid** [lú:sid]	形 明晰な，明快な，わかりやすい ≒類 comprehensible, plain
2024 ☑	**accessible** [æksésəbl]	形 到達［接近・出入り・入手・利用・理解］できる ≒類 available 形 入手できる，利用できる
2025 ☑	**meditation** [mèditéiʃən]	名 瞑想，黙想 ≒類 contemplation, reflection
2026 ☑	**hypnosis** [hipnóusis]	名 催眠術，催眠（状態）
2027 ☑	**transcend** [trænsénd]	他 を超越する，の限界を超える 自 超越する ≒類 surpass, excel 他 にまさる，を凌駕する

Such blatant acts of bullying or harassment can cause aggression in youngsters and lead to delinquent behavior.

いじめあるいは嫌がらせといった露骨な行為は，若者に攻撃性をもたらしたり，非行的行動の引き金となる可能性がある。

2028 ☑	**blatant** [bléitnt]	形 露骨な，騒々しい
2029 ☑	**bully** [búli]	他 をいじめる，をおどす 派 bullying 名 いじめ
2030 ☑	**harassment** [hərǽsmənt]	名 嫌がらせ ≒類 annoyance
2031 ☑	**aggression** [əgréʃən]	名 攻撃性，（正当な理由のない）攻撃，侵略 ≒類 provocation, offence
2032 ☑	**delinquent** [dilíŋkwənt]	形 非行の，非行を犯した 派 delinquency 名 非行，犯罪

Some forms of infection may cause chronic nasal discharge accompanied by a cough and fever.

ある種の感染は，せきや熱を伴った慢性的な鼻水を引き起こす可能性がある。

2033 ☑	**infection** [infékʃən]	名 感染，伝染 派 infectious 形 伝染性の，伝染病の
2034 ☑	**chronic** [kránik]	形 慢性的な，慢性の 反 acute 形 急性の
2035 ☑	**nasal** [néizl]	形 鼻の，鼻に関する 派 nose 名 鼻
2036 ☑	**discharge** [dístʃɑːrdʒ, –´]	名 排出，解散，発射 nasal discharge 鼻水

The matrix of pixels acts as a fingerprint that is used to authenticate the sender and verify the integrity of the contents.

画素列は，送信者が本人であることを立証し，内容の完全性を実証するために利用される指紋としての機能を果たす。

2037 ☑	**matrix** [méitriks]	名 配列，マトリックス，行列，基盤，母体，気質
2038 ☑	**pixel** [píksl]	名 画素
2039 ☑	**fingerprint** [fíŋgərprìnt]	名 指紋，識別特徴
2040 ☑	**authenticate** [ɔːθéntikèit]	他 (本物であること) を立証する ≒類 prove, testify, certify 他 を証明する
2041 ☑	**verify** [vérəfài]	他 を実証する，を検証する ≒類 confirm 他 を確証する
2042 ☑	**integrity** [intégrəti]	名 完全性，無欠の状態 ≒類 completeness

The key **component** of **frescoes** is **limestone**, for which the narrowest parts are painted with a **brush** made from mouse **whiskers**.

フレスコ画の主な**素材**は**石灰石**であるため，最も細い部分は，ネズミの**ひげ**でできた**筆**で彩色される。

2043 ☑	**component** [kəmpóunənt]	名 素材，成分，構成要素 ≒類 part, constituent
2044 ☑	**fresco** [fréskou]	名 フレスコ画　他 にフレスコ画を描く
2045 ☑	**limestone** [láimstòun]	名 石灰石
2046 ☑	**brush** [brʌ́ʃ]	名 筆，はけ，ブラシ
2047 ☑	**whisker** [*h*wískə*r*]	名 ひげ，口ひげ ≒類 beard, mustache

The author's best-known work **exemplifies** his **indignation** toward the **aristocracy** for its **extravagance** and **pretentious** manners.

その作家の最も有名な作品は，**上流階級**へ向けたその**ぜいたく**や**思い上がった**態度に対する彼の**憤りを例証している**。

2048 ☑	**exemplify** [igzémpləfài, egz-]	他 を例証する，を体現する ≒類 illustrate
2049 ☑	**indignation** [ìndignéiʃən]	名 憤り，憤慨 ≒類 anger, rage
2050 ☑	**aristocracy** [æ̀ristákrəsi]	名 上流階級，貴族政治，第一流の人々 ≒類 nobility
2051 ☑	**extravagance** [ikstrǽvəgəns, eks-]	名 ぜいたく，浪費，途方もない考え 派 extravagant　形 ぜいたくな，浪費の
2052 ☑	**pretentious** [priténʃəs]	形 思い上がった，うぬぼれた，見栄を張る，偽りの ≒類 pompous, self-important

The **landslide** exerted its **wrath** on almost everything within close **proximity** of the **hillside**, causing **erosion** that devastated the village.

土砂崩れが**山腹**の**至近**距離内にあるほぼすべてのものにその**猛威**を及ぼし，**侵食**を引き起こして村を壊滅させた。

2053 ☑	**landslide** [lǽndslàid]	名 土砂崩れ，地すべり，山崩れ 与類 landslip, earthfall
2054 ☑	**wrath** [rǽθ]	名（天然現象などの）猛威，厳しさ，激怒，憤怒 与類 rage 名 激怒，憤怒
2055 ☑	**proximity** [prɑksíməti]	名 至近，近接 与類 closeness, nearness
2056 ☑	**hillside** [hílsàid]	名 山腹，丘陵の斜面 与類 slope, side 名 斜面
2057 ☑	**erosion** [iróuʒ(ə)n]	名 侵食，腐食 与類 corrosion 名 腐食

Participants in the **rally** against **abortion** rights ran the **spectrum** from gentle **Catholic** priests to the most **partisan** conservative politicians.

妊娠中絶の権利に反対する**集会**の参加者は，穏健な**カトリック教会の**司祭から**党派的**保守派の政治家までの**範囲**に及んでいた。

2058 ☑	**rally** [rǽli]	名 集会，パーティー 与類 assembly, convention, meeting 名 集会
2059 ☑	**abortion** [əbɔ́ːrʃən]	名（人工）妊娠中絶，堕胎，流産 与類 miscarriage 名 流産，未熟産，失敗，誤り
2060 ☑	**spectrum** [spéktrəm]	名 範囲，スペクトル，残像
2061 ☑	**Catholic** [kǽθəlik]	形（ローマ）カトリック教会の 名 ローマカトリック教徒 Protestant 形 プロテスタントの 名 プロテスタント教徒
2062 ☑	**partisan** [pɑ́ːrtəzən]	形 党派的な，党派心の強い 名 徒党 派 partisanship 名 党派性，党派心

Per capita income saw a double-digit increase among the affluent yet remained stagnant for other income levels, further increasing the disparity between rich and poor.

一人当たりの国民所得は裕福層では二桁の伸びを見せたが，その他の所得水準層では停滞したままで，ますます貧富の格差が広がっている。

2063 ☑	**per capita** [pər kǽpətə]	形 一人当たりの　副 一人当たり
2064 ☑	**digit** [dídʒit]	名 桁 位取り記数法で数を用いるときに用いる数字を指す。
2065 ☑	**affluent** [ǽfluənt]	名 裕福な人　形 裕福な ≒類 rich, wealthy
2066 ☑	**stagnant** [stǽgnənt]	形 停滞した，不景気な ≒類 dull　形 活気がない，鈍い
2067 ☑	**disparity** [dispǽrəti]	名 格差，不平等，不均衡 ≒類 inequality　名 不公平，不平等

Sporadic but precipitous rain showers and gale force winds brought havoc to the basin area in the summer.

夏には，散発的ではあるが急な雨と強風並の風が盆地地域に大きな被害をもたらした。

2068 ☑	**sporadic** [spərǽdik]	形 散発的な，時々起こる，まばらな ≒類 sporadically　副 あちこち，時々，ばらばらに
2069 ☑	**precipitous** [prisípətəs]	形 急な，だしぬけの，切り立った，険しい ≒類 steep, sheer　形 切り立った，険しい
2070 ☑	**gale** [géil]	名 強風，（感情・笑いなどの）あらし
2071 ☑	**havoc** [hǽvək]	名 大きな被害
2072 ☑	**basin** [béisn]	名 盆地，洗面器，水溜り ≒類 valley, hollow　名 盆地

One consequence of **chemotherapy** is that it may **inflame** the lining of the intestine, **aggravating** existing **ulcers** and creating new ones.

化学療法の影響の一つは，腸の管壁**に炎症を起こさせ**，現存する**潰瘍をさらに悪化させて**新たな潰瘍を作り出す可能性があることだ。

2073 ☐	**chemotherapy** [kìːmouθérəpi, kèmou-]	名 化学療法 派 chemotherapeutic 形 化学療法の
2074 ☐	**inflame** [infléim]	他 に炎症を起こさせる，を煽る 自 赤くはれ上がる ≒類 fan, kindle, stir 他 を煽る
2075 ☐	**aggravate** [ǽgrəvèit]	他 をさらに悪化させる，をいっそう重くする ≒類 worsen
2076 ☐	**ulcer** [ʌ́lsər]	名 潰瘍，病根 ≒類 sore

It is **fallacious** to think that we could **ascertain** a kind of “**recipe**” for **aptitude**, for the world of the mind is **illusive** and **intangible**.

才能の「**作り方**」のようなもの**を突き止める**ことができると考えるのは**誤りである**。というのも，精神世界は**実体がなく**，**漠然とした**ものだからだ。

2077 ☐	**fallacious** [fəléiʃəs]	形 誤った，人を惑わす，あてにならない ≒類 false, wrong
2078 ☐	**ascertain** [æ̀sərtéin]	他 を突き止める，（実否）を確かめる ≒類 find out ～, learn, discover
2079 ☐	**recipe** [résəpi]	名 作り方，調理法，レシピ，方法 ≒類 formula, method
2080 ☐	**aptitude** [ǽptət(j)ùːd]	名 才能，素質，性向，傾向 ≒類 ability, capability 名 才能，能力
2081 ☐	**illusive** [ilúːsiv]	形 実体のない，錯覚に基づく，紛らわしい，架空の ≒類 illusory 形 錯覚の，人を誤らせる，架空の
2082 ☐	**intangible** [intǽndʒəbl]	形 漠然とした，触れることのできない，実体のない ≒類 insubstantial

Stung in the **thigh** by a **jellyfish**, she felt a **jolt** and her whole leg went **numb**.

クラゲに**太ももを刺され**て，彼女は**ショック**を感じ，脚全体の**感覚を失って**しまった。

2083 ☑	**sting** [stíŋ]	他 を針で刺す，を刺激する，を苦しめる ≒類 bite, prick 他 を刺す
2084 ☑	**thigh** [θái]	名 太もも，腿
2085 ☑	**jellyfish** [dʒélifìʃ]	名 クラゲ
2086 ☑	**jolt** [dʒóult]	名 ショック，激しい上下動
2087 ☑	**numb** [nʌ́m]	形 感覚を失った，麻痺した，しびれた 他 の感覚をなくす ≒類 insensible 形 しびれた，無感覚の

The acting president was **inundated** with demands to **renounce** the terrorist **massacre**, which was claimed to be **retaliation** for the **abduction** of a soldier.

大統領代行のもとには，テロリストによる**大虐殺を拒否する**ことへの要求が**押し寄せた**が，この大虐殺は一人の兵士**誘拐**に対する**報復**であると犯行宣言されたものだった。

2088 ☑	**inundate** [ínʌndèit, -ən-]	他 に押し寄せる，を氾濫させる ≒類 flood
2089 ☑	**renounce** [rináuns]	他 を拒否する，を認めない
2090 ☑	**massacre** [mǽsəkər, mǽsi-]	名 大虐殺 ≒類 slaughter
2091 ☑	**retaliation** [ritæ̀liéiʃən]	名 報復，仕返し ≒類 reprisal
2092 ☑	**abduction** [æbdʌ́kʃən]	名 誘拐 ≒類 kidnapping

Rectangular solids, similar to other solids like cubes, cylinders, cones and pyramids, are often used in three-dimensional architectural drawings.

直方体は立方体，円柱，円すいや角すいのような立体と同様に，三次元の意匠図によく用いられる。

2093 ☑	**rectangular** [rektǽŋgjələr]	形 長方形の 派 rectangle 名 長方形
2094 ☑	**cube** [kjúːb]	名 立方体，正六面体，立方，3乗
2095 ☑	**cylinder** [sílindər]	名 円柱，円筒，気筒，シリンダー
2096 ☑	**cone** [kóun]	名 円すい
2097 ☑	**pyramid** [pírəmìd]	名 角すい，ピラミッド

The curator says her sanctuary is home to many species of exotic birds that are indigenous to New Zealand, including parrots such as the rare Kakapo.

管理者が言うには，彼女の保護区にはニュージーランド原産である外来種の鳥類の多くの種が住んでおり，珍種のカカポなどのオウムがいる。

2098 ☑	**curator** [kjuəréitər]	名 管理者，館長 与類 director
2099 ☑	**sanctuary** [sǽŋktʃuèri]	名 保護区域，避難所，聖域，聖地 派 sanctity 名 高潔，清浄，神聖
2100 ☑	**exotic** [igzátik, egz-]	形 外来の，異国風の，風変わりな，珍しい 与類 foreign 形 外国産の
2101 ☑	**indigenous** [indídʒənəs]	形 原産の，土着の，生来の 派 indigenously 副 土着して
2102 ☑	**parrot** [pǽrət]	名 オウム 他 をオウム返しに言う 与類 repeat, echo 他 をオウム返しに言う

The team attempted to produce **thermal** neutron **radiation** utilizing **inert hydrogen**.

その研究チームは**不活性水素**を利用して，**熱**中性子**放射線**を発生させようと試みた。

2103 ☑	**thermal** [θə́ːrml]	形 熱の，温かい
2104 ☑	**radiation** [rèidiéiʃən]	名 放射線，放射，発散 派 **radiate** 自 放射する 他 を放射する
2105 ☑	**inert** [inə́ːrt]	形 不活性の，鈍い 名 不活性物質，鈍い人 ≒類 **unmoving, motionless, immobile** 形 鈍い
2106 ☑	**hydrogen** [háidrədʒən]	名 水素

Intolerance for **dairy** products can cause conditions ranging from mild **indigestion** to severe **gastric hemorrhaging**, which is sometimes **lethal**.

乳製品に対する**アレルギー**は，ちょっとした**消化不良**から**命にかかわる**こともある重篤な**胃出血**に至るまで，さまざまな症状を引き起こす可能性がある。

2107 ☑	**intolerance** [intάlərəns]	名 アレルギー，過敏症，不寛容，狭量 反 **tolerance** 名 寛容
2108 ☑	**dairy** [déəri]	名 （農場の）搾乳場，酪農（業） **dairy product** 乳製品
2109 ☑	**indigestion** [ìndidʒéstʃən]	名 消化不良，胃弱
2110 ☑	**gastric** [gǽstrik]	形 胃の，胃部の 派 **gastritis** 名 胃炎
2111 ☑	**hemorrhage** [hémǝridʒ]	名 大出血，流出 自 多量に出血する
2112 ☑	**lethal** [líːθl]	形 命にかかわる，致死の ≒類 **fatal, deadly, mortal**

The lunar cycle is comprised of the waxing and waning of the moon, and its stages of luminousness in the sky.

太陰周期は月の満ち欠けや，天空での明るさの段階により構成されている。

2113 ☑	**lunar** [lú:nər]	形 太陰の，月の，円形の，三日月形の
2114 ☑	**comprise** [kəmpráiz]	他 を構成する，を含む ≒類 consist of 〜, compose
2115 ☑	**wax** [wǽks]	自（月が）満ちる
2116 ☑	**wane** [wéin]	自（月が）欠ける，（光・色が）弱くなる
2117 ☑	**luminousness** [lú:mənəsnəs]	名 明るさ，聡明さ 派 luminous 形 光を発する，輝く，明瞭な

Her assessment of the newly discovered dinosaur fossils was that they were incongruous with the others found from that geological epoch.

新たに発見された恐竜の化石に関する彼女の評価は，その地質年代から見つかったその他のものとは一致しないというものだった。

2118 ☑	**assessment** [əsésmənt]	名 評価，査定 ≒類 valuation 名 査定
2119 ☑	**dinosaur** [dáinəsɔ̀:r]	名 恐竜，大きすぎて役立たない人（もの）
2120 ☑	**incongruous** [inkáŋgruəs]	形 一致しない，調和しない，つじつまの合わない 派 incongruity 名 不調和，不一致
2121 ☑	**geological** [dʒì:əládʒikl]	形 地質の，地質学（上）の 派 geology 名 地質学
2122 ☑	**epoch** [épək]	名 年代，時代，世 ≒類 age, era

The judge **withheld** her decision in light of **corroborating** evidence proving the man had received **unwarranted persecution** from the government.

裁判官は，その男が政府から**不当な迫害**を受けていたと証明する**補強**証拠を考慮に入れて，自身の評決**を差し止めた**。

2123 ☑	**withhold** [wiðhóuld, wiθ-]	他 を差し止める，を抑える，を保留する ≒類 suspend, reserve 他 を保留する
2124 ☑	**corroborate** [kərɑ́bəreit]	他 を補強する，を裏づける ≒類 support, confirm 他 を立証する，を確証する，を裏づける
2125 ☑	**unwarranted** [ʌnwɔ́:rəntid]	形 不当な，正当性を欠く
2126 ☑	**persecution** [pə̀:rsəkjú:ʃən]	名 迫害 ≒類 oppression

A **blizzard** of unusually heavy snow **hampered** efforts to **sift** through the **debris** in the area that was thrown into an **upheaval** by the **tornado**.

いつにない大雪の**猛吹雪**が，**竜巻**によって**大変動**を起こしたその地域の**がれき**を**調べる**作業**を阻んだ**。

2127 ☑	**blizzard** [blízərd]	名 猛吹雪，暴風雨，（物事の）突発，殺到 ≒類 snowstorm 名 吹雪
2128 ☑	**hamper** [hǽmpər]	他 を阻む，の邪魔をする ≒類 hinder
2129 ☑	**sift** [síft]	自 調べる，吟味する，ふるいを通す
2130 ☑	**debris** [dəbrí:]	名 がれき，破片，残骸 ≒類 rubbish 名 がらくた，廃棄物
2131 ☑	**upheaval** [ʌphí:vl]	名 大変動，激動
2132 ☑	**tornado** [tɔ:rnéidou]	名 竜巻，大暴風雨

The typical Thanksgiving **feast** ends with **pudding** made with egg **yolk**, cream and **ginger** and topped with a **drizzle** of honey.

感謝祭のおなじみの**ごちそう**は，卵の**黄身**，クリーム，**ショウガ**で作った**プディング**の上にハチミツを**かけたもの**で締めくくられる。

2133 ☑	**feast** [fíːst]	名 ごちそう，祝宴，大宴会 ≒類 banquet, dinner
2134 ☑	**pudding** [púdiŋ]	名 プディング
2135 ☑	**yolk** [jóuk]	名（卵の）黄身 ≒類 yellow
2136 ☑	**ginger** [dʒíndʒər]	名 ショウガ，活力，刺激
2137 ☑	**drizzle** [drízl]	名 振りかけたもの，霧雨　他 を霧雨のように降らす

Teachers **grumbled** that students who couldn't handle simple **arithmetic** were being forced to **grapple** with difficult **differential calculus** and **integral calculus**.

教師たちは，簡単な**計算**も手に負えない生徒たちが難しい**微分**や**積分**に無理やり**取り組ま**されていると**不平を言った**。

2138 ☑	**grumble** [grʌ́mbl]	自 不平を言う，ぼやく　名 不平，ぐち ≒類 complain　自 苦情を言う
2139 ☑	**arithmetic** [əríθmətìk]	名 計算，算数 ≒類 mathematics　名 数学
2140 ☑	**grapple** [grǽpl]	自 取り組む，つかむ　他 に取り組む，をつかむ ≒類 wrestle　自 取り組む　他 に取り組む
2141 ☑	**differential calculus** [dìfərénʃəl kǽlkjələs]	名 微分学 differential equation　微分方程式
2142 ☑	**integral calculus** [íntəgrəl kǽlkjələs]	名 積分学

A South African study found a **pervasive incidence** of internal **parasites** that **prey** on **ostriches**.

南アフリカの研究で，**ダチョウ**を**食い物にする**，体内に住む**寄生生物**の**発生**が**広がって**いることがわかった。

2143 ☑	**pervasive** [pərvéisiv]	形 広がる，浸透性の，普及力のある 派 pervasion 名 充満，普及，浸透
2144 ☑	**incidence** [ínsədəns]	名 発生，波及 ≒類 occurrence, outbreak 名 発生
2145 ☑	**parasite** [pǽrəsàit]	名 寄生生物，寄生虫，居候，他人にたかる人
2146 ☑	**prey** [préi]	自 食い物にする，捕食する 名 えじき，獲物
2147 ☑	**ostrich** [ɑ́stritʃ]	名 ダチョウ

The striking workers' demands included elimination of **mandatory overtime** and **equitable** pay that was **commensurate** with each employee's **credentials**.

ストライキ中の労働者たちの要求には，**強制的な残業**の撤廃および各従業員の**資格に対応した公平な**給与支払いなどがあった。

2148 ☑	**mandatory** [mǽndətɔ̀:ri]	形 強制的な，義務的な，必須の ≒類 compulsory, obligatory
2149 ☑	**overtime** [óuvərtàim]	名 残業，時間外，超過時間 形 時間外の 副 時間外に
2150 ☑	**equitable** [ékwətəbl]	形 公平な，公正な，正当な ≒類 fair, just
2151 ☑	**commensurate** [kəménsərət]	形 対応した，ふさわしい，相応の，同等の
2152 ☑	**credential** [krədénʃl]	名 資格，信任状 形 資格を有する 他 に資格を与える 派 credence 名 信用，信頼

The incredible **fertilizer** helped new **vegetation sprout** on what was once a **barren tract** of land.

かつての**不毛地帯**に新たな**植物**が**芽を出し**たのは，その驚くべき**化学肥料**のおかげである。

2153 ☑	**fertilizer** [fə́:rtəlàizər]	名 化学肥料，豊かにする人［物］ ≒類 manure 名 肥料
2154 ☑	**vegetation** [vèdʒətéiʃən]	名 植物，植生，植物の成長 ≒類 plant 名 植物
2155 ☑	**sprout** [spráut]	自 発芽する，成長する 他 を発芽させる 名 芽，新芽 ≒類 bud, shoot 名 新芽
2156 ☑	**barren** [bǽrən]	形 不毛の，実を結ばない，不妊の ≒類 unfruitful, sterile, infertile
2157 ☑	**tract** [trǽkt]	名 地帯，地域，土地 ≒類 area, region

Having spent the entire evening **intoxicated**, he finally **sobered** up the next morning and suffered from **nausea**, a terrible **hangover**, and deep **remorse** for his behavior.

一晩中**酒に酔って**過ごし，翌朝ようやく**酔いがさめ**て，彼は**吐き気**とひどい**二日酔い**，そして自分の行為に対する深い**後悔**に苦しんだ。

2158 ☑	**intoxicate** [intáksikèit]	他 を酒に酔わせる，を夢中にさせる，を中毒にする ≒類 poison 他 を中毒にする
2159 ☑	**sober** [sóubər]	自 酔いがさめる 他 をまじめにする 形 しらふの
2160 ☑	**nausea** [nɔ́:ziə, -ʒə]	名 吐き気，むかつき，船酔い，嫌悪感 ≒類 sickness 名 吐き気
2161 ☑	**hangover** [hǽŋòuvər]	名 二日酔い，後遺症，幻滅
2162 ☑	**remorse** [rimɔ́:rs]	名 激しい後悔，自責の念 ≒類 regret 名 後悔

Kerosene, which boils at between 140 and 320 degrees centigrade, is less volatile than heavier petroleum products.

灯油は摂氏140度から320度で沸騰し，それ以上に重い石油製品と比較して揮発性が低い。

2163 ☑	**kerosene** [kérəsìːn, ⌒−⌒]	名 灯油
2164 ☑	**boil** [bɔ́il]	自 沸騰する，激怒する 他 をゆでる 名 沸騰 ≒類 bubble 自 沸騰する
2165 ☑	**centigrade** [séntəgrèid]	名 摂氏度 ≒類 Celsius
2166 ☑	**volatile** [válətl]	形 揮発性の，変わりやすい，不安定な，一時的な ≒類 unstable 形 不安定な
2167 ☑	**petroleum** [pətróuliəm]	名 石油

Retracting his campaign promise of no new taxation, the president imposed new tariffs and surcharges on barter trade, angering the country's allies.

大統領は，新たな課税はしないとする自身の選挙公約を撤回し，交換貿易に新しい関税および追加税を課したので，同国の同盟国の怒りを買った。

2168 ☑	**retract** [ritrǽkt]	他 を撤回する，を取り消す ≒類 take back ～
2169 ☑	**taxation** [tækséiʃən]	名 課税，税金 ≒類 tax
2170 ☑	**tariff** [tǽrif]	名 関税，運賃，料金 他 に関税を課す，の料金を決める ≒類 custom, duty 名 関税
2171 ☑	**surcharge** [sə́ːrtʃɑ̀ːrdʒ]	名 追加料金，加刷，過重 ≒類 overload, overweight 名 過重
2172 ☑	**barter** [bɑ́ːrtər]	名 物々交換 他 を交換する 自 物々交換する ≒類 exchange, interchange 名 交換 他 を交換する

Seismology experts placed the epicenter of the **intermittent tremors**, which had magnitudes ranging from 5.5 to 5.9, near the Puerto Rico **Trench**.

地震学の専門家らはマグニチュード5.5から5.9の幅があった**断続的な震動**の震央の位置をプエルトリコ**海溝**近辺にあったとした。

2173 ☑	**seismology** [saizmálədʒi]	名 地震学 派 seismologist 名 地震学者
2174 ☑	**intermittent** [ìntərmítənt]	形 断続的な，時々途切れる，周期性の ≒類 continual, periodic 形 断続的な
2175 ☑	**tremor** [trémər]	名 震動，震え，不安感，気後れ ≒類 swing 名 振動
2176 ☑	**trench** [tréntʃ]	名 海溝，濠，塹壕，トレンチコート ≒類 deep 名 海溝

To get out of **addiction** to drugs such as **cocaine**, **heroin** and **marijuana**, patients must endure muscle **spasms** and **hallucinations**.

コカイン，**ヘロイン**，**マリファナ**などの薬物**中毒**から抜け出すためには，患者は筋肉の**けいれん**や**幻覚症状**に耐えなければならない。

2177 ☑	**addiction** [ədíkʃən]	名 中毒，麻薬常習癖，熱狂的傾倒，依存症 ≒類 dependence 名 依存症
2178 ☑	**cocaine** [koukéin]	名 コカイン
2179 ☑	**heroin** [hérouən]	名 ヘロイン
2180 ☑	**marijuana** [mæ̀rəwá:nə]	名 マリファナ，大麻 ≒類 hemp, cannabis 名 大麻
2181 ☑	**spasm** [spǽzm]	名 けいれん，発作，衝動 ≒類 cramp, twitch 名 けいれん
2182 ☑	**hallucination** [həlù:sənéiʃən]	名 幻覚症状，錯覚，幻影，根拠のない考え ≒類 illusion, phantom 名 幻影

Applicants for the program must present a coherent and concise essay that is devoid of any colloquial writing.

そのプログラムへの申込者は，いかなる口語体の記述もない筋の通った簡潔な小論文を提出しなければならない。

2183 ☑	**applicant** [ǽplikənt]	名 申込者，志願者，応募者 派 apply 自 申し込む，志願する
2184 ☑	**coherent** [kouhíərənt]	形 筋の通った，首尾一貫した，明晰な，凝集性の 派 coherency 名 首尾一貫性
2185 ☑	**concise** [kənsáis]	形 簡潔な，手短な ≒類 compact, brief 形 簡潔な
2186 ☑	**devoid** [divɔ́id]	形 まったくない，欠けている ≒類 vacant
2187 ☑	**colloquial** [kəlóukwiəl]	形 口語体の，日常会話の 名 口語体，口語表現 ≒類 conversational, oral 形 口語体の

Those examining the discrepancies in the vote found a positive correlation between high numbers of absentee ballots and victories for the third-party fringe candidates.

投票における矛盾を調べた人々は，多数の不在者投票と第三党の泡沫候補の勝利との間には，正の相関関係があることを発見した。

2188 ☑	**discrepancy** [diskrépənsi]	名 矛盾，不一致，食い違い ≒類 contradiction, incoherence
2189 ☑	**correlation** [kɔ̀:rəléiʃən, kɑ̀:r-]	名 相関関係，相互関係 ≒類 interrelation
2190 ☑	**absentee** [æ̀bsntí:]	名 不在者，不参加者，欠席者 派 absent 形 不在の 他 を欠席する
2191 ☑	**ballot** [bǽlət]	名 投票，くじ引き，無記名投票用紙 自 投票する ≒類 vote, poll 名 投票
2192 ☑	**fringe** [fríndʒ]	名 二次的なもの，末梢的なこと fringe candidate 泡沫候補

The consumer spending **index** shows that families are being **frugal** and **curtailing** their spending in light of the **sluggish** economy and **bearish** stock market.

消費者**指数**は，**停滞した**経済や**下落傾向にある**株式市場を踏まえて，家庭は**質素**を旨とし消費**を切り詰めている**ことを示している。

2193 ☑	**index** [índeks]	名 指数，指標，索引，しるし
2194 ☑	**frugal** [frú:gl]	形 質素な，倹約な，つましい 与類 thrifty
2195 ☑	**curtail** [kərtéil, -téijəl]	他 を切り詰める，を削減する，を短縮する，を奪う 与類 reduce, cut down ～　～を削減する
2196 ☑	**sluggish** [slʌ́giʃ]	形 停滞した，ゆるい，鈍い，停滞した，不調の
2197 ☑	**bearish** [béəriʃ]	形 下落傾向にある，下がり気味の，弱気の 与類 weak　形 弱い

Born with a **congenital** condition that causes an **intrinsically** reduced capacity for **immunity** to viruses such as **chicken pox**, she contracted a rare **degenerative** blood disease.

水ぼうそうなどのウイルスに対して**本質的に**劣る**免疫**能力をもたらす**先天性**症状を持って生まれた彼女は，珍しい**変性の**血液疾患にかかった。

2198 ☑	**congenital** [kəndʒénitl]	形 先天性の，生まれつきの 与類 native, innate, inborn　形 先天的な
2199 ☑	**intrinsically** [intrínsikəli, -zik-]	副 本質的に 与類 essentially, primarily
2200 ☑	**immunity** [imjú:nəti]	名 免疫，免除（特権），法的免除 派 immune　形 免疫のある
2201 ☑	**chicken pox** [tʃíkin pàks]	名 水ぼうそう
2202 ☑	**degenerative** [didʒénərətiv, -rèi-]	形 変性の，退化的な，退行性の，退廃させる 派 degenerate　自 退化する，変質する

The **eclectic** author lives in a **shabby** house on the **outskirts** of the city, near an open **sewer** and a **swamp** filled with leeches.

その**折衷主義**である作者は，ふたのない**下水溝**やヒルだらけの**沼地**付近の，**町外れ**にある**みすぼらしい**家に住んでいる。

2203 ☑	**eclectic** [ikléktik]	形 折衷主義の，取捨選択する　名 折衷主義者 派 **eclecticism**　名 折衷技法
2204 ☑	**shabby** [ʃǽbi]	形 みすぼらしい，使い古した，粗末な，卑劣な
2205 ☑	**outskirts** [áutskə̀ːrts]	名 町外れ，郊外，（中心に対して）周縁，限界 ≒類 **suburb, surrounding**　名 郊外
2206 ☑	**sewer** [súːər]	名 下水溝，下水　他 に下水設備を施す
2207 ☑	**swamp** [swámp]	名 沼地，湿地，難局　他 を水浸しにする，を窮地に陥れる ≒類 **marsh**　名 沼地，湿地

It took hours for firefighters to **extinguish** the **blaze**, believed to be an **arson** that was **ignited** with a highly **flammable** cleaning solvent.

消防士が**火災を消す**のに何時間もかかったが，それは非常に**引火性の**高い洗浄溶剤で**火をつけられた放火**であると見られた。

2208 ☑	**extinguish** [ikstíŋgwiʃ, eks-]	他 を消す
2209 ☑	**blaze** [bléiz]	名 火災，炎，激発 ≒類 **fire, flame**　名 炎
2210 ☑	**arson** [áːrsn]	名 放火
2211 ☑	**ignite** [ignáit]	他 を発火させる，に点火する　自 発火する，点火する ≒類 **light, fire, strike**　他 を点ける，に点火する
2212 ☑	**flammable** [flǽməbl]	形 引火性の高い，燃えやすい ≒類 **inflammable, combustible**

Though still in its **rudimentary** stage, the **protocol** is being **hailed** as the best solution to **curb exploitation** of child labor.

その**条約議定書**はまだ**初期の**段階ではあるが，児童就労による**搾取を抑制する**ための最良の解決策であるとして**歓迎されて**いる。

2213 ☑	**rudimentary** [rù:dəméntəri]	形 初期の，初歩の，基本の ≒類 elementary
2214 ☑	**protocol** [próutəkɑ̀l]	名 条約議定書，外交儀礼，典礼 ≒類 agreement, pact, treaty 名 条約
2215 ☑	**hail** [héil]	他 を歓迎する，を祝う，を認める ≒類 cheer, acclaim 他 を歓迎する
2216 ☑	**curb** [kə́:rb]	他 を抑制する ≒類 restrain
2217 ☑	**exploitation** [èksplɔitéiʃən]	名 搾取，活用，（天然資源の）開発，宣伝，売り込み 派 exploit 他 を利用する，を開発する，を搾取する

While some question the **credulity** of the **Scripture** as a historical source, others **assert** that the **prophets'** words are **incontrovertible** truth.

歴史的資料として旧約**聖書**を**過信すること**に疑問を呈する人もいれば，その**預言者**の言葉は**議論の余地がない**真実である**と断言する**人もいる。

2218 ☑	**credulity** [krəd(j)ú:ləti]	名 信じやすいこと，だまされやすいこと 派 credulous 形 信じやすい，だまされやすい
2219 ☑	**Scripture** [skríptʃər]	名 聖書，経典，権威ある書物 ≒類 Bible
2220 ☑	**assert** [əsə́:rt]	他 と断言する，と主張する，(自明のこととして)と仮定する ≒類 posit, postulate 他 と断定する，を仮定する
2221 ☑	**prophet** [prɑ́fət]	名 預言者，預言書，予言者，予報者 ≒類 predictor 名 予言者
2222 ☑	**incontrovertible** [inkɑ̀ntrəvə́:rtəbl]	形 論争の余地のない，否定できない，明々白々な 反 controversial 形 議論の余地ある，論争上の

Summoned before a **tribunal** for war crimes, the fiery dictator delivered a **verbal tirade** filled with **fervor**, insisting he was the leader of a **sovereign** country.

戦争犯罪に対する**法廷**の前に呼び出されて，その激しやすい独裁者は**熱意**のこもった**口頭による激しい攻撃演説**を披露し，自分は**独立**国の指導者であると主張した。

2223 ☑	**tribunal** [traibjúːnl, tri-]	名 法廷，裁判所 ≒類 court
2224 ☑	**verbal** [vɔ́ːrbl]	形 口頭の，逐語的な，言葉に関する ≒類 oral, literal　形 口頭の，逐語的な
2225 ☑	**tirade** [táireid, −ˊ]	名 激しい攻撃演説，長い熱弁
2226 ☑	**fervor** [fɔ́ːrvər]	名 熱意，熱烈 ≒類 passion
2227 ☑	**sovereign** [sávərən]	形 独立した，卓越した　名 独立国，君主 ≒類 king, lord　名 君主

His first film was a **bizarre satire** in which the **loquacious** leading man could only speak a **queer jargon** that no one else understood.

彼の監督第一作の映画は，**饒舌な**主演男優が，他の誰も理解できない**風変わりな特殊用語**しか話せないという，**奇怪な風刺**映画だった。

2228 ☑	**bizarre** [bizáːr]	形 奇怪な，一風変わった ≒類 grotesque, hideous　形 異様な，怪奇な，醜い
2229 ☑	**satire** [sǽtaiər]	名 風刺，皮肉，いやみ ≒類 irony　名 皮肉
2230 ☑	**loquacious** [loukwéiʃəs]	形 饒舌な，多弁の，おしゃべりな ≒類 talkative
2231 ☑	**queer** [kwíər]	形 風変わりな，妙な，奇抜な ≒類 odd
2232 ☑	**jargon** [dʒáːrgən]	名 特殊用語，専門用語，職業語，仲間ことば ≒類 term　名 用語

The slide shows **embryonic** development of **squid**, which when **magnified** can be seen down to the **molecules**.

スライドは**イカ**の**胚**発生を示しており，**拡大した**場合には**分子**の単位まで見ることができる。

2233 ☑	**embryonic** [èmbriάnik]	形 胚の，胎児の，初期の 派 embryo 名 胚，胎児
2234 ☑	**squid** [skwíd]	名 イカ
2235 ☑	**magnify** [mǽgnəfài]	他 （レンズなどで）を拡大する，を誇張する，を強める ≒類 expand, enlarge 他 を拡大する
2236 ☑	**molecule** [mάləkjù:l]	名 分子 派 molecular 形 分子の

A **built-in** component of this **apparatus** is an **armored** plate designed to protect the operator from **bullets** and **mortar blasts**.

この**器具**に**組み込まれた**装置は，操作者を**銃弾**や**迫撃砲**の**爆発**から保護するために設計された**装甲**板である。

2237 ☑	**built-in** [bíltìn]	形 組み込まれた，はめ込みの，備わった，生まれつきの
2238 ☑	**apparatus** [æ̀pərǽtəs, -réitəs]	名 器具，装置，（政府などの）機構 ≒類 equipment, machinery 名 装置，機器
2239 ☑	**armored** [ά:*r*mə*r*d]	形 装甲した，よろいを着けた 派 armor 名 装甲板，防弾板，甲冑，よろいかぶと
2240 ☑	**bullet** [búlət]	名 銃弾，弾丸 ≒類 shot
2241 ☑	**mortar** [mɔ́:*r*tə*r*]	名 迫撃砲
2242 ☑	**blast** [blǽst]	名 爆発，爆風

3
UNIT 3

The terra cotta figure on the mantelpiece above the hearth stood on a base inscribed with a famous poem.

炉床の上にある炉棚に乗った赤土の素焼き像は，有名な詩が刻まれた土台に置かれていた。

2243 ☐	**terra** [térə]	名 土，大地，陸地 ≒類 **earth, soil** 名 土，大地
2244 ☐	**mantelpiece** [mǽntlpìːs]	名 炉棚 ≒類 **mantelshelf**
2245 ☐	**hearth** [hɑ́ːrθ]	名 炉床，炉辺，暖炉
2246 ☐	**base** [béis]	名 土台，基礎，台座，底辺 ≒類 **foundation** 名 土台，基礎
2247 ☐	**inscribe** [inskráib]	他（文字・記号など）を刻む，を彫る，をしるす 派 **inscription** 名 刻むこと，しるすこと，銘刻

The countries made a pact to dismantle their atomic weapons, which also stipulated that they would prevent proliferation of radioactive material.

それらの国々は自国の核兵器を廃棄する協定を結んだが，そこには合わせて放射性物質の拡散を防止することを明文化してあった。

2248 ☐	**pact** [pǽkt]	名 協定，約束，条約 ≒類 **agreement, treaty** 名 協定
2249 ☐	**dismantle** [dismǽntl]	他（制度）を徐々に廃止する，（装備）を取り除く，を解体する
2250 ☐	**stipulate** [stípjəlèit]	他 を明文化する，（条件として）を要求する ≒類 **demand, request, require, claim** 他 を要求する
2251 ☐	**proliferation** [prəlìfəréiʃən]	名（核兵器などの）拡散，激増，増殖 派 **proliferate** 自 激増する 他 を激増させる
2252 ☐	**radioactive** [rèidiouǽktiv]	形 放射性のある 派 **radioactivity** 名 放射能

Her **dissertation** contained **footnotes** to help **validate** her claims and an **appendix** with a **glossary** to explain the difficult terms.

彼女の**論文**には，その主張**を実証する**のに役立つ**脚注**，そして難解な用語を説明する**用語解説**を付けた**付録**が収録されている。

2253 ☑	**dissertation** [dìsərtéiʃən]	名 論文，論述 ≒類 paper, thesis, article
2254 ☑	**footnote** [fútnòut]	名 脚注 ≒類 note 名 注
2255 ☑	**validate** [vǽlidèit]	他 を実証する，を検証する，（法的に）を有効にする 派 validity 名 妥当，正当，法的有効性
2256 ☑	**appendix** [əpéndiks]	名 付録，補遺 ≒類 supplement 名 付録
2257 ☑	**glossary** [glásəri]	名（巻末などの）用語解説，語い集

The **baroque genre** of music is characterized by **elaborate** detail, sometimes with a slight **imbalance** that creates an **ominous** tone.

音楽の**バロック様式**は**工夫を凝らした**細部が特徴となっているが，時として**不気味な**音色を作り出すかすかな**不均衡**を用いている。

2258 ☑	**baroque** [bəróuk]	形 バロック様式の，バロック時代の 名 バロック様式
2259 ☑	**genre** [ʒɑ́:nrə]	名（芸術作品の）様式，類型，ジャンル ≒類 type 名 類型
2260 ☑	**elaborate** [ilǽbərət]	形 工夫を凝らした，精巧な，入念な ≒類 delicate, sophisticated 形 精巧な
2261 ☑	**imbalance** [imbǽləns]	名 不均衡，アンバランス ≒類 unbalance
2262 ☑	**ominous** [ɑ́mənəs]	形 不気味な，不吉な，前兆となる ≒類 evil 形 不吉な

The usually **amicable** manager had a **terse** conversation with his **subordinate**, indicating he was heavily **preoccupied** by his company's **deficit**.

普段は**友好的**な経営者が，自分の会社の**赤字**のことですっかり**うわの空**だったことを匂わせる**ぶっきらぼうな**会話を**部下**と交わした。

2263 ☑	**amicable** [ǽmikəbl]	形 友好的な，平和的な ≒類 **friendly, favorable** 形 友好的な
2264 ☑	**terse** [tə́ːrs]	形（表現が）ぶっきらぼうな，簡潔な
2265 ☑	**subordinate** 名 形 [səbɔ́ːrdənət] 動 [-dənèit]	名 部下，従属者 形 下位の 他 を従属させる ≒類 **inferior, junior, lower** 形 下位の
2266 ☑	**preoccupied** [priάkjəpaid]	形 うわの空の，夢中になった ≒類 **preoccupy** 他 を夢中にさせる
2267 ☑	**deficit** [défəsit]	名 赤字，欠損 反 **surplus** 名 黒字，余剰

Relics that were **unearthed** by the researchers were **confiscated** by authorities who determined them to be **crude counterfeits**.

研究者たちに**発掘された遺跡**は，それらを**粗末な偽造物**であると断定した当局によって**没収され**た。

2268 ☑	**relic** [rélik]	名 遺物，遺跡，残存物 ≒類 **remain**
2269 ☑	**unearth** [ʌnə́ːrθ]	他 を発掘する，を発見する ≒類 **excavate** 他 を発掘する
2270 ☑	**confiscate** [kάnfiskèit]	他 を没収する，を押収する 形 押収された ≒類 **dispossess, oust** 他 を没収する
2271 ☑	**crude** [krúːd]	形 粗末な，未完成の，ありのままの ≒類 **rough** 形 粗い，大雑把な
2272 ☑	**counterfeit** [káuntərfìt]	名 偽造物，模造品 形 偽の 他 を偽造する ≒類 **forge** 他 を偽造する，を捏造する

The offer for limited autonomy from the **federal** government did little to **appease** the **irrational factions** seeking independence at any cost.

限定付き自治権という**連邦**政府からの申し出は，是が非でも独立を得ようとする，**理性を失った徒党を鎮める**のにほとんど効果がなかった。

2273 ☑	**federal** [fédərəl]	形 連邦の，同盟の 派 **federalize** 他 を連邦化する
2274 ☑	**appease** [əpí:z]	他 を鎮める，をなだめる ≒類 **soothe, calm** 他 をなだめる
2275 ☑	**irrational** [iræʃənl]	形 理性を失った，不合理な 派 **irrationality** 名 不条理，不合理な考え
2276 ☑	**faction** [fækʃən]	名 徒党，党派，派閥，党派心

Symptoms of **rabies**, **endemic** to many parts of the world, may include **seizures**, **convulsions**, **disorientation** and finally **coma**.

狂犬病は世界の多くの地域**固有の**ものであるが，その症状には**発作**，**けいれん**，**見当識障害**があり，そしてついには**昏睡状態**に陥る。

2277 ☑	**rabies** [réibi:z]	名 狂犬病，恐水病 ≒類 **hydrophobia**
2278 ☑	**endemic** [endémik, in-]	形 固有の，地方病性の 名 風土病，地方病 派 **epidemic** 形 伝染性の 名 伝染病
2279 ☑	**seizure** [sí:ʒər]	名 発作，発病，差し押さえ，押収，強奪
2280 ☑	**convulsion** [kənvʌ́lʃən]	名 けいれん，ひきつけ ≒類 **cramp, spasm, twitch** 名 けいれん
2281 ☑	**disorientation** [disɔ̀:rientéiʃən]	名 見当識障害 派 **disorient** 形 方向感覚を失った，見当識を失った
2282 ☑	**coma** [kóumə]	名 昏睡状態，無気力 ≒類 **lethargy**

The **erroneous transfusion** of **incompatible** blood may **exacerbate** problems after kidney transplants.

不適合な血液を**誤って輸血**すると，腎臓移植後の障害**を悪化させる**可能性がある。

2283 ☑	**erroneous** [əróuniəs, er-]	形 誤った，間違った ≒類 incorrect
2284 ☑	**transfusion** [trænsfjúːʒən]	名 輸血，注入，移入 派 transfuse 他 に輸血する，を注入する
2285 ☑	**incompatible** [ìnkəmpǽtəbl]	形 不適合な，相容れない 名 両立しないもの 反 compatible 形 適合する，共用できる
2286 ☑	**exacerbate** [igzǽsərbèit, eksǽs-]	他 を悪化させる，を憤激させる 派 exacerbation 名 悪化，激化，再燃

Dr. King was a **pacifist** who **ardently** fought against the **setbacks** of racial inequality with **forbearance** until he was **assassinated** in 1968.

キング牧師は人種的不平等の**ぶり返し**に反対して**忍耐**強く**熱心に**闘った**平和主義者**であり，1968年に**暗殺された**。

2287 ☑	**pacifist** [pǽsəfist]	名 平和主義者 形 平和主義の，反戦の
2288 ☑	**ardently** [áːrdntli]	副 熱心に，熱烈に 派 ardent 形 熱心な，灼熱の
2289 ☑	**setback** [sétbæ̀k]	名 ぶり返し，つまずき，後退，妨げ
2290 ☑	**forbearance** [fɔːrbéərəns]	名 忍耐，容赦，自制 ≒類 patience, endurance, perseverance 名 忍耐
2291 ☑	**assassinate** [əsǽsənèit]	他 を暗殺する 派 assassin 名 暗殺者，刺客

While some believe the **craters** on **Venus** were formed by comets, their roundness and **uniformity** does not lend **credence** to this theory.

金星の地表に見られる**クレーター**は彗星によって作られたと考える人もいるが，その丸みや**均一性**はこの理論に**信憑性**を与えるものではない。

2292 ☑	**crater** [kréitər]	名 噴火口，クレーター	
2293 ☑	**Venus** [ví:nəs]	名 金星	
2294 ☑	**uniformity** [jù:nəfɔ́:rməti]	名 均一性，統一	反 variety 名 多様性
2295 ☑	**credence** [krí:dns]	名 信憑性，信用	≒類 credit

The **geyser erupted** in a perfectly **vertical gush** to such **lofty** heights that its top nearly **vanished** in the sky.

間欠泉が見事に**垂直のほとばしりを噴出し**，**見上げんばかりの**高さに達して，そのてっぺんはもう少しで空に**姿を消し**そうだった。

2296 ☑	**geyser** [gáizər]	名 間欠泉	≒類 fountain, spring 名 泉
2297 ☑	**erupt** [irʌ́pt]	自 噴出する，噴火する 他 を噴出させる，を爆発させる	≒類 gush, spout 自 噴出する
2298 ☑	**vertical** [vɔ́:rtikl]	形 垂直の，直立した	≒類 perpendicular
2299 ☑	**gush** [gʌʃ]	名（液体の）ほとばしり，噴出 自 噴出する	≒類 erupt, spout 自 噴出する
2300 ☑	**lofty** [lɔ́(:)fti]	形 見上げんばかりの，非常に高い，そびえ立つ	≒類 high, tall, towering 形 高い
2301 ☑	**vanish** [vǽniʃ]	自 消える，消滅する	≒類 disappear

Much to the proprietor's dismay, the ranch could not be reclaimed due to an ordinance passed by the city government.

所有者が大変落胆したことに，その牧場は市当局によって承認された条例のために返還の要求をすることができなかった。

2302 ☑	**proprietor** [prəpráiətər]	名 所有者，持ち主，亭主 ≒類 **landowner, landlord** 名 地主
2303 ☑	**dismay** [disméi, diz-]	名 落胆，狼狽，仰天 他 をがっかりさせる，を愕然とさせる ≒類 **disappointment** 名 落胆，失望
2304 ☑	**ranch** [rǽntʃ]	名 牧場，農場，飼育場
2305 ☑	**reclaim** [rikléim]	他 の返還を要求する，を耕地化する，を開拓する
2306 ☑	**ordinance** [ɔ́ːrdənəns]	名 条例，法令 ≒類 **law, act** 名 法令

Police detained the culprit and apprehended him on charges of fraud, but he was granted clemency when determined to be innocent.

警察はその容疑者を拘留し，詐欺容疑で逮捕したが，彼は潔白であると確定されて寛大な措置を与えられた。

2307 ☑	**detain** [ditéin]	他 を拘留する，を引き留める
2308 ☑	**culprit** [kʌ́lprit]	名 容疑者，犯罪者，罪人
2309 ☑	**apprehend** [æprihénd]	他 を逮捕する，を感知する，を懸念する 自 理解する ≒類 **arrest, capture** 他 を逮捕する
2310 ☑	**fraud** [frɔ́ːd]	名 詐欺，欺瞞，不正手段 派 **fraudulent** 形 詐欺の，不正の
2311 ☑	**clemency** [klémənsi]	名 寛大な措置，寛容，慈悲，温和 ≒類 **mercy**

Recipients of the treatment may experience **nominal discomfort** at the **outset**, but this will be **subdued** in a short time.

その治療を**受ける人**は，**最初**は**わずかな不快感**を覚えるかもしれないが，すぐにそれは**和らぐ**だろう。

2312 ☑	**recipient** [risípiənt]	名 受ける人，受取人 ≒類 **receiver, beneficiary** 名 受取人
2313 ☑	**nominal** [námənl]	形 わずかな，名ばかりの，名前の 派 **nominally** 副 名目上は
2314 ☑	**discomfort** [diskʌ́mfərt]	名 不快感，不安，いやなこと 他 を不快にする，を苦しめる ≒類 **displeasure** 名 不快
2315 ☑	**outset** [áutsèt]	名 最初，初め ≒類 **start, beginning**
2316 ☑	**subdue** [səbd(j)úː]	他 を和らげる，を緩和する，を征服する，を鎮圧する ≒類 **soften** 他 を和らげる

The **regime's ruthless** treatment of its political **dissidents** led to official **censure** by the United Nations and economic **sanctions**.

その**政権**が政治的**反体制派**に対し**冷酷な**処遇を行ったことが，国際連合による公式の**非難**と経済**制裁**につながった。

2317 ☑	**regime** [reʒíːm, rei-]	名 政権，支配体制 ≒類 **power, office** 名 政権
2318 ☑	**ruthless** [rúːθləs]	形 冷酷な，無慈悲な，無情な ≒類 **pitiless, cruel**
2319 ☑	**dissident** [dísidənt]	名 反体制派 形 反体制の，意見を異にする
2320 ☑	**censure** [sénʃər]	名 非難，咎め 他 を非難する，（批評家が）を酷評する ≒類 **criticism** 名 酷評
2321 ☑	**sanction** [sǽŋkʃən]	名 制裁，拘束力，支持

The **influx** of immigrants **besieged** the **aboriginal** populations with **adverse** conditions, which led to their **dissolution**.

移民の**流入**により，**不利な**条件が**原住民の**人々**をおびやかし**，結果的に彼らは**消滅**することになった。

2322 ☐	**influx** [ínflʌ̀ks]	名 流入，到来，殺到，河口
2323 ☐	**besiege** [bisí:dʒ]	他 をおびやかす，を悩ませる，を包囲する
2324 ☐	**aboriginal** [æ̀bərídʒənl]	形 原住民の，土着民の 名 原住民 ≒類 native, indigenous
2325 ☐	**adverse** [ædvə́:rs, ⸗–]	形 不利な，反対の，不都合な 派 adversary 名 敵，競争相手
2326 ☐	**dissolution** [dìsəlú:ʃən]	名 消滅，解体，解散 派 dissolve 他 を解消する 自 消える，解消する

The **petty capitalism** of the early days was the **predecessor** of **mercantile** capitalism, which **bolstered** ties among businesses.

初期の**小規模な資本主義**は**商業**資本主義の**先行モデル**であるが，その商業資本主義は企業間の関係**を補強した**。

2327 ☐	**petty** [péti]	形 小規模の，ささいな，けちな ≒類 trivial 形 ささいな，取るに足りない
2328 ☐	**capitalism** [kǽpətəlìzm]	名 資本主義 派 capitalist 名 資本家，資本主義者
2329 ☐	**predecessor** [prédəsèsər, ⸌–⸍–]	名 先行するもの，前任者，先輩，先祖 ≒類 ancestor 名 先祖
2330 ☐	**mercantile** [mə́:rkəntì:l]	形 商業の，商人の ≒類 commercial 形 商業の
2331 ☐	**bolster** [bóulstər]	他 を補強する，を梃入れする，を強める ≒類 strengthen, reinforce, support 他 を強める

Edible sea creatures such as eel, octopus, and oysters are staples of the island's diet.

ウナギ，タコ，カキなどの食用になる海洋生物は，その島の食事の必需食料品となっている。

2332 ☑	**edible** [édəbl]	形 食用になる，食べられる　名 食料 反 inedible　形 食用に適さない，食べられない
2333 ☑	**eel** [í:l]	名 ウナギ
2334 ☑	**octopus** [áktəpəs]	名 タコ
2335 ☑	**oyster** [ɔ́istər]	名（貝類の）カキ
2336 ☑	**staple** [stéipl]	名 必需食料品，主食，主要産物　形 主要な，重要な ≒類 chief, primary　形 主要な

The army has no coherent plan, and their proposals to dispatch more troops to augment the forces that have already been deployed are still ambiguous.

陸軍には首尾一貫した計画がなく，しかもすでに配備されている戦力を増強するためにより多くの軍隊を派遣するという彼らの提案は，依然として不明瞭である。

2337 ☑	**dispatch** [dispǽtʃ]	他 を派遣する，を発送する，を片づける ≒類 send, remit, forward　他 を送る，を発送する
2338 ☑	**augment** [ɔ:gmént]	他 を増強する，を増やす，を補う ≒類 increase, swell　他 を増やす
2339 ☑	**deploy** [diplɔ́i]	他 を配備する，を配置につかせる，を展開させる 派 deployment　名 配置
2340 ☑	**ambiguous** [æmbígjuəs]	形 不明瞭な，あいまいな，両義にとれる ≒類 obscure, vague, dubious

The municipal court has jurisdiction in this instance and can indict the bureaucrat on bribery charges.

本件については地方裁判所に裁判権があり，収賄の罪でその官僚を起訴することができる。

2341 ☑	**municipal** [mju:nísəpl]	形 地方の，地方自治の，局地的な municipal court　地方裁判所
2342 ☑	**jurisdiction** [dʒùərisdíkʃən]	名 裁判権，（司法）管轄区
2343 ☑	**indict** [indáit]	他 を起訴する ≒類 prosecute
2344 ☑	**bureaucrat** [bjúərəkræ̀t]	名 官僚，官僚主義者 ≒類 bureaucracy, officialdom　名 官僚
2345 ☑	**bribery** [bráibəri]	名 収賄，贈賄，汚職 ≒類 corruption

The philosophers warned not to be tantalized by avarice or the promises of ecstasy obtained through a lifestyle of hedonism and lavish pursuits.

哲学者たちが戒めたのは，強欲あるいは快楽主義やぜいたくの追求という生活スタイルによって手に入れた忘我への期待に翻弄されることだった。

2346 ☑	**tantalize** [tǽntəlàiz]	他 を翻弄する，（見せびらかして）をからかう，をじらす ≒類 irritate, tease, provoke　他 をじらす
2347 ☑	**avarice** [ǽvəris]	名 強欲，貪欲 ≒類 greed
2348 ☑	**ecstasy** [ékstəsi]	名 忘我，有頂天，恍惚 ≒類 rapture, exultation　名 有頂天
2349 ☑	**hedonism** [hí:dənìzm]	名 快楽主義，快楽論，享楽的生活
2350 ☑	**lavish** [lǽviʃ]	形 ぜいたくな，浪費癖のある，十分な

Those **enchanted** by the **animate** delivery of his **impromptu** tale and its **explicit** details were disappointed to learn he had **fabricated** the entire story.

彼が即席の話をはっきりと細部まで生き生きと語ったことに魅了された人々は，彼がすべての話をでっち上げたのだと知ってがっかりした。

2351 ☑	**enchant** [entʃǽnt]	他 を魅了する，をうっとりさせる，に魔法をかける ≒類 rapture, fascinate, captivate 他 をうっとりさせる
2352 ☑	**animate** 形 [ǽnəmət] 動 [ǽnəmèit]	形 生き生きとした 他 を元気づける，に命を吹き込む ≒類 active, lively 形 生き生きとした
2353 ☑	**impromptu** [imprámpt(j)uː]	形 即席の，即興の，とっさの 名 即席演説，即興演奏 ≒類 prompt, immediate 形 即座の
2354 ☑	**explicit** [iksplísit, eks-]	形 はっきりした，明示的な ≒類 clear, apparent 形 明白な
2355 ☑	**fabricate** [fǽbrikèit]	他 をでっち上げる，を製作する，を組み立てる

These radar images show the almost **methodical symmetry** of **Saturn's** rings and the **exquisite terrain** of its moon.

これらのレーダーの画像には，ほぼ整然とした土星環の相称と，その衛星の素晴らしい地形が映し出されている。

2356 ☑	**methodical** [məθádikl]	形 整然とした，組織的な，きちょうめんな，方法論的な ≒類 systematic, orderly 形 組織的な，規律正しい
2357 ☑	**symmetry** [símətri]	名 相称，（左右の）対称（性），釣り合い ≒類 balance, proportion 名 釣り合い
2358 ☑	**Saturn** [sǽtərn]	名 土星
2359 ☑	**exquisite** [ikskwízit, ékskwizit]	形 素晴らしい，見事な ≒類 excellent, splendid
2360 ☑	**terrain** [təréin, ter-, térein]	名 地形，地勢，地域，地面 ≒類 topography, lay 名 地勢

The entrepreneur endowed the university with the bulk of its budget used for stipends for graduate students.

その起業家は，大学院生向けの奨学金に使われる予算の大半をその大学に寄付した。

2361 ☑	**entrepreneur** [ɑ̀:ntrəprənə́:r]	名 起業家，事業主
2362 ☑	**endow** [endáu]	他 に基金を寄付する 与類 contribute, donate, subscribe 他 を寄付する
2363 ☑	**bulk** [bʌ́lk]	名 大半，大部分，大きさ 与類 size, dimension, measure 名 大きさ
2364 ☑	**budget** [bʌ́dʒət]	名 予算，予算案 自 予算を立てる 他 を予算に組む
2365 ☑	**stipend** [stáipend]	名 奨学金，年金，固定給

An audit of the bankrupt company found that the CEO had lied about expenditures and embezzled money to fund his extravagant lifestyle.

破産した会社の会計検査で，最高経営責任者は支出について虚偽の発言をし，自分のぜいたくな生活様式の資金にするために金を横領したことがわかった。

2366 ☑	**audit** [ɔ́:dət]	名 会計検査，清算，（授業の）聴講 与類 inspection 名 監査
2367 ☑	**bankrupt** [bǽŋkrʌpt, -rəpt]	形 破産した 名 破産者 他 を破産させる 与類 insolvent 形 破産した
2368 ☑	**expenditure** [ikspénditʃər, eks-]	名 支出，消費，経費，費用 与類 expense, cost 名 経費
2369 ☑	**embezzle** [embézl]	他 を横領する，を使い込む 派 embezzlement 名 使い込み，横領，着服
2370 ☑	**extravagant** [ikstrǽvəgənt, eks-]	形 ぜいたくな，浪費する，過度の，法外な 与類 wasteful 形 浪費する

Restless children are **prone** to **inflict** sores and **scrapes** on their arms and legs that can leave **scars**.

不安定な子どもたちは，自分の腕や足に，**傷跡**を残しかねない痛みや**擦り傷を負わせる傾向がある**。

2371 ☑	**prone** [próun]	形 傾向がある，…しがちな，うつむいた 与類 apt 形 傾向がある
2372 ☑	**inflict** [inflíkt]	他（打撃・損害・苦痛など）を負わせる，を加える
2373 ☑	**scrape** [skréip]	名 擦り傷 他 をこする，をすりむく，を削る，を手で掘る 与類 scratch, graze 名 かすり傷
2374 ☑	**scar** [skɑ́:r]	名 傷跡 他 に傷跡を残す，を醜くする 自 傷になる

Bashed by the media for **concealing** his affair, the **insolent** politician **hurled** dozens of **hostilities** at reporters throughout the **duration** of his speech.

自分のスキャンダル**を隠している**とマスコミに**激しく非難され**，**横柄な**その政治家は演説の**間**中ずっと報道記者に対して多くの**敵意あることばを浴びせた**。

2375 ☑	**bash** [bǽʃ]	他 を激しく非難する，を強く打つ 名 強打
2376 ☑	**conceal** [kənsí:l]	他 を隠す，を秘密にする 与類 hide
2377 ☑	**insolent** [ínsələnt]	形 横柄な，高慢な 与類 arrogant, haughty
2378 ☑	**hurl** [hə́:rl]	他 を浴びせる，を怒鳴る，を放り出す，を投げる 与類 throw, fling 他 を投げつける
2379 ☑	**hostility** [hɑstíləti]	名 敵意，敵対行為 与類 enmity
2380 ☑	**duration** [d(j)uəréiʃən]	名 持続時間，存続期間，継続 与類 continuation, endurance 名 継続

The surge in orphans caused by this turmoil outnumbers those of any previous calamity.

今回の動乱の結果急増した孤児は，以前に起きたどの惨事における孤児よりも人数が多い。

2381 ☑	**surge** [sə́ːrdʒ]	名 急増，高まり，うねり ≒類 wave, swell
2382 ☑	**orphan** [ɔ́ːrfn]	名 孤児　形 孤児の，親のない 派 orphanage　名 孤児院
2383 ☑	**turmoil** [tə́ːrmɔil]	名 動乱，大混乱，大騒動，混迷 ≒類 tumult, fuss　名 大騒ぎ
2384 ☑	**outnumber** [àutnʌ́mbər]	他 に数でまさる ≒類 exceed, surpass　他 にまさる　自 まさる
2385 ☑	**calamity** [kəlǽməti]	名 惨事，不幸，災難 ≒類 disaster

Showing his dissent for the law he deemed detrimental to economic growth, the president refused to ratify the bill, issuing a veto to nullify its passage.

大統領は，経済成長には好ましくないと考えた法律に対して異議を示し，その成立を無効にするための拒否権を発動して法案を承認することを拒否した。

2386 ☑	**dissent** [disént]	名 異議，不同意　自 意見が違う，異議を唱える ≒類 disagreement, disapproval　名 不同意
2387 ☑	**detrimental** [dètrəméntl]	形 好ましくない，有害な 派 detriment　名 損害，損失
2388 ☑	**ratify** [rǽtəfài]	他 を承認する，を批准する ≒類 approve
2389 ☑	**veto** [víːtou]	名 拒否権，拒否　他 を拒否する，を否認する ≒類 denial, refusal　名 拒否
2390 ☑	**nullify** [nʌ́ləfài]	他 を無効にする，を破棄する，を取り消しにする ≒類 destroy, cancel　他 を破棄する，を取り消す

The rebel army **coalesced** and **ambushed** the **headquarters** in a **clash** that left the ruling party **paralyzed**.

反逆軍は**連合して司令部を待ち伏せて奇襲し**，**武力衝突**で与党を**麻痺させ**た。

2391 ☑	**coalesce** [kòuəlés]	自 連合する，癒着する	与類 unite
2392 ☑	**ambush** [ǽmbuʃ]	他 を待ち伏せして奇襲する　名 待ち伏せ	
2393 ☑	**headquarters** [hédkwɔ̀ːrtərz]	名 司令部，本部，本社	与類 center, administration　名 本部
2394 ☑	**clash** [klæʃ]	名 衝突，不一致，小競り合い　自 衝突する，調和しない	与類 conflict
2395 ☑	**paralyze** [pǽrəlàiz]	他 を麻痺させる	与類 numb　他 を麻痺させる

The **panel's incisive** concluding remarks deemed it **imperative** to prevent the **ideology** of such religious **zealots** from spreading throughout the region.

委員会の**辛らつな**最終見解では，そのような宗教的**狂信者**の**イデオロギー**が地域全体に広がるのを防ぐことが**絶対に必要で**あると判断された。

2396 ☑	**panel** [pǽnl]	名 委員会，調査員団，名簿，パネル	与類 committee, commission　名 委員会
2397 ☑	**incisive** [insáisiv]	形 辛らつな，機敏な，鋭利な	与類 keen, sharp　形 鋭敏な
2398 ☑	**imperative** [impérətiv]	形 絶対に必要な，不可欠な	与類 mandatory, indispensable
2399 ☑	**ideology** [àidiálədʒi, ìdi-]	名 イデオロギー	
2400 ☑	**zealot** [zélət]	名 狂信者，熱狂者	与類 fanatic

3 UNIT 5

This material has a much more **coarse texture** than the **textiles** used for **garments** sold in shopping **malls** around the world.

この素材には，世界各地の**ショッピングセンター**で販売されている**衣服**に使われる**布地**と比較して，ずっと**きめの粗い質感**がある。

2401 ☑	**coarse** [kɔ́ːrs]	形 きめの粗い，粗末な，並みの，下品な ≒類 **rough, harsh** 名 粗い
2402 ☑	**texture** [tékstʃər]	名 質感，肌合い，本質，織物，きめ
2403 ☑	**textile** [tékstàil]	名 布地，織物 形 織物の
2404 ☑	**garment** [gáːrmənt]	名 衣服，衣類 他 を装う ≒類 **clothes, clothing, wear** 名 衣服
2405 ☑	**mall** [mɔ́ːl]	名 ショッピングセンター，遊歩道 **shopping mall** ショッピングセンター

Having been made a **scapegoat** for the town's problems, she felt **suffocated** by the **antipathy** of her fellow townspeople, though her family remained **insensible** to her **plight**.

町の厄介事の**犠牲**にされたので，彼女は自分と同じ町に住む人々からの**反感**で**息が詰まり**そうに感じたが，家族は彼女の**苦境**に**無関心**のままだった。

2406 ☑	**scapegoat** [skéipgòut]	名 犠牲，身代わり
2407 ☑	**suffocate** [sʌ́fəkèit]	他 を窒息死させる，を抑圧する 自 窒息死する ≒類 **smother, choke** 他 を窒息させる 自 窒息する
2408 ☑	**antipathy** [æntípəθi]	名 嫌悪，反感，不一致，対立 ≒類 **hate, hatred, disgust**
2409 ☑	**insensible** [insénsəbl]	形 無感覚な，無頓着な，目に見えないほどの ≒類 **insensitive, senseless** 形 無感覚の
2410 ☑	**plight** [pláit]	名（悪い）状態，苦境，窮状 ≒類 **difficulty, hardship, predicament** 名 苦境

The **optician** placed a special **groove** in the lower **periphery** of the lens that she said would help **offset** the **diminution** of vision.

眼鏡技師はレンズの**外縁**の下部に特殊な**溝**をつけたが，彼女の話では，それによって視力の**減少**が**補われる**はずだとのことだった。

2411 ☑	**optician** [ɑptíʃən]	名 眼鏡技師，視力矯正士
2412 ☑	**groove** [grúːv]	名 溝，くぼみ，慣例，決まりきったやり方，適所
2413 ☑	**periphery** [pərífəri]	名 外縁，周囲，外面，外辺 派 peripheral 形 周辺部にある，核心から離れた
2414 ☑	**offset** 動 [ɔ(ː)fsét] 名 [´ ˋ]	他 を補う，を埋め合わせる，を相殺する 名 相殺するもの
2415 ☑	**diminution** [dìmin(j)úːʃən]	名 減少，削減 ≒類 reduction

The **maritime** safety team went out on the **pier** at the **wharf** and placed **buoys** in the water so swimmers wouldn't **plunge** into the deep areas.

海上安全チームが**波止場**にある**桟橋**に出動し，遊泳者が深い場所に**飛び込ま**ないように**ブイ**を海に配置した。

2416 ☑	**maritime** [mǽrətàim]	形 海上の，海事の，沿岸に住む ≒類 marine 形 海の
2417 ☑	**pier** [píər]	名 桟橋，埠頭
2418 ☑	**wharf** [hwɔ́ːrf]	名 波止場，埠頭 他 に波止場を設ける 自 波止場に着く
2419 ☑	**buoy** [búːi, bɔ́i]	名 ブイ，浮標，救命浮き袋 他 にブイをつける
2420 ☑	**plunge** [plʌ́ndʒ]	自 飛び込む，もぐる，陥る 他 を突っ込む，を追い込む ≒類 dive 自 飛び込む

The leader attempted to arrange for various armies to **converge** to help **abate** the **menace** posed by tyranny and **fanaticism** of the **imperialists**.

帝国主義者らの暴政と**狂信**によって受けた**脅迫を緩和させる**ため，指導者は多方面の軍隊が**集まる**よう手配を試みた。

2421 ☑	**converge** [kənvə́ːrdʒ]	自 集まる，群がる 反 diverge 自 分岐する，分かれる
2422 ☑	**abate** [əbéit]	他 を緩和させる，を弱める 自 和らぐ，おさまる ≒類 soften, ease 他 を和らげる 自 和らぐ
2423 ☑	**menace** [ménəs]	名 脅迫，威嚇 ≒類 threat 名 脅し
2424 ☑	**fanaticism** [fənǽtəsìzm]	名 狂信，熱狂，狂信的行為［態度］ ≒類 enthusiasm, excitement 名 熱狂
2425 ☑	**imperialist** [impíəriəlist]	名 帝国主義者 形 帝国主義の 派 imperialism 名 帝国主義

The **veterinarian** induced temporary **paralysis** in the dog with a **narcotic** to stop its **erratic** movement and help reduce its **anguish** from the accident.

獣医はその犬を**麻酔剤**で一時的な**麻痺状態**にしたが，それは**不規則な**身体の動きを止め，事故による**苦痛**を和らげさせるためだった。

2426 ☑	**veterinarian** [vètərənéəriən]	名 獣医
2427 ☑	**paralysis** [pərǽləsis]	名 麻痺状態 派 paralyze 他 を麻痺させる
2428 ☑	**narcotic** [nɑːrkɑ́tik]	名 麻酔剤，鎮静剤，麻薬中毒者 形 麻酔性の，麻薬中毒者の ≒類 drug 名 麻薬
2429 ☑	**erratic** [irǽtik]	形 不規則な，不安定な，常軌を逸した，一貫性のない
2430 ☑	**anguish** [ǽŋgwiʃ]	名 苦痛，苦悶，苦悩 ≒類 pain, torment, torture, suffering, agony 名 苦痛

Her **expertise** and **foresight** led to the **inception** of a **myriad** of beneficial fiscal policies.

彼女の**専門知識**や**先見の明**のおかげで，**無数**の有益な財政政策が**始まる**こととなった。

2431 ☑	**expertise** [èkspəːrtíːz]	名 専門知識，熟練の技	派 expert 名 専門家 形 熟達した，専門的知識のある
2432 ☑	**foresight** [fɔ́ːrsàit]	名 先見の明，洞察力，深慮	反 hindsight 名 あと知恵
2433 ☑	**inception** [insépʃən]	名 初め，発端	与類 beginning
2434 ☑	**myriad** [míriəd]	名 無数 形 無数の	与類 numerous 形 無数の

A **raid** on the **cult** leader's **compound** found that he was **stockpiling** an **arsenal** of weapons and holding a woman he had kidnapped for **ransom**.

新興宗教指導者の**敷地**を**急襲**したことで，彼が**兵器庫**に武器**を備蓄し**，**身代金**目当てに誘拐した女性を拘束していたことが明らかになった。

2435 ☑	**raid** [réid]	名 急襲，不意の進入 他 を襲撃する，の強制捜査を行う	
2436 ☑	**cult** [kʌ́lt]	名 新興宗教，にせ宗教	
2437 ☑	**compound** [kɑ́mpaund]	名 敷地，居住区域，混合物 形 合成の，集合した	
2438 ☑	**stockpile** [stɑ́kpàil]	他 を備蓄する，を貯蔵する 自 備蓄する 名 備蓄	与類 stock
2439 ☑	**arsenal** [ɑ́ːrsənl]	名 兵器庫，兵器工場，兵力，備蓄	
2440 ☑	**ransom** [rǽnsəm]	名 身代金 他（捕虜など）を解放する	

The **mystical** island offered the **allure** of a **sublime utopia** free of the **animosity** of the real world.

その**神秘的**な島は，俗世間の**敵意**から解放された，**崇高な理想郷**の**魅力**を与えてくれた。

2441 ☑	**mystical** [místikl]	形 神秘的な，超自然的な ≒類 mystic, mysterious
2442 ☑	**allure** [əlúər]	名 魅力　他 を魅惑する ≒類 temptation, attraction, charm　名 魅力
2443 ☑	**sublime** [səbláim]	形 崇高な，高尚な　名 崇高なもの，きわみ，絶頂 ≒類 noble, spiritual, high　形 崇高な
2444 ☑	**utopia** [ju:tóupiə]	名 理想郷，ユートピア 派 utopian　形 理想郷的な，夢想的な　名 夢想家
2445 ☑	**animosity** [æ̀nəmɑ́səti]	名 悪意，憎悪，敵意 ≒類 hatred　名 敵意

Extra charges will be **incurred** and you may **inadvertently default** on your loan if you allow too much time to **elapse** between your **installments**.

分割払いの期間中にうっかり**時間を経過させ**すぎると，追加料金**を負う**ことになり，**不注意にも**借入金の**債務不履行**になりかねない。

2446 ☑	**incur** [inkə́:r]	他 を負う，を受ける，を背負い込む，(危険など) を招く
2447 ☑	**inadvertently** [ìnədvə́:rtəntli]	副 不注意にも，うっかり ≒類 inadvertent　形 不注意な，うっかりの
2448 ☑	**default** [difɔ́:lt]	自 債務を履行しない　名 債務不履行，怠慢，欠場
2449 ☑	**elapse** [ilǽps]	自 (時が) 経つ，経過する　名 (時の) 経過 ≒類 pass, progress　自 経過する
2450 ☑	**installment** [instɔ́:lmənt]	名 分割払い (の払込金)，割賦金　形 分割払いの installment plan　分割払い

She **chuckled** as her friend **humiliated** the man who made the **vulgar whistle** with a **slap** in the face.

彼女は自分の友人が顔を**平手打ち**して，**下品な口笛**を吹いた男**に恥をかかせた**ので**くすくす笑った**。

2451 ☑	**chuckle** [tʃʌ́kl]	自 くすくす笑う，ほくそえむ　名 含み笑い ≒類 giggle, titter
2452 ☑	**humiliate** [hju(:)mílièit]	他 に恥をかかせる，に屈辱を与える，のプライドを傷つける 派 humiliating　形 屈辱的な
2453 ☑	**vulgar** [vʌ́lgər]	形 下品な，卑俗な，無作法な，悪趣味の，通俗の ≒類 coarse, indecent, filthy
2454 ☑	**whistle** [hwísl]	名 口笛，汽笛，警笛，合図　自 口笛を吹く
2455 ☑	**slap** [slǽp]	名 平手打ち，侮辱，非難　他 をぴしゃりと打つ ≒類 strike, hit, beat, knock　他 を叩く

In a **unanimous** decision, the Supreme Court **overturned** the **statutory provision** after hearing testimony from a number of **judicial** experts.

最高裁判所は，多くの**司法**専門家からの宣誓証言を審問後，**満場一致の**採決で**法令の規定を覆した**。

2456 ☑	**unanimous** [ju(:)nǽnəməs]	形 満場一致の，合意の，異議のない ≒類 agreeable, consistent　形 一致した
2457 ☑	**overturn** 動 [òuvərtə́:rn]　名 [´-- `]	他 を覆す，を転覆させる　自 転覆する　名 転覆，崩壊 ≒類 upset　他 を覆す，を転覆させる
2458 ☑	**statutory** [stǽtʃətɔ̀:ri]	形 法令の，制定法の，法定の ≒類 legal
2459 ☑	**provision** [prəvíʒən]	名 規定，条項，用意，供給 ≒類 stipulation
2460 ☑	**judicial** [dʒu:díʃəl]	形 司法の，裁判官の，判断力のある，公平な ≒類 judiciary, juridical　形 司法の

It is part of the **physiological maternal** instinct **inherent** in mothers to want to **nourish** their children and show them **compassion**.

自分たちの子どもを**を養い**，彼らに**思いやり**を示したいと望むのは，母親に**本来備わった生理的な母性**本能の一部である。

2461 ☑	**physiological** [fìziəlɑ́dʒikl]	形 生理的な，生理学（上）の 派 physiology 名 生理学，生理機能
2462 ☑	**maternal** [mətə́ːrnl]	形 母性の，母の，母らしい 反 paternal 形 父の，父らしい
2463 ☑	**inherent** [inhíərənt]	形 本来備わった，固有の
2464 ☑	**nourish** [nə́ːriʃ]	他 を養う，に肥料をやる，を育てる 派 feed, foster
2465 ☑	**compassion** [kəmpǽʃən]	名 思いやり，あわれみ，同情 派 kindness, gentleness, tenderness

The envoy **pondered** what **maneuvers** to take to **mediate** a **consensus** and obtain real **concessions** from both sides of the conflict.

外交使節は，紛争の両当事者間に**合意を成立させて**実質的な**譲歩**を獲得するためにどのような**策略**をとるべきか**を熟考した**。

2466 ☑	**ponder** [pɑ́ndər]	他 を熟考する，をあれこれ考える ≒類 contemplate, consider
2467 ☑	**maneuver** [mənúːvər]	名 策略　他 を操る　自 駆け引きをする
2468 ☑	**mediate** 動 [míːdièit]　形 [-diət]	他 を調停して成立させる　自 調停をする ≒類 arbitrate
2469 ☑	**consensus** [kənsénsəs]	名（関係者の）総体的合意，（意見・感情の）一致 ≒類 agreement, concurrence
2470 ☑	**concession** [kənséʃən]	名 譲歩，容認 ≒類 compromise

With the **acquisition** of the electronic **commerce** company, the retailer has made the full transition to becoming a **wholesale vendor** of computers and software.

電子**商取引**会社の**買収**で，小売店はコンピュータおよびソフトウェアの**卸売納入業者**へと転ずる完全移行を行った。

2471 ☑	**acquisition** [ækwizíʃən]	名 買収，取得 派 acquire 他 を得る，を入手する
2472 ☑	**commerce** [kάmərs]	名 商取引，商業，交易，交渉 ≒類 trade, business
2473 ☑	**wholesale** [hóulsèil]	形 卸売りの 名 卸売 反 retail 形 小売りの 名 小売
2474 ☑	**vendor** [véndər, -dɔ:r]	名 納入業者，売り手，商人 派 vend 他 を売る，自 売る

The governor's **aides exploited** and **blackmailed** him by threatening to **discredit** him in the media, but when they tried to **extort** money from him they were arrested on **coercion** charges.

知事の**側近**たちはマスコミで**名声を傷つける**と脅して彼**につけこみ脅迫した**が，彼から金**をゆすろう**としたとき**強要**罪で逮捕された。

2475 ☑	**aide** [éid]	名 側近，助手 ≒類 adviser, assistant
2476 ☑	**exploit** [iksplɔ́it, eks-]	他 につけこむ，を利用する，を搾取する 派 exploitation 名 搾取，利用
2477 ☑	**blackmail** [blǽkmèil]	他 をゆする，を恐喝する，を強要する 名 ゆすり，恐喝 ≒類 extort, threaten, force 他 をゆする，を恐喝する
2478 ☑	**discredit** [diskrédət]	他 の信用を傷つける，を信用しない 名 不信任，疑惑，不名誉 ≒類 damage 他 の信用を傷つける
2479 ☑	**extort** [ikstɔ́:rt, eks-]	他 をゆすりとる，を騙し取る，を強引に引き出す ≒類 blackmail, threaten, force 他 をゆする，を恐喝する
2480 ☑	**coercion** [kouə́:rʃən]	名 強要，強制，抑圧，弾圧政治 派 coerce 他 を強要する，を抑圧する

The **clumsy** and **cumbersome** **rhinoceros** lay down and **smothered** the **snail** under its belly.

不恰好で**図体の大きなサイ**が横になったので，腹の下の**カタツムリをつぶしてしまった**。

2481 ☑	**clumsy** [klʌ́mzi]	形 不恰好な，不器用な，扱いにくい ≒類 awkward
2482 ☑	**cumbersome** [kʌ́mbərsəm]	形 図体の大きい，不恰好な，わずらわしい
2483 ☑	**rhinoceros** [rainɑ́sərəs]	名 サイ
2484 ☑	**smother** [smʌ́ðər]	他 をつぶす，を窒息させる，をもみ消す ≒類 suffocate 他 を窒息させる
2485 ☑	**snail** [snéil]	名 カタツムリ，のろま

Hundreds waited in the **queue** to see the new reptile exhibit at the **aquarium**, which features a comprehensive **overview** of the **distinctive** species from the southern hemisphere.

何百人もの人々が**水族館**で始まったばかりの爬虫類展を見ようと**列**を作って待っていたが，その爬虫類展は南半球**特有の**種を広範囲に**概観**できることを特徴としている。

2486 ☑	**queue** [kjúː]	名 列　自 列を作る　他 を列に並べる ≒類 line 名 列　自 列に並ぶ
2487 ☑	**aquarium** [əkwéəriəm]	名 水族館，水槽
2488 ☑	**overview** [óuvərvjùː]	名 概観　他 を概観する ≒類 outline, survey 名 概略
2489 ☑	**distinctive** [distíŋktiv]	形 特有の，（他と）明確に区別できる ≒類 unique 形 独特の

The **outgoing** president warned of an **imminent** danger from the **obstinate foes** of the nation trying to **smuggle** in weapons and explosives.

退任する大統領は，武器や爆発物を**密輸し**ようとする，国家の**執拗な敵**から**迫ってくる**脅威について警告した。

2490 ☑	**outgoing** [áutgòuiŋ]	形 退任する，退職する，外交性の 名 出発 ≒類 leaving 形 退職する
2491 ☑	**imminent** [ímənənt]	形 迫ってくる，差し迫った，今にも起こりそうな ≒類 impending, close, approaching
2492 ☑	**obstinate** [ábstənət]	形 執拗な，頑固な ≒類 stubborn
2493 ☑	**foe** [fóu]	名 敵，反対者，障害 ≒類 enemy, adversary, opponent, rival, antagonist
2494 ☑	**smuggle** [smʌ́gl]	他 を密輸する，を隠す 自 密輸する，隠す 派 smuggler 名 密輸業者，密輸船

Analysts are **speculating** that this year's oil **commodity** prices will **dwarf** the previous year's, **culminating** in **lucrative** benefits for investors.

アナリストたちは，今年の石油**商品**価格は前年の価格**を小さく見せる**ほどの上昇を実現する見込みで，投資家にとっては**見返りの大きい**利益が**最高潮に達すると推測している**。

2495 ☑	**speculate** [spékjəlèit]	他 と推測する ≒類 conjecture, hypothesize, guess
2496 ☑	**commodity** [kəmádəti]	名 商品，もの，必需品，物資 ≒類 goods
2497 ☑	**dwarf** [dwɔ́:rf]	他 を小さく見せる，の発育を妨げる
2498 ☑	**culminate** [kʌ́lmənèit]	自 最高潮に達する，全盛を極める ≒類 peak, climax
2499 ☑	**lucrative** [lú:krətiv]	形 見返りの大きい，利益になる，もうかる

Icicles form on the roof during the frigid winter mornings, glittering in the sun and shimmering with the dew.

つららはひどく寒い冬の朝が続くと屋根にでき，太陽の光を受けてきらきら輝き，そのしずくとともにちらちら光る。

2500 ☑	**icicle** [áisikl]	名 つらら
2501 ☑	**frigid** [frídʒid]	形 ひどく寒い，極寒の ≒類 freezing, chill
2502 ☑	**glitter** [glítər]	自 きらきら輝く，きらびやかである 名 きらめき，華麗 ≒類 shine, sparkle, twinkle 自 きらきら輝く
2503 ☑	**shimmer** [ʃímər]	自 ちらちら光る 他 をちらちら光らせる 名 ゆらめく光 ≒類 twinkle 自 きらきら光る

If passed, the legislation would levy a hefty fine on users of harmful pesticides that seep into groundwater.

その法律は仮に承認されれば，地下水にしみ込む有害な殺虫剤の使用者に対して重い罰金を科すことになるだろう。

2504 ☑	**legislation** [lèdʒisléiʃən]	名 法律，法律制定 ≒類 law, statute 名 法律
2505 ☑	**levy** [lévi]	他 を科す，を徴収する 自 徴税する，財産を押収する ≒類 impose 他 を課す
2506 ☑	**hefty** [héfti]	形 重い，大きな，圧倒的な
2507 ☑	**pesticide** [péstəsàid]	名 殺虫剤，農薬
2508 ☑	**seep** [sí:p]	自 しみ込む，しみ出る，浸透する ≒類 infiltrate, penetrate, permeate
2509 ☑	**groundwater** [gráundwɔ̀:tər]	名 地下水

The group **solicited monetary** donations to support **bereaved** families whose children have **perished** in the epidemic caused by the highly contagious disease.

その団体は，接触伝染性の極めて高い疾病が原因の伝染病で**亡くなった**子どもの**遺族**を支援するために**金銭的な**寄付**を募った**。

2510 ☑	**solicit** [səlísət]	他（金銭・援助・情報など）を募る，を請い求める	与類 request, seek, call for ～
2511 ☑	**monetary** [mánətèri]	形 金銭上の，通貨の	与類 financial
2512 ☑	**bereave** [birí:v]	他（近親）を奪う	bereaved family　遺族
2513 ☑	**perish** [périʃ]	自 死ぬ，枯れる，消滅する	与類 die

Surgeons well versed in **hypertension** and **cardiac pathology** **assessed** the **blockage** in the patient's **arteries**.

高血圧および**心臓病理学**を十分に熟知した外科医たちが，患者の**動脈**における**閉塞を見極めた**。

2514 ☑	**hypertension** [hàipərténʃən]	名 高血圧	与類 high blood pressure
2515 ☑	**cardiac** [ká:rdiæ̀k]	形 心臓の，心臓病の　名 強心薬，心臓病患者	
2516 ☑	**pathology** [pəθálədʒi]	名 病理学，病状	派 pathologist　名 病理学者
2517 ☑	**assess** [əsés]	他 を見極める，（～の額）を査定する，を評価する	派 evaluate, gauge, estimate
2518 ☑	**blockage** [blákidʒ]	名 閉塞，妨害（物）	与類 obstruction
2519 ☑	**artery** [á:rtəri]	名 動脈	反 vein　名 静脈

The **psychiatrist** said that **materialism** and other selfish feelings can **impair marital** relations, since they can lead individuals to become indifferent to their spouses.

精神科医は，**物質主義**やその他の利己的な感情は**夫婦**関係**を損ね**かねないと言ったが，それは，そうしたものによって個人がその配偶者に対して無関心になる可能性があるからだ。

2520 ☑	**psychiatrist** [saikáiətrist]	名 精神科医
2521 ☑	**materialism** [mətíəriəlìzm]	名 物質主義，唯物論（主義），実質主義 派 **materialist** 名 唯物論者，実利主義者
2522 ☑	**impair** [impéər]	他 を損なう ≒類 **damage, harm, injure**
2523 ☑	**marital** [mǽrətl]	形 夫婦の，結婚の **marital status** 結婚状況

The **prodigal** sons on the research team **squandered** most of their **plentitude** of money on **superfluous** purchases, and were forced to find new ways to **subsidize** their study.

研究チームの**金遣いの荒い**輩たちは，**不必要な**買い入れにその**豊富**にあった資金の大部分**を浪費して**しまい，自分たちの研究**を助成する**ために新たな方法を探さざるを得なくなった。

2524 ☑	**prodigal** [prádigl]	形 金遣いの荒い 名 浪費者，放蕩息子 ≒類 **wasteful, extravagant** 形 無駄遣いの多い
2525 ☑	**squander** [skwándər]	他 を浪費する 自 放浪する 名 浪費 ≒類 **waste** 他 を浪費する
2526 ☑	**plentitude** [pléntit(j)ù:d]	名 豊富さ，十分，充実 派 **plenty** 名 たくさん，豊富 形 たくさんの，十分な
2527 ☑	**superfluous** [supə́:rfluəs]	形 不必要な，余分の，あり余る ≒類 **surplus, extra**
2528 ☑	**subsidize** [sʌ́bsədàiz]	他 を助成する，に助成金を支給する

The dog **growled** as it **gnawed** on the **chunk** of meat and **licked** the bone, showing its true **canine** nature.

そのイヌは，肉の**かたまり**を**かじって**骨を**なめ**ながら，**イヌの**本性を表して**うなり声を出した**。

2529 ☑	**growl** [grául]	自 うなり声を出す，うなる　名 うなり声
2530 ☑	**gnaw** [nɔ́ː]	自 かじる，噛み切る ≒類 chew, champ, chomp, bite
2531 ☑	**chunk** [tʃʌ́ŋk]	名 かたまり，厚く切ったもの ≒類 lump, block
2532 ☑	**lick** [lík]	他 をなめる　名 なめること，ひとなめ
2533 ☑	**canine** [kéinain]	形 イヌの，イヌのような feline　形 ネコ科の，ネコのような

The "triple conjunction" phenomenon, in which planets come into **array**, most often occurs between **Jupiter** and **Uranus** or **Neptune**, as the **observatory** notes.

惑星が**並んだ**状態となる「三重合」現象は，**天文台**の記録によると，**木星**，**天王星**，**海王星**の間で起こることが最も多い。

2534 ☑	**array** [əréi]	名 整然と並んだもの，配列　他 を整列させる ≒類 lineup, formation, display　名 配列
2535 ☑	**Jupiter** [dʒúːpətər]	名 木星
2536 ☑	**Uranus** [júərənəs]	名 天王星
2537 ☑	**Neptune** [népt(j)uːn]	名 海王星
2538 ☑	**observatory** [əbzə́ːrvətɔ̀ːri]	名 天文台，観測所，展望台 派 observation　名 観測，観察

The girl's skin became **itchy** from the **fur** of the **hare** that had **stumbled** into the yard through the **thorn** bush.

イバラの茂みを通って庭に**偶然入り込んで**いた**ウサギ**の**被毛**で，少女の皮膚は**かゆく**なった。

2539 ☑	**itchy** [ítʃi]	形 かゆい，むずむずする 派 itch 名 かゆみ 自 かゆい
2540 ☑	**fur** [fə́ːr]	名 被毛，毛皮，柔毛，毛皮製品 他 に毛皮を着せる
2541 ☑	**hare** [héər]	名 ウサギ ≒類 rabbit
2542 ☑	**stumble** [stʌ́mbl]	自 偶然入り込む，つまずく，とちる 名 つまずき，過失
2543 ☑	**thorn** [θɔ́ːrn]	名 イバラ，とげのある植物，苦痛の種

His geometry class was learning that a **diameter** is twice a **radius**, but he was **distracted** by the **brook tapering** off into a river.

幾何学の授業で**直径**は**半径**の２倍であると習っていたが，彼は**次第に細くなって**川に注ぐ**小川**に**気を取られて**いた。

2544 ☑	**diameter** [daiǽmətər]	名 直径，（レンズの）倍率 ≒類 caliber, bore 名 直径，口径
2545 ☑	**radius** [réidiəs]	名 半径，範囲
2546 ☑	**distract** [distrǽkt]	他 （人・気持・注意など）をそらす，を転ずる ≒類 divert 他 をそらす
2547 ☑	**brook** [brúk]	名 小川 ≒類 stream
2548 ☑	**taper** [téipər]	自 次第に細くなる 名 先細になること

The painter could not achieve the hue he wanted for the **luminary** portion of the **lighthouse**, and had to **improvise** by **sprinkling** some gold dust on his brush.

画家は，**灯台**の**発光**部分に欲しかった色調を表せなかったので，筆にいくらか砂金**を振りかけ**て**間に合わせ**なければならなかった。

2549 ☑	**luminary** [lúːmənèri]	名 発光（体），天体
2550 ☑	**lighthouse** [láithàus]	名 灯台
2551 ☑	**improvise** [ímprəvàiz]	自 間に合わせに作る，即興で作る　他 を即興で作る 派 improvisation　名 即興，即興演奏
2552 ☑	**sprinkle** [spríŋkl]	他 をまき散らす，に散在させる ≒類 splash, spray

The priest stood behind the father's **coffin** and read his **eulogy**, as he **reminisced** about all the **jolly** times they shared and offered **condolences** to his family.

司祭は神父の**棺**の背後に立って彼の**追悼文**を読んだが，その中で，共に過ごした数々の**愉快な**時の**思い出を語り**，彼の家族に**お悔やみ**を述べた。

2553 ☑	**coffin** [kɔ́ːfn, káf-]	名 棺 ≒類 casket
2554 ☑	**eulogy** [júːlədʒi]	名 追悼文，称賛の言葉，賛辞 ≒類 tribute
2555 ☑	**reminisce** [rèmənís]	自 思い出を語って楽しむ，思い出にふける 派 reminiscence　名 回想，追憶
2556 ☑	**jolly** [dʒáli]	形 愉快な，陽気な ≒類 merry, gay, cheerful, cheery, lively
2557 ☑	**condolence** [kəndóuləns]	名 悔み，哀悼 ≒類 sympathy

Things look **bleak** for the **ailing ape**, as he is becoming **feebler** by the day despite his trainer's attempts to **rehabilitate** him.

病気を患っているそのサルの先の見通しは暗く，訓練士が機能回復訓練をしようとしているにもかかわらず，日に日に衰弱していっている。

2558 ☑	**bleak** [blíːk]	形（見通しなどが）暗い
2559 ☑	**ail** [éil]	自 病気を患う，気分がすぐれない　他 を苦しめる，を悩ます ≒類 afflict, pain, distress　他 を苦しめる，を悩ます
2560 ☑	**ape** [éip]	名 サル，類人猿 ≒類 monkey
2561 ☑	**feeble** [fíːbl]	形（体力が）弱い ≒類 weak
2562 ☑	**rehabilitate** [rìːhəbílitèit]	他（病人・けが人など）の機能回復訓練をする

The **freight** business was put in **jeopardy** when their entire **fleet** was brought to a **standstill** by the **negligence** of the controller.

その貨物輸送事業は，管理者の怠慢によってその全保有船舶が停止させられると，危機に陥った。

2563 ☑	**freight** [fréit]	名 貨物輸送，運送貨物
2564 ☑	**jeopardy** [dʒépərdi]	名 危機，危険性 ≒類 risk, danger
2565 ☑	**fleet** [flíːt]	名 船団，艦隊，（集合的に）全艦隊，海軍
2566 ☑	**standstill** [stǽndstìl]	名 停止，休止 ≒類 halt, stop
2567 ☑	**negligence** [néglidʒəns]	名 怠慢，不注意，無関心，過失 ≒類 carelessness, neglect

As his car was hoisted up by a tow truck, his leg was wrapped in gauze and he was carried on a stretcher.

彼の車がレッカー車につり上げられた時，彼はガーゼで足を包まれて担架で運ばれた。

2568 ☑	**hoist** [hɔ́ist]	他 をつり上げる，を持ち上げる ≒類 raise, lift
2569 ☑	**tow** [tóu]	名 引かれること，引く車 tow truck　レッカー車
2570 ☑	**gauze** [gɔ́:z]	名 ガーゼ，包帯 ≒類 bandage　名 包帯
2571 ☑	**stretcher** [strétʃər]	名 担架，伸張具

Resonant frequencies from seismic vibrations can send shivers down the spines of animals whose anatomies make them able to discern such frequencies.

地震の震動による共振周波数は，そうした周波数を察知できる生体構造を持った動物の背骨に震えを伝える可能性がある。

2572 ☑	**resonant** [rézənənt]	形 共振する，反響する，共鳴する 派 resonance　名 共振，反響，共鳴
2573 ☑	**frequency** [frí:kwənsi]	名 周波数，振動数，頻度，頻発
2574 ☑	**vibration** [vaibréiʃən]	名 震動，印象，雰囲気 ≒類 oscillation　名 震動
2575 ☑	**shiver** [ʃívər]	名 震え，身震い　自 震える，身震いする ≒類 shudder, tremor　名 震え，身震い
2576 ☑	**anatomy** [ənǽtəmi]	名（人体・動植物の）生体構造，解剖学 ≒類 structure　名 構造，組織，形態
2577 ☑	**discern** [disə́:rn, dizə́:rn]	他 を察知する，に気づく，の差異を識別する ≒類 sense, detect　他 を察知する

His **turbulent** life as a **juvenile** caused him to become an **ingrate** to his parents, **aloof** and **detached** from the rest of his family.

彼は**少年**の頃に**荒れた**生活を送って親に対して**恩知らず**となり，**冷淡**で他の家族からも**距離を置く**ようになってしまった。

2578 ☑	**turbulent** [tə́:rbjələnt]	形 荒れた，混乱した，不穏な ≒類 violent, disorderly
2579 ☑	**juvenile** [dʒú:vənàil]	名 少年少女，青少年　形 若い，未熟な ≒類 minor　名 未成年
2580 ☑	**ingrate** [íngreit]	名 恩知らず ≒類 ingratitude
2581 ☑	**aloof** [əlú:f]	形 冷淡な，無関心な，離れた，隔たった
2582 ☑	**detach** [ditǽtʃ]	他 から距離を置く，を引き離す ≒類 dissociate, alienate

Various **artifacts excavated** from the **caves** and judged to be priceless works of **antiquity** were kept in the university's **archives**.

洞窟から**掘り出され**，非常に貴重な**古代**の作品であると鑑定されたさまざまな**工芸品**は，大学の**保管所**に収納された。

2583 ☑	**artifact** [á:rtifæ̀kt]	名 工芸品，人工遺物，人工の物
2584 ☑	**excavate** [ékskəvèit]	他 を掘り出す ≒類 dig, unearth
2585 ☑	**cave** [kéiv]	名 洞窟，洞穴 ≒類 hollow, cavern
2586 ☑	**antiquity** [æntíkwəti]	名 古代，大昔，古代の遺物 派 antique　名 骨董品　形 古風な
2587 ☑	**archive** [á:rkaiv]	名 公文書保管所，古文書 ≒類 document, record　名 文書，記録

Zinc is important as an enzyme catalyst, and certain formulas of vitamins containing zinc are better assimilated by the body.

亜鉛は酵素触媒として重要であり，特定の製法でビタミンに亜鉛を組み合わせると身体によく吸収される。

2588 ☑	**zinc** [zíŋk]	名 亜鉛
2589 ☑	**enzyme** [énzaim]	名 酵素
2590 ☑	**catalyst** [kǽtəlist]	名 触媒 派 **catalysis** 名 触媒作用，接触反応
2591 ☑	**formula** [fɔ́ːrmjələ]	名 製法，処方箋，調理法，公式，決まり文句
2592 ☑	**assimilate** [əsíməlèit]	他 を吸収する，を同化する ≒類 **digest, absorb** 他 を吸収する

Though the shrewd businessman was often thought to be stingy, he showed his benevolent side when he bequeathed most of his assets to the local college.

その抜け目のない事業家はけちだと思われることがしばしばあったが，地元の大学へ資産の大部分を遺贈した時，自身の善意ある側面を見せた。

2593 ☑	**shrewd** [ʃrúːd]	形 抜け目のない，賢い，洞察力のある ≒類 **clever** 形 利口な，頭がよい
2594 ☑	**stingy** [stíndʒi]	形 けちな，不十分な ≒類 **mean, miserly**
2595 ☑	**benevolent** [bənévələnt]	形 善意の，慈善の 反 **malevolent** 形 悪意のある
2596 ☑	**bequeath** [bikwíːð, -kwíːθ]	他 を遺言で譲る，を後世に残す，を伝える ≒類 **leave, devise**
2597 ☑	**asset** [ǽset]	名 資産，遺産，役に立つもの 反 **liability** 名 負債

The chancellor decided to relinquish the provisional authority he had been granted since it would make him susceptible to charges of hypocrisy.

その政府高官はそれまで与えられてきた暫定的権限を放棄する考えを固めたが，それはその権限によって彼が偽善行為の容疑を受けやすくなるからだ。

2598 ☐	**chancellor** [tʃǽnsələr]	名 政府高官，閣僚
2599 ☐	**relinquish** [rilíŋkwiʃ]	他 を放棄する，をやめる，を手放す ≒類 renounce, give up ～
2600 ☐	**provisional** [prəvíʒənl]	形 暫定的な，臨時の ≒類 interim, temporary
2601 ☐	**susceptible** [səséptəbl]	形（～の影響を）受けやすい ≒類 subject 形（～を）受けやすい
2602 ☐	**hypocrisy** [hipákrəsi]	名 偽善行為，偽善 派 hypocritical 形 偽善の

It would be futile for anthropologists to conjecture whether coexistence among these tribes would have been feasible.

人類学者たちにとって，こうした部族間での共存が実現可能であったかどうかを推測するのは無駄なことだろう。

2603 ☐	**futile** [fjúːtl]	形 無駄な，役に立たない，くだらない ≒類 fruitless, vain, useless
2604 ☐	**anthropologist** [æ̀nθrəpálədʒist]	名 人類学者 派 anthropology 名 人類学
2605 ☐	**conjecture** [kəndʒéktʃər]	他 を推測する 自 推測する 名 推測，憶測 ≒類 speculate, guess 他 を推測する 自 推測する
2606 ☐	**coexistence** [kòuigzístns, -egz-]	名 共存，共生 派 coexist 自 共存する，同時に存在する
2607 ☐	**feasible** [fíːzəbl]	形 実現可能な，もっともな ≒類 possible 形 可能な

The president is **arrogant** to think that he is **infallible** and can **circumvent** the **mandates** of international law for his **imperial** pursuits.

社長は，自分が**絶対に正しく**，しかもその**横柄な**追求のために国際法のもとにおける**義務を回避する**ことができると**尊大に**も考えている。

2608 ☑	**arrogant** [ǽrəgənt]	形 尊大な，横柄な，ごうまんな	反 **humble** 形 つつましやかな，謙遜した
2609 ☑	**infallible** [infǽləbl]	形 絶対正しい，まったく誤りのない	≒類 **unerring, unfailing**
2610 ☑	**circumvent** [sə̀:rkəmvént]	他 を回避する，を出し抜く	≒類 **avoid, evade**
2611 ☑	**mandate** [mǽndeit, -dit]	名 義務，命令	≒類 **order** 名 命令
2612 ☑	**imperial** [impíəriəl]	形 横柄な，尊大な，帝国の	≒類 **arrogant** 形 横柄な，尊大な

One can **infer** that the **profusion** of **part-time** and **transitory** employees means that fewer workers are **eligible** for benefits.

非常勤や**短期の**従業員が**多くいること**は，すなわち各種手当を得る**資格のある**就労者がほとんどいないことである**と推測する**ことができる。

2613 ☑	**infer** [infə́:r]	他 を推測する，を推論する，を暗示する	≒類 **judge, guess**
2614 ☑	**profusion** [prəfjú:ʒən]	名 多いこと，豊富，ぜいたく	≒類 **abundance** 名 豊富
2615 ☑	**part-time** [pɑ́:rttàim]	形 非常勤の，パートタイムの	反 **full-time** 形 常勤の
2616 ☑	**transitory** [trǽnsətɔ̀:ri, -zə-]	形 短期の，一時的な，移ろいやすい，つかの間の	≒類 **temporary**
2617 ☑	**eligible** [élidʒəbl]	形 資格のある，適格の	≒類 **fit, qualified**

Make sure the card is **compliant** with standards and **compatible** with your system, for your computer may do **irreparable** damage to the card or **vice-versa**.

カードが標準に**対応し**，自分のコンピュータシステムと**互換性がある**ことを確認してください。というのも，コンピュータがカードに**修復できない**損害を与えるか，あるいは**その逆**も起こる可能性があるからです。

2618 ☑	**compliant** [kampláiənt]	形（仕様・規格などに）対応した，（人が）従順な
2619 ☑	**compatible** [kəmpǽtəbl]	形 互換性のある，適合する，両立できる ≒類 consistent
2620 ☑	**irreparable** [irépərəbl]	形 修復できない，取り返しのつかない ≒類 irreversible
2621 ☑	**vice-versa** [váisi vɔ́:rsə, váisə-, váis-]	副 逆に，反対に ≒類 conversely

The **contingent** of attendees at the educational **summit** included members of the faculties of major universities who had **forged** a **tentative** agreement to share research facilities.

教育**首脳会議**の出席者**団**には，研究施設共有のための**暫定的**合意**を築いていた**，主要大学の教職員が含まれていた。

2622 ☑	**contingent** [kəntíndʒənt]	名 派遣団，分遣団 ≒類 delegation, mission
2623 ☑	**summit** [sʌ́mit]	名 首脳会談，サミット，頂上
2624 ☑	**forge** [fɔ́:rdʒ]	他（合意など）を築く，（計画など）を案出する ≒類 build, create, form 他（合意など）を築く
2625 ☑	**tentative** [téntətiv]	形 暫定的な，仮の，試験的な ≒類 provisional

In **lieu** of further **litigation**, the prosecution decided to reach an **amiable** and **impartial** settlement so as not to **protract** the case any longer.

さらなる**訴訟の代わりに**，検察当局はこれ以上事件**を長引かせ**ないよう，**友好的**かつ**公平な**和解に達する決定を下した。

2626 ☑	**lieu** [lúː, ljúː]	名（in lieu of ～の形で）～の代わりに
2627 ☑	**litigation** [lìtəgéiʃən]	名 訴訟，起訴 ≒類 lawsuit, prosecution
2628 ☑	**amiable** [éimiəbl]	形 友好的な，人当たりのよい，優しい ≒類 friendly, affable
2629 ☑	**impartial** [impáːrʃl]	形 公平な，偏見のない ≒類 fair, unbiased
2630 ☑	**protract** [prətrǽkt, prou-]	他 を長引かせる，を突き出す ≒類 prolong, lengthen 他 を延長する

The disgraced young man made an **oath** to his family and friends in which he **pledged** to **abstain** from **stimulants** and **comply** with the judge's order for rehabilitation.

不祥事を起こしたその若者は家族と友人に**誓い**を立て，その中で自分は**覚醒剤**を**絶ち**，社会復帰を見据えた裁判官の指示に**従う**こと**を約束した**。

2631 ☑	**oath** [óuθ]	名 誓い，宣誓 ≒類 vow, pledge
2632 ☑	**pledge** [plédʒ]	他 を約束する，を確約する 名 誓約，約束 ≒類 promise 他 を約束する
2633 ☑	**abstain** [əbstéin, æb-]	自 絶つ，慎む，差し控える ≒類 refrain
2634 ☑	**stimulant** [stímjələnt]	名 覚醒剤，興奮薬，刺激物 形 刺激する
2635 ☑	**comply** [kəmplái]	自 従う，応ずる ≒類 conform

The ceiling of the venue was optimized for superb acoustics, allowing the sound to fully diffuse throughout the immense space.

会場の天井は極めて優れた音響効果をあげるよう最適化されており，そのおかげで楽音がその巨大な空間全体に十分に広がるようになっていた。

2636 ☑	**ceiling** [sí:liŋ]	名 天井，最高限度
2637 ☑	**venue** [vénju:]	名 開催地，会場，立場，裁判地
2638 ☑	**superb** [supə́:rb]	形 極めて優れた，素晴らしい，とびきり上等の，堂々とした ≒類 excellent
2639 ☑	**diffuse** [difjú:z]	自 広がる，普及する　他 を散らす，を普及させる ≒類 spread
2640 ☑	**immense** [iméns]	形 巨大な，広大な ≒類 vast

Meticulous inspection of the synthesis and structure of the materials showed them to be very durable and therefore in compliance with the prescribed standards.

その素材の合成および構造に関する綿密な検査により，それには非常に耐久性があり，その結果定められた基準値に合致していることがわかった。

2641 ☑	**meticulous** [mətíkjələs]	形 綿密な，非常に注意深い ≒類 careful, conscientious
2642 ☑	**synthesis** [sínθəsis]	名 合成，総合，組み立て ≒類 composition
2643 ☑	**structure** [strʌ́ktʃər]	名 構造，組織，建造物 ≒類 construction
2644 ☑	**durable** [d(j)úərəbl]	形 耐久性のある，持ちのよい，丈夫な ≒類 long-lasting, enduring
2645 ☑	**compliance** [kəmpláiəns]	名 合致，準拠，応諾，追従，従順 派 comply　自 従う，応ずる

Dandelion tea, slightly **diluted** with pure water and mixed with other **herbs**, is currently in **vogue** as a remedy for **dizziness**.

真水で少々**薄めて**その他の**香草**を混ぜた**タンポポ**茶は，**めまい**に効く薬として現在**はやって**いる。

2646 ☑	**dandelion** [dǽndəlàiən]	名 タンポポ
2647 ☑	**dilute** [dailú:t, di-]	他 を薄める，を希釈する 派 **dilution** 名 薄めること，希釈
2648 ☑	**herb** [ə́:rb, hə́:rb]	名 ハーブ，香草
2649 ☑	**vogue** [vóug]	名 流行，人気 形 流行の ≒類 **fashion, trend** 名 流行
2650 ☑	**dizziness** [dízinəs]	名 めまい，くらくらすること 派 **dizzy** 形 めまいがする，くらくらする

I **shudder** to think that the voters would **condone** the president's attempts to **intimidate** and **persecute** those who do not **endorse** his views.

有権者たちが，大統領が自身の見解**を支持し**ない人々**を威圧し**たり**脅迫し**たりしようとするの**を黙認する**だろうと考えると**ぞっとする**。

2651 ☑	**shudder** [ʃʌ́dər]	自 ぞっとする 名 身震い，戦慄 ≒類 **shake, shiver** 自 ぞっとする，身震いする
2652 ☑	**condone** [kəndóun]	他 を黙認する，を大目に見る，を許す ≒類 **overlook** 他 を黙認する，を大目に見る
2653 ☑	**intimidate** [intímidèit]	他 を威圧する，を脅迫する ≒類 **frighten, menace**
2654 ☑	**persecute** [pə́:rsəkjù:t]	他 を脅迫する，を迫害する，を困らせる ≒類 **oppress**
2655 ☑	**endorse** [endɔ́:rs]	他 を支持する，を保証する ≒類 **support** 他 を支持する

The **ambassador** spoke with **candor** about the need for **diplomacy** as an incentive for countries to forge better **reciprocal** relationships.

大使は，国々がこれまで以上の**相互**関係を作り出す動機づけとしての**外交**の必要性について**率直**に語った。

2656 ☑	**ambassador** [æmbǽsədər]	名 大使，使節
2657 ☑	**candor** [kǽndər]	名 率直さ，公平無私 ≒類 openness, frankness 名 率直さ
2658 ☑	**diplomacy** [diplóuməsi]	名 外交（術），駆け引き 派 diplomatic 形 外交（上）の
2659 ☑	**reciprocal** [risíprəkl]	形 相互の，互恵的な，仕返しの，代償的な ≒類 mutual

Asthma sufferers should **gargle** with salt water to **expel** all the **junk** out of their throats, especially if they are **averse** to outdoor **pollutants**.

ぜんそく患者は，特に戸外の**汚染物質**を**ひどく嫌がる**場合は食塩水で**うがいをして**喉からすべての**かすを排出する**べきである。

2660 ☑	**gargle** [gά:rgl]	自 うがいをする
2661 ☑	**expel** [ikspél, eks-]	他 を排出する，を噴出する，を追い払う，を除名する ≒類 discharge 他 を排出する
2662 ☑	**junk** [dʒʌ́ŋk]	名 かす，くず，がらくた，廃品 ≒類 rubbish 名 くず，がらくた
2663 ☑	**averse** [əvə́:rs]	形 ひどく嫌って，反対して 派 aversion 名 嫌悪，反感
2664 ☑	**pollutant** [pəlú:tənt]	名 汚染物質，汚染 派 pollute 他 を汚染する

The article uses the analogy of a Wild West **duel** to **depict** the lack of **amity** between the countries that were once **allies**.

その記事は，かつて**同盟国**であった国家間における**友好**の欠如**を描写する**ために，アメリカ西部開拓期の**決闘**のたとえ話を借用している。

2665 ☑	**duel** [d(j)úːəl]	名 決闘，果たし合い ≒類 fight, confrontation
2666 ☑	**depict** [dipíkt]	他 を描写する，を描く ≒類 describe
2667 ☑	**amity** [ǽməti]	名 友好，親睦，親善（関係） ≒類 friendship, harmony
2668 ☑	**ally** [ǽlai, əlái]	名 同盟国，味方　自 同盟関係に入る 派 alliance　名 同盟

The manufacturer and its **affiliates** **glutted** the market in such an **indiscriminate** manner that their **subsequent** releases failed to **kindle** any interest from retailers or consumers.

メーカーとその**関連会社**は**見境のない**やり方で市場**に過剰供給し**たので，**その後の**発売では，小売店や消費者のいかなる関心**にも火をつける**ことができなかった。

2669 ☑	**affiliate** [əfíliət, -èit]	名 関連会社，関係団体，加入者
2670 ☑	**glut** [glʌ́t]	他 に過度に供給する，を満腹にさせる　名 過多，満腹 ≒類 saturate　他 を過度に供給する
2671 ☑	**indiscriminate** [ìndiskrímənət]	形 見境のない，無差別の，でたらめな，雑多な ≒類 unselective
2672 ☑	**subsequent** [sʌ́bsəkwənt]	形 その後の，その次の，続いて起こる，結果として起こる ≒類 consequent
2673 ☑	**kindle** [kíndl]	他 に火をつける，を燃えたたせる，（興味）を煽る ≒類 inflame

In the 17th century, architects **ushered** in the Baroque style, a more **flamboyant** and **ornate** style, in the design of **cathedrals**.

17世紀には，建築家は**大聖堂**の設計にバロック様式を**導入した**が，これはより**きらびやか**で**華美な**様式であった。

2674 ☑	**usher** [ʌ́ʃər]	自 案内役を務める　他 を案内する　名 案内人 usher in ～　～を導入する，～の先がけとなる
2675 ☑	**flamboyant** [flæmbɔ́iənt]	形 きらびやかな，燃え立つような
2676 ☑	**ornate** [ɔːrnéit]	名 華美な，飾り立てた
2677 ☑	**cathedral** [kəθíːdrəl]	名 大聖堂

These **hybrid** cars received great **acclaim** for their **intricate** designs, though they **deviated** significantly from what was considered the **archetype** of such machines.

これらの**ハイブリッド**自動車は，その種の車の**原型**とされるものからは著しく**逸脱している**が，その**精緻な**デザインが高い**評価**を得た。

2678 ☑	**hybrid** [háibrid]	形 ハイブリッドの，複合の，混成の
2679 ☑	**acclaim** [əkléim]	名 称賛，喝采　他 を喝采して迎える ≒類 praise, applaud　他 に拍手を送る，を賞賛する
2680 ☑	**intricate** [íntrikət]	形 精緻な，入り組んだ，複雑な，難解な ≒類 complicated
2681 ☑	**deviate** [díːvièit]	自 逸脱する，それる，偏向する ≒類 depart
2682 ☑	**archetype** [ɑ́ːrkitàip]	名 原型，典型 ≒類 prototype

A **devastating cluster** of bombs went off in an **adjacent** building, sending **shreds** of metal about and causing many **casualties**.

破壊的な爆弾の**かたまり**が**隣接した**建物で爆発し，金属の**破片**を撒き散らして多くの**死傷者**を出すことになった。

2683 ☑	**devastating** [dévəstèitiŋ]	形 破壊的な，荒廃させる，圧倒的な	≒類 destructive, ruinous
2684 ☑	**cluster** [klʌ́stər]	名 かたまり，房，群れ	≒類 bunch 名 房
2685 ☑	**adjacent** [ədʒéisnt]	形 隣接した	≒類 adjoining, neighboring
2686 ☑	**shred** [ʃréd]	名 破片，断片，ほんの少し	≒類 fragment
2687 ☑	**casualty** [kǽʒuəlti]	名 死傷者，犠牲者，災害，傷害	≒類 victim, fatality

A special peace **envoy** was brought in to **foster** more **cordial** relations between the countries and reduce the **friction** and **enmity** that had caused so many problems.

国家間のさらなる**友好**関係**を促進し**，多くの問題の原因となっている**摩擦**や**対立**を縮小するために，特別平和**外交使節**が迎えられた。

2688 ☑	**envoy** [énvɔi]	名 外交使節，特命全権公使	
2689 ☑	**foster** [fástər]	他 を促進する	≒類 encourage, promote
2690 ☑	**cordial** [kɔ́:rdʒəl]	形 友好的な，誠心誠意の，心からの	≒類 wholehearted
2691 ☑	**friction** [fríkʃən]	名 摩擦，軋轢，不和	≒類 conflict
2692 ☑	**enmity** [énməti]	名 対立，敵意，憎しみ，反目	≒類 hostility, animosity, hatred

Some financial planners say it's more **pragmatic** to **dump** non-performing funds and **consolidate equities** to maximize **dividends.**

資産運用コンサルタントの中には，**配当**を最大にするために利益の出ていない投資信託**を投げ売りし**て**普通株をまとめる**ことがいっそう**実利的**であると述べる者もいる。

2693 ☑	**pragmatic** [prægmǽtik]	形 実利的な，実用的な，実際的な ≒類 practical
2694 ☑	**dump** [dʌ́mp]	他 を投げ売りする，を投げ捨てる，を放り出す 派 dumping 名 投げ売り，ダンピング
2695 ☑	**consolidate** [kənsάlidèit]	他 をまとめる，を整理統合する，を合併する ≒類 combine, unite, merge
2696 ☑	**equity** [ékwəti]	名 普通株，公平 ≒類 stock, share 名 株
2697 ☑	**dividend** [dívidènd]	名 配当（金），利益還付金

Accountants advise that even those in lower tax **brackets** are wise to **leverage** their assets to avoid **lapses** in earnings during **dormant** times in the economy.

会計士は，税率**区分**が低い人々でも，経済が**停滞している**期間に収益**低下**を回避するために，資産**を活用する**のが賢明であると助言している。

2698 ☑	**accountant** [əkáuntənt]	名 会計士，主計官 ≒類 auditor 名 会計監査人
2699 ☑	**bracket** [brǽkət]	名（同じ所得・年齢などの）階層，区分 ≒類 group, category
2700 ☑	**leverage** [lévəridʒ, lí:v-]	他 を活用する，を利用する 名 てこの作用 ≒類 utilize 他 を活用する，を利用する
2701 ☑	**lapse** [lǽps]	名 低下，減少，過失，経過 ≒類 decline, fall 名 低下，減少
2702 ☑	**dormant** [dɔ́:rmənt]	形 停滞している，睡眠状態の，休止状態にある ≒類 asleep, inactive

The judicious student showed great perseverance as she arduously compiled the diverse materials into one cohesive body of work.

その判断力のある生徒はただならぬ粘り強さを見せ，苦労を重ねて多様な情報を一つの統合性のある作業結果にまとめた。

2703 ☑	**judicious** [dʒuːdíʃəs]	形 判断力のある，思慮分別のある，賢明な ≒類 wise, sensible
2704 ☑	**perseverance** [pə̀ːrsəvíərəns]	名 粘り強さ，忍耐（力），堅忍 ≒類 patience
2705 ☑	**arduously** [áːrdʒuəsli]	副 苦労して，骨を折って 派 arduous 形 困難な，骨の折れる，根気強い
2706 ☑	**compile** [kəmpáil]	他 をまとめる，を編集する，を作り上げる ≒類 assemble
2707 ☑	**diverse** [dəvə́ːrs]	形 多様な，別種の，異なった ≒類 different, varied

Liaisons from the two countries convened for bilateral talks aimed at implementing a new set of measures to mitigate trade disputes.

二カ国の連絡係は，貿易摩擦を緩和する一連の新たな対策の実施を目的とした二国間交渉を召集した。

2708 ☑	**liaison** [liéizn]	名 連絡（係），接触，密通 ≒類 contact
2709 ☑	**convene** [kənvíːn]	他 を召集する，を召喚する ≒類 summon
2710 ☑	**bilateral** [bailǽtərəl]	形 両側の，双務的な 名 二者会談，二者協定
2711 ☑	**implement** 動 [ímpləmènt] 名 [-mənt]	他（約束など）を実施する，を履行する 名 手段，方法 ≒類 execute, enact 他 を実施する
2712 ☑	**mitigate** [mítəgèit]	他 を緩和する，を和らげる，を軽減する ≒類 alleviate, reduce, ease

The artist is something of an enigma, with paintings that display an **idiosyncrasy** that **evokes** the early **surrealists** and a **satirical** take on modern society.

その芸術家は，初期の**超現実主義者を彷彿とさせる**ような**独自の表現方法**と現代社会への**風刺的な**解釈を見せる絵を描く，どこかしら謎めいた人物である。

2713 ☑	**idiosyncrasy** [ìdiəsíŋkrəsi]	名 独自の特異な性質，特異性，特徴 ≒類 peculiarity
2714 ☑	**evoke** [ivóuk]	他 を彷彿とさせる，（感情・記憶など）を呼び起こす ≒類 call up ～
2715 ☑	**surrealist** [sərí:əlist]	名 超現実主義者 派 surrealism 名 シュールレアリスム，超現実主義
2716 ☑	**satirical** [sətírikl]	形 風刺的な，皮肉な ≒類 ironic, ironical, sarcastic

After **deliberating** for hours, the jury was still at a **deadlock** as to whether any **injustice** had been committed and if there were **plausible** grounds to give an **affirmative** answer.

何時間も**熟考した**後でも，何らかの**不当な行為**が行われていたのかどうか，またその問いに**肯定的な**返答をするための**妥当な**根拠があるかどうかについて，陪審員は依然として**行き詰まった状態**にあった。

2717 ☑	**deliberate** 動 [dilíbərèit] 形 [-ət]	自 熟考する 他 を熟考する 形 慎重な，計画的な ≒類 consider 自 熟考する 他 を熟考する
2718 ☑	**deadlock** [dédlɑ̀k]	名 行き詰まり，停滞 自 行き詰まる 他 を行き詰まらせる ≒類 stalemate, impasse, checkmate 名 行き詰まり
2719 ☑	**injustice** [indʒʌ́stis]	名 不当な行為，不法，不正 ≒類 unfairness
2720 ☑	**plausible** [plɔ́:zəbl]	形 妥当な，もっともらしい，まことしやかな ≒類 likely, feasible, presumable
2721 ☑	**affirmative** [əfə́:rmətiv]	形 肯定の，断定的な，積極的な 反 negative 形 否定の，打消しの

A hectic scene occurred after radical activists incited a mob to disrupt the religious holiday procession.

過激な政治活動家たちが，宗教上の休日の行進を混乱に陥れるように暴徒を扇動した後，大騒ぎとなる光景が出現した。

2722 ☑	hectic [héktik]	形 大騒ぎの，てんやわんやの，大変忙しい	≒類 exciting
2723 ☑	incite [insáit]	他 を扇動する，を刺激する，をけしかける	派 incitement 名 刺激，誘因，扇動
2724 ☑	mob [máb]	名 暴徒，群集，大衆	≒類 insurgent, rioter 名 暴徒
2725 ☑	disrupt [disrʌ́pt]	他 を混乱させる，を分裂させる，を妨害する	≒類 disturb, upset, unsettle
2726 ☑	procession [prəséʃən]	名 行進，前進	≒類 parade

Reading his father's obituary distressed the man so much that he began to ponder his own mortality, which sent him down a spiral of depression and into seclusion.

父親の死亡記事を読むことが，非常にその男を苦しめ，彼は自分自身の死すべき運命について思案するようになり，そのために憂うつの悪循環に陥り隠遁してしまった。

2727 ☑	obituary [əbítʃuèri]	名 死亡記事，死亡者略歴	
2728 ☑	distress [distrés]	他 を苦しめる，を悩ます 名 悩み，嘆き，苦痛，災難	≒類 torment, plague 他 を苦しめる，を悩ます
2729 ☑	mortality [mɔːrtǽləti]	名 死すべき運命，死亡数	派 mortal 形 死ぬ運命にある，死を免れない
2730 ☑	spiral [spáiərəl]	名 悪循環，らせん 形 らせん形の	≒類 coil, helix, corkscrew 名 らせん，らせん形のもの
2731 ☑	seclusion [siklúːʒən]	名 隠遁，隔離	≒類 retreat, retirement

Many people think it's not **ethical** to make a **cloned** baby by **implanting** a cloned **embryo** into a woman's **womb**.

多くの人々が，女性の**子宮**にクローン**胚を移植してクローンの**赤ん坊を作ることは**倫理的で**ないと考えている。

2732 ☑	**ethical** [éθikl]	形 倫理的な，道徳上の ≒類 moral
2733 ☑	**cloned** [klóund]	形 クローンの
2734 ☑	**implant** [implǽnt]	他 を移植する，をはめ込む，を吹き込む ≒類 transplant 他 を移植する
2735 ☑	**embryo** [émbriòu]	名 胚，胎児，未発達のもの，萌芽 派 embryonic 形 胚の，胎児の，初期の
2736 ☑	**womb** [wúːm]	名 子宮 ≒類 uterus

The **poultry** was deemed harmful because **residue** from the groundwater near the farm was found to be **laced** with **mercury**, **sulfur**, and other harmful materials.

その**鶏肉**は，農場付近の地下水に含まれる**残留物**に，**水銀**，**硫黄**，またその他の有害物質が**混ざって**いるとわかったため有害であると判断された。

2737 ☑	**poultry** [póultri]	名 鶏肉，家禽の肉，家禽 ≒類 chicken, fowl 名 鶏肉
2738 ☑	**residue** [rézid(j)ùː]	名 残留物，残余，剰余 ≒類 remainder, rest
2739 ☑	**lace** [léis]	他 を混ぜる，をひもで縛る 名 ひも ≒類 mix 他 を混ぜる
2740 ☑	**mercury** [mə́ːrkjəri]	名 水銀，温度計 ≒類 quicksilver 名 水銀
2741 ☑	**sulfur** [sʌ́lfər]	名 硫黄

Sitting **precariously** on its **perch**, the bird made an **aerial** assault when it saw the **mole** and picked it up in its claws like a **crane**.

その鳥は**止まり木**に**不安定に**とまっていたが，**モグラ**を見かけると**空中**攻撃を仕掛け，**クレーン**のようにその鉤爪でモグラをつかみあげた。

2742 ☑	**precariously** [prikéəriəsli]	副 不安定に，危険なほどに	≒類 **unsteadily** 副 不安定に
2743 ☑	**perch** [pə́:rtʃ]	名 止まり木	≒類 **roost**
2744 ☑	**aerial** [éəriəl]	形 空中の，空気の，空中の，空中にそびえる	
2745 ☑	**mole** [móul]	名 モグラ，黙々と働く人	
2746 ☑	**crane** [kréin]	名 クレーン，起重機，鶴	

The **astronauts** were already **aloft** when they detected the **divergent** pattern of their flight, but had no time to **rectify** it and became **frantic** with worry.

宇宙飛行士たちは，自分たちの**規準から外れた**飛行パターンに気づいた時にはすでに**上空に**いたが，それ**を修正する**時間がなく，不安で**半狂乱に**なった。

2747 ☑	**astronaut** [ǽstrənɔ̀:t]	名 宇宙飛行士	≒類 **cosmonaut**
2748 ☑	**aloft** [əlɔ́ft]	副 上空に，上に，高く，空中に	≒類 **upwards**
2749 ☑	**divergent** [dəvə́:rdʒənt]	形 規準から外れた，分岐する，互いに異なる	反 **convergent** 形 一転に集まる，収斂した
2750 ☑	**rectify** [réktəfài]	他 を修正する，を直す	≒類 **correct, amend, remedy, repair**
2751 ☑	**frantic** [frǽntik]	形 半狂乱の，死に物狂いの	≒類 **panic-stricken**

Census figures show that racial antagonism still looms in many cities, and studies implicate politicians' disregard for the problem as one cause.

人口調査の数字を見ると，依然として多くの都市で人種的対立が影を落としていることがわかり，研究はその一つの原因として政治家らのこの問題への軽視を暗に示している。

2752 ☑	**census** [sénsəs]	名 人口調査，国勢調査	
2753 ☑	**antagonism** [æntǽgənìzm]	名 対立，敵対関係，反目	≒類 opposition, animosity
2754 ☑	**loom** [lú:m]	自 影を落とす，ぼんやりと現れる	
2755 ☑	**implicate** [ímplikèit]	他 を暗に示す，を含意する，を巻き込む	≒類 imply 他 を暗に示す
2756 ☑	**disregard** [dìsrigá:rd]	名 軽視，無視，無関心	≒類 neglect, inattention

In the scorching desert heat, the thirsty hikers were lured to a blurry haze that they thought was a lake but turned out to be a mirage.

焼けつくような砂漠の熱気の中で，喉が渇いたハイカーたちはかすんだもやに引き寄せられたが，それは彼らが湖だと考えたものの，結局は蜃気楼であることがわかった。

2757 ☑	**scorching** [skɔ́:rtʃiŋ]	形 焼けつくような，やる気満々の，扇情的な	≒類 blazing, flaming 形 焼けつくような
2758 ☑	**lure** [l(j)úər]	他 を引き寄せる，を誘惑する，をおびき寄せる	≒類 tempt, entice, attract, induce
2759 ☑	**blurry** [blə́:ri]	形 かすんだ，ぼんやりした，汚れた	派 blur 名 しみ，汚点 他 をぼやけさせる，を汚す
2760 ☑	**haze** [héiz]	名 もや，かすみ	≒類 mist, fog
2761 ☑	**mirage** [mərá:ʒ]	名 蜃気楼，妄想	≒類 hallucination 名 幻覚，妄想

An accident shattered her **spine**, giving her a nervous **affliction** that left her **illiterate** and **impeded** her further growth.

彼女は事故で**背骨**を損傷し，神経性の**病気**になったので，**読み書きができない**ままとなりそれ以上の成長**を妨げられ**た。

2762 ☑	**spine** [spáin]	名 背骨，脊椎，針，とげ 与類 backbone 名 背骨，脊椎
2763 ☑	**affliction** [əflíkʃən]	名 病気，苦悩，苦痛，悲嘆 与類 suffering, distress, pain 名 苦痛，苦悩
2764 ☑	**illiterate** [ilítərət]	形 読み書きのできない，文盲の，無教養の 反 literate 形 読み書きのできる，教養のある
2765 ☑	**impede** [impíːd]	他 を妨げる，を遅らせる，の邪魔をする 与類 hinder, obstruct, hamper

Fans were **elated** that the **prolific** musician performed for seven **consecutive** nights, **cramming** dozens of new songs into the shows and **prefacing** each of them with stories about their creation.

その**多作の**音楽家が７夜**連続で**演奏をし，ショーに多くの新曲**を詰め込んだ**上，それぞれの作曲に関する話でショー**を始めた**ので，ファンは**高揚した**。

2766 ☑	**elate** [iléit]	他 を高揚させる，を得意がらせる 派 elation 名 意気揚々
2767 ☑	**prolific** [prəlífik]	形 多作の，豊富な，子をたくさん産む 与類 plentiful, abundant 形 豊富な
2768 ☑	**consecutive** [kənsékjətiv]	形 連続した 与類 successive, succeeding
2769 ☑	**cram** [kræm]	他 を詰め込む 与類 fill, pack
2770 ☑	**preface** [préfəs]	他 を始める，の前に置く 名 序文，前置き 与類 begin, open, start 他 を始める

The strait flows somewhat like an irregular crescent, with the convex part flowing just under the brink of the plateau.

海峡の流れはどこかいびつな三日月形で，凸状の部分はちょうど海台の縁の下を流れている。

2771 ☑	**strait** [stréit]	名 海峡，窮境，難局 ≒類 channel 名 海峡
2772 ☑	**irregular** [irégjələr]	形 いびつな，不規則な，規則にそぐわない ≒類 asymmetrical, rough
2773 ☑	**crescent** [krésnt]	名 三日月（形のもの）
2774 ☑	**brink** [bríŋk]	名（崖などの）縁，水際，頂 ≒類 edge, verge, margin
2775 ☑	**plateau** [plætóu]	名 海台，高原，大地

Though she has some notoriety for being an extrovert who talks incessantly, she clammed up when someone brought up the touchy subject of her failed marriage.

彼女にはひっきりなしにしゃべる外向型の人だというちょっとした悪評があるが，自身の失敗した結婚という微妙な話題を誰かが持ち出した時には黙り込んでしまった。

2776 ☑	**notoriety** [nòutəráiəti]	名 悪評，悪名 ≒類 infamy
2777 ☑	**extrovert** [ékstrəvə̀:rt, -trou-]	名 外向型の人 反 introvert 名 内向型の人
2778 ☑	**incessantly** [insésntli]	副 ひっきりなしに，絶え間なく ≒類 constantly, continually, interminably
2779 ☑	**clam** [klǽm]	自 貝を採る clam up 黙り込む
2780 ☑	**touchy** [tʌ́tʃi]	形 微妙な，扱いに慎重を要する，きわどい ≒類 sensitive

Patients with **neurosis** suffer from **recurrent** feelings of **compulsion**, and are often **obsessed** with some sort of **phobia**.

神経症の患者は，**頻発する強迫**感に苛まれ，ある種の**恐怖症に悩まされる**ことが多い。

2781 ☑	**neurosis** [n(j)uəróusis]	名 神経症，ノイローゼ 派 neurotic 形 神経症の，ノイローゼの
2782 ☑	**recurrent** [rikə́:rənt]	形 頻発する，繰り返される，再発する ≒類 repeated, recurring, repetitive
2783 ☑	**compulsion** [kəmpʌ́lʃən]	名 強迫，強制，衝動 ≒類 obligation 名 強制
2784 ☑	**obsess** [əbsés]	他 に取り付く，を悩ます ≒類 preoccupy
2785 ☑	**phobia** [fóubiə]	名 恐怖症，病的恐怖 ≒類 dread, horror

Though hillside residents were warned of the **impending avalanche**, the general **apathy** meant that few **heeded** the warnings about the **catastrophe**.

丘の中腹に住む住人は**差し迫ったなだれ**の警告を受けたが，おしなべて皆が**無関心**なのは，すなわち**大災害**に関する警告**に注意を払う**人がほとんどいないということだった。

2786 ☑	**impending** [impéndiŋ]	形 差し迫った，切迫した ≒類 imminent, approaching
2787 ☑	**avalanche** [ǽvəlæ̀ntʃ]	名 なだれ，殺到 ≒類 icefall 名 なだれ
2788 ☑	**apathy** [ǽpəθi]	名 無関心，無感動，冷淡 ≒類 indifference
2789 ☑	**heed** [hí:d]	他 に注意を払う，を心に留める 名 注意，用心，留意 ≒類 notice 名 注意，観察
2790 ☑	**catastrophe** [kətǽstrəfi]	名 大災害，破局，大失敗 ≒類 disaster, calamity 名 大災害

Subtract the amount of your discount and remit payment for the invoice to our personnel department.

ご自身の割引額を差し引き，当人事部宛に請求書の支払い額を送付してください。

2791 ☑	**subtract** [səbtrǽkt]	他 を差し引く，を控除する　自 引き算をする ≒類 deduct　他 を控除する
2792 ☑	**discount** 名 [dískaunt]　動 [ˊ−, −ˊ]	名 割引，減価　他 を割引する　自 割引する ≒類 deduction　名 減価
2793 ☑	**remit** [rimít]	他（金銭）を送る，を差し戻す，（罪など）を許す ≒類 send, dispatch　他 を送る
2794 ☑	**invoice** [ínvɔis]	名 請求書，送り状，納品書
2795 ☑	**personnel** [pə̀ːrsənél]	名 人事部，人員，全職員

In the postscript of his letter, the president said it would be irresponsible to submit bankruptcy papers or liquidate the firm's assets while the result of the investigation was still pending.

書状の追記で，社長は調査結果がまだ未定の状態で破産関係の書類を提出することや会社の資産を精算することは無責任になるだろうと述べた。

2796 ☑	**postscript** [póustskrìpt]	名 追記，追伸，後記，補遺 ≒類 supplement　名 補遺
2797 ☑	**irresponsible** [ìrispɑ́nsəbl]	形 無責任な，責任感のない，責任能力のない 反 responsible　形 責任のある
2798 ☑	**submit** [səbmít]	他 を提出する，を服従させる，を意見として述べる 派 submission　名 提出，服従
2799 ☑	**liquidate** [líkwidèit]	他 を清算する，を弁済する，を廃止する，を現金化する 派 liquidation　名（会社の）精算，（負債の）弁済
2800 ☑	**pending** [péndiŋ]	形 未定の，未解決の ≒類 unresolved, undecided

In evaluating the team's conclusions, it is dubious as to whether their equivocal findings can be considered legitimate and authentic.

そのチームの結論を評価する場合，彼らの不確かな結果が妥当であり信頼できるものであると考えられうるかどうかについては疑わしい。

2801 ☑	**evaluate** [ivǽljuèit]	他 を評価する，を値踏みする ≒類 assess, estimate
2802 ☑	**dubious** [d(j)úːbiəs]	形 疑わしい，半信半疑の，信頼できない ≒類 doubtful, uncertain, unsure
2803 ☑	**equivocal** [ikwívəkl]	形 不確かな，両義にとれる，多義的な ≒類 ambiguous, indefinite, vague
2804 ☑	**legitimate** [lidʒítəmət]	形 妥当な，正当な，合法の ≒類 lawful, valid
2805 ☑	**authentic** [ɔːθéntik]	形 信頼できる，確実な，典拠のある ≒類 reliable, dependable, trustworthy, authoritative

The priest gave a benign smile that consoled the victims during their strife and bestowed upon them a placating sense of warmth.

司祭は慈悲深い微笑みを投げかけ，それが紛争中に被害者を慰め，彼らに温情という気持ちをなだめる感覚を与えた。

2806 ☑	**benign** [bənáin]	形 慈悲深い，優しい，吉運の，良好な 反 malign 形 有害な，悪意のある
2807 ☑	**console** [kənsóul]	他 を慰める，を慰問する ≒類 comfort, solace
2808 ☑	**strife** [stráif]	名 紛争，争い，敵対，競争 ≒類 contest 名 競争
2809 ☑	**bestow** [bistóu]	他 を与える，を授ける，を贈与する ≒類 grant, accord
2810 ☑	**placate** [pléikeit, plǽ-]	他 をなだめる，を慰める ≒類 pacify, calm, appease

The **meteorologist** showed a **lateral** view of a section she had **circumscribed** along the **longitude** West 5 degree area for analysis.

気象学者は，分析のために西**経**5度の地域に沿って**境界線を描いていた**区分の**側面**図を示した。

2811 ☑	**meteorologist** [mì:tiərάlədʒist]	名 気象学者 派 **meteorology** 名 気象学，気象
2812 ☑	**lateral** [lǽtərəl]	形 側面の，横からの ≒類 **sideways, edgewise**
2813 ☑	**circumscribe** [sə́:rkəmskràib]	他 の周りに境界線を描く，の限界を定める
2814 ☑	**longitude** [lάndʒət(j)ù:d, lɔ́:n-]	名 経度，経線 **latitude** 名 緯度

The **brochures** invited customers to **subscribe** to a **brand-new encyclopedia** that offered a **definitive** chronicle of world history.

その**小冊子**は，世界史の**決定的な**年代記を提供する，**最新の百科事典**を**定期購読する**よう顧客を促した。

2815 ☑	**brochure** [brouʃúər]	名 小冊子，パンフレット ≒類 **booklet, catalogue**
2816 ☑	**subscribe** [səbskráib]	自 定期購読する，応募する，予約する 派 **subscription** 名 購読
2817 ☑	**brand-new** [brǽndn(j)ú:]	形 最新の，新品の，製作したばかりの ≒類 **new, contemporary**
2818 ☑	**encyclopedia** [ensàiklәpí:diә]	名 百科事典，専門辞典
2819 ☑	**definitive** [difínətiv]	形 決定的な，最終的な，完成した ≒類 **final**

The audience groaned as the speaker muttered his mundane speech in a monotonous tone that was devoid of any levity.

話し手が陽気さの少しもない単調な口調で面白みのない話をつぶやくと，聴衆は不満を口にした。

2820 ☑	**groan** [gróun]	自 不満を口にする，ブーブー言う，うめく 名 うなり声
2821 ☑	**mutter** [mʌ́tər]	自 つぶやく，ぶつぶつ不平を鳴らす ≒類 **murmur, mumble**
2822 ☑	**mundane** [mʌndéin, ´–]	形 面白みのない，日常の，ありふれた ≒類 **dull, boring** 形 面白みのない
2823 ☑	**monotonous** [mənɑ́tənəs]	形 単調な，変化のない ≒類 **tedious, boring, unchanging**
2824 ☑	**levity** [lévəti]	名 陽気さ，軽率，一貫性の欠如

Mineralogy experts scrutinized the gems and appraised them at thousands of dollars each, though they found some cosmetic flaws on one that reduced its value.

鉱物学の専門家らがその宝石を綿密に調べ，そのうち一つには価値を減じる表面の傷をいくつか見つけたものの，それぞれを鑑定して数千ドルの値をつけた。

2825 ☑	**mineralogy** [mìnərɑ́lədʒi, -rǽl-]	名 鉱物学 派 **mineral** 名 鉱物，ミネラル
2826 ☑	**scrutinize** [skrú:tənàiz]	他 を綿密に調べる，を吟味する ≒類 **examine, inspect, survey**
2827 ☑	**gem** [dʒém]	名 宝石，至宝 ≒類 **jewel**
2828 ☑	**appraise** [əpréiz]	他 を鑑定する，を値踏みする，を見積もる ≒類 **assess, evaluate, judge**
2829 ☑	**cosmetic** [kɑzmétik]	形 表面の，見かけ上の，化粧用の ≒類 **superficial, surface**

The peace process had come to a **grinding halt** and was thought to be **obsolete**, but the formation of the **coalition** gave it new **impetus**.

和平の交渉過程は**強引な停止**となり，**過去のもの**と考えられたが，**連立**の樹立がそれに新たな**原動力**を与えた。

2830 ☐	**grinding** [gráindiŋ]	形 強引な，きしるような音を出す	come to a grinding halt　強引に停止する
2831 ☐	**halt** [hɔ́:lt, hɑ́:lt]	名 停止，休止	類 stop, standstill
2832 ☐	**obsolete** [ɑ̀bsəlí:t, ⌐−−⌐]	形 過去の，すたれた，時代遅れの	類 outdated, old-fashioned
2833 ☐	**coalition** [kòuəlíʃən]	名 連立，連携，一体化，合同	類 alliance, union, partnership
2834 ☐	**impetus** [ímpətəs]	名 原動力，刺激，勢い	類 momentum, propulsion　名 原動力，勢い

The consumer products firm held an event to **commemorate** the **advent** of its popular brand of **detergent** and **memorialize** its founder and **mentor**, Dr. Phillips.

その消費者製品会社は，同社の**洗剤**の人気ブランド**登場を祝い**，創業者であり**よき指導者**でもあったフィリップ博士**を記念する**行事を開催した。

2835 ☐	**commemorate** [kəmémərèit]	他 を記念する，を祝う	類 memorialize
2836 ☐	**advent** [ǽdvent]	名 登場，出現，到来	類 arrival, appearance, emergence
2837 ☐	**detergent** [ditə́:rdʒənt]	名 洗剤，洗浄剤	類 cleaner, cleanser
2838 ☐	**memorialize** [məmɔ́:riəlàiz]	他 を記念する	類 commemorate
2839 ☐	**mentor** [méntɔ:r, -tər]	名 よき指導者，教育役，恩師	類 adviser, guide, counselor

With just a **cursory** look at the story, one cannot **deduce** that its allegory **alludes** to the **strenuous** training that a monk goes through.

大雑把にその話を考えてみるだけでは，そのたとえ話が僧侶が経験する**激しい**訓練を**ほのめかしていると推測する**ことはできない。

2840 ☑	**cursory** [kə́ːrsəri]	形 大雑把な，ぞんざいな，急ぎの	≒類 casual
2841 ☑	**deduce** [did(j)úːs]	他 と推論する	≒類 infer
2842 ☑	**allude** [əlúːd]	自 ほのめかす，それとなく言う	≒類 imply, suggest, hint
2843 ☑	**strenuous** [strénjuəs]	形 激しい，精力的な，熱心な，激しい	≒類 vigorous, energetic

Students may write a full **thesis** that follows the **guidelines postulated** in the syllabus, or an **abbreviated** one that gives the **gist** of the argument along with a visual presentation.

学生たちは講義計画で**想定されている指導方針**に沿った詳細な**論文**か，あるいは図などによる説明を加えた論拠の**要点**を記す**概略**論文を書くことができる。

2844 ☑	**thesis** [θíːsis]	名 論文，論旨，論点	≒類 dissertation, essay, paper 名 論文
2845 ☑	**guideline** [gáidlàin]	名 指針，ガイドライン	≒類 instruction, direction
2846 ☑	**postulate** [pástʃəlèit]	他 を想定する，を仮定する，を前提とする	≒類 assume, suppose, hypothesize
2847 ☑	**abbreviate** [əbríːvièit]	他 を概略する，を要約する，を省略する	≒類 shorten, summarize
2848 ☑	**gist** [dʒíst]	名 要点，骨子	≒類 essence, substance

The boys felt a **whirl** of excitement riding their **sled** down the **rugged** mountain until their string got **tangled** and they crashed into a **cactus** patch.

男の子たちは興奮の**渦**を感じ，**そり**に乗って**でこぼこの**山を下り，ついにはひもが**からまってサボテン**畑に突っ込んだ。

2849 ☑	**whirl** [wə́:rl]	名 渦巻き，回転　他 を旋回させる　自 旋回する ≒類 rotate, circle, wheel, turn　他 を回転させる，を回す
2850 ☑	**sled** [sléd]	名 そり ≒類 sleigh, sledge
2851 ☑	**rugged** [rʌ́gid]	形 でこぼこの，（顔つきが）いかつい，粗野な ≒類 rough, uneven　形 でこぼこの
2852 ☑	**tangle** [tǽŋgl]	他 をからませる，をもつれさせる ≒類 entangle
2853 ☑	**cactus** [kǽktəs]	名 サボテン

When their raft **tilted**, I realized that it had been **poked** by a sharp **protruding** rock and they were on the **verge** of **submerging** into the lake.

彼らのいかだが**傾いた**時，私はそれが鋭く**突き出ている**岩に**突かれて**おり，彼らが湖へと**沈む寸前**であることがわかった。

2854 ☑	**tilt** [tílt]	自 傾く　他 を傾ける，を突き出す　名 傾き，試合，論争 ≒類 slope, lean　自 傾斜する
2855 ☑	**poke** [póuk]	他 をつつく，を突っ込む，を突き出す ≒類 stab, stick
2856 ☑	**protrude** [prətrú:d, prou-]	自 突き出る，はみ出る　他 を突き出す ≒類 project
2857 ☑	**verge** [və́:rdʒ]	名 寸前，瀬戸際，間際 on the verge of ～　～の寸前で
2858 ☑	**submerge** [səbmə́:rdʒ]	自 水中に沈む，潜水する ≒類 sink

The **dismal** performance of the **beverage** sector and the **gloomy** outlook for the future have undermined the company's plans to **saturate** the market with new products.

飲料部門の**惨たんたる**実績および将来への**悲観的**展望が，新製品で市場**を満たそう**という会社の計画をじわじわと根底から揺るがしてきている。

2859 ☑	**dismal** [dízml]	形 惨たんたる，ひどい，陰うつな，みじめな	類 miserable
2860 ☑	**beverage** [bévəridʒ]	名 飲料，飲み物	類 drink
2861 ☑	**gloomy** [glúːmi]	形 悲観的な，希望のない，暗い，陰うつな	類 dismal
2862 ☑	**saturate** [sǽtʃərèit]	他 を満たす，をいっぱいにする，を浸す	類 fill 他 を満たす，をいっぱいにする

While the need to **abide** by rules **underpins** any society, its members cannot be **outright submissive** to authority, or else they may be **manipulated** for unfavorable means.

規則に**従う**必要性があらゆる社会**を支えている**ものの，社会に属する人々は権力に**完全に服従する**というわけにはいかない。さもないと，好ましくない手段のために**操られる**可能性がある。

2863 ☑	**abide** [əbáid]	自（規則などを）忠実に守る，固守する	abide by ～　～を忠実に守る，～を固守する
2864 ☑	**underpin** [ʌ̀ndərpín]	他 を支える，を補強する	類 support
2865 ☑	**outright** [áutráit]	副 完全に，徹底的に，まったく，公然と	類 completely, entirely, wholly, fully, totally
2866 ☑	**submissive** [səbmísiv]	形 服従する，従順な	類 compliant, yielding
2867 ☑	**manipulate** [mənípjəlèit]	他 を操る，を操縦する	類 operate

Her **eloquent** and **succinct** way of speaking **attests** to the **enlightened** environment in which she was **nurtured.**

彼女の**雄弁**かつ**簡潔な**話し方は，彼女が**育てられた**のが**啓発された**環境であったことを**証明している**。

2868 ☑	**eloquent** [éləkwənt]	形 雄弁な，人を動かす力のある，感銘を与える 派 eloquence 名 雄弁
2869 ☑	**succinct** [səksíŋkt]	形 簡潔な，簡明な ≒類 concise, brief
2870 ☑	**attest** [ətést]	自 証明する 他 を証明する ≒類 prove, demonstrate 他 を証明する
2871 ☑	**enlighten** [enláitn]	他 を啓発する，を教化する ≒類 illuminate
2872 ☑	**nurture** [nə́ːrtʃər]	他 を養育する，を育てる，を養成する ≒類 bring up ～, tend, raise

I can't decide which was more **pathetic**, the fact that children were **languishing** in such **deteriorating** conditions, or the **deplorable ambivalence** of society to their plight.

私にはどちらがいっそう**痛ましい**ことだったのかわからない。子どもたちがそのような**荒廃しつつある**状況で**元気をなくして**いたという事実なのか，あるいは彼らの苦境に対する社会の**嘆かわしい矛盾した態度**なのか。

2873 ☑	**pathetic** [pəθétik]	形 痛ましい，哀れな ≒類 pitiful
2874 ☑	**languish** [lǽŋgwiʃ]	自 元気がなくなる，活気がなくなる 派 languid 形 元気のない，無気力な
2875 ☑	**deteriorate** [ditíəriərèit]	自 荒廃する，悪化する，衰退する 反 ameliorate 自 向上する
2876 ☑	**deplorable** [diplɔ́ːrəbl]	形 嘆かわしい，哀れな ≒類 lamentable, grievous
2877 ☑	**ambivalence** [æmbívələns]	名 矛盾した態度，相反する感情，迷い ≒類 dilemma

The protagonist of the **epic** felt an **illusory conceit** of **divine** power that led him to attempt superhuman **feats**.

その**叙事詩**の主人公は，**神通**力という**実体のない自負心**を感じ取り，それが彼に超人的な**偉業**を試みさせた。

2878 ☑	**epic** [épik]	名 叙事詩，大作
2879 ☑	**illusory** [ilú:səri]	形 実体のない，架空の ≒類 imaginary
2880 ☑	**conceit** [kənsí:t]	名 自負心，うぬぼれ，独断，思いつき 反 humility 名 謙遜
2881 ☑	**divine** [diváin]	形 神の，神聖な，神々しい ≒類 holy
2882 ☑	**feat** [fí:t]	名 偉業，注目すべき行い，手柄 ≒類 achievement, accomplishment

More **centrist** members of his party **admonished** the president for not recognizing the **humane** treatment of prisoners as a **cardinal statute** of the Geneva Convention.

大統領の党派でかなり**中道的な**党員たちは，ジュネーブ条約の**基本規定**としての囚人の**人道的な**処遇を認めていないことに対して大統領**に警告した**。

2883 ☑	**centrist** [séntrist]	形 中道的な，中道主義者の 名 中道派
2884 ☑	**admonish** [ədmániʃ, æd-]	他 に警告する，に勧告する，を訓戒する ≒類 warn, caution 他 に警告する
2885 ☑	**humane** [hju:méin]	形 人道的な，人情のある，慈悲深い ≒類 humanitarian 形 人道的な
2886 ☑	**cardinal** [ká:rdnl]	形 基本的な，主要の ≒類 main
2887 ☑	**statute** [stǽtʃu:t]	名 規定，制定法，法令 ≒類 law, regulation, enactment

Speaking candidly in his austere office, the deputy president of the republic conceded that regaining the people's trust would be a formidable task.

自分の質素な事務所で率直に語りながら，その共和国副大統領は，国民の信頼を取り戻すのは手ごわい仕事になるだろうと認めた。

2888 ☐	candidly [kǽndidli]	副 率直に
		≒類 frankly
2889 ☐	austere [ɔːstíər]	形 質素な，簡素な
		≒類 humble, simple, modest
2890 ☐	deputy [dépjəti]	形 副の，代理の 名 代理人，副官
		≒類 agent 名 代理人
2891 ☐	concede [kənsíːd]	他 を認める，を容認する，(権利など) を与える
		≒類 admit, acknowledge 他 を認める
2892 ☐	formidable [fɔ́ːrmidəbl]	形 手ごわい，恐るべき，素晴らしい
		≒類 tough 形 手ごわい

Humans acquire through heredity an innate immunity that gives us a hardy defense against germs and diseases.

ヒトは，細菌や病気に対する強い防御を与えてくれる先天的免疫を，遺伝を通して手に入れる。

2893 ☐	heredity [hərédəti]	名 遺伝，世襲，伝統
		≒類 inheritance 名 遺伝
2894 ☐	innate [inéit]	形 先天的な，生来の，内在的な，本質的な
		反 acquired 形 後天的な
2895 ☐	hardy [háːrdi]	形 強い，屈強な，頑丈な
		≒類 strong
2896 ☐	germ [dʒə́ːrm]	名 細菌，病原菌
		≒類 microbe, bacteria

The temple provided a **phonetic** guide for the **recitation** of **chants** so visitors could **enhance** their experience with a **tranquil** meditation session.

その寺は，**詠唱**の**朗読**用の**音声**案内を備えているので，拝観者は**落ち着いた**瞑想の会に参加して経験**を深める**ことができる。

2897 ☑	**phonetic** [fənétik]	形 音声上の，音声学の 派 phonetics　名 音声学
2898 ☑	**recitation** [rèsitéiʃən]	名 朗読，詳説，朗誦，朗読会 ≒類 recital
2899 ☑	**chant** [tʃǽnt]	名 詠唱，歌，単調な話し方
2900 ☑	**enhance** [enhǽns]	他 を深める，を高める，を増す ≒類 increase
2901 ☑	**tranquil** [trǽnŋkwil, -kwəl]	形 落ち着いた，穏やかな，平穏な，静かな ≒類 peaceful, calm, still, quiet, undisturbed

A **courier** was **paged** to **discreetly** remove the man who had become a **nuisance** to the meeting by **clapping** his hands loudly.

騒々しく手**を叩いて**会議の**迷惑**になっていた男を**注意深く**連れ出すために，**世話人**が**呼び出され**た。

2902 ☑	**courier** [kúriər]	名 世話人，添乗員，急使，特使 ≒類 caretaker, facilitator　名 世話人
2903 ☑	**page** [péidʒ]	他 の呼び出しをする ≒類 call, summon
2904 ☑	**discreetly** [diskrí:tli]	副 注意深く，慎重に ≒類 carefully, cautiously
2905 ☑	**nuisance** [n(j)ú:səns]	名 迷惑になること，迷惑な人［行為］ ≒類 disturbance, inconvenience　名 迷惑
2906 ☑	**clap** [klǽp]	他（手）を叩く，に拍手する ≒類 applaud

The **ascendancy** of the radical party showed the **latent** mistrust of the people, as well as how **impotent** the rulers had become since they so quickly fell into **oblivion**.

その急進的な政党の**優勢**を見ると，統治者たちがあまりにあっけなく**忘却**のかなたに沈んだので，彼らがいかに**無能**となっていたかだけでなく，世間の**潜在的な**不信も明らかになった。

2907 ☑	**ascendancy** [əséndənsi]	名 優勢，支配的立場 ≒類 dominance
2908 ☑	**latent** [léitənt]	形 潜在的な，隠れている ≒類 underlying
2909 ☑	**impotent** [ímpətənt]	形 力のない，無力な，無能な ≒類 powerless, helpless
2910 ☑	**oblivion** [əblíviən]	名 忘れること，忘却，健忘，意識しないこと

The words she used in her surprisingly **didactic** speech **invoked** a **connotation** that **delineated** the problems she perceived and **ascribed** the blame for them to the proper targets.

驚くほど**説教的な**話で彼女が口にした言葉は，**言外の意味を思い起こさせた**が，それは彼女が認識した問題**を言葉で描写し**，その責任をしかるべき対象者**に帰した**ものだった。

2911 ☑	**didactic** [daidǽktik]	形 説教的な，教訓的な ≒類 instructive
2912 ☑	**invoke** [invóuk]	他 を思い起こさせる，を引き合いに出す
2913 ☑	**connotation** [kɑ̀nətéiʃən]	名 言外の意味，含蓄 ≒類 implication
2914 ☑	**delineate** [dilínièit]	他 を言葉で描写する，の輪郭を描く ≒類 describe 他 を描写する
2915 ☑	**ascribe** [əskráib]	他 に帰する，のせいにする ≒類 attribute

The wrestler gave the **requisite** bows in **deference** to his more **adept adversary**, who was **reputed** to be the best fighter in his category.

レスラーは，自分よりも**熟練した**，そのクラスで最高の闘士と**評されて**いる**対戦相手**に**敬意**を表し，**必要な**会釈を送った。

2916 ☑	**requisite** [rékwəzit]	形 必要な，必須の	≒類 essential, indispensable, necessary
2917 ☑	**deference** [défərəns]	名 敬意，尊敬	≒類 respect
2918 ☑	**adept** [ədépt]	形 熟練した，熟達した，精通した	≒類 skilled, proficient
2919 ☑	**adversary** [ǽdvərsèri]	名 対戦相手，反対者，敵対者	≒類 opponent
2920 ☑	**repute** [ripjú:t]	他（受け身で）（～と）評される，みなされる　名 評判	

She showed her **disdain** for medical **practitioners** who **arbitrarily** write **prescriptions**, saying they should be **banished** from the health care profession.

彼女は**独断的に処方箋**を書く**開業**医たちに対して，医療職から**追放される**べきだと述べて**軽蔑**をあらわにした。

2921 ☑	**disdain** [disdéin, diz-]	名 軽蔑，侮辱	≒類 scorn, contempt
2922 ☑	**practitioner** [præktíʃənər]	名 開業者	medical practitioner　開業医
2923 ☑	**arbitrarily** [à:rbətrérəli]	副 独断的に，勝手に，任意に	派 arbitrary　形 独断的な，任意の
2924 ☑	**prescription** [priskrípʃən]	名 処方箋，規定，規範	派 prescribe　他 を処方する
2925 ☑	**banish** [bǽniʃ]	他 を追放する，を追い払う，を払いのける	≒類 eject, dismiss, expel, oust

The defendant's attorney wanted to allow his witness to **refute** the claims and clarify his remarks, but the judge **presiding** over the case **precluded** the witness from **testifying**.

被告人の弁護士はその証人に，主張**を論破し**自分の意見を明らかにする許可を与えたいと考えたが，この裁判を**取り仕切る**裁判官は，その証人が**証言する**こと**を妨げた**。

2926 ☑	**refute** [rifjú:t]	他 を論破する，を否定する ≒類 disprove, rebut
2927 ☑	**preside** [prizáid]	自 取り仕切る，議長を務める，統轄する
2928 ☑	**preclude** [priklú:d]	他 を妨げる，を不可能にする ≒類 prevent
2929 ☑	**testify** [téstəfài]	自 証言する，保証する　他 を証言する，を公言する

Though she yearned to **embrace** that **elusive** freedom, the **constraints** of farm work doomed her to a life that was **placid** yet uninspiring.

彼女は，そうした**とらえどころのない**自由**をつかむ**ことを切に願ったが，農場の仕事の**束縛**は，**穏やか**ではあるが退屈な生活を送るよう彼女に運命づけてしまった。

2930 ☑	**embrace** [embréis]	他 をとらえる，を受け入れる，を採用する
2931 ☑	**elusive** [ilú:siv]	形 とらえどころのない，手に入れにくい ≒類 intangible, slippery
2932 ☑	**constraint** [kənstréint]	名 束縛，強制，圧迫 ≒類 restraint
2933 ☑	**placid** [plǽsid]	形 穏やかな ≒類 calm, tranquil

Ample time was allotted on the **itinerary** to visit a video **arcade** and sample the software company's **patented** new **virtual** reality games.

旅程には，ゲームセンターを訪れ，そのソフトウェア会社が特許を取った新しい仮想現実ゲームを体験するのに十分な時間が割り振られていた。

2934 ☑	**itinerary** [aitínərèri, itín-]	名 旅程，旅行記，旅行案内書
2935 ☑	**arcade** [ɑːrkéid]	名 ゲームセンター
2936 ☑	**patent** [pǽtnt]	他 の特許をとる　名 特許
2937 ☑	**virtual** [vә́ːrtʃuәl]	形 仮想の，事実上の，バーチャルな

After **inflating** the raft, I recommend you **profusely** apply **glue** to the two **elastic** pieces over the holes or the air pressure will quickly **diminish**.

ゴムボートを膨らませた後，２枚の伸縮素材片に接着剤をたっぷりと塗って，空いている穴にかぶせることをお薦めします。さもないと，空気圧があっという間に下がってしまうでしょう。

2938 ☑	**inflate** [infléit]	他 を膨らませる，を得意がらせる 派 **inflation**　名 膨らませること，インフレーション
2939 ☑	**profusely** [prəfjúːsli]	副 たっぷりと，豊富に 派 **profuse**　形 豊富な
2940 ☑	**glue** [glúː]	名 接着剤 ≒類 **adhesive, paste**
2941 ☑	**elastic** [ilǽstik]	形 伸縮性のある，弾力のある，順応性のある ≒類 **flexible**
2942 ☑	**diminish** [dimíniʃ]	自 減少する，縮小する ≒類 **lessen, reduce**

The **meager** income he earned barely provided **subsistence**, making him an **anomaly** in a town filled with **conspicuous affluence**.

彼が稼ぐ**乏しい**所得では**生計**を立てるのがやっとだったので，**目立った裕福さ**に満ちた町では**異例の存在**になっていた。

2943 ☑	**meager** [míːgər]	形 乏しい，不十分な，やせた ≒類 sparse, inadequate
2944 ☑	**subsistence** [səbsístəns]	名 生計，最低限の生活の糧，生活，生存 派 subsist 自 生計を立てる，生存する
2945 ☑	**anomaly** [ənάməli]	名 異例の存在，変則，異常
2946 ☑	**conspicuous** [kənspíkjuəs]	形 目立つ，はっきり見える，派手な ≒類 noticeable, remarkable 形 目立つ
2947 ☑	**affluence** [ǽfluəns]	名 裕福さ，豊，富裕 ≒類 wealth

The proposal that she submitted **enumerated** her plans to **amend** the contract to **exempt** third parties from being accused of **infringing** on the patents.

彼女が提出した提案は，特許**侵害**で告訴されることから第三者ら**を除外する**ようにするために契約**を修正する**計画**を列挙していた**。

2948 ☑	**enumerate** [in(j)úːmərèit]	他 を列挙する，を数える ≒類 list 他 を列挙する
2949 ☑	**amend** [əménd]	他 を修正する ≒類 revise, correct
2950 ☑	**exempt** [igzémpt, egz-]	他 を除外する，を免除する 派 exemption 名 免除
2951 ☑	**infringe** [infríndʒ]	自 侵害する 他 を破る，を犯す ≒類 violate 他 を破る，を犯す

Though the interim director is an amiable and personable man, he is a bit capricious in his attitude toward the project, sometimes filled with ardor and sometimes disinterested.

臨時の取締役は親しみやすく魅力的な人物だが，その事業計画に対する態度は少々気まぐれで，熱意あふれる時もあれば，関心を示さないこともある。

2952 ☑	interim [íntərim]	形 臨時の，暫定の，仮の 名 合間，しばらくの間，仮協定 ≒類 temporary, provisional 形 臨時の，暫定の，仮の
2953 ☑	personable [pə́:rsənəbl]	形 魅力的な，容姿の整った ≒類 attractive, presentable, appealing
2954 ☑	capricious [kəpríʃəs]	形 気まぐれな，衝撃的な ≒類 whimsical 形 気まぐれな
2955 ☑	ardor [á:rdər]	名 熱意，情熱 ≒類 passion, fervor, zeal

My presumption is that the senator will not repent, but rather evade reporters' questions as to why he would stoop to such a level to defame his own wife.

私の推測では，上院議員は後悔するのではなくむしろ彼自身の妻を中傷する段階まで彼が品位を落とそうとする理由について，記者からの質問を避けるだろう。

2956 ☑	presumption [prizʌ́mpʃən]	名 推測，憶測，仮定 ≒類 assumption, supposition
2957 ☑	repent [ripént]	自 後悔する，悔い改める ≒類 regret
2958 ☑	evade [ivéid]	他 を避ける，を逃れる ≒類 escape, elude, avoid
2959 ☑	stoop [stú:p]	自 品位を落とす，身を落とす，身をかがめる
2960 ☑	defame [diféim]	他 を中傷する，をそしる ≒類 slander

TOEFL 特有の分野別専門語！

専門語彙 Natural Science

TOEFL® テスト頻出の自然科学分野の英文に，
その分野の理解に必要な専門語を盛り込みました。

- **Biology**（生物学）
- **Astronomy**（天文学）
- **Meteorology**（気象学）
- **Earth Science**（地球科学）
- **Ecology**（生態学）
- **Medical Science**（医学）
- **Chemistry**（化学）
- **Physics**（物理学）
- **Mathematics**（数学）
- **Architecture**（建築学）

＊建築学はリスト（Other Important Words）のみとなります。

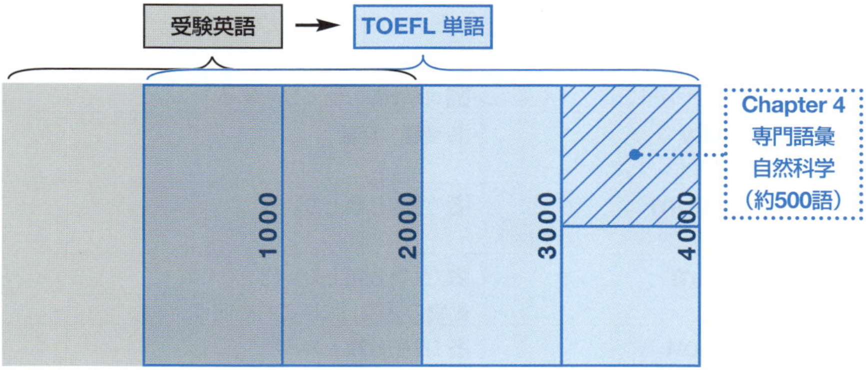

1. Biology①

CD 01

Aristotle (384 BC - 322 BC) was among the earliest scholars to make a systematic study of the **flora** and **fauna** in nature. He devised a system of **classification** in which he classified all living organisms as either a plant or an animal. He subdivided animals based on their means of transportation: air, land, or water. Over the centuries biologists refined the classification for the different **varieties** of species. Today's classification is generally based on a five-**kingdom** system. Kingdom is the broadest division followed by **phylum** (or **division**), **class**, **order**, **family**, **genus** and **species**. Each division is further divided, for example, species and **subspecies**. Although scientists might argue whether there are fewer or more kingdoms, the five-kingdom system serves as an important reference point for the classification and **categorization** of species. (131 words)

2961 ☑	**flora** [flɔ́:rə]	名 植物相
2962 ☑	**fauna** [fɔ́:nə]	名 動物相
2963 ☑	**classification** [klæ̀səfikéiʃən]	名 分類 派 **classify** 他 を分類する
2964 ☑	**variety** [vəráiəti]	名 変種，亜種
106 ☑	**kingdom** [kíŋdəm] ※再掲	名（生物分類上の）界
2965 ☑	**phylum** [fáiləm]	名（生物分類上の）門 動物の「門」にはこれを使う。
2966 ☑	**division** [divíʒən]	名（生物分類上の）門 植物の「門」にはこれを使う。
2967 ☑	**class** [klǽs]	名（生物分類上の）綱
741 ☑	**order** [ɔ́:rdər] ※再掲	名（生物分類上の）目

1. 生物学①

アリストテレス（紀元前384年～紀元前322年）は，最初に自然界の**植物相**と**動物相**の分類に関する研究をした学者の一人であった。彼はある**分類**体系を考案し，すべての生物を植物か動物のどちらかに分類した。空中，陸地，あるいは水中での移動手段に基づき，彼は動物を細分した。何世紀も経るうちに，生物学者たちは種のさまざまな**変種**に関し，その分類をさらに正確なものとした。今日の分類は概して五**界**説に基づいている。界が最も広い部門であり，その後に**門**（動物または植物），**綱**，**目**，**科**，**属**，**種**と続く。それぞれの部門は，例えば種と**亜種**といったように細分される。科学者たちは界がもっと多いか少ないかを論じるかもしれないが，五界説は種の分類や**範疇化**にとって重要な評価基準となっている。

2968 ☑	**family** [fǽməli]	名（生物分類上の）科
2969 ☑	**genus** [dʒíːnəs]	名（生物分類上の）属
813 ☑	**species** [spíːʃi(ː)z] ※再掲	名（生物分類上の）種
2970 ☑	**subspecies** [sʌ́bspìːʃi(ː)z]	名（生物分類上の）亜種
2971 ☑	**categorization** [kætigəràizéiʃən]	名 範疇化 派 **categorize** 他 を分類する

Backgroud Knowledge

生物分類の五界説（five-kingdom system）

五界説はホイタッカー（Robert H. Whittaker）が1959年に提唱した分類法で，現在主流となっている。ヘッケルの三界説（原生生物界，植物界，動物界）から，細胞核を持たない原核生物をモネラ界として，カビ，キノコなどを菌界として新たに分離し，モネラ界，原生生物界，植物界，菌界，動物界の五界とした。

2. Biology②

CD 02

Tarantulas are characterized by a segmented body with legs on each segment. They are **invertebrates** and instead of a **spinal column** that characterize **vertebrates**, they have an external hard covering. This is one of many differences between them and **mollusks**, the soft body animals that must live in a shell for protection. Like **reptiles** and many **amphibians**, tarantulas are **cold-blooded** and therefore do not have a steady internal body temperature. They slow down in winter and even seem to be hibernating. Like other **insectivores**, they generally eat insects, and like **carnivores** they eat small **warm-blooded mammals**. In this regard they are similar to **omnivores**, animals that eat everything. Unlike **herbivores**, however, they do not eat plants. In size, their leg span ranges from 3 inches to nearly 13 inches. (129 words)

2972 ☑	**invertebrate** [invə́:rtəbrət, -brèit]	名 無脊椎動物
2973 ☑	**spinal column** [spáinl kɑ́ləm]	名 脊柱
2974 ☑	**vertebrate** [və́:rtəbrət]	名 脊椎動物
2975 ☑	**mollusk** [mɑ́ləsk]	名 軟体動物
2976 ☑	**reptile** [réptl]	名 爬虫類
2977 ☑	**amphibian** [æmfíbiən]	名 両生類
2978 ☑	**cold-blooded** [kóuldblʌ́did]	形 冷血の，変温の
2979 ☑	**insectivore** [inséktəvɔ̀:r]	名 食虫動物［植物］
2980 ☑	**carnivore** [kɑ́:rnəvɔ̀:r]	名 肉食動物

2. 生物学②

タランチュラは，各体節に脚がある体節制の体を特徴とする。タランチュラは**無脊椎動物**であり，**脊椎動物**を特徴づける**脊柱**の代わりに硬い外皮を有する。これが，安全確保のために殻の中で生きなければならない軟らかい体の動物である**軟体動物**とタランチュラの間にある，多くの相違点の一つである。**爬虫類**や多くの**両生類**のように，タランチュラは**冷血で**あるため体内温度が変わりやすい。冬には動きが鈍くなり，冬眠しているようにさえ見える。タランチュラは，他の**食虫動物**同様に通常は虫を食べ，**肉食動物**同様に小型で**温血の哺乳動物**を食べる。この点において，タランチュラは何でも食べられる動物である**雑食動物**に似ている。しかし**草食動物**と違って，タランチュラは植物は食べない。大きさの点では，タランチュラが脚を広げた時の長さは3インチからほぼ13インチにまで及ぶ。

2981 ☑	**warm-blooded** [wɔ́ːrmblʌ́did]	形 温血の，常温の
2982 ☑	**mammal** [mǽml]	名 哺乳動物
2983 ☑	**omnivore** [ámnəvɔ̀ːr, ɔ́m-]	名 雑食動物
2984 ☑	**herbivore** [hə́ːrbəvɔ̀ːr, ə́ːr-]	名 草食動物

Backgroud Knowledge

タランチュラ（tarantulas）

タランチュラはオオツチグモ科の別称としてすっかり有名になっているが，実際には俗称にすぎない。本来はヨーロッパの伝説にある毒グモを指したもの。伝説のタランチュラは迷信だが，そのイメージは移民とともに新大陸に渡り，次第に恐ろしい姿の大きなクモをタランチュラと呼ぶようになった。

3. Biology③

CD 03

Insects develop into fully-grown adults in different ways. The **grasshopper** hatches from eggs and has the **physiological** characteristics similar to those of adult grasshoppers. The butterfly and the **moth**, however, hatch from eggs in the form of a **larva** known as a **caterpillar**. As the larva grows, it **molts**, shedding its smaller external hard covering. Then it transforms into a **pupa**, or **chrysalis**. Moths usually construct a protective **cocoon** in this stage. Through **metamorphosis** the chrysalis transforms into a butterfly or moth. It then enters the adult stage known as the **imago**. In the animal world, frogs also develop through metamorphosis. After hatching from eggs, they begin life as **tadpoles**. In this stage, they have a tail but no legs. They resemble fish in that **respiration**, or breathing, takes place through **gills**. (132 words)

2985 ☑	**grasshopper** [grǽshɑ̀pər]	名 バッタ
2461 ☑	**physiological** [fìziəlɑ́dʒikl] ※再掲	形 生理的な，生理学上の 派 physiology 名 生理学，生理機能
2986 ☑	**moth** [mɔ́(:)θ]	名 ガ
2987 ☑	**larva** [lɑ́:rvə]	名 幼虫
2988 ☑	**caterpillar** [kǽtərpìlər, kǽtə-]	名 イモムシ
2989 ☑	**molt** [móult]	自 脱皮する
2990 ☑	**pupa** [pjú:pə]	名 さなぎ
2991 ☑	**chrysalis** [krísalis]	名 さなぎ
2992 ☑	**cocoon** [kəkú:n]	名 繭

3. 生物学③

昆虫が成虫へと成長する方法はさまざまだ。**バッタ**は卵からかえると，成長したバッタのものと同様の**生理的**特徴を備えている。しかしチョウや**ガ**は，**イモムシ**として知られている**幼虫**の状態で卵からかえる。幼虫は成長するにつれて**脱皮し**，小さくなってしまった方の堅い外皮を脱ぎ捨てる。次に幼虫は**さなぎ**に変わる。ガはこの段階でたいてい保護用の**繭**を作る。**変態**によってさなぎはチョウやガに姿を変える。そこでチョウやガは**成虫**として知られる成体の段階に入る。動物界においては，カエルも変態によって発育する。卵からかえると，カエルは**オタマジャクシ**としての生を受ける。この段階でオタマジャクシに尾はあるが，脚はない。**えら**で**呼吸**を行うという点で，オタマジャクシは魚類に似ている。

2993 ☑	**metamorphosis** [mètəmɔ́ːrfəsis]	名 変態
2994 ☑	**imago** [iméigou, imɑ́ː-]	名 成虫
2995 ☑	**tadpole** [tǽdpòul]	名 オタマジャクシ
2996 ☑	**respiration** [rèspəréiʃən]	名 呼吸 派 **respire** 自 呼吸する
2997 ☑	**gill** [gíl]	名 えら

Backgroud Knowledge

変態（metamorphosis）

変態とは，動物の正常な生育過程において，ごく短い期間に著しく形態を変えることを表す。特に，栄養の摂取に特化し生き残りと成長に最適化された幼生と，次世代を生み出すための生殖機能を備えた成体の間で，形態が大きく変わることが多い。それに伴い，生活様式や場所が変化する場合もある。

4. Biology④

CD 04

Trees are one of the most breathtaking sights in the world's forests. Some trees grow as tall as 378 feet. The **annual rings** found on the cross sections of tree **stumps** show that many trees have lived for hundreds of years. The leaves of **deciduous trees**, or **broadleaf trees**, turn orange, red or yellow with new leaves appearing in spring. The **evergreen trees**, which are generally the **coniferous trees**, maintain their leaves throughout the year. Tree **trunks** sometimes provide a place for **moss** to grow, and in the shade of trees, **ferns** and **mushrooms** are often found. Certain types of **fungus** including **mold** cause severe tree damage. Trees are also an important source of oxygen, though the lowly **algae** are estimated to produce close to 80% of the net global oxygen production.（132 words）

2998 ☐	**annual ring** [ǽnjuəl ríŋ]	名 年輪
2999 ☐	**stump** [stʌ́mp]	名 切り株
3000 ☐	**deciduous tree** [disídʒuəs tríː]	名 落葉樹
3001 ☐	**broadleaf tree** [brɔ́ːdlìːf tríː]	名 広葉樹
3002 ☐	**evergreen tree** [évərgrìːn tríː]	名 常緑樹
3003 ☐	**coniferous tree** [kounífərəs tríː]	名 針葉樹
3004 ☐	**trunk** [trʌ́ŋk]	名 幹
3005 ☐	**moss** [mɔ́(ː)s]	名 コケ
3006 ☐	**fern** [fə́ːrn]	名 シダ

4. 生物学④

木というものは世界の森林において，最も素晴らしい眺めの一つだ。378フィートにまで育つ木もある。木の**切り株**の断面に見られる**年輪**は，多くの木が数百年もの間生き続けていることを示している。**落葉樹**や**広葉樹**の葉の色はオレンジや赤や黄に変わり，春になると新葉が顔を出す。**常緑樹**はたいてい**針葉樹**であり，一年中葉を持ち続ける。木の**幹**は時には**コケ**が生えるための場所を提供し，木陰には**シダ**や**キノコ**がよく見られる。**カビ**を含むある種の**菌類**は，木に深刻な損傷を与える。木は重要な酸素の源でもある。とはいえ，下等な**藻**が地球上の酸素の純生産量のほぼ80パーセントを作り出すと推定されている。

3007 ☑	**mushroom** [mʌ́ʃruːm]	名 キノコ
3008 ☑	**fungus** [fʌ́ŋgəs]	名 菌類 複数形は **fungi** となる。
3009 ☑	**mold** [móuld]	名 カビ
3010 ☑	**alga** [ǽlgə]	名 藻 複数形は **algae** となる。

Backgroud Knowledge

年輪（annual rings）

年輪は，通常，温帯から寒帯の木の断面に生じる同心円状の模様で，1年に1本の割合で増加する。輪状に見えるのは，暖かい時期は幹の成長が盛んで，寒い時期にはゆっくりになるためで，色の濃い部分は細胞壁が密に，色の薄い部分は細胞壁が疎になっている。実際，冬のない熱帯雨林の木々には年輪がない。

5. Biology⑤

CD 05

In the field of **botany**, scientists study plant life, and among the most interesting of plant life is the flower. The flower is actually a bloom or blossom and is the **reproductive** structure of flowering plants. Its **stamen** is the male organ, and each stamen has a stalk, on the top of which is the **anther**. The anther is composed of four **pollen** sacs. Pollen is the **fertilizing** element of flowering plants consisting of fine, powdery, yellowish **spores**. The flower's **pistils** consist of a number of **carpel**, or female reproductive organs. Flowers depend on the wind or insects to achieve **pollination**, or the reproduction of seed plants. Among the insect pollinators, the butterfly and the bee are the busiest carriers of pollen. They land on flower **petals** to gather **nectar**, and in the process they pollinate the flower. The flower leaves contain the **chlorophyll** molecules essential for **photosynthesis**. (148 words)

3011 ☑	**botany** [bátəni]	名 植物学 派 **botanical** 形 植物に関する，植物学上の
3012 ☑	**reproductive** [rì:prədʌ́ktiv]	形 生殖の 派 **reproduction** 名 生殖
3013 ☑	**stamen** [stéimən]	名 雄しべ
3014 ☑	**anther** [ǽnθər]	名 葯
3015 ☑	**pollen** [pálən]	名 花粉
3016 ☑	**fertilizing** [fə́:rtəlàiziŋ]	形 受精の 派 **fertilize** 他 を受精させる
3017 ☑	**spore** [spɔ́:r]	名 胞子
3018 ☑	**pistil** [pístl]	名 雌しべ
3019 ☑	**carpel** [ká:rpl, -pel]	名 心皮

5. 生物学⑤

植物学の分野で科学者らは植物の生態を研究しており，その中でも最も興味深いものは花である。花とは，正確には観賞用の花あるいは樹木や草木の花であり，顕花植物の**生殖**構造を指す。その**雄しべ**は雄器で，雄しべ一つ一つに茎があり，その先端が**葯**である。葯は４つの**花粉**嚢からできている。花粉は，細かく粉末状で黄色みがかった**胞子**からなる顕花植物の**受精**要素である。花の**雌しべ**は複数の**心皮**からなり，雌性生殖器官である。花は，風あるいは昆虫に頼って**受粉**，すなわち種子植物の生殖を成功させる。昆虫の花粉媒介者のうち，チョウやハチは花粉の最も忙しい配達者である。彼らは**花蜜**を集めるために**花弁**に降り立ち，その過程で花に受粉する。花の葉には**光合成**に必須の**葉緑素**分子が含まれている。

3020 ☑	**pollination** [pὰlənéiʃən]	名 受粉 派 **pollinate** 他 に受粉する
3021 ☑	**petal** [pétl]	名 花弁，花びら
3022 ☑	**nectar** [néktər]	名 花蜜
3023 ☑	**chlorophyll** [klɔ́(:)rəfil]	名 葉緑素
3024 ☑	**photosynthesis** [fòutousínθəsis]	名 光合成

Backgroud Knowledge

受粉（pollination）

受粉とは，被子植物において，雌しべの先にある柱頭に花粉が付着することであり，植物の生殖において重要な過程。受粉した後に受精に至る。受精は，花粉から花粉管が伸び，それが柱頭の中に進入し，胚珠の所へ伸び，そこで胚珠の中の卵細胞と花粉管の中の精核が融合することで行われる。受粉しても必ずしも受精できるとは限らない。

6. Biology⑥

CD 06

Through reproduction, animals and plants pass along to **offspring** the heredity of their species. **Amoebas** and other single-celled **organisms** make **asexual** reproduction as do many plants; there is only one parent and reproduction takes place without the fertilization of eggs with **sperm**. In some animals, the fertilized egg develops within the body into an embryo and then into a **fetus**. The fetus grows until it is ready to be born. Birds lay the fertilized eggs and then **incubate** them by sitting on them. Scientists have always experimented with the **breeding** of animals. Through **crossbreeding** of animals of different species, they have produced **hybrids** such as the crossbreeding of a female horse and a male donkey to produce a mule. The **mature** mule, however, cannot **propagate**. Crossbreeding is sometimes necessary to overcome the results of **inbreeding** that include the loss of the immune system function. (144 words)

3025 ☑	**offspring** [ɔ́(:)fsprìŋ]	名 子孫 与類 descendant, progeny
3026 ☑	**amoeba** [əmí:bə]	名 アメーバ
3027 ☑	**organism** [ɔ́:rgənìzm]	名 生物
3028 ☑	**asexual** [eisékʃual, æ-]	形 無性の，性別のない
3029 ☑	**sperm** [spə́:rm]	名 精子
3030 ☑	**fetus** [fí:təs]	名 胎児
3031 ☑	**incubate** [íŋkjəbèit, ín-]	他 を抱卵する，を孵化する 派 **incubation** 名 抱卵，孵化
3032 ☑	**breeding** [brí:diŋ]	名 繁殖 派 **breed** 他 を産む，を繁殖させる
3033 ☑	**crossbreeding** [krɔ́(:)sbrì:diŋ]	名 異種交配 派 **crossbreed** 他 を異種交配させる

6. 生物学⑥

生殖の過程で，動植物はその種の遺伝的形質を**子孫**に受け渡す。**アメーバ**やその他の単細胞**生物**は多くの植物がそうであるように**無性**生殖を行う。すなわち親が単体であり，生殖は卵子が**精子**と一体になる受精なしに行われる。動物の中には，受精卵が体内で胚へ，さらに**胎児**へと発育するものがある。その胎児は成長しやがて生まれる準備が整う。鳥類は受精卵を産卵し，続いてその上に座り**抱卵する**。科学者らは絶えず動物の**繁殖**に関する実験を行ってきた。異なる種の動物を**異種交配**することで，例えば雌ウマと雄ロバの異種交配からラバを生み出すなど，彼らは**交配種**を作り出してきている。しかし，**成長した**ラバの**繁殖**は不可能である。免疫系機能の欠如など**近親交配**の影響を克服するために異種交配が必要になる場合がある。

2678 ☑	**hybrid** [háibrid] ※再掲	名 交配種
930 ☑	**mature** [mətúər, -tʃúər] ※再掲	形 成長した，成熟した 派 **maturity** 名 成熟（期）
3034 ☑	**propagate** [prάpəgèit]	自 繁殖する 派 **propagation** 名 繁殖
3035 ☑	**inbreeding** [ínbrì:diŋ]	名 近親交配 派 **inbreed** 他 を近親交配させる

Backgroud Knowledge

無性生殖（asexual reproduction）

無性生殖といわれる生殖は，親の体の一部が独立して新個体になるなど，単独の個体が新しい個体を生むやり方。生殖細胞が他の細胞と融合することなく，単独で発生や発芽を始める場合もこれに当たる。

7. Biology ⑦

CD 07

There are two categories of cells: prokaryotic and eukaryotic. Prokaryotic, or simple cells, lack a **nucleus** and can be found in amoeba, a **unicellular** organism. The complex eukaryotic cell has a nucleus and is found in **multicellular** organisms, and even in **microorganisms** such as **plankton**. Both categories have **ribosome**, which produce protein; however, only the eukaryotic cell has **mitochondria**. **Cell division** takes place in both categories. In sexually reproducing organisms, cell division leads to the development of multiple cells. In humans, for example, cell division transforms **stem cell** into sperm in males and eggs in females. This is known as **meiosis**. When the sperm penetrates the **cell membrane** of the egg, it fertilizes it and creates the first cell of a developing baby. **Mitosis** then takes place in which, all the cell's **chromosomes** are copied and the cell divides into two identical cells. Mitosis continues until the baby is fully developed.（151 words）

3036 ☑	**nucleus** [n(j)ú:kliəs]	名 細胞核
3037 ☑	**unicellular** [jù:niséljələr]	形 単細胞の **unicellular organism** 単細胞生物
3038 ☑	**multicellular** [mʌ̀ltiséljələr]	形 多細胞の **multicellular organism** 多細胞生物
3039 ☑	**microorganism** [màikrouɔ́:rgnizm]	名 微生物
3040 ☑	**plankton** [plǽŋktən, -tɑn]	名 プランクトン
3041 ☑	**ribosome** [ráibəsòum]	名 リボソーム
3042 ☑	**mitochondria** [màitəkɑ́ndriə]	名 ミトコンドリア
3043 ☑	**cell division** [sél divìʒən]	名 細胞分裂
3044 ☑	**stem cell** [stém sèl]	名 幹細胞

7. 生物学⑦

細胞には原核細胞と真核細胞の二種類がある。原核細胞，すなわち単純細胞には**細胞核**がなく，**単細胞**生物であるアメーバには見られる。複雑な真核細胞には細胞核があり，**多細胞**生物，さらに**プランクトン**などの**微生物**の中にも見られる。どちらの種類にも蛋白質を作り出す**リボソーム**が存在しているが，真核細胞にのみ**ミトコンドリア**がある。**細胞分裂**は両種類ともに行われる。有性生殖を行う生物では，細胞分裂が結果的に多細胞の発達を促す。例えばヒトの場合，細胞分裂によって**幹細胞**が男性では精子に，女性では卵子に変わる。これは**減数分裂**として知られている。精子が卵子の**細胞膜**に侵入すると，卵子を受精させ，成長する赤ん坊の最初の細胞を作り上げる。次に**有糸分裂**が起こり，その際に細胞の全**染色体**が写し取られ，細胞は２つの同一細胞に分裂する。有糸分裂は赤ん坊が完全に成長するまで引き続き行われる。

3045 ☑	**meiosis** [maióusis]	名 減数分裂
3046 ☑	**cell membrane** [sél mèmbrein]	名 細胞膜
3047 ☑	**mitosis** [maitóusəs]	名 有糸分裂
3048 ☑	**chromosome** [króuməsòum]	名 染色体

Backgroud Knowledge

原核生物（prokaryotic）と真核生物（eukaryotic）

真核生物は真核細胞からなる生物のこと。真核細胞の最も際立った特徴は，細胞内に細胞核と呼ばれる構造を持ち，細胞のそれ以外の部分からは核膜で区切られていることである。真核生物以外の生物は原核生物と呼ばれる。

8. Biology ⑧

CD 08

DNA, a nucleic acid usually in the form of a **double helix**, contains the genetic instructions monitoring the biological development of all cellular forms of life. The **genome** of an organism is a complete DNA **sequence**, or the genetic code of one set of chromosomes. In **biotechnology**, molecular **cloning** is used to amplify DNA fragments containing **genes**, which scientists use for further analysis and for experiments such as in **gene recombination**. In **genetic engineering**, scientists make use of protein, specified by a segment of DNA, to modify it by changing the underlying DNA to produce **genetically-modified** cells. DNA **replication** is the process of copying a DNA **strand** in a cell before cell division. In the process of replication, the stem cells, the primal **undifferentiated** cells, retain the ability to produce an identical copy of themselves when they divide and **differentiate** into other cell types. (145 words)

3049 ☑	**DNA**	名 デオキシリボ核酸 deoxyribonucleic acid の略。
3050 ☑	**double helix** [dʌ́bl hí:liks]	名 二重らせん
3051 ☑	**genome** [dʒí:noum]	名 ゲノム
412 ☑	**sequence** [sí:kwəns] ※再掲	名 配列
3052 ☑	**biotechnology** [bàiouteknálədʒi]	名 生物工学
3053 ☑	**cloning** [klóuniŋ]	名 クローン化，クローニング
3054 ☑	**gene** [dʒí:n]	名 遺伝子
3055 ☑	**gene recombination** [dʒí:n ri:kɑmbinéiʃən]	名 遺伝子組み換え
3056 ☑	**genetic engineering** [dʒənétik èndʒəníəriŋ]	名 遺伝子工学

8. 生物学⑧

通例は**二重らせん**状の核酸である**デオキシリボ核酸**には，生命のあらゆる細胞型の生物学的発達を監視する遺伝子の指令が含まれている。ある生物の**ゲノム**とは，完全な DNA **配列**，すなわち一組の染色体の遺伝子情報のことである。**生物工学**では，分子**クローン化**が**遺伝子**を含む DNA 断片の増幅に使用されており，科学者らはこれをさらなる分析や，例えば**遺伝子組み換え**における実験などに利用している。**遺伝子工学**では，科学者らは DNA 断片によって特定された蛋白質を利用し，**遺伝子組み換え**細胞を作り出すために基礎 DNA を変化させて DNA を組み替える。DNA の**複製**とは，細胞分裂の前に細胞内の DNA **鎖**を写し取る作業である。複製の過程で，幹細胞，すなわち初期の**未分化**細胞は，分裂し別の細胞型に**分化する**際に，細胞自ら同一細胞の複製を行う能力を維持している。

3057 ☑	**genetically-modified** [dʒənétikəlimádəfàid]	形 遺伝子組み換えの
3058 ☑	**replication** [rèpləkéiʃən]	名 複製 派 **replicate** 他 を複製する
3059 ☑	**strand** [strǽnd]	名 鎖
3060 ☑	**undifferentiated** [ʌ̀ndifərénʃieitid]	形 未分化の
3061 ☑	**differentiate** [dìfərénʃièit]	自 分化する 派 **differentiation** 名 分化

Backgroud Knowledge

ゲノム（genome）

ゲノムは「ある生物をその生物足らしめるのに必須な遺伝情報」として定義される。すなわちその生物の遺伝子の総和である。遺伝子（gene）と染色体（chromosome）をあわせた造語で，1920年に植物学者 Hans Winkler により初めて用いられた。複数の染色体からなる二倍体細胞においては全染色体を構成する DNA の全塩基配列を意味することもある。

Biology（生物学）

3062 ☐	**nasal cavity** [néizl kǽvəti]	名 鼻腔，鼻の穴
3063 ☐	**skeleton** [skélətn]	名 骨格
3064 ☐	**eyebrow** [áibràu]	名 まゆ毛
3065 ☐	**pupil** [pjú:pl]	名 瞳孔
3066 ☐	**chin** [tʃín]	名 あごの先
3067 ☐	**gullet** [gʌ́lət]	名 食道
3068 ☐	**navel** [névl]	名 へそ
3069 ☐	**shin** [ʃín]	名 むこうずね
3070 ☐	**buttock** [bʌ́tək]	名 でん部
3071 ☐	**calf** [kǽf, kéif]	名 ふくらはぎ
3072 ☐	**abdomen** [ǽbdəmən, æbdóu-]	名 胴体
3073 ☐	**bowel** [báuəl]	名 腸（の一部）
3074 ☐	**duodenum** [d(j)ù:ədí:nəm]	名 十二指腸
3075 ☐	**rectum** [réktəm]	名 直腸
3076 ☐	**saliva** [səláivə]	名 だ液

3077 ☑	**perspiration** [pə̀ːrspəréiʃən]	名 発汗 派 **perspire** 自 発汗する，汗をかく
3078 ☑	**pore** [pɔ́ːr]	名 毛穴
3079 ☑	**urine** [júərin]	名 尿 派 **urinary** 形 尿の，泌尿器の
3080 ☑	**hormone** [hɔ́ːrmoun]	名 ホルモン
3081 ☑	**neuron** [n(j)úərɑn]	名 神経単位，ニューロン
3082 ☑	**ligament** [lígəmənt]	名 靭帯
3083 ☑	**tendon** [téndən]	名 腱
3084 ☑	**cartilage** [kɑ́ːrtəlìdʒ]	名 軟骨
3085 ☑	**phenotype** [fíːnətàip]	名 表現型 遺伝子（群）によって発現された形質の型。
3086 ☑	**genotype** [dʒénətàip]	名 遺伝子型
3087 ☑	**progeny** [prɑ́dʒəni]	名 子孫，子どもたち ≒類 **offspring, descendant**
3088 ☑	**germinate** [dʒə́ːrmənèit]	自 芽を出す，成長する 他 を発芽させる 派 **germination** 名 発芽，発生，発達
3089 ☑	**biennial** [baiéniəl]	形 2年ごとの，2年に1度の 名 二年生植物
3090 ☑	**perennial** [pəréniəl]	形 多年生の 名 多年生植物，多年草
3091 ☑	**nocturnal** [nɑktə́ːrnl]	形 夜行性の 反 **diurnal** 形 昼行性の

9. Astronomy①

CD 09

Cosmology refers to the study of the universe and of humanity's place in it. Ancient scholars often looked for **celestial** phenomena such as **shooting stars** to predict earthquakes or other **terrestrial** disasters. Ancient religious leaders foretold the end of the earth with the arrival of Halley's **comet**, and **astrologers** offered advice based on the position of Mars and other **major planets**. Today, scientists know that shooting stars are nothing more than **meteors**. Instead of relying on myths to explain the formation of **constellations**, they rely on observational data. With improved technology, they can now examine the **Andromeda Nebula** and other galaxies located millions of **light years** away from earth. They can observe the orbits of **minor planets** within the **asteroid** belt between Mars and Jupiter. Through their studies they theorize about the origin of the universe. One such theory is the **Big Bang Theory**. (144 words)

3092 ☑	**cosmology** [kɑzmɑ́lədʒi]	名 宇宙論 派 cosmologist 名 宇宙論者
3093 ☑	**celestial** [səléstʃəl]	形 天（体）の，空の 反 terrestrial 形 地球（上）の
3094 ☑	**shooting star** [ʃúːtiŋ stɑ́ːr]	名 流れ星，流星 与類 meteor 名 流れ星，流星，隕石
3095 ☑	**terrestrial** [təréstriəl]	形 地球（上）の 反 celestial 形 天（体）の，空の
3096 ☑	**comet** [kɑ́mit]	名 彗星，ほうき星
3097 ☑	**astrologer** [əstrɑ́lədʒər]	名 占星術師 派 astrology 名 占星術，占星学
3098 ☑	**major planet** [méidʒər plǽnit]	名 大惑星
3099 ☑	**meteor** [míːtiər, -ɔ̀ːr]	名 流れ星，流星，隕石 与類 shooting star 名 流れ星，流星
3100 ☑	**constellation** [kɑ̀nstəléiʃən]	名 星座

9. 天文学①

宇宙論とは，宇宙とその中での人類社会の位置に関する研究を指す。古代の学者たちは地震や他の**地変**災害を予測するために，**流れ星**などの**天**象を探すことが多かった。古代の宗教指導者たちはハレー**彗星**の出現とともに訪れる地球の最期を予言し，**占星術師**は火星と他の**大惑星**の位置に基づいて助言を与えた。科学者は今日，流れ星が**隕石**にすぎないことを知っている。**星座**の成り立ちを解明するために神話に頼るのではなく，観測データに頼るのである。科学技術の進歩により現在科学者は，地球から何百万**光年**も離れた場所に位置する**アンドロメダ星雲**や他の銀河を調査することができる。火星と木星間の**小惑星**帯内の**小惑星**の軌道を観測することができる。彼らは自分の研究を通じて，宇宙の起源に関して理論を立てるのだ。そのような理論の一つが**ビッグバン宇宙論**である。

3101 ☑	**Andromeda Nebula** [ændrámidə nébjələ]	名 アンドロメダ星雲
3102 ☑	**light year** [láit jìər]	名 光年 光が1年間に進む距離。
3103 ☑	**minor planet** [máinər plǽnit]	名 小惑星 与類 asteroid 名 小惑星
3104 ☑	**asteroid** [ǽstərɔ̀id]	名 小惑星 与類 minor planet 名 小惑星
3105 ☑	**Big Bang Theory** [bíg bǽŋ θí:əri]	名 ビッグバン宇宙論

Backgroud Knowledge

ビッグバン宇宙論（the Big Bang Theory）

ビッグバンとは，一種の爆発（とてつもなく高い密度と温度の状態からの膨張）であり，約137億年前にあったとされている。そして，ビッグバンにより宇宙が始まったと考える理論をビックバン宇宙論という。

10. Astronomy ②

CD 10

Our **solar system's** eight planets in their **revolution** around the sun move at different speeds in their **elliptical orbits**. Mercury, the closest planet to the sun, is the fastest. It completes its orbit in 88 days. At its closest distance from the sun, or its **perihelion**, it is 47 million km; at its farthest point, or its **aphelion**, it is 70 million km. Mercury is also the smallest planet. Its **gravitation** exerts a far weaker force than the others. The largest planet is Jupiter. Its **rotation** on its **axis** is the fastest: It takes less than 10 hours. Interestingly, a satellite launched by **spacecraft** will also orbit around earth in an elliptical pattern. When it is at its closest point to earth, it is at the **perigee** of the orbit; at its farthest point, it is at its **apogee**. The satellites relying on solar energy are affected by the **eclipse**.

3106 ☐	**solar system** [sóulər sìstəm]	名 太陽系
3107 ☐	**revolution** [rèvəl(j)úːʃən]	名 回転 **revolution around the sun** で「公転」の意味。
3108 ☐	**elliptical** [ilíptikl]	形 楕円の
3109 ☐	**orbit** [ɔ́ːrbət]	名 軌道
3110 ☐	**perihelion** [pèrihíːliən]	名 近日点 惑星などが軌道上で太陽に最も近づく点。
3111 ☐	**aphelion** [æfíːliən]	名 遠日点 惑星などが軌道上で太陽から最も遠ざかる点。
3112 ☐	**gravitation** [grævətéiʃən]	名 引力 **gravity** 名 重力，地球引力
3113 ☐	**rotation** [routéiʃən]	名 回転 ここでは **rotation on its axis** で「自転」の意味。
3114 ☐	**axis** [ǽksis]	名 軸

10. 天文学②

太陽の周りを**公転**する**太陽系**の8つの惑星は，それぞれの**楕円軌道**上を異なる速度で運動する。太陽に最も近い惑星である水星が，最も速い。水星は88日間で軌道を回り終える。太陽に最も近づく点，すなわち**近日点**における太陽と水星の距離は4,700万キロメートルであり，最も遠い点，**遠日点**では7,000万キロメートルである。水星は，最も小さい惑星でもある。水星の**引力**は，他の惑星よりもはるかに弱い力を及ぼす。最も大きな惑星は木星である。**軸**を中心とした**自転**は木星が最も速く，10時間もかからない。おもしろいことに，**宇宙船**が発射した人工衛星も楕円形のパターンの軌道を描いて地球の周りを回る。地球に最も近い点で人工衛星は軌道の**近地点**にあり，最も遠い点では**遠地点**にある。太陽エネルギーに頼る人工衛星は**食**の影響を受ける。

3115 ☐	**spacecraft** [speískræft]	名 宇宙船
3116 ☐	**perigee** [péridʒìː]	名 近地点 月や人工衛星が軌道上で地球に最も近づく点。
3117 ☐	**apogee** [ǽpədʒìː]	名 遠地点 月や人工衛星が軌道上で地球から最も遠ざかる点。
3118 ☐	**eclipse** [iklíps]	名 (太陽・月の) 食

Backgroud Knowledge

太陽系の惑星

太陽から近い順に，Mercury（水星），Venus（金星），Earth（地球），Mars（火星），Jupiter（木星），Saturn（土星），Uranus（天王星），Neptune（海王星）の8つ。Pluto（冥王星）は2006年の国際天文学連合総会の決定により惑星から外されることとなった。

11. Meteorology①

CD 11

Temperatures worldwide can vary dramatically depending on the geographical location. In the **polar climate**, temperatures are the lowest. In Antarctica, the lowest ever reported was -89 degrees **Celsius**, or -128 degrees **Fahrenheit**. Fortunately, in the **temperate climate** regions warmer temperatures prevail. The **subarctic climate**, found only in the Northern **Hemisphere**, experiences the largest annual temperature range of any climate on earth. One reason is that like the **continental climate**, the subarctic climate is too far from the moderating influence of oceans. In the **subtropical climate**, summers are marked by sweltering temperatures and high **humidity**. The summer heat in the subtropics often gives rise to the formation of **hurricanes, squalls**, typhoons and other catastrophic weather conditions. The **tropical climate** located along the equatorial belt typically has high temperatures throughout the year. However, they are lower in the mountains where in the **highland climate** temperatures can drop below zero. (147 words)

3119 ☑	**temperature** [témpərtʃər, -pərə-, -tʃùər]	名 気温，温度
3120 ☑	**polar climate** [póulər kláimət]	名 寒帯気候
3121 ☑	**Celsius** [sélsiəs]	形 摂氏度の 水の氷点を0度，沸点を100度とした温度計測法。
3122 ☑	**Fahrenheit** [fǽrənhàit, fá:r-]	形 華氏の 英米では通例華氏を用いる。
3123 ☑	**temperate climate** [témpərət kláimət]	名 温帯気候
3124 ☑	**subarctic climate** [sʌbá:rktik kláimət]	名 亜寒帯気候
3125 ☑	**hemisphere** [hémisfiər]	名 半球 the Northern [Southern] Hemisphere 北［南］半球
3126 ☑	**continental climate** [kàntənéntl kláimət]	名 大陸性気候
3127 ☑	**subtropical climate** [sʌ̀btrápikl kláimət]	名 亜熱帯気候

11. 気象学①

世界の**気温**は，地理的な位置に応じて劇的に異なることがある。気温は**寒帯気候**で最も低い。南極大陸では，これまでに報告された最低気温が**摂氏**マイナス89度，つまり**華氏**マイナス128度であった。幸いにも**温帯気候**地域では，もっと暖かい気温が一般的である。北**半球**にのみ見られる**亜寒帯気候**では，地球上の気候の中で年間の温度範囲が最も広い。その理由の一つは，**大陸性気候**と同様に亜寒帯気候は，海洋が持つ温度変動を緩和する影響力からあまりに遠いところに分布しているからである。**亜熱帯気候**の夏は，うだるような気温と高い**湿度**を特徴とする。亜熱帯地方の夏の暑さは**ハリケーン**や**スコール**，台風や他の最悪の気象条件を発生させることがしばしばある。赤道地帯に位置する**熱帯気候**は一般的に，一年を通じて高温である。しかし，山中では気温がもっと低く，**山岳気候**のところでは気温が０度を下回ることがある。

3128 ☑	**humidity** [hju:mídəti]	名 湿度 派 **humid** 形 湿気の多い，湿っぽい
3129 ☑	**hurricane** [hə́:rəkèin]	名 ハリケーン
3130 ☑	**squall** [skwɔ́:l]	名 スコール
3131 ☑	**tropical climate** [trάpikl kláimət]	名 熱帯気候
3132 ☑	**highland climate** [háilænd kláimət]	名 山岳気候

Backgroud Knowledge

ハリケーン（hurricane）

ハリケーンとは，大西洋北部（カリブ海・メキシコ湾を含む北大西洋），大西洋南部（ただし，ほとんど発生しない），太平洋北東部（西経140度より東の北太平洋），太平洋北中部（180度～西経140度の北太平洋）で発生した熱帯低気圧のうち，最大風速が毎時64ノット（74マイル，119km）以上のものをいう。

12. Meteorology②

CD 12

Water takes on different forms and shapes. The morning **dew** is formed through **condensation**, the transformation of **water vapor** into **droplets**. As the sun warms the surface, **evaporation** takes place and the dew evaporates into the atmosphere. Snow, **precipitation** in the form of crystalline water ice, creates an unlimited source of beauty in its **crystals**. However, snow loses its beauty when warmer weather turns it into **sleet**. **Hail** forms when **supercooled water** freezes on contact with dust, bugs, or ice crystals. It falls when hailstones become too heavy for a storm's **updraft** to hold them inside clouds. Humidity is the high concentration of water vapor in the air. In a **high pressure system** in summer, high humidity combined with high temperatures make it difficult for people to stay cool. In a **low pressure system** in the subtropics, the humidity often becomes more intense after a rain storm.（147 words）

3133 ☑	**dew** [d(j)úː]	名 露，しずく
3134 ☑	**condensation** [kàndenséiʃən]	名（気体の）凝縮，凝結，（液体の）濃縮 派 **condense** 他 を凝縮する，を濃縮する
3135 ☑	**water vapor** [wɔ́ːtər véipər]	名 水蒸気
3136 ☑	**droplet** [drάplət]	名 小滴，粒
3137 ☑	**evaporation** [ivæ̀pəréiʃən]	名 蒸発 派 **evaporate** 自 蒸発する，気化する
3138 ☑	**precipitation** [prisìpitéiʃən]	名 降水（量），降雨（量） 派 **precipitate** 他（雨など）を降らせる
3139 ☑	**crystal** [krístl]	名 結晶 派 **crystalline** 形 結晶構造の，結晶体からなる
3140 ☑	**sleet** [slíːt]	名 みぞれ
2215 ☑	**hail** [héil] ※再掲	名 あられ，ひょう あられ・ひょうの1粒が **hailstone**。

12. 気象学②

水は，さまざまな形態や形状を呈する。朝露は凝縮，つまり水蒸気の小滴への変化によって作られる。太陽が表面を暖めると蒸発が起こり，露は大気中に蒸発する。雪は結晶質の水氷という形での降水であり，その結晶は際限のない美の源を生み出す。しかし，もっと暖かい気候によってみぞれに変えられると，雪はその美しさを失ってしまう。あられは過冷却水がちりや虫や氷晶に触れて凍ると発生する。あられの粒が重くなりすぎて嵐の上昇気流がそれらを雲の中に保っておけなくなると，あられは降ってくる。湿気は，空気中の水蒸気が高い濃度になっている状態である。夏に高気圧に覆われると，高湿度が高温と相まって，人々が涼しく過ごすのは難しくなる。亜熱帯地方では低気圧が来ると，暴風雨の後にしばしばさらに湿気がひどくなる。

3141 ☑	**supercooled water** [sù:pərkú:ld wɔ́:tər]	名 過冷却水 氷点（0度）以下になっても液体の状態を保っている水。
3142 ☑	**updraft** [ʌ́pdræ̀ft]	名 上昇気流
3143 ☑	**high pressure system** [hái préʃər sístəm]	名 高気圧
3144 ☑	**low pressure system** [lóu préʃər sístəm]	名 低気圧

Backgroud Knowledge

あられ（hails）

あられは，5mm 未満の氷粒が降る天気。5mm 以上はひょうとなる。「雪あられ」と「氷あられ」に区別される。雪あられは雪の周りに水滴がついたもので白色不透明。気温が0度付近の時に発生しやすい。氷あられは白色半透明および不透明の氷の粒。発生原理はひょうと同じで，積乱雲内で発生する。ともに地面に落下すると，パタパタと音を立てる。

13. Earth Science①

CD 13

Volcanoes are characteristic features of the geography of many countries. Scientists disagree over the definitions of different categories of them. Laymen tend to believe that an **active volcano** shows unusual activity such as **eruptions**, a **dormant volcano** is sleeping, and an **extinct volcano** is dead. On the other hand, geologists consider the Yellowstone Caldera (a **caldera** is a special form of volcanic **crater**), for example, to be "dormant" even though the last **lava** flow was 70,000 years ago. Volcanoes are landforms where **magma** from the earth's interior erupts to the surface. They are found where two or more **tectonic plates** converge or diverge. Tectonic plates consist of the earth's **crust** and the solidified uppermost part of the **mantle**. They float above the superheated innermost mantle layer and move in relation to one another at one of three types of plate boundaries — **convergent boundaries**, **divergent boundaries** and **transform boundaries**. (149 words)

3145 ☑	**active volcano** [ǽktiv vɑlkéinou]	名 活火山
3146 ☑	**eruption** [irʌ́pʃən]	名 噴火 派 **erupt** 自 噴火する
3147 ☑	**dormant volcano** [dɔ́:rmənt vɑlkéinou]	名 休火山
3148 ☑	**extinct volcano** [ikstíŋkt vɑlkéinou]	名 死火山
3149 ☑	**caldera** [kældéərə]	名 カルデラ 火山の活動によってできた大きな凹地。
2292 ☑	**crater** [kréitər] ※再掲	名 噴火口，クレーター
3150 ☑	**lava** [lɑ́:və]	名 溶岩
3151 ☑	**magma** [mǽgmə]	名 マグマ
3152 ☑	**tectonic plate** [tektɑ́nik pléit]	名 構造プレート

13. 地球科学①

火山は多くの国の地理の特徴である。異なる種類の火山の定義に関して科学者たちの意見は分かれている。素人は，**活火山**は**噴火**のような異常な活動を示し，**休火山**は眠っており，**死火山**は死んでいるものと思いがちだ。その一方で，地質学者は例えばイエローストーン・カルデラ（**カルデラ**とは特殊な形の火山の**噴火口**である）は「休止状態」にあるとみなしている。その最後の**溶岩**流が発生したのは7万年前だったにもかかわらず，である。火山は**マグマ**が地球内部から表面へと噴出する地形である。それらは2つ以上の**構造プレート**が集まったり分岐したりする場所にある。構造プレートは**地殻**と**マントル**の最上部が固まったものからできている。過熱状態にある最深部のマントル層の上を構造プレートは動き，3種類のプレート境界 ―― **収束境界**，**発散境界**，**トランスフォーム境界** ―― で相互に関連しながら移動している。

3153 ☐	**crust** [krʌ́st]	名 地殻 地球の表面を構成する部分。マントルの上位にある。
3154 ☐	**mantle** [mǽntl]	名 マントル
3155 ☐	**convergent boundary** [kənvə́ːrdʒənt báund(ə)ri]	名 収束境界
3156 ☐	**divergent boundary** [dəvə́ːrdʒənt báund(ə)ri]	名 発散境界
3157 ☐	**transform boundary** [trǽnsfɔːrm báund(ə)ri]	名 トランスフォーム境界

Backgroud Knowledge

カルデラ（caldera）

カルデラとは，火山の活動によってできた大きな凹地。最初にカルデラが研究されたカナリア諸島での現地名による。本来は地形的な凹みを指す言葉であったが，侵食・埋没により元の地形をとどめていない場合も，過去にカルデラであったと認められるものはカルデラと呼ぶ。

14. Earth Science②

CD 14

The study of geography involves learning the basic data on the topography of a particular country's landmass. They include the length of its sand dunes that line the coastline, the number of its gorges where rivers have cut through rocks to create deep valleys, its plateaus, its marshes, its waterfalls, and the height of its mountain peaks. Earthquakes also form part of the characteristic features of a country. They are powered by the sudden release of stored energy that radiates seismic waves. Some earthquakes cause extensive damage. The Great Kanto Earthquake was estimated to have a magnitude of nearly 8.4 on the Richter scale and caused fires that destroyed much of Tokyo. The earthquake's aftershocks frequently cause landslides and other natural disasters. The epicenter of some earthquakes is located deep in the ocean, and the shockwaves create tsunamis, or giant ocean waves that collide into coastlines destroying property and the natural surroundings. （152 words）

3158 ☐	**topography** [təpɑ́grəfi]	名 地形，地勢
3159 ☐	**landmass** [lǽndmæ̀s]	名 広大な土地，大陸
3160 ☐	**sand dune** [sǽnd d(j)ù:n]	名 砂丘
3161 ☐	**gorge** [gɔ́:rdʒ]	名 渓谷
3162 ☐	**marsh** [mɑ́:rʃ]	名 湿地
3163 ☐	**waterfall** [wɔ́:tərfɔ̀:l]	名 滝
3164 ☐	**mountain peak** [máuntn pí:k]	名 山頂 与類 summit
3165 ☐	**seismic wave** [sáizmik wéiv]	名 地震波
3166 ☐	**magnitude** [mǽgnət(j)ù:d]	名 マグニチュード

14. 地球科学②

地理の勉強には，特定の国の**広大な土地**の**地形**に関する基礎データを学習することが必要である。それらには，海岸線を描く**砂丘**の長さ，川が岩を切り開いて深い谷を作り出した**峡谷**や，高原，**湿地**，**滝**の数，**山頂**の高さが含まれる。地震も国の特徴の一部をなしている。地震は蓄積されたエネルギーが突然解き放たれて**地震波**を放出することで動力を得る。甚大な被害をもたらす地震もある。関東大震災は**リヒタースケール**で**マグニチュード**がほぼ8.4あったとされ，火災を引き起こして東京の大部分を破壊した。地震の**余震**は，往々にして地すべりや他の自然災害を引き起こす。一部の地震の**震央**は海中深くに位置し，**衝撃波**が津波という巨大な海洋波を引き起こし，海岸地帯に押し寄せて財産や自然環境を破壊する。

3167 ☑	**Richter scale** [ríktər skèil]	名 リヒタースケール マグニチュードを表示するもの。
3168 ☑	**aftershock** [æftərʃɑ̀k]	名 余震
3169 ☑	**epicenter** [épəsèntər]	名 震央 震源の真上の地表上の地点。
3170 ☑	**shockwave** [ʃɑ́kwèiv]	名 衝撃波

Backgroud Knowledge

マグニチュード（magnitude）

マグニチュードとは，地震が発するエネルギーの大きさを表した指標値。1935年に，アメリカの地震学者チャールズ・F・リヒターによって初めて定義された。マグニチュードはエネルギーの対数をとったもので，マグニチュードが1増えるとエネルギーはおよそ32倍になる。

15. Ecology①

CD 15

Deforestation ranks with the destruction of the **ozone** layer as one of the greatest threats to the **ecology** of plant life, animals and humans worldwide. The lack of **sustainable** forest cultivation and the widespread cutting of trees is said to have resulted in an estimated 53,000 square miles of forests, including **tropical rain forests**, being destroyed each year. The impact on the environment has often been disastrous. It has resulted in less precipitation and higher temperatures which in turn have contributed to **global warming**. The **habitat** of many rare plants and animals has also been destroyed. A large number of them have become **endangered species**; some have even become **extinct**. The **emission** of carbon dioxide into the atmosphere has increased, intensifying the **greenhouse effect**. The causes of deforestation are many. **Overpopulation**, for example, forces people to cut down forests for living space, and **acid rain** causes extensive damage to trees in forests. (152 words)

3171 ☑	**deforestation** [di:fɔ́(:)ristéiʃən]	名 森林破壊
1888 ☑	**ozone** [óuzoun, ‒´] ※再掲	名 オゾン ozone layer　オゾン層
3172 ☑	**ecology** [ikɑ́lədʒi]	名 生態 派 ecological　形 生態の，環境にやさしい
3173 ☑	**sustainable** [səstéinəbl]	形 持続可能な 派 sustain　他 を持続させる，を維持する
3174 ☑	**tropical rain forest** [trɑ́pikl réin fɑ́rəst]	名 熱帯雨林
3175 ☑	**global warming** [glóubl wɔ́:rmiŋ]	名 地球温暖化
886 ☑	**habitat** [hǽbitæ̀t] ※再掲	名 生息地
3176 ☑	**endangered species** [endéindʒərd spí:ʃi(:)z]	名 絶滅危惧種
3177 ☑	**extinct** [ikstínkt, eks-]	形 絶滅した 派 extinction　名 絶滅

15. 生態学①

森林破壊は**オゾン**層の破壊と並んで，世界中の植物や動物や人間の**生態**に対する最大の脅威の一つである。**持続可能な**森林育成の欠如と広範囲に及ぶ樹木の伐採の結果，**熱帯雨林**を含む推定53,000平方マイルの森林が毎年破壊されているといわれている。その環境への影響はしばしば破滅的ですらある。森林破壊が原因で降水量が減ったり気温が上がったりして，それが今度は**地球温暖化**の一因となっている。多くの希少な動植物の**生息地**も破壊されてきている。数々の希少な動植物が**絶滅危惧種**となってしまい，**絶滅して**しまった動植物さえある。大気中への二酸化炭素の**排出**は増し，**温室効果**をいっそう強めている。森林破壊の原因は数多い。例えば，**人口過剰**のせいで人々は生活空間を得るために森林を伐採せざるを得なくなり，**酸性雨**は森林の木に甚大な被害を与える。

3178 ☐	**emission** [imíʃən]	名 排出 派 emit 他 を出す，を放つ
3179 ☐	**greenhouse effect** [grí:nhàus ifèkt]	名 温室効果
3180 ☐	**overpopulation** [òuvərpàpjəléiʃən]	名 人口過剰，人口過密
3181 ☐	**acid rain** [ǽsid réin]	名 酸性雨

Backgroud Knowledge

温室効果（greenhouse effect）

温室効果とは，大気圏を有する惑星の表面から発せられる放射（電磁波により伝達されるエネルギー）が，大気圏外に届く前に一部が大気中の物質に吸収されることで，そのエネルギーが大気圏より内側に滞留し結果として内部の気温が上昇する現象。気温が温室（greenhouse）の内部のように上昇するため，このように呼ばれる。

16. Ecology②

CD 16

The **biosphere** refers to the global ecological system; it integrates all living beings with their environment. Within this system, there exist a variety of species and ecosystems, known as the earth's **biodiversity**. Modern lifestyles threaten to upset the balance within the system. In some countries, the influx of people into the cities has resulted in urban **sprawl**. On city streets, a large number of cars cause **congestion** and **traffic jams**. The exhaust from vehicles contributes to the formation of **smog** and other forms of pollution, resulting in **contamination** of air. The **disposal** of waste and **sewage** has become a major concern for local governments. To solve these problems, cities and towns have passed laws intended to **recycle** trash and to reduce **hazardous** and **toxic** pollutants from factories, **incinerators** and vehicles. On a positive side, government and private enterprise are exploring alternative sources of energy such as **solar energy**. （148 words）

3182 ☑	**biosphere** [báiəsfìər]	名 生物圏
3183 ☑	**biodiversity** [bàioudəvə́ːrsəti]	名 生物多様性
3184 ☑	**sprawl** [sprɔ́ːl]	名 スプロール現象 都市が無秩序に拡大してゆく現象。
3185 ☑	**congestion** [kəndʒéstʃən]	名 混雑 派 **congest** 他 を混雑させる，をいっぱいにする
3186 ☑	**traffic jam** [trǽfik dʒǽm]	名 交通渋滞
3187 ☑	**smog** [smάg]	名 スモッグ
3188 ☑	**contamination** [kəntæ̀minéiʃən]	名 汚染 派 **contaminate** 他 を汚染する
3189 ☑	**disposal** [dispóuzl]	名 処理
3190 ☑	**sewage** [súːidʒ]	名 下水

16. 生態学②

生物圏とは地球上の生態系を指し，あらゆる生物と環境を統合しているものだ。この体系内には，さまざまな種や生態系が存在し，地球の**生物多様性**として知られている。現代の生活様式は，生態系内の均衡を破る恐れがある。国によっては，人が都市へと殺到したことが，都市の**スプロール現象**を引き起こした。都市の路上では，多数の車のせいで**混雑**や**交通渋滞**が起こっている。乗物の排気ガスは，**スモッグ**や他の種類の公害が発生する一因となり，大気の**汚染**を招いている。廃棄物や**下水**の**処理**は，地方自治体にとって主要な関心事となっている。これらの問題を解決するために，多くの市や町はごみ**を再生利用し**，工場や**焼却炉**や乗物から出る**有害**で**有毒な**汚染物質を減らすことを目的とする法律を可決している。プラスの面に目を向けると，政府や民間企業は，**太陽エネルギー**のような代替エネルギー源を探索している。

3191 ☑	**recycle** [risáikəl]	他 を再生利用する
3192 ☑	**hazardous** [hǽzərdəs]	形 有害な 派 **hazard** 名 危険
240 ☑	**toxic** [táksik] ※再掲	形 有毒な ≒類 **poisonous**
3193 ☑	**incinerator** [insínərèitər]	名 焼却炉
3194 ☑	**solar energy** [sóulər énərdʒi]	名 太陽エネルギー

Backgroud Knowledge

生物多様性（biodiversity）

生物多様性とは，多様な生物が存在しているさま，またはその度合いのこと。1986年に昆虫学者 E.O. ウィルソンによって作られた。それ以来，生物多様性という用語とその概念は，生物学者，環境保護活動家，政治指導者，関心を持つ市民らにより，世界中で広く用いられている。

Astronomy（天文学）

3195 ☑	**Galaxy** [gǽləksi]	名 銀河，小宇宙
3196 ☑	**Milky Way** [mílki wéi]	名 天の川，銀河
3197 ☑	**quasar** [kwéizɑːr, -sɑːr]	名 クェーサー 非常に大きな赤方偏移を持っている天体。
3198 ☑	**super cluster** [súːpər klʌ́stər]	名 超銀河系 ≒類 **supergalaxy**
3199 ☑	**pulsar** [pʌ́lsɑ̀ːr]	名 パルサー パルス状の電波を放射する天体。
3200 ☑	**supernova** [sùːpərnóuvə]	名 超新星 恒星の一生が終わる時に起こる大規模な爆発現象。
3201 ☑	**sunspot** [sʌ́nspɑ̀t]	名 太陽黒点

Meteorology（気象学）

3202 ☑	**troposphere** [tróupəsfiər]	名 対流圏 地表1～20km の大気層。
3203 ☑	**stratosphere** [strǽtousfìər]	名 成層圏 地表10～50km の大気層。
3204 ☑	**mesosphere** [mézəsfiər]	名 中間圏 地表50～80km の大気層。
3205 ☑	**thermosphere** [θə́ːrməsfìər]	名 熱圏 地表100～200km の大気圏。
3206 ☑	**cold front** [kóuld frʌ̀nt]	名 寒冷前線
3207 ☑	**warm front** [wɔ́ːrm frʌ́nt]	名 温暖前線
3208 ☑	**barometer** [bərɑ́mətər]	名 気圧計

Earth Science（地球科学）

3209 ☑	**Arctic** [ɑ́:rktik]	形 北極（地方）の　名 北極（地方）
3210 ☑	**Antarctic** [æntɑ́:rktik]	形 南極（地方）の　名 南極（地方） 派 **Antarctica**　名 南極大陸
3211 ☑	**estuary** [éstʃuèri]	名 河口，入り江
3212 ☑	**ravine** [rəví:n]	名 渓谷，谷間
3213 ☑	**ridge** [rídʒ]	名 尾根，山の背
3214 ☑	**sediment** [sédəmənt]	名 堆積物
3215 ☑	**stratum** [stréitəm, strǽ-]	名 地層，岩層 複数形は **strata** となる。

Ecology（生態学）

3216 ☑	**biodegradable** [bàioudigréidəbl]	形 生物分解性の 細菌作用で無害な物質に分解できる性質。
3217 ☑	**decompose** [dì:kəmpóuz]	他 を分解する，を腐敗させる 派 **decomposition**　名 分解，腐敗
3218 ☑	**photochemical smog** [fòutoukémikl smɑ́g]	名 光化学スモッグ
3219 ☑	**oxidant** [ɑ́ksidnt]	名 オキシダント 光化学スモッグの主な原因となる物質。
3220 ☑	**landfill** [lǽndfìl]	名 埋立地，ゴミ処理場
3221 ☑	**rubbish** [rʌ́biʃ]	名 廃棄物
3222 ☑	**litter** [lítər]	名 くず，ごみ

17. Medical Science①

CD 17

Today, people in many countries are living longer, healthier lives than their grandparents thanks to advances in medical science. Within the last 100 years, scientists have found cures for **cholera**, **diphtheria**, **polio**, **tuberculosis** and other diseases that formerly caused **epidemics** to break out. Children receive **vaccinations** at an early age which protect them from **contagious** diseases. When once people might have suffered from **tetanus** if they stepped on a rusty nail, now they can get a shot that will prevent the wound from becoming infected. People are also more concerned about maintaining their own health. To reduce the risk of **heart disease** and **strokes**, they watch their diet, exercise moderately and go for regular **checkups**. Yet, many people have become extremely **overweight** due to improper diet and a lack of exercise. Because of their **obesity**, they have become susceptible to **diabetes**.（140 words）

3223 ☑	**cholera** [kálərə]	名 コレラ
3224 ☑	**diphtheria** [difθíəriə]	名 ジフテリア
3225 ☑	**polio** [póuliòu]	名 小児まひ
3226 ☑	**tuberculosis** [t(j)u(:)bə̀:rkjəlóusəs]	名 結核
3227 ☑	**epidemic** [èpidémik]	名 伝染病
3228 ☑	**vaccination** [væksənéiʃən]	名 ワクチン接種 派 **vaccinate** 他 にワクチン接種をする
3229 ☑	**contagious** [kəntéidʒəs]	形 接触伝染性の ≒類 **infectious**
3230 ☑	**tetanus** [tétənəs]	名 破傷風
3231 ☑	**heart disease** [há:rt dizì:z]	名 心臓病

17. 医学①

今日，多くの国々の人々が自分の祖父母よりも長生きして健康的に暮らしているのは医学の進歩のおかげである。過去100年の間に科学者たちは**コレラ**，**ジフテリア**，**小児まひ**，**結核**その他，以前には**伝染病**を発生させていた病気の治療法を発見した。子どもは**ワクチン接種**を幼い頃に受けて**接触伝染**病から身を守る。以前ならさびついた釘を踏んだら**破傷風**に苦しむところだが，今では注射を打って傷口が感染しないようにできる。人々はまた自分自身の健康を維持することに以前より気を遣うようになっている。**心臓病**や**脳卒中**になる危険性を減らすために，食事に注意し，適度に運動して定期的に**健康診断**を受けに行く。しかし，たくさんの人々が極端に**太りすぎ**ているのは，不適切な食事と運動不足のせいである。**肥満**のせいで**糖尿病**にかかりやすくなっている。

3232 ☑	**stroke** [stróuk]	名 脳卒中
3233 ☑	**checkup** [tʃékʌ̀p]	名 健康診断
3234 ☑	**overweight** 形 [óuvərwéit] 名 [´−−`]	形 太りすぎの　名 太りすぎ
3235 ☑	**obesity** [oubíːsəti]	名 肥満 派 **obese** 形 肥満の
3236 ☑	**diabetes** [dàiəbíːtiːz]	名 糖尿病

Backgroud Knowledge

ワクチン（vaccine）

ワクチンはヒトなどの動物に接種して感染症の予防に用いる医薬品。毒性を無くしたか，あるいは弱めた病原体から作られ，弱い病原体を注入することで体内に抗体を作り，以後感染症にかかりにくくする。弱いとはいえ病原体を接種するため，まれに体調が崩れることがある。

18. Medical Science ②

CD 18

Parents are usually the primary people who care for ill children. After they listen to the children's complaints about **cramps**, **headaches** or **stomachaches**, parents give children **home remedies** or **over-the-counter** medicines. While children receive vaccinations to prevent serious diseases like **smallpox** and **yellow fever**, they generally have to go through the childhood illnesses caused by the **measles** and the **mumps** before they can build up immunity to these diseases. Some children go through childhood with only minor cuts and **bruises**. Their parents can handle most illnesses and injuries with the aid of a **first-aid** kit in which they keep **antiseptics**, **bandages** and **ointments**. But the most effective medical treatment parents learn to give their children is TLC — tender loving care.（123 words）

3237 ☑	**cramp** [krǽmp]	名（筋肉の）けいれん
3238 ☑	**headache** [hédèik]	名 頭痛
3239 ☑	**stomachache** [stʌ́məkèik]	名 腹痛，胃痛
3240 ☑	**home remedy** [hóum rémədi]	名 家庭常備薬
3241 ☑	**over-the-counter** [óuvərðəkáuntər]	形 市販の，医師の処方不要の
3242 ☑	**smallpox** [smɔ́:lpɑ̀ks]	名 天然痘
3243 ☑	**yellow fever** [jélou fí:vər]	名 黄熱病
3244 ☑	**measles** [mí:zlz]	名 はしか
3245 ☑	**mumps** [mʌ́mps]	名 おたふくかぜ

18. 医学②

通常は主に親が病気の子どもの世話をする。子どもが**筋肉のけいれん**，**頭痛**や**腹痛**を訴えるのを聞いた後，親は子どもに**家庭常備薬**か**市販の**薬を与える。子どもは**天然痘**や**黄熱病**のような重病を予防するためにワクチン接種を受ける一方，通常は子どもの頃にかかる**はしか**や**おたふくかぜ**を経験しなければならない。その後これらの病気に対する免疫ができる。子どもの頃を小さい切り傷や**打ち身**だけで切り抜ける子どももいる。親はほとんどの病気や傷の手当てをするのに**救急**箱を利用し，その中に**消毒液**や**包帯**や**塗り薬**を用意している。しかし，親が子どもに施せるようになる一番効果的な医療は，「優しく愛情を持って接すること」である。

3246 ☑	**bruise** [brúːz]	名 打ち身
3247 ☑	**first-aid** [fəːrstéid]	形 救急の
3248 ☑	**antiseptic** [æntiséptik]	名 消毒液
3249 ☑	**bandage** [bǽndidʒ]	名 包帯
3250 ☑	**ointment** [ɔ́intmənt]	名 塗り薬

Backgroud Knowledge

天然痘（smallpox）

天然痘は有史以来，世界中で不治，悪魔の病気と恐れられてきた代表的な感染症。過去に定期的な大流行を起こすことで知られていた。独眼竜の異名で知られる戦国大名・伊達政宗が幼少期に右目を失ったのも天然痘による。黄熱病（yellow fever）は熱帯アフリカと中南米の風土病。通称「黒土病」。日常生活におけるヒトからヒトへの直接感染はない。

19. Medical Science③

CD 19

Symptoms such as **diarrhea** or **vomiting** tell doctors about the type of illness or injury a patient has. Noisy and erratic breathing often accompanies attacks of **asthma**, persistent coughing may indicate **bronchitis** or **pneumonia**, and a **rash** may be caused by an **allergy**. However, before doctors can come up with a **diagnosis** to treat a patient, they must conduct a series of tests. They might start by listening to a patient's heartbeat with a **stethoscope**. Then they might take the patient's blood pressure. **High blood pressure**, known as the silent killer, could cause severe damage to the heart. As a rule, the lower the blood pressure the better. However, **low blood pressure** can also be dangerous. It could be caused by the effects of **dehydration** or certain nervous system disorders. (131 words)

926 ☑	**symptom** [símptəm] ※再掲	名 症状，徴候 派 **symptomatic** 形 徴候となる，示す
3251 ☑	**diarrhea** [dàiərí:ə]	名 下痢
3252 ☑	**vomiting** [vámətiŋ]	名 嘔吐 派 **vomit** 自 吐く，もどす
3253 ☑	**asthma** [ǽzmə]	名 喘息 派 **asthmatic** 形 喘息の，喘息持ちの
3254 ☑	**bronchitis** [brɑŋkáitis]	名 気管支炎
3255 ☑	**pneumonia** [n(j)u:móuniə]	名 肺炎
3256 ☑	**rash** [rǽʃ]	名 湿疹
3257 ☑	**allergy** [ǽlərdʒi]	名 アレルギー 派 **allergic** 形 アレルギー体質の
3258 ☑	**diagnosis** [dàiəgnóusis]	名 診断 派 **diagnose** 他 を（～と）診断する

19. 医学③

下痢や**嘔吐**のような**症状**は，医者に患者の病気や傷の種類を示す。激しい不規則な呼吸はしばしば**喘息**の発病に伴い，ずっと咳が続くことが示しているのはおそらく**気管支炎**あるいは**肺炎**であり，そして**湿疹**は**アレルギー**が原因の場合がある。しかし，医者が患者を治療するために**診断**を下す前に，一連の検査を行う必要がある。**聴診器**を使って患者の心拍を聞くことから始めるかもしれない。それから患者の血圧を測るかもしれない。**高血圧**は静かな殺し屋として知られていて，心臓に深刻な損傷を引き起こす可能性がある。一般的に血圧は低いほどよいが，**低血圧**もまた危険である可能性がある。それは**脱水症状**や何らかの神経系障害の結果によって引き起こされる可能性があるからだ。

3259 ☑	**stethoscope** [stéθəskòup]	名 聴診器
3260 ☑	**high blood pressure** [hái blʌ́d prèʃər]	名 高血圧
3261 ☑	**low blood pressure** [lóu blʌ́d prèʃər]	名 低血圧
3262 ☑	**dehydration** [di:hàidréiʃən]	名 脱水症状 派 **dehydrate** 自 脱水する

Backgroud Knowledge

喘息（asthma）

喘息とは一般に気管支喘息を指す。アレルギー反応や細菌・ウイルス感染などが発端となった気管支の炎症が慢性化することで，気道過敏性の亢進，可逆性の気道狭窄を起こし，発作的な喘鳴，咳などの症状をきたす呼吸器疾患。喘息発作時にはこれらの症状が特に激しく発現し，死に至ることもある。

20. Medical Science ④

CD 20

Chronic diseases are often life-long and require constant treatment. **Arthritis**, for example, is the **inflammation** of the **joints**. It can speed the normal **degeneration** process of joints as people grow older. Arthritic **aches** and pains often make those afflicted **irritable** and can account for sudden shifts in mood. Diabetes, another chronic disease, means that the body does not make enough **insulin**, which is produced in the **pancreas**. Some forms of **anemia** can also be chronic. Anemia can result when the level of **red blood cells** becomes too low. This indicates that the **bone marrow** cannot keep up with the body's demand for new cells. Certain medications, such as **antibiotics**, inhibit the bone marrow from its work. **Psoriasis** is a chronic skin condition for which treatment can only provide temporary relief. Another skin disease is **athlete's foot**, which can be cured when treated. (142 words)

3263 ☑	**arthritis** [ɑːrθráitis]	名 関節炎
3264 ☑	**inflammation** [ìnfləméiʃən]	名 炎症 派 **inflame** 他 に炎症を起こさせる
3265 ☑	**joint** [dʒɔ́int]	名 関節
3266 ☑	**degeneration** [didʒènəréiʃən]	名 劣化 派 **degenerate** 自 劣化する，退化する
3267 ☑	**ache** [éik]	名 うずき，痛み
3268 ☑	**irritable** [írətəbl]	形 怒りっぽい 派 **irritate** 他 をいらいらさせる
3269 ☑	**insulin** [ínsələn]	名 インシュリン
3270 ☑	**pancreas** [pǽŋkriəs]	名 すい臓
3271 ☑	**anemia** [əníːmiə]	名 貧血症

20. 医学④

慢性疾患は人生の長きにわたって続き，継続的な治療を必要とする。例えば**関節炎**は**関節**が**炎症**を起こすことである。これは年を取るにつれて生じる関節の通常の**劣化**過程の速度を上げる可能性がある。関節炎の**うずき**と痛みはしばしばそれに苦しむ人々を**怒りっぽく**させ，気分が突然変わる原因になる可能性がある。糖尿病はこれとは別の慢性疾患で，体が十分な**インシュリン**（**すい臓**で製造される）を作れない状態である。数種類の**貧血症**もまた慢性になる可能性がある。貧血症が起こりうるのは**赤血球**の量が少なくなりすぎる時である。これが示しているのは，体の新しい細胞への需要に**骨髄**が追いつけなくなっているということである。**抗生物質**のような薬物を用いると骨髄の機能が抑制される。**乾癬**（かんせん）は慢性の皮膚病で，治療でできることは一時的な苦痛の緩和だけである。別の皮膚病に**水虫**があるが，これは治療すれば完治する。

3272 ☑	**red blood cell** [réd blʌ́d sèl]	名 赤血球
3273 ☑	**bone marrow** [bóun mǽrou]	名 骨髄
3274 ☑	**antibiotic** [æ̀ntibaiátik, æ̀ntai-]	名 抗生物質
3275 ☑	**psoriasis** [səráiəsis]	名 乾癬
3276 ☑	**athlete's foot** [ǽθliːts fút]	名 水虫

Backgroud Knowledge

乾癬（psoriasis）

乾癬は皮膚症状の伴う非感染性の自己免疫疾患であり，極めて難治性。皮膚に赤い斑の上に白色の鱗屑（皮膚上皮の角質細胞が細かく剥がれ落ちること）を見る。頭皮，膝，肘などにできやすいが，全身に広がることもある。痒みが少ないといわれているが，症状や薬剤により痒みが強いこともある。

21. Medical Science ⑤

CD 21

Blisters, cuts and **abrasions** are minor injuries which can be treated with ointment and covered with an **adhesive plaster**. Far more serious injuries require more extensive treatment. An athlete **sprains** the ankle and he or she must undergo physical **therapy** to regain the use of the ankle. A driver has an accident and suffers a **skull fracture**. That driver might have to spend days or even weeks in a hospital. A person with a cracked **rib** might have to have a **cast** put around his **chest**. A photographer with a detached **retina** must have an operation to prevent blindness. Minor illnesses can develop into major ones. People **sneeze**, for instance, because they have **hay fever** or because they might be coming down with a cold. The common cold, if left untreated, could develop into pneumonia. Influenza, also known as the **flu**, could result in death in extreme cases. (148 words)

3277 ☑	**blister** [blístər]	名 水ぶくれ
3278 ☑	**abrasion** [əbréiʒən]	名 擦り傷
3279 ☑	**adhesive plaster** [ədhí:siv plǽstər]	名 絆創膏
3280 ☑	**sprain** [spréin]	他 を捻挫する，をくじく，をひねる 名 捻挫
1391 ☑	**therapy** [θérəpi] ※再掲	名 治療法 派 therapeutic 形 治療法の
3281 ☑	**skull** [skʌ́l]	名 頭蓋骨
3282 ☑	**fracture** [frǽktʃər]	名 骨折 与類 breaking
3283 ☑	**rib** [ríb]	名 肋骨
3284 ☑	**cast** [kǽst]	名 ギプス

21. 医学⑤

水ぶくれ，切り傷，**擦り傷**はささいな傷であり，塗り薬で手当てして**絆創膏**を貼っておけばすむだろう。ずっと深刻な傷にはより広範囲な治療が必要となる。運動選手が足首**を捻挫する**と，足首をまた動かせるようになるために理学**療法**を受けなければならない。車の運転手が事故にあうと**頭蓋骨骨折**を被ることがある。その運転手は何日か，または何週間も病院で過ごさなければならないかもしれない。**肋骨**にヒビが入った人は**胸**のまわりに**ギプス**をつけておかなければならないかもしれない。**網膜**剥離を患った写真家は目が見えなくならないように手術を受けなければならない。ささいな病気も深刻な病気になる可能性がある。例えば，人々が**くしゃみをする**のは**花粉症**を患っている場合もあるし，風邪をひきかかっているという場合もある。一般の風邪は放っておくと肺炎になってしまう可能性がある。インフルエンザは**流感**としても知られ，極端な場合では死に至る場合もある。

3285 ☑	**chest** [tʃést]	名 胸
3286 ☑	**retina** [rétənə]	名 網膜
3287 ☑	**sneeze** [sníːz]	自 くしゃみをする　名 くしゃみ
3288 ☑	**hay fever** [héi fìːvər]	名 花粉症
3289 ☑	**flu** [flúː]	名 インフルエンザ，流感 与類 influenza

Backgroud Knowledge

インフルエンザ（influenza）

インフルエンザはインフルエンザウイルスによる急性感染症の一種で，流行性感冒（略称は流感）ともいう。発病すると，高熱，筋肉痛などを伴う風邪同様の症状が現れるが，風邪とはまったく別の疫病。ごくまれに急性脳症や二次感染により死亡することもある。

22. Medical Science ⑥

CD 22

Common sense is one of the best **prescriptions** for maintaining good health. **Chew** your food well to aid in digestion. Avoid foods that are high in **fat** to help prevent heart disease. To relieve the discomfort caused by **constipation**, choose foods high in fiber. When it comes to **carbohydrates**, reduce the amount of processed foods you eat. Processed foods may cause an increase of sugar content in the blood stream. See your dentist and have your teeth and **gums** checked regularly. A regular checkup of the **internal organs** is one way to detect the early signs of serious diseases affecting the **esophagus**, the **liver**, the **kidneys** and the **intestines**. Regular blood tests will help you monitor the cholesterol in the blood stream. It will also reveal abnormally high number of **white blood cells**, an indication of **leukemia**. An ounce of prevention could save you from having to **convalesce** after a serious illness. (152 words)

2924 ☑	**prescription** [priskrípʃən] ※再掲	名 処方箋 派 **prescribe** 他（薬など）を処方する
3290 ☑	**chew** [tʃúː]	他 をかむ
3291 ☑	**fat** [fǽt]	名 脂質，脂肪　形 太った
3292 ☑	**constipation** [kɑnstəpéiʃən]	名 便秘 派 **constipate** 自 便秘する
3293 ☑	**carbohydrate** [kɑ̀ːrbouháidreit]	名 炭水化物
3294 ☑	**gum** [gʌ́m]	名 歯茎
3295 ☑	**internal organ** [intə́ːrnl ɔ́ːrgn]	名 内臓
3296 ☑	**esophagus** [isɑ́fəgəs]	名 食道
1199 ☑	**liver** [lívər] ※再掲	名 肝臓

22. 医学⑥

一般常識は健康を維持するために最適な**処方箋**の一つである。消化を助けるために食べ物をよく**かむ**こと。心臓病を防ぐために**脂質**が多い食べ物を避けること。**便秘**による不快感を和らげるために繊維が多い食べ物を選ぶこと。**炭水化物**に関しては，加工食品を食べる量を減らすこと。加工食品のせいで血流中の糖の量が増えるかもしれないのである。歯医者に歯と**歯茎**を定期的に診てもらうこと。**内臓**の定期健診は**食道**，**肝臓**，**腎臓**，**腸**に影響する重病の初期症状を見つける一つの方法である。定期的な血液検査が血流中のコレステロールを調べることに役立つ。それはまた，異常に多い**白血球**，つまり**白血病**の兆候を見つけ出すこともあるだろう。ちょっとした予防をすれば，重病になってしまって**回復する**ことに努めなければならないなどという目にあわずにすむ可能性が高い。

3297 ☑	**kidney** [kídni]	名 腎臓
3298 ☑	**intestine** [intéstin]	名 腸 派 **intestinal** 形 腸の
3299 ☑	**white blood cell** [*h*wáit blʌ́d sèl]	名 白血球
3300 ☑	**leukemia** [luːkíːmiə]	名 白血病
3301 ☑	**convalesce** [kɑ̀nvəlés]	自 回復する 派 **convalescence** 名（病後の）健康回復

Backgroud Knowledge

白血病（leukemia）

医学的には，腫瘍化した造血細胞が無制限に増殖して血液中に出現する疾患の総称。「血液の癌」といわれる。白血球系の細胞の腫瘍であることが多いため白血病と呼ばれるが，実際には赤血球系や血小板系の細胞が腫瘍化したものもあり，これらも白血病と呼ばれる。

23. Chemistry①

CD 23

Many chemistry students laugh when they read about **alchemy** and how people attempted to convert metal **alloys** into gold. Alchemists, however, through their studies of chemical **elements** and **compounds**, laid the foundation of modern chemistry. Today chemistry students learn about the arrangement of elements according to their atomic number on the **periodic table**. In the classroom, they memorize **chemical formulas** and study **chemical reactions**. They learn definitions of chemical terms such as **fermentation**, the conversion of sugar molecules into ethanol and carbon dioxide by **yeast**. In the laboratory, they observe the process of **dissolution**. One simple experiment they conduct is throwing salt into water. The salt dissolves and creates a **solution**, which is a homogeneous **mixture** of one or more substances dissolved in another substance known as a **solvent**. At home, they might take medicines that increase the **alkalinity** inside an upset stomach. (143 words)

3302 ☑	**alchemy** [ǽlkəmi]	名 錬金術 派 **alchemist** 名 錬金術師
3303 ☑	**alloy** [ǽlɔi, əlɔ́i]	名 合金
492 ☑	**element** [éləmənt] ※再掲	名 元素，要素
2437 ☑	**compound** [kɑ́mpaund] ※再掲	名 化合物
3304 ☑	**periodic table** [pìəriɑ́dik téibl]	名 周期表
3305 ☑	**chemical formula** [kémikl fɔ́:rmjələ]	名 化学式
3306 ☑	**chemical reaction** [kémikl ri(:)ǽkʃən]	名 化学反応
3307 ☑	**fermentation** [fə̀:rmentéiʃən]	名 発酵 派 **ferment** 他 を発酵させる
3308 ☑	**yeast** [jí:st]	名 酵母菌

23. 化学①

化学を学ぶ学生は，**錬金術**についてや，いかに人々が金属**合金**を金に変えようとしたかを読むと，その多くが笑う。しかし，錬金術師は化学**元素**や**化合物**の研究を通じて現代化学の基礎を築いたのである。今日では化学を勉強する学生は，**周期表**上の原子番号に従って元素の配置を学ぶ。教室の授業では，学生は**化学式**を暗記し**化学反応**を習う。**酵母菌**によって糖分子がエタノールと二酸化炭素へ変化する**発酵**などの化学用語の定義を学ぶ。実験室では，**溶解**の過程を観察する。学生が行う簡単な実験の一つは，塩を水に投ずることだ。塩は溶解して**溶液**を作るが，それは一つ以上の物質が**溶媒**として知られる別の物質に溶解した均一な**混合物**である。家では，調子が悪い胃の内部の**アルカリ度**を強める薬を飲むかもしれない。

2326 ☐	**dissolution** [dìsəlúːʃən]	※再掲	名 溶解 派 dissolve 他 を溶かす
392 ☐	**solution** [səlúːʃən]	※再掲	名 溶液 派 soluble 形 溶ける，溶けやすい
3309 ☐	**mixture** [míkstʃər]		名 混合物
3310 ☐	**solvent** [sɑ́lvənt]		名 溶媒 solute 名 溶質
3311 ☐	**alkalinity** [æ̀lkəlínəti]		名 アルカリ度 派 alkaline 形 アルカリ性の

Backgroud Knowledge

錬金術（alchemy）

錬金術とは，最も狭義には，化学的手段を用いて卑金属から貴金属を精錬しようとする試み。広義では，金属に限らずさまざまな物質や，人間の肉体や魂をも対象として，それらをより完全な存在に錬成する試みを指す。錬金術の発達の過程で，現在の化学薬品の発見が多くなされ，その成果は現在の化学にも引き継がれている。

24. Chemistry ②

CD 24

A stroll through the aisles of a supermarket reveals a magical showcase of how chemistry makes our lives more convenient, healthier and more enjoyable. In canned and frozen foods, **preservatives** prevent the deterioration of **nutrients**. The glass in jars of jams and jellies is partially made from silicon, a **metalloid**. Beer is a **brew** of barley kernels that undergoes a series of chemical reactions. At the condiment counter, you can find **flavoring** agents to make foods more palatable and **digestible**. **Refrigerant** compounds in the store's refrigerators keep PET bottles of drinks cool. PET bottles are made from **polyesters**. Plastic spatulas and other **nonmetal** utensils help save **Teflon** surfaces in pans from scratching. Pots and pans made from aluminum, which is second to gold in its **malleability**, are inexpensive and easy to use. Over-the-counter stomach medicines **neutralize** the **acidity** of people suffering from ulcer. And in some supermarkets, you can find **nylon** stockings.（152 words）

3312 ☑	**preservative** [prizə́:rvətiv]	名 防腐剤 派 **preservation** 名 保存
3313 ☑	**nutrient** [n(j)ú:triənt]	名 栄養素 派 **nutrition** 名 栄養物
3314 ☑	**metalloid** [métəlɔ̀id]	名 半金属 金属と非金属の中間の物質。
3315 ☑	**brew** [brú:]	名 醸造酒 他 を醸造する
3316 ☑	**flavor** [fléivər]	他 に風味を添える 名 香味料
3317 ☑	**digestible** [daidʒéstəbl, di-]	形 消化しやすい 派 **digest** 他 を消化する
3318 ☑	**refrigerant** [rifrídʒərənt]	名 冷媒，冷却材 派 **refrigeration** 名 冷凍，冷却
3319 ☑	**polyester** [pálièstər]	名 ポリエステル
3320 ☑	**nonmetal** [nɑ̀nmétl]	名 非金属

24. 化学②

スーパーマーケットの通路をぶらつくと，いかに化学が私たちの生活の利便性を高め，健康を促進し，楽しさを増してくれるかを陳列する魔法の棚が見られる。缶詰や冷凍食品の中では，**防腐剤**が**栄養素**の劣化を防いでくれる。ジャムやゼリーの瓶のガラスは，**半金属**であるケイ素で部分的に作られている。ビールは，一連の化学反応を経る大麦穀粒の**醸造酒**だ。香辛料売場では，食物をもっとおいしくて**消化しやすく**するための**香味料**を発見できる。店の冷蔵庫内の**冷媒**化合物は，ペットボトル飲料を冷やしておいてくれる。ペットボトルは**ポリエステル**から作られる。プラスチック製のへらや他の**非金属**器具は，平なべの表面の**テフロン**を傷つけなくてすませるのに一役買う。金に次ぐ**可鍛性**を持つアルミニウム製のなべ・かま類は安くて使いやすい。市販の胃腸薬は潰瘍に苦しむ人々の**胃酸過多を中和する**。そして一部のスーパーマーケットでは**ナイロン**製のストッキングを見つけることができる。

3321 ☑	**Teflon** [téflɑn]	名 テフロン
3322 ☑	**malleability** [mæ̀liəbíləti]	名 可鍛性，展性 派 **malleable** 形 可鍛性の，展性の
3323 ☑	**neutralize** [n(j)ú:trlàiz]	他 を中和する 派 **neutralization** 名 中和
3324 ☑	**acidity** [əsídəti]	名 酸過剰 派 **acidic** 形 酸性の
3325 ☑	**nylon** [náilɑn]	名 ナイロン

Backgroud Knowledge

醸造酒（brew）

醸造酒とは，原料を酵母によりアルコール発酵させて作られた酒。蒸留などの作業を経ずに，基本的にアルコール発酵させたままの状態で飲まれるものをいう。

Medical Science（医学）

3326 ☑	**acupuncture** [ǽkjupʌ̀ŋktʃər]	名 鍼治療 与類 needle therapy
3327 ☑	**transplantation** [trænsplæntéiʃən]	名 移植（したもの） 派 transplant 他 を移植する 名 移植（手術）
3328 ☑	**anesthesia** [æ̀nəsθíːʒə]	名 麻痺
3329 ☑	**antibody** [ǽntibɑ̀di]	名 抗体，抗毒素
3330 ☑	**antigen** [ǽntidʒən]	名 抗原
3331 ☑	**artificial respiration** [ɑ̀ːrtifíʃl rèspəréiʃən]	名 人工呼吸
3332 ☑	**clot** [klɑ́t]	名 どろっとした固まり，凝血塊
3333 ☑	**platelet** [pléitlət]	名 血小板，栓球
3334 ☑	**dislocation** [dìsloukéiʃən]	名 脱臼 派 dislocate 他 の関節をはずす，を脱臼させる
3335 ☑	**dose** [dóus]	名 服用量，放射線量
3336 ☑	**malady** [mǽlədi]	名 病気
3337 ☑	**scurvy** [skə́ːrvi]	名 壊血病 出血性の障害が体内の各器官で生じる病気。
3338 ☑	**typhoid** [táifɔid]	形 腸チフスの 名 腸チフス チフス菌によって引き起こされる感染症の一種。
3339 ☑	**jaundice** [dʒɔ́ːndəs, dʒɑ́ːn-]	名 黄疸 ビリルビン過剰により眼球や皮膚が黄染する状態。
3340 ☑	**hydrophobia** [hàidroufóubiə]	名 狂犬病 与類 rabies

Chemistry（化学）

3341 ☑	**organic chemistry** [ɔːrgǽnik kémistri]	名 有機化学 有機化合物の合成・性質を研究する化学。
3342 ☑	**inorganic chemistry** [ìnɔːrgǽnik kémistri]	名 無機化学 元素・単体・無機化合物を研究する化学。
3343 ☑	**synthetic chemistry** [sinθétik kémistri]	名 合成化学 有機化合物の合成方法を研究する化学。
3344 ☑	**biochemistry** [bàioukémistri]	名 生化学 生命現象を化学的に研究する。
3345 ☑	**melting point** [méltiŋ pɔ̀int]	名 融点
3346 ☑	**boiling point** [bɔ́iliŋ pɔ̀int]	名 沸点
3347 ☑	**compression** [kəmpréʃən]	名 圧縮 派 **compress** 他 を圧縮する
3348 ☑	**conduction** [kəndʌ́kʃən]	名（熱・音・電気などの）伝導 派 **conductance** 名 コンダクタンス，電気伝導力
3349 ☑	**diffusion** [difjúːʒən]	名 放散，拡散 派 **diffuse** 他 を放散する，を発散する
3350 ☑	**dilution** [dailúːʃən, di-]	名 希釈（物） 派 **dilute** 他 を薄める
3351 ☑	**distillation** [distiléiʃən]	名 蒸留（作用） 派 **distill** 他 を蒸留する
3352 ☑	**oxidation** [àksidéiʃən]	名 酸化 派 **oxidize** 他 を酸化させる，をさびさせる
3353 ☑	**adhesion** [ədhíːʒən, æd-]	名 付着，粘着 派 **adhere** 自 付着する，粘着する
3354 ☑	**cohesion** [kouhíːʒən]	名 結合，凝集（力） 派 **cohere** 自 結合する，凝集する
3355 ☑	**isotope** [áisətòup]	名 アイソトープ，同位体 同じ元素の原子で，質量数が異なるもの。

25. Physics①

CD 25

Physicists seek to explain the natural world by employing the scientific method. They study **quarks**, **superconductivity** and other natural phenomena. The study of physics is divided into five branches, in which central theories have been experimentally tested and proven numerous times. In classical **mechanics**, the subtopics include **acoustics** and **kinematics**. In this branch, physicists study such concepts as **acceleration**. In **electromagnetism**, **optics** is one of the many subtopics they research. In **thermodynamics**, they focus their attention on concepts such as **entropy** and **viscosity**. In **quantum mechanics**, they developed theories that have solved the problem of computing energy radiated by an atom when it drops from one quantum state to another of lower energy. The final branch is perhaps the most recognized, though least understood, among ordinary people because of Albert Einstein's **theory of relativity**.（134 words）

3356 ☑	**quark** [kwɔ́:rk]	名 クォーク 素粒子の構成要素となっている粒子。
3357 ☑	**superconductivity** [sù:pərkɑndʌktívəti]	名 超伝導
3358 ☑	**mechanics** [məkǽniks, mi-]	名 力学
3359 ☑	**acoustics** [əkú:stiks]	名 音響学
3360 ☑	**kinematics** [kìnəmǽtiks]	名 運動学
3361 ☑	**acceleration** [əksèləréiʃən, æk-]	名 加速 派 **accelerate** 他 を加速する
3362 ☑	**electromagnetism** [ilèktroumǽgnətìzm]	名 電磁気
3363 ☑	**optics** [ɑ́ptiks]	名 光学
3364 ☑	**thermodynamics** [θə̀:rmədainǽmiks]	名 熱力学

25. 物理学①

物理学者は，科学的研究法を駆使して自然界を解明しようと試みている。彼らは**クォーク**，**超伝導**，さらにその他の自然現象を研究している。物理学の研究は５つの部門に分かれており，そこで中心となる理論が試験的に検証され，何度にもわたって証明されている。古典**力学**における副論題には**音響学**や**運動学**がある。この部門では，物理学者は例えば**加速**などの概念について研究している。**電磁気**部門において，彼らが研究する多くの副論題の一つに**光学**がある。**熱力学**部門では，物理学者は**エントロピー**や**粘性**といった概念に着目している。**量子力学**部門では，物理学者は，原子によって放射されたエネルギーがある量子状態から別のさらに低いエネルギーの量子状態へと低下する際の，エネルギー算出に関する問題を解決してきた理論を発展させた。最後の部門はアルバート・アインシュタインの**相対性理論**のおかげで，一般の人々の間では，いささかも理解されていないものの，おそらく最も認知されている。

3365 ☐	**entropy** [éntrəpi]	名 エントロピー 熱力学上の，仕事に利用できないエネルギー量。
3366 ☐	**viscosity** [viskásəti]	名 粘性
3367 ☐	**quantum mechanics** [kwántəm məkǽniks]	名 量子力学
3368 ☐	**theory of relativity** [θíːəri əv rèlətívəti]	名 相対性理論

Backgroud Knowledge

相対性理論（the theory of relativity）

相対性理論は，アインシュタインの発表した理論で，互いに運動する物体の座標系の間では，物理学の法則が不変な形を保つという原理に基づくもの。単に相対論（relativity）ともいわれる。命名者はドイツの理論物理学者，マックス・プランク。アインシュタインは不変性理論にしたいと思っていた。

26. Physics ②

CD 26

Many consumer products and services have come from the research of physicists. From the study of **nuclear physics**, they have succeeded in harnessing the atom through **nuclear fission** to produce enough nuclear fuel in **nuclear plants** to generate **electric current** to light up a major metropolis. They now try to use **nuclear fusion** to produce energy. Their research in optics, which describes the behavior of **visible light**, **infrared light**, and **ultraviolet light**, have produced consumer products we take for granted. The most common of them are the **concave lens** and **convex lens**. They are used in contact lenses to correct eyesight. The convex lens is often used as a **magnifying glass**. One simple experiment in optics a person can perform is to demonstrate the **reflection** of beams of light with a **prism**. The study of the interaction of **photons** and matter has produced advances in optical transmissions of information. (149 words)

3369 ☐	**nuclear physics** [n(j)ú:kliər fíziks]	名 原子物理学
3370 ☐	**nuclear fission** [n(j)ú:kliər fíʃən]	名 核分裂
3371 ☐	**nuclear plant** [n(j)ú:kliər plǽnt]	名 原子力発電所
3372 ☐	**electric current** [iléktrik kɔ́:rənt]	名 電流
3373 ☐	**nuclear fusion** [n(j)ú:kliər fjú:ʒən]	名 核融合
3374 ☐	**visible light** [vízəbl láit]	名 可視光線
3375 ☐	**infrared light** [ínfrəréd láit]	名 赤外線
3376 ☐	**ultraviolet light** [ʌ̀ltrəváiələt láit]	名 紫外線
3377 ☐	**concave lens** [kɑnkéiv lénz]	名 凹面レンズ

26. 物理学②

消費者製品やサービスの多くは物理学者の研究によってもたらされている。**原子物理学**の研究により物理学者は**核分裂**を介して原子を利用することに成功している。それにより**原子力発電所**で使用する十分な核燃料を作り出し，**電流**を発生させ主要な大都市を照らし出している。彼らは現在，**核融合**を使ってエネルギーを得ようとしている。光学における彼らの研究は**可視光線**，**赤外線**および**紫外線**の動きを説明するものであり，私たちが当たり前だと考える消費者製品を生み出してきた。それらの中で最も一般的なものは**凹面レンズ**と**凸面レンズ**である。これらは視力調整用にコンタクトレンズに使われている。凸面レンズは**虫めがね**としてよく利用されている。光学の分野において，一般の人が行うことができる簡単な実験が一つある。それは**プリズム**によって光線の**反射**を示して見せることだ。**光子**と物質との相互作用に関する研究は，情報の光伝送の発展をもたらしている。

3378 ☑	**convex lens** [kɑnvéks lénz]	名 凸面レンズ
3379 ☑	**magnifying glass** [mǽgnəfàiiŋ glæ̀s]	名 虫めがね
3380 ☑	**reflection** [riflékʃən]	名 反射 派 **reflect** 他 を反射する
3381 ☑	**prism** [prízm]	名 プリズム
3382 ☑	**photon** [fóutɑn]	名 光子 電磁相互作用を媒介する粒子。

Backgroud Knowledge

原子物理学（nuclear physics）

原子物理学は，原子を対象とする物理学。原子を複数の電子と一つの原子核からなる系と考える。原子物理学の問題は突き詰めればこの系における一つ一つの電子のエネルギー状態を求める問題。原子間の相互作用や原子核の構造については対象外。

27. Physics ③

CD 27

We can see the concepts of physics in our daily lives. Pedal a bicycle to a desired speed and then rely on **kinetic energy** to maintain the **momentum** of the bicycle. Following the principle of **inertia**, the bicycle will retain its **velocity** along a straight line. By attaching a **dynamo** to the wheel, this energy can produce light. Place a spoon in a glass of water and see the principle of **refraction** at work. Turn on an **incandescent lamp** and inside it observe a **vacuum**, a space that is empty and free of **friction**. Look inside your computer and look at the **integrated circuits** composed of thousands of miniature **transistors**. Place a magnet under a piece of paper and create a **magnetic field**. When you drive and come to a crossroad, look into a **parabolic mirror**. The **focal points** allow you to see if cars are coming from both directions. (150 words)

3383 ☐	**kinetic energy** [kənétik énərdʒi]	名 運動エネルギー
3384 ☐	**momentum** [mouméntəm]	名 勢い，はずみ
3385 ☐	**inertia** [inə́ːrʃə, -ʃiə]	名 慣性，惰性 派 **inert** 形 自力で運動できない，惰性的な
3386 ☐	**velocity** [vəlɑ́səti]	名 速度 ≒類 **speed**
3387 ☐	**dynamo** [dáinəmòu]	名 発電機
3388 ☐	**refraction** [rifrǽkʃən]	名 屈折 派 **refract** 他 を屈折させる
3389 ☐	**incandescent lamp** [ìnkəndésnt lǽmp]	名 白熱灯
1480 ☐	**vacuum** [vǽkjuəm] ※再掲	名 真空
2691 ☐	**friction** [fríkʃən] ※再掲	名 摩擦

27. 物理学③

私たちは日常生活の中で物理学の概念にお目にかかることができる。望み通りの速さになるまで自転車のペダルを踏み，その後は**運動エネルギー**に頼って自転車の**勢い**を維持してみよう。**慣性**の法則に従って，自転車は直線に沿ってその**速度**を保つだろう。車輪に**発電機**をつけておくことで，このエネルギーによって光を出すことができる。コップの水の中にスプーンを入れて，**屈折**の原理が働くのを見てみよう。**白熱灯**をつけ，その内部にある，中身が空で**摩擦**のない空間，すなわち**真空空間**をよく見てみよう。コンピュータの中をのぞいて，何千という小型**トランジスタ**からなる**集積回路**を眺めてみよう。紙の下に磁石を置いて**磁場**を作り出してみよう。車を運転して交差点にさしかかる時，**放物面鏡**を覗き込んでみよう。**焦点**の作用によって車が両方向から近づいてくるかどうかがわかる。

3390 ☑	**integrated circuit** [íntəgrèitid sə́ːrkət]	名 集積回路
3391 ☑	**transistor** [trænzístər]	名 トランジスタ 増幅，またはスイッチ動作をする半導体素子。
3392 ☑	**magnetic field** [mægnétik fíːld]	名 磁場
3393 ☑	**parabolic mirror** [pærəbɑ́lik mírər]	名 放物面鏡
3394 ☑	**focal point** [fóukl pɔ̀int]	名 焦点

Backgroud Knowledge

慣性の法則（the principle of inertia）

慣性の法則は，慣性系における力を受けていない質点の運動を記述する経験則であり，運動の第１法則とも呼ばれる。ガリレイやデカルトによってほぼ同じ形で提唱されていたものをニュートンが基本法則として整理。力を加えられない限り，静止している質点は静止を続け，運動している質点は等速直線運動を続ける。

28. Mathematics ①

CD 28

Children learn to count or do other calculations by using their fingers. In some cultures, they use the abacus for addition, subtraction, division and multiplication. In school, they learn the terminology for the different types of numbers they use in more complex mathematical problems. Cardinal numbers, they learn, are for counting, while ordinal numbers are used for positioning. Some superstitious students may prefer odd numbers to even numbers. As they advance in their studies of mathematics, they learn about fractions and decimals and how to work with them in class and in real life. Customers at restaurants in countries where tipping is customary make use of fractions and decimals to calculate the amount of tip they should give their waiter. In university classes, students study calculus, algebra and other advanced mathematical courses. (132 words)

3395 ☑	**calculation** [kæ̀lkjəléiʃən]	名 計算 派 **calculate** 他 を計算する
3396 ☑	**abacus** [ǽbəkəs]	名 そろばん
3397 ☑	**addition** [ədíʃən]	名 加法，足し算 派 **add** 他 を足す，を合計する
3398 ☑	**subtraction** [səbtrǽkʃən]	名 減法，引き算 派 **subtract** 他 を引く，を減ずる
2966 ☑	**division** [divíʒən] ※再掲	名 除法，割り算 派 **divide** 他 を割る，を分ける
3399 ☑	**multiplication** [mʌ̀ltəplikéiʃən]	名 乗法，掛け算 派 **multiply** 他 を掛ける
3400 ☑	**cardinal number** [kɑ́:rdnl nʌ́mbər]	名 基数 one, two , three, ... など。
3401 ☑	**ordinal number** [ɔ́:rdənl nʌ́mbər]	名 序数 first, second, third, ... など。
3402 ☑	**odd number** [ɑ́d nʌ́mbər]	名 奇数

28. 数学①

子どもたちは，指を使って数を数えたり他の**計算**をしたりするようになる。一部の文化では，**加法**，**減法**，**除法**，**乗法**に**そろばん**を使う。学校では，もっと複雑な数学の問題で使われる，さまざまな種類の数を表す専門用語を子どもたちは学ぶ。**基数**は数を数えるためのものだが，**序数**は位置づけのために使われるのだと学ぶ。迷信深い生徒には，**奇数**の方を**偶数**より好む者もいるかもしれない。数学の勉強が進むにつれて，分数と**小数**，そして授業や実生活においてそれらをどのように扱えばいいかについて学ぶ。チップをあげるのが通例である国のレストランの客は，接客係にあげるべくチップの額を計算するために分数や小数を使用する。大学の授業では，学生は**微積分学**，**代数学**や他の高等数学課程を学ぶ。

4
UNIT14

3403 ☑	**even number** [íːvn nʌ́mbər]	名 偶数
3404 ☑	**decimal** [désəml]	名 小数
3405 ☑	**calculus** [kǽlkjələs]	名 微積分（学）
3406 ☑	**algebra** [ǽldʒəbrə]	名 代数（学）

Backgroud Knowledge

奇数（odd number）

日本では奇数は割り切れないので縁起のいい数とされていて，特に数字の1・3・5・7は好まれる傾向がある。しかし9は「苦」に通じるので奇数だが縁起の悪い数と受け取られることが多い。海外では7は「ラッキーセブン」として好まれるが，13は縁起が悪い数と考えられている。

29. Mathematics②

CD 29

Students begin their study of **geometry** by learning basic terms. They learn that lines extend infinitely in both directions. A **ray** is a straight line that begins at an endpoint and extends forever in one direction. Two endpoints that meet form an angle. An **acute angle** is any angle less than 90 degrees, while an **obtuse angle** is an angle between 90 degrees and 180 degrees. **Right angles** are exactly 90 degrees. When a **vertical line** and a **horizontal line** meet, they are **perpendicular**, forming a right angle. When a third line intersects **parallel** lines it forms **corresponding angles**. When three or more lines form a closed figure, it is known as a **polygon**. Examples of polygons are **triangles**, **rectangles** and **trapezoids**. Once students understand the basic terms, they begin working on solving geometric problems. (135 words)

3407 ☑	**geometry** [dʒiámətri]	名 幾何（学） 派 **geometric** 形 幾何学上の
3408 ☑	**ray** [réi]	名 射線
3409 ☑	**acute angle** [əkjú:t ǽŋgl]	名 鋭角
3410 ☑	**obtuse angle** [əbt(j)ú:s ǽŋgl]	名 鈍角
3411 ☑	**right angle** [ráit ǽŋgl]	名 直角
3412 ☑	**vertical line** [və́:rtikl láin]	名 縦線
3413 ☑	**horizontal line** [hɔ̀(:)rəzántl láin]	名 横線
3414 ☑	**perpendicular** [pə̀:rpəndíkjələr]	形 垂直の　名 垂線，垂直
3415 ☑	**parallel** [pǽrəlèl]	形 平行の　名 平行線，平行

29. 数学②

学生は，基本用語を学ぶことで**幾何学**の勉強を始める。彼らは，線は両方向へ無限に伸びるということを学ぶ。**射線**とは，端点から始まり一方向に延々と伸びる直線である。重なる２つの端点は角をなす。**鋭角**とは90度未満の角のことであり，**鈍角**は90度から180度の間の角である。**直角**は，ちょうど90度だ。**縦線**と**横線**が交わると，その２本の線は**垂直で**あり，直角をなす。**平行**線と３本目の線が交わると**同位角**をなす。３本以上の線で囲まれた図形は，**多角形**として知られている。多角形の例は，**三角形**や**長方形**や**台形**である。ひとたび基本用語を理解すると，学生は幾何学の問題を解くことに取り組み始める。

3416 ☐	**corresponding angle** [kɔːrəspándiŋ ǽŋgl]	名 同位角
3417 ☐	**polygon** [páligàn]	名 多角形
3418 ☐	**triangle** [tráiæ̀ŋgl]	名 三角形 派 **triangular** 形 三角の
3419 ☐	**rectangle** [rèktǽŋgl]	名 長方形 派 **rectangular** 形 長方形の，直角の
3420 ☐	**trapezoid** [trǽpəzɔ̀id]	名 台形

Backgroud Knowledge

幾何学（geometry）

幾何学は数学の一分野で，図形もしくは多様体について研究する。ヨーロッパでは長く，「幾何学的精神」という言葉が，厳密さを重んじる数学の王道ともいうべきあり方とされた。また，幾何学は楽に習得する道がないことから「幾何学に王道無し」という言葉もある。

30. Mathematics ③

CD 30

Algebra, geometry, **trigonometry** and other areas of mathematics are tools people use to find the answers to something unknown such as the **square root** of a number. They might start with a **theorem**, or an assumption. Then they might decide which **factors** are **constants** and which are **variables**. They use **formulas** in their **equations** to help them think through the problem. Of course, they employ **integers**, which are **natural numbers**, their negatives and zero. However, in order to think beyond what is obvious and observable, they must rely on **complex numbers**, which is a combination of a **real number** and an **imaginary number**. Electronic engineers, for example, often use complex numbers in their calculations. In determining the magnitudes of earthquakes, seismologists make use of **logarithm**, as do astronomers computing the scale of stellar brightness.（134 words）

3421 ☑	**trigonometry** [trìgənámətri]	名 三角法
3422 ☑	**square root** [skwéər rú:t]	名 平方根
3423 ☑	**theorem** [θí:ərəm, θíə-]	名 定理
465 ☑	**factor** [fǽktər] ※再掲	名 因数
3424 ☑	**constant** [kánstənt]	名 定数 値が固定されて変化しない数。
3425 ☑	**variable** [véəriəbl]	名 変数 未知・不定の数を表す文字記号。
2591 ☑	**formula** [fɔ́:rmjələ] ※再掲	名 公式
3426 ☑	**equation** [ikwéiʒən, -ʃən]	名 方程式
3427 ☑	**integer** [íntidʒər]	名 整数 ≒類 whole number

30. 数学③

代数学，幾何学，**三角法**，そして数学の他の分野は，ある数の**平方根**といった未知のものに対する答えを見つけ出すために用いる道具である。**定理**や仮定から始めるかもしれない。それから，どの**因数**が**定数**で，どれが**変数**かを決めるかもしれない。問題を考え抜くのを助けるために，**方程式**で**公式**を用いる。その際にはもちろん**整数**を用いるが，これは**自然数**とその負の数とゼロを含むものである。しかし，すでにわかっていて観察可能なこと以上のことに考えをめぐらすためには**複素数**に頼る必要がある。これは**実数**と**虚数**を組み合わせたものである。例えば，電子技術者は計算で複素数をよく用いる。地震学者は，地震のマグニチュードを決定する上で**対数**を用いるが，これは天文学者が星の光度等級を計算する際にも用いる。

3428 ☑	**natural number** [nǽtʃərəl nʌ́mbər]	名 自然数
3429 ☑	**complex number** [kɑ́mplèks nʌ́mbər]	名 複素数
3430 ☑	**real number** [rí:əl nʌ́mbər]	名 実数
3431 ☑	**imaginary number** [imǽdʒənèri nʌ́mbər]	名 虚数
3432 ☑	**logarithm** [lɔ́(:)gəriðm, -θm]	名 対数 指数関数の逆関数となる関数。

Backgroud Knowledge

平方根（square root）

負でない実数 a に対して，a = b^2 となるような b を，a の平方根（square root）という。 a = 0 ならば a の平方根は 0 のみ。a が正の時，平方根は正と負の二つ存在し，そのうち正である方を便宜的に$\sqrt{a}$と表す。記号 √ は根号（root sign）と呼ぶ。

Physics（物理学）

3433 ☑	**centrifugal force** [sentrífjəgl fɔ́:rs]	名 遠心力
3434 ☑	**centripetal force** [sentrípitl fɔ́:rs]	名 求心力
3435 ☑	**potential energy** [pətén∫əl énərdʒi]	名 位置エネルギー
3436 ☑	**absolute zero** [ǽbsəlù:t zíərou]	名 絶対零度 物質における温度の下限（-273.15℃）。
3437 ☑	**electric charge** [iléktrik t∫á:rdʒ]	名 電荷
3438 ☑	**negative charge** [négətiv t∫á:rdʒ]	名 負電荷，マイナス電荷
3439 ☑	**positive charge** [pázətiv t∫á:rdʒ]	名 正電荷，プラス電荷
3440 ☑	**volt** [vóult]	名 ボルト 電圧の単位。
3441 ☑	**ampere** [ǽmpiər, -peər]	名 アンペア 電流の強さの単位。
3442 ☑	**watt** [wát]	名 ワット 電力の単位。
3443 ☑	**alternating current** [ɔ́:ltərnèitiŋ kə́:rənt]	名 交流電流
3444 ☑	**direct current** [dərékt kə́:rənt]	名 直流電流
3445 ☑	**inverter** [invə́:rtər]	名 インバータ，符号変換器 直流電流を交流電流に変換する装置。
3446 ☑	**rectifier** [réktəfàiər]	名 整流器，整流装置 交流電流を直流電流に変換する装置。
3447 ☑	**insulation** [ìnsəléi∫ən]	名 絶縁体，絶縁材 電気を通しにくい物質・材料。

3448 ☑	**grid** [gríd]	名 配電網
3449 ☑	**fuel cell** [fjú:əl sèl]	名 燃料電池
3450 ☑	**photovoltaic cell** [fòutovɑltéiik sél]	名 光電池
3451 ☑	**solar cell** [sóulər sél]	名 太陽電池
3452 ☑	**diode** [dáioud]	名 二極真空管，ダイオード
3453 ☑	**electric circuit** [iléktrik sə́:rkət]	名 電気回路
3454 ☑	**transformer** [trænsfɔ́:rmər]	名 変圧器，トランス

Mathematics (数学)

3455 ☑	**prime number** [práim nʌ́mbər]	名 素数
3456 ☑	**rational number** [rǽʃənl nʌ́mbər]	名 有理数
3457 ☑	**irrational number** [irǽʃənl nʌ́mbər]	名 無理数
3458 ☑	**vector** [véktər]	名 ベクトル
3459 ☑	**exponential** [èkspounénʃəl]	名 指数関数
3460 ☑	**cube root** [kjú:b rú:t]	名 立方根
3461 ☑	**permutation** [pə̀:rmjutéiʃən]	名 順列，置換

Mathematics（数学）

3462 ☑	**arc** [ɑ́:rk]	名 弧
3463 ☑	**diagonal** [daiǽgənl]	名 対角線（面），斜線
3464 ☑	**circumference** [sərkʌ́mfərəns]	名 円周，範囲
3465 ☑	**semicircle** [sémisə̀:rkl]	名 半円，半円形
3466 ☑	**oval** [óuvl]	名 卵形，楕円形
3467 ☑	**parallelogram** [pæ̀rəléləgræ̀m]	名 平行四辺形
3468 ☑	**exterior angle** [ikstíəriər ǽŋgl]	名 外角
3469 ☑	**interior angle** [intíəriər ǽŋgl]	名 内角
3470 ☑	**opposite angle** [ɑ́pəzit ǽŋgl]	名 対角
3471 ☑	**right triangle** [ráit tráiæ̀ŋgl]	名 直角三角形
3472 ☑	**equilateral triangle** [ì:kwəlǽtərəl tráiæ̀ŋgl]	名 正三角形
3473 ☑	**isosceles triangle** [aisɑ́səlì:z tráiæ̀ŋgl]	名 二等辺三角形
3474 ☑	**sine** [sáin]	名 サイン，正弦
3475 ☑	**cosine** [kóusain]	名 コサイン，余弦
3476 ☑	**tangent** [tǽndʒənt]	名 タンジェント，正接

Architecture（建築学）

2677 ☑	**cathedral** [kəθíːdrəl] ※再掲	名 大聖堂，大会堂
3477 ☑	**abbey** [æbi]	名 大修道院，教会堂
3478 ☑	**pagoda** [pəgóudə]	名 仏塔
3479 ☑	**stupa** [stúːpə]	名 仏舎利塔
3480 ☑	**pantheon** [pænθiàn]	名 パンテオン 古代ローマの神殿。
3481 ☑	**acropolis** [əkrápəlis]	名 アクロポリス，城砦
3482 ☑	**canopy** [kænəpi]	名 天蓋，張り出し屋根
3483 ☑	**vault** [vɔ́ːlt]	名 アーチ型屋根，丸天井
3484 ☑	**dome** [dóum]	名 丸屋根，丸天井，ドーム
3485 ☑	**spire** [spáiər]	名 尖頂，尖塔，とがり屋根
3486 ☑	**atrium** [éitriəm]	名 アトリウム，中庭，中央大広間
3487 ☑	**cloister** [klɔ́istər]	名 回廊，柱廊
3488 ☑	**gargoyle** [gáːrgɔil]	名 ガーゴイル 怪獣の形をした雨水の落とし口。
3489 ☑	**railing** [réiliŋ]	名 手すり
3490 ☑	**aisle** [áil]	名（座席間の）通路

TOEFL 特有の分野別専門語！

専門語彙 Humanities & Social Science

TOEFL® テスト頻出の人文社会分野の英文に，
その分野の理解に必要な専門語を盛り込みました。

- **American History**（アメリカの歴史）
- **Archaeology**（考古学）
- **Politics**（政治学）
- **Law**（法律学）
- **Sociology**（社会学）
- **Journalism**（ジャーナリズム）
- **Art**（美術）
- **Music & Theater**（音楽・演劇）
- **Literature**（文学）
- **Linguistics**（言語学）
- **Economics**（経済学）
- **Investment**（投資）
- **Business**（商業）
- **Religious Studies**（宗教学）
- **Psychology**（心理学）
- **Campus Life**（大学生活）

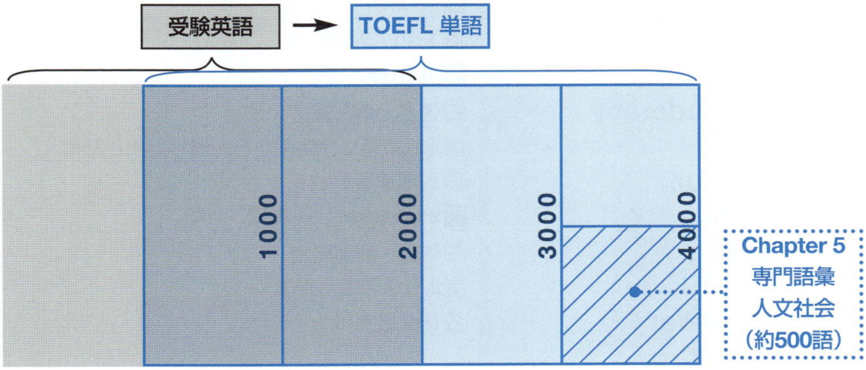

31. American History①

CD 31

After the **American Revolution**, Benjamin Franklin referred to the U.S. as a place where "not as slaves, but as **freemen** our money we'll give." Nonetheless, **slavery** continued as a way of life for Americans of African descent. This issue eventually divided the country for five long bloody years. When **abolitionists** from the North attempted to **squash** slavery, the Southern States banded together to form the **Confederacy** and **seceded** from the **Union**. Union states fought them to reestablish the country. Before the **Civil War**, the South had great prosperity with many estate and **plantation** homes, but many were destroyed. General Sherman's **slash-and-burn** march through Georgia and the Carolinas made it impossible for the South to survive and the war ended. Unfortunately, the **segregation** of the black community continued. In the 1950s and 1960s, the **Civil Rights Movement** once again took up the cause of equal opportunities for Black Americans and tolerance for **ethnic diversity**. (153 words)

3491 ☑	**American Revolution** [əmérikən rèvəl(j)úːʃən]	名 アメリカ革命
3492 ☑	**freemen** [fríːmen]	名 自由人
3493 ☑	**slavery** [sléivəri]	名 奴隷制度 派 slave 名 奴隷
3494 ☑	**abolitionist** [æbəlíʃənist]	名 奴隷制度廃止論者 派 abolish 他 を廃止する
3495 ☑	**squash** [skwáʃ]	他 を押しつぶす ≒類 crush
3496 ☑	**Confederacy** [kənfédərəsi]	名 連合，南部連合 南北戦争時に合衆国から脱退した州が結成。
3497 ☑	**secede** [sisíːd]	自 脱退する 派 secession 名 脱退，分離
3498 ☑	**Union** [júːnjən]	名 連邦，北部諸州 南北戦争時の合衆国。
3499 ☑	**Civil War** [sívl wɔ́ːr]	名 南北戦争

31. アメリカの歴史①

アメリカ革命後，ベンジャミン・フランクリンはアメリカのことを「奴隷としてではなく，**自由人**として我々がお金を出す所だ」と述べた。それでも，**奴隷制度**はアフリカ系アメリカ人にとって一つの生活様式として続いた。この問題はひいては国を分断し，その状態は5年間もの長き血にまみれた年月に及んだ。北部出身の**奴隷制度廃止論者**が奴隷制度**をつぶそう**とした時，南部の州が集結して**連合**を結成し，**連邦**から**脱退した**。連邦にとどまった北部の州は，国を再建するために南部の州と戦った。**南北戦争**以前は，南部には多くの私有地や**大農園**があり栄えていたが，その多くが破壊された。シャーマン将軍が**焦土**作戦をジョージア州やカロライナ両州で行ったことで南部は耐え切れなくなり，戦争が終結した。しかし不幸にも黒人社会の**隔離**はその後も続いた。1950年代と1960年代には，**市民権運動**がアフリカ系アメリカ人への平等な機会と**民族多様性**への寛容という大儀を再度掲げた。

3500 ☑	**plantation** [plæntéiʃən]	名 大農園，プランテーション 派 **planter** 名 農園主，プランテーション経営者
3501 ☑	**slash-and-burn** [slǽʃəndbə̀ːrn]	形 焦土化の，焼き畑式の
3502 ☑	**segregation** [sègrəgéiʃən]	名 隔離 派 **segregate** 自 人種差別をする，人種差別政策をとる
3503 ☑	**Civil Rights Movement** [sívl ràits múːvmənt]	名 市民権運動
3504 ☑	**ethnic diversity** [éθnik dəvə́ːrsəti]	名 民族多様性

Backgroud Knowledge

プランテーション（plantation）

プランテーションとは，大規模工場生産の方式を取り入れて，熱帯，亜熱帯地域の広大な農地に大量の資本を投入し，先住民や黒人奴隷などの安価な労働力を使って単一作物を大量に栽培する大規模農園のこと。経営主体は，国営，企業，民間などさまざま。経営する側をプランターと呼ぶ場合もある。

32. American History②

CD 32

In 1620, 102 **Puritans** set out from Plymouth Bay in England to journey across the Atlantic Ocean. What awaited these **pilgrims** on the other side, where they formed **Plymouth Colony**, were the harsh New England winters, illness, and insufficient food supplies. However, the Indian Chieftain Massasoit stretched out his hand in friendship. They signed a treaty with the Indians, and learned to cultivate **maize** and harvest maple syrup. Europeans settling in the **Jamestown Colony** in Viriginia had dealings with the Powhatan **Tribe**. Native American groups had their **wigwams** across the continent. There were the **Iroquois** nations in what became Connecticut and New York; the **Sioux** Tribe of South Dakota (who called their dwellings **teepees**); the **Cherokee** tribe of the Carolinas, Georgia and Tennessee; and the **Apache**, **Navajo** and **Pueblo** groups in Arizona, Colorado, New Mexico, Oklahoma and Texas.（138 words）

3505 ☐	**Puritan** [pjúərətən]	名 清教徒，ピューリタン 派 **Puritanism** 名 清教主義
3506 ☐	**pilgrim** [pílgrim]	名 巡礼者
3507 ☐	**Plymouth Colony** [plíməθ kɑ̀ləni]	名 プリマス入植地
3508 ☐	**maize** [méiz]	名 とうもろこし
3509 ☐	**Jamestown Colony** [dʒéimztàun kɑ́ləni]	名 ジェームズタウン入植地 北アメリカ大陸で最初の永続的植民地となった場所。
1364 ☐	**tribe** [tráib] ※再掲	名 部族 派 **tribal** 形 部族の，種族の
3510 ☐	**wigwam** [wígwɑm]	名 ウィグワム ネイティブ・アメリカンの半球形のテント風小屋。
3511 ☐	**Iroquois** [írəkwɔ̀i, -kwɔ̀iz]	名 イロコイ族
3512 ☐	**Sioux** [sú:]	名 スー族

32. アメリカの歴史②

1620年に102人の**清教徒**がイギリスのプリマス湾を出発し，大西洋を横断した。向こうでこの**巡礼者**は**プリマス入植地**を作ったが，そこで待ち受けていたのは厳しいニューイングランド州の冬と病気と不十分な食物供給だった。しかし，インディアンの酋長であるマサソイトが友好の手を差しのべた。巡礼者たちはインディアンと協定を結び，**とうもろこし**の栽培とメイプルシロップの収穫方法を学んだ。バージニア州にある**ジェームズタウン入植地**に定住したヨーロッパ人たちはパウハタン**族**と取引をした。土着のアメリカ人の集団は大陸中に分布し，**ウィグワム**と呼ばれるテント小屋に住んでいた。**イロコイ族**が住んでいたのはコネティカット州とニューヨーク州になった場所である。サウスダコタ州には**スー**族（自らの住むテント小屋を**ティピ**と呼んでいた），カロライナ州，ジョージア州，テネシー州には**チェロキー**族，アリゾナ州，コロラド州，ニューメキシコ州，オクラホマ州，テキサス州には**アパッチ**族，**ナバホ**族，**プエブロ**族が住んでいた。

3513 ☐	**teepee** [tí:pi:]	名 ティピ 皮，布張りの円錐形のテント小屋。
3514 ☐	**Cherokee** [tʃérəkì:]	名 チェロキー族
3515 ☐	**Apache** [əpǽtʃi]	名 アパッチ族
3516 ☐	**Navajo** [nǽvəhòu]	名 ナバホ族
3517 ☐	**Pueblo** [pwéblou, pjuéb-]	名 プエブロ族

Backgroud Knowledge

プリマス（Plymouth）

プリマスはイングランド南西部のデヴォン州にある港湾都市。ピルグリム・ファーザーズの一団102名はこの港からメイフラワー号に乗船し，新大陸に向かった。その到着地点となった海岸部が，現在のアメリカ東海岸の都市，プリマス（マサチューセッツ州）。一団は出発地と同じ名を到着地にも与えたのである。

33. American History ③

CD 33

In the days when transportation was limited to **stagecoach**, **steamboat**, train or covered wagon, many brave American **pioneers** traveled west to find a better life. They moved from **encampment** to encampment establishing **trails** in the **wilderness**. It was a hard life and a long trip. When they finally came to the area they wanted to settle, they staked out their **homesteads**. Surviving on the new **frontier** meant relying on **hunter-gatherer** instincts. But to get a better life, these **settlers** had to begin **cultivation** of the new land and **domestication** of the wild animals. Perhaps the best-known creature used for food and hides was the bison, which has mistakenly been called a buffalo. Much of the rest of frontier cuisine was dependent on the place and season. With the help of **irrigation** and the **windmill**, however, farming eventually flourished on the new frontier. (142 words)

3518 ☑	**stagecoach** [stéidʒkòutʃ]	名 駅馬車
3519 ☑	**steamboat** [stíːmbòut]	名 蒸気船
132 ☑	**pioneer** [pàiəníər] ※再掲	名 開拓者，パイオニア
3520 ☑	**encampment** [enkǽmpmənt]	名 野営地 派 **encamp** 自 野営する，キャンプする
1551 ☑	**trail** [tréil] ※再掲	名 小道，跡 他 の跡をつける
884 ☑	**wilderness** [wíldərnəs] ※再掲	名 荒野
3521 ☑	**homestead** [hóumstèd]	名 入植地，家屋敷 派 **homesteader** 名 入植者
906 ☑	**frontier** [frʌntíər, frɑn-] ※再掲	名 辺境地，フロンティア
3522 ☑	**hunter-gatherer** [hʌ́ntərgǽðərər]	名 狩猟採集者

33. アメリカの歴史③

交通機関が**駅馬車**，**蒸気船**，列車や幌馬車に限定されていた時代に，多くの勇敢なアメリカ人**開拓者**がよりよい生活を探しに西へ向かった。彼らは次々と**野営地**を移動し，**荒野**に**道**を確立した。それは厳しい生活で長い旅であった。やっとのことで定住したい所にたどりついた時，そこをくいで囲んで**入植地**とした。新たな**辺境地**で生き残ることは，**狩猟採集者**の本能に頼ることを意味した。しかし，よりよい生活を得るためには，これらの**移住者**は新しい土地を**耕作**し，野生動物を**家畜化**することを始める必要があった。おそらく一番よく知られて食物や皮革に利用された生き物はバイソンだが，これは間違ってバッファローと呼ばれ続けている。辺境地での他の料理のほとんどは場所と季節次第であった。しかし，**灌漑**と**風車**のおかげで新天地にようやく農耕が花開いた。

3523 ☑	**settler** [sétlər]	名 移住者 派 settle 自 移住する
3524 ☑	**cultivation** [kʌ̀ltəvéiʃən]	名 耕作 派 cultivate 他 を耕作する
3525 ☑	**domestication** [dəmèstikéiʃən]	名 家畜化 派 domesticate 他 を家畜化する，を飼い慣らす
2015 ☑	**irrigation** [ìrigéiʃən] ※再掲	名 灌漑 派 irrigate 他 を灌漑する，に水を引く
3526 ☑	**windmill** [wíndmìl]	名 風車

Backgroud Knowledge

灌漑（irrigation）

灌漑とは農地に外部から人工的に水を供給すること。技術的には，作物・土壌・水の間に適切で有機的な関係を保証する農学的側面，各種の施設・機器を用いて耕地に水を供給し管理する狭義の灌漑技術，水源から水を引く土木工学的側面などがある。

34. Archaeology

CD 34

Recently, a Greek archaeologist specializing in the Late **Bronze Age** and Early **Iron Age**, published information regarding Gorham's Cave in Gibraltar. **Excavation** in Gibraltar has revealed relics of the **Paleolithic Age** from what could be the last resting place of the **Neanderthals**. These findings indicate that **Homo Sapiens** and Neanderthals coexisted for thousands of years. Determining exact dates is difficult. Experts say that **radiocarbon dating** can be affected by contamination, which can take several thousand years off the age. Artifacts include rudimentary **spearheads**, knives and **hand axes**. Archaeologists speculate that the cave may have been a **burial** site. During an earlier find in the Gibraltar area, archaelogists dug up **remnants** of a **prehistoric** dinner. Those Neanderthals were dining on mussels, pistachio and tortoise. Neanderthal bodies were better equipped for cold weather, actually, which is how they survived the last **Ice Age**. (141 words)

3527 ☑	**Bronze Age** [bránz èidʒ]	名 青銅器時代
3528 ☑	**Iron Age** [áiərn éidʒ]	名 鉄器時代
3529 ☑	**excavation** [èkskəvéiʃən]	名 発掘 派 **excavate** 他 を発掘する，を掘る
3530 ☑	**Paleolithic Age** [pèiliəlíθik éidʒ]	名 石器時代
3531 ☑	**Neanderthal** [niǽndərθɔ̀:l, -tɔ̀:l]	名 ネアンデルタール人
3532 ☑	**Homo Sapiens** [hóumə séipiənz]	名 ホモ・サピエンス
3533 ☑	**radiocarbon dating** [rèidioukɑ́:rbən dèitiŋ]	名 放射性炭素年代測定法
3534 ☑	**spearhead** [spíərhèd]	名 槍の先端 **spear** 名 槍
3535 ☑	**hand ax** [hǽnd ǽks]	名 手おの **ax** 名 おの

34. 考古学

後期の**青銅器時代**や初期の**鉄器時代**を専門にしているギリシャ人の考古学者が最近，ジブラルタルのゴーハムの洞窟に関しての情報を発表した。ジブラルタルでの**発掘**によって，**石器時代**の遺物が**ネアンデルタール人**の最後の墓場と思われるものから発見された。これらの発掘物は，**ホモ・サピエンス**とネアンデルタール人は何千年もの間共存していたことを示している。正確な時期を決定するのは困難である。**放射性炭素年代測定法**は汚染の影響を受ける可能性があり，その結果，年代を実際より数千年も新しいものと判断しかねないと専門家は言っている。遺物には原始的な**槍の先端**，小刀や**手おの**などがある。考古学者はこの洞窟は**墓地**遺跡かもしれないと推測している。ジブラルタル地域での初期の発掘で，考古学者は**有史以前の**食事の**残物**を掘り出していた。そのネアンデルタール人たちはムール貝やピスタチオ豆や亀を食べていた。ネアンデルタール人の身体は寒い気候により良く対応できるようにできていて，実際，それで最後の**氷河時代**を生き延びたのである。

3536 ☑	**burial** [bériəl]	名 墓地 派 **bury** 他 を埋葬する
3537 ☑	**remnant** [rémnənt]	名 残物 ≒類 **rest**
3538 ☑	**prehistoric** [prì:histɔ́(:)rik]	形 有史以前の，先史時代の 派 **prehistory** 名 先史時代
3539 ☑	**Ice Age** [áis èidʒ]	名 氷河時代

Backgroud Knowledge

放射性炭素年代測定法（radiocarbon dating）

放射性炭素年代測定法は炭素14法とも呼ばれ，生物や炭素化合物中の炭素に1兆分の1程度含まれる放射性同位体炭素14の半減期を利用して年代を推定する手法のこと。炭素14は，約5,730年の半減期で減じていく性質を持っているため，これを利用して試料中の炭素同位体12/14比から年代を推定することができる。

35. Politics ①

CD 35

The United States Constitution was adopted in 1787. **Representatives** of the **constituents** of nine of the original thirteen states approved it. Their **ratification** of the document (in accordance with its seventh Article) marked the birth of a sovereign democracy formerly controlled by the British **Empire**, the dominant **monarchy** at the time. The US Constitution has seven articles. These articles establish important checks and balances. Article One defines the **legislative** branch, or **Congress**, which includes the **Senate** and **House of Representatives**. Article Two establishes the **Presidency** (executive branch). It also makes it possible to **impeach** a President. Article Three establishes the **Supreme Court**, defines **treason**, and requires trial by jury for criminal cases. Article Four sets out the relationship between the States and Federal Government. Article Five delineates methods for amending the Constitution. Article Six elevates Federal law as supreme. It also — in strict contrast to **theocracies** — eliminates religious requirements for holding office. (152 words)

3540 ☑	**representative** [rèprizéntətiv]	名 代表者 派 **represent** 他 を代表する
3541 ☑	**constituent** [kənstítʃuənt]	名 有権者 派 **constituency** 名（集合的に）有権者
3542 ☑	**ratification** [rætəfikéiʃən]	名 批准 派 **ratify** 他 を批准する，を承認する
3543 ☑	**empire** [émpaiər]	名 帝国
3544 ☑	**monarchy** [mánərki]	名 君主国家 派 **monarch** 名 君主，皇帝
3545 ☑	**legislative** [lédʒislèitiv]	形 立法上の 派 **legislature** 名 立法府，州議会
1151 ☑	**Congress** [káŋgrəs] ※再掲	名 議会
3546 ☑	**Senate** [sénət]	名 上院
3547 ☑	**House of Representatives** [háus əv rèprizéntətivz]	名 下院

35. 政治学①

アメリカ合衆国憲法は1787年に採択された。独立時13州のうち９州の**選挙有権者**の**代表者**が承認を行った。この文書への**批准**（この批准自体もその第７条に沿って行われたものである）により，その当時，支配的な**君主国家**であった大英**帝国**から独立した民主国家が誕生したのである。アメリカ合衆国憲法は７カ条から構成される。これらの条項では重要な（立法・行政・司法の）抑制と均衡について定められている。第１条では**立法**府，つまり**議会**について定められており，この議会には**上院**と**下院**が含まれる。第２条では行政府，つまり**大統領の地位**について定められており，この条項により大統領**を弾劾する**ことも可能となっている。第３条は**最高裁判所**について定めており，さらに**反逆罪**を規定し，犯罪に対する陪審員裁判を義務づけている。第４条では州政府と連邦政府の関係が詳しく述べられている。第５条は憲法の修正の手続きに対する詳細な記述である。第６条では連邦法を最高法規として規定している。さらにこの条項では，公職に就くことと特定の信仰との関係を分離しており，これは**神政政治**とは著しい対照を成すものである。

3548 ☑	**Presidency** [prézədənsi]	名 大統領の地位
3549 ☑	**impeach** [impí:tʃ]	他 を弾劾する 派 **impeachment** 名 弾劾
3550 ☑	**Supreme Court** [suprí:m kɔ́:rt]	名 最高裁判所
3551 ☑	**treason** [trí:zn]	名 反逆罪
3552 ☑	**theocracy** [θi(:)ákrəsi]	名 神政政治 派 **theocratic** 形 神政の

Backgroud Knowledge

神政政治（theocracy）

神政政治は，国家の統治者たちが優勢な宗教の指導者たちと実体的に同等な場合，つまり，国家元首なり執政官なりを宗教の指導者である教主や大神官などが兼任している場合の国家の政体。政府は，宗教統治の教庁と同じで，最高神官あるいは教皇・教主が「神」に代わって国家を統治する。

36. Politics ②

CD 36

Although Walter Mondale is probably best-known for his failure — winning a mere 13 **electoral votes** as the **Democratic Party** candidate who ran against **Republican Party incumbent** Ronald Reagan in 1984 — he boasts an impressive and varied political resume. Mondale's auspicious political career began with his **appointment** as Minnesota State **Attorney General** in 1960. Mondale began his first term on the Senate in 1964. Famous for his liberal politics, ability to cut through **red tape**, and **criticism** regarding the 1967 Apollo 1 fire, he was re-elected **senator** in 1972 with over 57% of the vote. When Jimmy Carter won the Democratic **nomination**, he chose Mondale as his **running mate**, and Mondale's **inauguration** as **Vice President** occurred in January 1977. From 1993 to 1996, he was U.S. ambassador to Japan. (128 words)

3553 ☑	**electoral vote** [iléktərəl vóut]	名 大統領選挙人による投票
3554 ☑	**Democratic Party** [dèməkrǽtik pɑ́:rti]	名 民主党
3555 ☑	**Republican Party** [ripʌ́blikn pɑ́:rti]	名 共和党
3556 ☑	**incumbent** [inkʌ́mbənt]	名 現職者　形 現職の
3557 ☑	**appointment** [əpɔ́intmənt]	名 任命 派 **appoint**　他 を任命する，を指名する
3558 ☑	**Attorney General** [ətə́:rni dʒénərəl]	名 司法長官
3559 ☑	**red tape** [réd téip]	名 官僚的形式主義
3560 ☑	**criticism** [krítəsìzm]	名 批判 派 **criticize**　他 を批判する
3561 ☑	**senator** [sénətər]	名 上院議員

36. 政治学②

ウォルター・モンデールが一番良く知られているのは，おそらく彼の失敗のせいである。1984年，**共和党現職**のロナルド・レーガンに対して，**民主党**候補として13票しか**大統領選挙人投票**を獲得できなかったのである。それでも彼には，誇るべき印象的で変化のある政治歴がある。モンデールの政界での順調な出世は，1960年にミネソタ州**司法長官**に**任命**されたことから始まった。モンデールは1964年に上院で最初の任期を務めた。自由主義政治と**官僚的形式主義**を克服する能力と，1967年のアポロ１号の火災に関する**批判**で名を上げ，1972年に57%以上の得票で**上院議員**に再選された。ジミー・カーターが民主党大統領候補の**指名**を受けた時，彼は**副大統領候補**にモンデールを選び，1977年1月にモンデールは**副大統領**に**就任**した。1993年から1996年までは駐日米国大使を務めた。

3562 ☑	**nomination** [nàmənéiʃən]	名 指名 派 **nominate** 他 を指名する，を推薦する
3563 ☑	**running mate** [rʌ́niŋ mèit]	名 副大統領候補者
3564 ☑	**inauguration** [inɔ̀:gjəréiʃən]	名 就任
3565 ☑	**Vice President** [váis prézədənt]	名 副大統領

Backgroud Knowledge

ウォルター・モンデール（Walter Mondale）

ウォルター・モンデールは，第42代アメリカ合衆国副大統領（1977−1981）。1984年の大統領選では共和党候補ロナルド・W・レーガンに対する民主党の指名候補者となる。2002年の中間選挙では，民主党候補が投票日直前に事故死したことから，ミネソタ州上院選に出馬したが，共和党の対抗馬に敗れた。

37. Law①

CD 37

Time restrictions on how long before a person can no longer be **convicted** of a crime are called "**statute of limitation** laws." Although different states have different policies, **homicide** and terrorism usually have no statute of limitation. In Nevada, the limitation for **kidnapping** or attempted murder can be extended if a written report is filed before the period expires. Nevada requires that complaints of **felonies** such as **theft**, **robbery**, **burglary**, sexual assault or any other **violation** of criminal code NRS 90.570 or crimes **punishable** by subsection 3 of NRS 598.0999 be filed within four years of the commission of the crime. An **indictment** for a **misdemeanor** must be submitted within two years. If an indictment is found to be defective and no judgment can be given, another prosecution may be **instituted** for the same offense if it is done within six months. (142 words)

3566 ☑	**convict** [kənvíkt]	他 を有罪と決定する 派 **conviction** 名 有罪判決
3567 ☑	**statute of limitation** [stǽtʃuːt əv lìmitéiʃən]	名 時効
3568 ☑	**homicide** [hɑ́məsàid]	名 殺人 ≒類 **murder**
3569 ☑	**kidnap** [kídnæp]	他 を誘拐する 名 誘拐
3570 ☑	**felony** [féləni]	名 重罪
197 ☑	**theft** [θéft] ※再掲	名 窃盗 ≒類 **stealing, robbery**
3571 ☑	**robbery** [rɑ́bəri]	名 強盗 派 **rob** 他 を奪う
3572 ☑	**burglary** [bə́ːrgləri]	名 不法侵入 派 **burglar** 名 強盗
3573 ☑	**violation** [vàiəléiʃən]	名 違反 派 **violate** 他 に違反する

37. 法律学①

どのくらい時がたてば人がもはや**有罪と宣告され**ないかという時間の制約は**時効**法と呼ばれている。州によって方針は異なるが，**殺人**やテロ行為には一般的に時効はない。ネバダ州では，**誘拐**や殺人未遂の時効はその期間が終了する前に書面で申告されれば延長できることになっている。ネバダ州では，**窃盗**，**強盗**，**不法侵入**，性的暴力などの**重罪**，あるいはその他，ネバダ州改訂法90条570項に対する**違反行為**，またはネバダ州改訂法598条0999項の第3款により**罰すべき**犯罪の申し立ては，その犯罪行為から4年以内になされることが要求されている。**軽犯罪**に対する**起訴**は2年以内に行われなければならない。起訴不十分と判明し，判決が行われない場合，6カ月以内であれば新たな起訴が同じ違反行為に対して**実施され**うる。

3574 ☑	**punishable** [pʌ́niʃəbl]	形 罰すべき 派 punish 他 を罰する
3575 ☑	**indictment** [indáitmənt]	名 起訴 派 indict 他 を起訴する
3576 ☑	**misdemeanor** [mìsdimí:nər]	名 軽犯罪
3577 ☑	**institute** [ínstət(j)ù:t]	他 を実施する 派 institution 名 制度，組織

Backgroud Knowledge

時効（statute of limitation）

時効は法律用語の一つで，ある出来事から一定の期間が経過したことを主な法律要件として，現在の事実状態が法律上の根拠を有するものか否かを問わずに，その事実状態に適合するよう権利または法律関係を変動させる制度。一般に民事における取得時効と消滅時効，刑事における公訴時効とに大別される。

38. Law②

CD 38

The goal of a defense **attorney** in a **jury** trial is to have the jury **acquit** their client, regardless of **guilt** or **innocence**. The attorney, however, must weigh the overall outcome and advise a client how to plead. There have been some situations where the **prosecution** has evidence or access to **testimony** that is so damaging that the lawyer will advise the client to take a **plea bargaining** and go to jail for a short time, rather than go to trial and serve the long sentence that would result from a guilty **verdict**. Years ago when the prosecution **alleged** that a crime had been committed, they needed strong physical evidence or witnesses. Today, science is often involved in solving crimes. While this has saved many innocent **defendants**, it also is possible that someone on the **plaintiff's** side may manipulate science to frame **the accused**. (144 words)

3578 ☑	**attorney** [ətə́:rni]	名 弁護士 ≒類 lawyer
3579 ☑	**jury** [dʒúəri]	名 陪審裁判 派 juror 名 陪審員
3580 ☑	**acquit** [əkwít]	他 を無罪にする 派 acquittal 名 無罪宣告，釈放
3581 ☑	**guilt** [gílt]	名 有罪 派 guilty 形 有罪の
3582 ☑	**innocence** [ínəsəns]	名 無罪 派 innocent 形 無罪の
3583 ☑	**prosecution** [pràsəkjú:ʃən]	名 検察当局 派 prosecute 他 を起訴する
3584 ☑	**testimony** [téstəmòuni]	名 証言 派 testify 自 証言する
3585 ☑	**plea bargaining** [plí: bá:rgəniŋ]	名 司法取引
3586 ☑	**verdict** [və́:rdikt]	名（陪審員が下す）評決 ≒類 judgment, decision 名（裁判官が下す）判決

38. 法律学②

陪審裁判において被告の弁護士は，自分の担当する被告が有罪か無罪であるかにかかわらず，陪審員に無罪の宣告をさせることを目標とする。しかし，弁護士はすべてを考慮に入れて裁判の結果を考え，どのように答弁するのかを被告に助言をしなければならない。検察当局が被告にとって非常に不利となるような証拠や証言を手に入れていることから，裁判の結果有罪評決を受けて長期の刑に服するよりはむしろ，司法取引を行い短期間の服役を選択するように弁護士が被告に助言する事態もしばしば起きるのである。以前は，犯行が行われたと主張する場合には検察当局は有力な物的証拠や証人を必要とした。現在では，科学的な捜査が事件の解決に用いられることがしばしばある。このことにより多くの無実の被告が救われる一方で，原告側の人物が被告を陥れるために科学を巧みに操作する可能性も存在するのである。

3587 ☑	**allege** [əlédʒ]	他 と主張する 派 **allegation** 名 主張，申し立て
3588 ☑	**defendant** [diféndənt]	名 被告 反 **plaintiff** 名 原告
3589 ☑	**plaintiff** [pléintif]	名 原告 反 **defendant** 名 被告
3590 ☑	**the accused** [əkjú:zd]	名 被告

Backgroud Knowledge

陪審制（jury system）と司法取引（plea bargaining）

陪審制とは一般市民から選ばれた成人男女が陪審員として証拠認定と被告の有罪無罪を決める制度。アメリカやイギリスなどで運用される。また，司法取引とは，刑事裁判において被告と検察が取引し，被告が罪状を認めるか捜査に協力することで，刑の軽減またはいくつかの罪状の取り下げを行うこと。

American History（アメリカの歴史）

3591 ☑	**Declaration of Independence**	名 アメリカ独立宣言
3592 ☑	**Manifest Destiny** [mǽnəfèst déstəni]	名 マニフェスト・ディスティニー，明白な天命 アメリカ西部への領土拡大は神の使命とするもの。
3593 ☑	**Emancipation Proclamation** [imæ̀nsəpéiʃən prɑ̀kləméiʃən]	名 奴隷解放宣言
3594 ☑	**Reconstruction** [rìkənstrʌ́kʃən]	名（南北戦争後の南部諸州の合衆国への）再統合
3595 ☑	**women's suffrage** [wíminz sʌ́fridʒ]	名 女性参政権
3596 ☑	**New Deal** [n(j)úː díːl]	名 ニューディール政策 ルーズベルト大統領の経済復興政策。
3597 ☑	**Cold War** [kóuld wɔ́ːr]	名 冷戦 1950～80年代の米ソ間の対立。

Archaeology（考古学）

3598 ☑	**Mesolithic Age** [mèzəlíθik éidʒ]	名 中石器時代
3599 ☑	**Neolithic Age** [nìːəlíθik éidʒ]	名 新石器時代
3600 ☑	**petroglyph** [pétrəglif]	名 岩面線画 特に，有史以前になされたものを指す。
3601 ☑	**pictograph** [píktəgræ̀f]	名 象形文字
3602 ☑	**Mayan Civilization** [máiən sìvələzéiʃən]	名 マヤ文明
3603 ☑	**Incan Civilization** [íŋkən sìvələzéiʃən]	名 インカ文明
3604 ☑	**Aztec Civilization** [ǽztèk sìvələzéiʃən]	名 アステカ文明

Politics（政治学）

3605 ☐	**governor** [gʌ́vənər]	名 知事，支配者
3606 ☐	**lieutenant governor** [lu:ténənt gʌ́vənər]	名（米）州副知事　（カナダ）州知事
3607 ☐	**county** [káunti]	名（米）郡 state（州）の下位の行政区画。
3608 ☐	**township** [táunʃìp]	名（米・カナダ）郡区　（英）町区
3609 ☐	**ward** [wɔ́:rd]	名 区
3610 ☐	**precinct** [prí:siŋkt]	名 投票区，警察管区，所轄所
3611 ☐	**non-partisan** [nànpɑ́:rtəzən]	形 無所属の，超党派の　名 無所属の人

Law（法律学）

3612 ☐	**amendment** [əméndmənt]	名 修正条項，改正案 派 **amend**　他 を修正する，を改正する
3613 ☐	**arbitration** [ɑ̀:rbətréiʃən]	名 仲裁，調停 派 **arbitrate**　他 を仲裁する，を調停する
3614 ☐	**mediation** [mì:diéiʃən]	名 仲裁，調停，取次ぎ 派 **mediate**　他 を仲裁する，を調停する
3615 ☐	**probation** [proubéiʃən]	名 保護観察，執行猶予
3616 ☐	**capital punishment** [kǽpətl pʌ́niʃmənt]	名 死刑 ≒類 **death penalty**
3617 ☐	**civil rights** [sívl ràits]	名 公民権，市民権
3618 ☐	**natural right** [nǽtʃərəl ráit]	名（自然法に基づく人間の）自然権

39. Sociology①

CD 39

America maintained the **status quo** on illegal **immigration** until the 2006 Immigration Reform Act. Immigration was easier in past generations. Through gradual **assimilation**, **ethnic groups** found their way into America's **melting pot**. Their **descendants**, however, want **immigrants** out. Since they have low-paying **blue-collar** jobs, people fear they might put their American-born children on welfare and receive benefits. Some even feel that such action is grounds for **deportation**. New laws stipulate that employers must take responsibility and know the **identity** of employees. Illegal aliens, unlike American-born welfare recipients, actually join the **workforce** and take jobs nobody else wants, living on the **poverty line**. Unfortunately, they don't have the support, or in some cases even the literacy to seek legal immigration. Consequently, the **white-collar** workers that used to employ them as gardeners and **nannies** are now voting for them to leave. (139 words)

3619 ☐	**status quo** [stéitəs kwóu]	名 現状維持
3620 ☐	**immigration** [ìmigréiʃən]	名 移住 派 **immigrate** 自 移住する
3621 ☐	**assimilation** [əsìməléiʃən]	名 同化 派 **assimilate** 他 を同化する
3622 ☐	**ethnic group** [éθnik grú:p]	名 民族集団
3623 ☐	**melting pot** [méltiŋ pàt]	名 人種のるつぼ
3624 ☐	**descendant** [diséndənt]	名 子孫 反 **ancestor** 名 祖先，先祖
3625 ☐	**immigrant** [ímigrənt]	名 移民
3626 ☐	**blue-collar** [blú:kàlər]	形 ブルーカラーの 作業服を着用する職業の賃金労働者を指していう。
3627 ☐	**deportation** [dì:pɔ:rtéiʃən]	名 国外追放 派 **deport** 他 を国外に追放する

39. 社会学①

アメリカは2006年の移民改革法案提出まで，不法移住への対応について現状維持の姿勢を守ってきた。移住は過去の世代においては今より簡単にできた。徐々に同化していくことで，民族集団はアメリカの人種のるつぼに入り込んできた。しかし彼らの子孫は移民を国外退去させたがっているのだ。移民は給料の安いブルーカラーの職についており，人々は移民がアメリカ生まれの子どもに生活保護を受けさせて手当を受け取るのではないかと恐れている。そのような行動は国外追放の根拠となるとまで考える人もいる。新しい法案は，雇用主が従業員に対して責任を持ち，従業員の身元を把握しなければならないと規定している。アメリカ生まれの生活保護受給者と異なり，不法入国の外国人は実際に労働人口に加わっており，誰もやりたがらないような仕事をし，貧困ラインぎりぎりの生活をしている。不幸にも，彼らには合法的な入国を求めるために必要な支援や，場合によっては読み書きの能力すらない。その結果，かつて彼らを庭師や乳母として雇っていたホワイトカラーの労働者が彼らを追放する法案に賛成しているのだ。

3628 ☑	**identity** [aidéntəti, idén-]	名 身元，アイデンティティ 派 **identification** 名 身元の確認，身分証明書
3629 ☑	**workforce** [wə́ːrkfɔ̀ːrs]	名 労働人口
3630 ☑	**poverty line** [pávərti làin]	名 貧困ライン
3631 ☑	**white-collar** [hwáitkɑ̀lər]	形 ホワイトカラーの 事務系の職業の労働者を指していう。
3632 ☑	**nanny** [nǽni]	名 乳母

5
UNIT 5

Backgroud Knowledge

人種のるつぼ（melting pot）

人種のるつぼ（melting pot）は，多種多様な民族が混在して暮らしている都市，またはその状態を表す言葉。多民族国家アメリカを象徴する言葉として有名。多文化主義の浸透の影響もあり，「混ぜても決して溶け合うことはない」という理由で，近年は「人種のサラダボウル（salad bowl）」という言葉が用いられることも多い。

40. Sociology②

CD 40

A big issue dividing Americans is abortion. Early abortion laws were designed to protect women that were victims of **molestation** or were physically or mentally incapable of childbirth. Liberal politicians and **feminists** who take the **pro-choice** stand maintain that government should not control abortion rights. Feminists call it **sexism** and interference from political **paternalism** when male politicians make **pro-life** decisions. The liberal side promotes knowledge about **contraception**, believing that **birth control** can keep young people from becoming parents during their **adolescence**. The other side claims that understanding birth control encourages **premarital** sex. In reality, the highest rate of abortions is in women over 25, so the **demographics** do not support concerns about teen pregnancy. Legalized abortion may have lowered the **fertility rate** slightly in some sectors, but it is more common in urban centers than in rural areas. For religious reasons, there is no birth control and even a **population explosion** in certain communities. （154 words）

3633 ☑	**molestation** [mɑ̀lestéiʃən]	名（婦女への）暴行 派 **molest** 他（女性）に乱暴する
3634 ☑	**feminist** [fémənist]	名 男女同権主義者，フェミニスト 派 **feminism** 名 男女同権主義，フェミニズム
3635 ☑	**pro-choice** [proutʃɔ́is]	形 中絶賛成の 反 **pro-life** 形 中絶反対の
3636 ☑	**sexism** [séksìzm]	名 性差別 派 **sexist** 名 性差別主義者
3637 ☑	**paternalism** [pətə́:rnəlizm]	名 家父長的態度，干渉政治
3638 ☑	**pro-life** [prouláif]	形 中絶反対の 反 **pro-choice** 形 中絶賛成の
3639 ☑	**contraception** [kɑ̀ntrəsépʃən]	名 避妊，育児制限 派 **contraceptive** 形 避妊用の
3640 ☑	**birth control** [bə́:rθ kəntròul]	名 避妊，産児制限
3641 ☑	**adolescence** [æ̀dəlésns]	名 思春期 派 **adolescent** 形 思春期の 名 若者

40. 社会学②

アメリカを二分する一つの大きな問題は中絶である。初期の中絶法は**暴行**の被害者となった女性，または肉体的，精神的に出産が不可能である女性を保護するために制定された。**中絶賛成の**立場をとる自由主義の政治家や**男女同権主義者**は政府が中絶の権利を統制すべきでないと主張している。男女同権主義者は男性の政治家が**中絶反対の**決定を行うと，それは**性差別**であり政治的**家父長的態度**からの干渉であるという。自由主義派は**避妊**が若い人を**思春期**に親になってしまうことから守ると信じて，**避妊**についての知識を広めている。反対派は避妊を知ることが**婚前の**性交を促すことになると主張している。現実には中絶率が最も高いのは25歳以上の女性なので，**人口統計**上は10代の妊娠についての心配は根拠がない。中絶が合法化されたことによって少々**出生率**が落ちた地域もあるかもしれないが，それは田舎よりも都市の中心に多く見られる。宗教的な理由から，ある地域社会では避妊が行われずに**人口爆発**さえ見られる。

3642 ☑	**premarital** [primǽrətl]	形 婚前の
3643 ☑	**demographics** [dèməgrǽfiks, dì:mə-]	名 人口統計 派 **demography** 名 人口統計学
3644 ☑	**fertility rate** [fərtíləti réit]	名 出生率
3645 ☑	**population explosion** [pàpjəléiʃən iksplòuʒən]	名 人口爆発

5 UNIT 5

Backgroud Knowledge

人口爆発（population explosion）

アフリカなどでは，避妊知識や避妊具の普及が遅れていることが人口の急激な増加の要因の一つになっている。望まない出産の増加は貧困を助長。出産後すぐ子どもを自ら死に追いやるなどの社会問題に。また，避妊具が高価であることも，貧困家庭の多い地域で普及を遅らせている要因の一つになっている。

41. Sociology③

CD 41

Suicide is a major problem among senior citizens in the U.S. While they make up 13% of the population, they account for 20% of the suicide **mortality rate**. Recently, research has been conducted in the **gerontology** community. Psychiatrists specializing in **geriatrics** say depression is rampant in people over 65. For many, depression goes hand in hand with aging. Today's Americans mostly live in simple **nuclear families**, rather than in **multigenerational** situations with **extended families**. Older people who are **widowed** or divorced and living alone can experience social **isolation**. Without old friends or neighbors their age, they may be left without a **peer group**. They can also experience financial difficulties. The **retirement pensions** that they established when they began working did not take into account today's **life expectancy** and it becomes hard for people to live on their very restricted **fixed incomes**. Besides, **Social Security**, America's **national pension system**, is in danger of going bankrupt. (154 words)

3646 ☑	**mortality rate** [mɔːrtǽləti rèit]	名 死亡率
3647 ☑	**gerontology** [dʒèrəntɑ́lədʒi]	名 老人学
3648 ☑	**geriatrics** [dʒèriǽtriks]	名 老人医学
3649 ☑	**nuclear family** [n(j)úːkliər fǽməli]	名 核家族
3650 ☑	**multigenerational** [mʌ̀ltidʒènəréiʃənl]	形 多世代の
3651 ☑	**extended family** [iksténdid fǽməli]	名 拡張家族 核家族の他に近親を含むもの。
3652 ☑	**widow** [wídou]	他 を寡婦にする　名 寡婦
3653 ☑	**isolation** [àisəléiʃən]	名 孤立 派 **isolate**　他 を孤立させる
3654 ☑	**peer group** [píər grùːp]	名 同世代のグループ

41. 社会学③

自殺は合衆国の高齢者において大きな問題である。彼らは全人口の13%を占めるが，自殺**死亡率**では20%にも達している。最近ある調査が**老人学**を研究する団体で行われた。**老人医学**を専門とする精神医学者によると，うつ病が65歳より上の人々の間で広がっているという。多くの場合，うつ病は年齢とともに進行する。今日のアメリカ人は**拡張家族**とともに**多世代の**人々の中で生活するというより，たいていがシンプルな**核家族**の中で生活している。**寡婦になったり**離婚して一人暮らしをしている高齢の人は社会的な**孤立**を経験することもある。同じ年代の友人や隣人がいないと，彼等は**同世代のグループ**に入ることなく取り残されるかもしれない。彼らはまた経済的な困難も経験しかねない。彼らが働き始めた時に設定した**退職年金**は今日の**寿命**を考慮していなかったし，彼らがその非常に限られた**固定収入**で生計を立てるのは難しくなっている。その上，**社会保障**というアメリカの**国民年金制度**は破綻の危機に瀕している。

3655 ☑	**retirement pension** [ritáiərmənt pénʃən]	名 退職年金
3656 ☑	**life expectancy** [láif ikspèktnsi]	名 寿命
3657 ☑	**fixed income** [fíkst ínkʌm]	名 固定収入
3658 ☑	**Social Security** [sóuʃl sikjúərəti]	名 社会保障
3659 ☑	**national pension system** [nǽʃənl pénʃən sìstəm]	名 国民年金制度

Backgroud Knowledge

老人学（gerontology）

老人学は比較的新しい学問。発達心理学から派生した学問のため，老齢化または老いることについて心理学的な立場から考察する。1930年頃から，社会の変化に伴って，社会学的および生物学的分野も取り入れた幅広い見地から老齢化について研究していく学問として，現在に至るまでさまざまな老齢化に関する研究がなされている。

42. Journalism

CD 42

The term "Journalism" covers a wide range of news reporting and social **commentary**. The **broadcast anchorperson** is one of the most visible icons of the **mass media** industry, but social commentary can even appear in the form of a **comic strip**. Nightly news shows are usually looked to for **coverage** of daily events, but during major events, stations often **televise** special editions of the news that range from thought-provoking to just **sensational**. Many people still get their news from newspapers. Famous ones with a large **circulation**, like *the New York Times*, have **readership** that extends outside the local area. These days, some look to the Internet as their news source. They can see news **highlights** right on their computer. **Press conferences** are held for political matters as well as the announcement of business deals or new products. Publications, whether conservative or liberal, the professional journals along with the **tabloids**, may send **correspondents** to these events. (154 words)

3660 ☑	**commentary** [kɑ́məntèri]	名 論評
3661 ☑	**broadcast** [brɔ́:dkæ̀st]	名 放送番組　他 を放送する
3662 ☑	**anchorperson** [ǽŋkərpə̀:rsn]	名 総合司会者
3663 ☑	**mass media** [mǽs mí:diə]	名 マスメディア
3664 ☑	**comic strip** [kɑ́mik strìp]	名 続き漫画
3665 ☑	**coverage** [kʌ́vəridʒ]	名 報道 派 **cover**　他 を報道する
3666 ☑	**televise** [téləvàiz]	他 をテレビで放送する
3667 ☑	**sensational** [senséiʃənl]	形 人騒がせな，扇情的な 派 **sensation**　名 センセーション，物議
1912 ☑	**circulation** [sə̀:rkjəléiʃən] ※再掲	名 発行部数

42. ジャーナリズム

「ジャーナリズム」という言葉には，幅広いニュース報道や社会的**論評**が含まれる。**放送番組**の**総合司会者**が最も目立つ**マスメディア**産業のシンボルの一つだが，社会的論評は**続き漫画**の形で表現されることさえある。夜のニュース番組は通常は日々の出来事の**報道**を期待されるが，大事件の際には放送局がいろいろ考えさせるようなものから単に**人騒がせな**だけのものまで，特別編成のニュース**をテレビで放送する**ことがしばしばある。今でも多くの人が新聞からニュースを得る。『ニューヨーク・タイムズ』紙のような**発行部数**が多い有名な新聞には，地元地域外にも**読者**がいる。近頃では，ニュース源としてインターネットをあてにする人もいる。まさにコンピュータ上でニュース**ハイライト**を見ることができるのだ。商取引や新製品の発表はもとより，政治的な事柄のためにも**記者会見**は開かれる。保守系出版物であろうと革新系出版物であろうと，**タブロイド判新聞**に加えて専門雑誌もこういった場面に**通信員**を派遣することがある。

3668 ☑	**readership** [ríːdərʃìp]	名 読者
3669 ☑	**highlight** [háilàit]	名 ハイライト，呼び物　他 を強調する
3670 ☑	**press conference** [prés kɑ̀nfərəns]	名 記者会見
3671 ☑	**tabloid** [tǽblɔid]	名 タブロイド判新聞
3672 ☑	**correspondent** [kɔ̀ːrəspɑ́ndənt]	名 通信員，記者 派 **correspondence**　名 通信

Backgroud Knowledge

タブロイド判新聞（tabloid）

「タブロイド」は，新聞の用紙サイズおよびスタイルを意味する。新聞の二種類のスタンダードサイズのうちで小さい方であり，大きい方はブランケット判（broadsheets）。大衆紙がタブロイド判を採用することが多かったことから，大衆紙の代名詞ともなったが，最近では一般紙での採用も増えている。

43. Art①

CD 43

An important component of art history and art appreciation courses is regular visits to art museums and **galleries**. New York is one of the best places for the purpose. Students can view collections in the **Renaissance** and **Romanticism** gallery, along with other displays featuring **Avant-garde**, **Pop art** and **Impressionism** works at some local art museums there. Students interested in **Abstract Expressionism** or **Neoclassicism** can find their way to a variety of these sorts of displays. The local museums and galleries contain excellent examples of sculpture in **bronze** and **plaster** that bring alive the photos in the course textbooks. Students will learn to look at art and be able to identify the time period and genre of the piece. Toward the end of the course, students will begin to **critique** portrait, **still life** and landscape pieces along with **watercolors** and **oil paintings**. (141 words)

3673 ☑	**gallery** [gǽləri]	名 画廊，ギャラリー
3674 ☑	**Renaissance** [rènəsɑ́:ns, -zɑ́:ns]	名 ルネッサンス
3675 ☑	**Romanticism** [roumǽntəsìzm]	名 ロマン派
3676 ☑	**Avant-garde** [ɑ̀:vɑ:ngɑ́:rd]	名 前衛芸術
3677 ☑	**Pop art** [pɑ́p ɑ́:rt]	名 大衆芸術
3678 ☑	**Impressionism** [impréʃənìzm]	名 印象派
3679 ☑	**Abstract Expressionism** [ǽbstrækt ikspréʃənizm]	名 抽象表現派
3680 ☑	**Neoclassicism** [nì:əklǽsisìzm]	名 新古典派
3681 ☑	**bronze** [brɑ́nz]	名 青銅

43. 美術①

美術史や美術批評の課程における一つの重要な要素は，定期的に美術館や**画廊**を訪れることである。ニューヨークはこの目的に合った最も良い場所の一つである。学生たちは**ルネッサンス**や**ロマン派**の画廊において多くの作品を鑑賞することができ，また同様に他の**前衛芸術**，**大衆芸術**，**印象派**の作品を特集した展示作品をニューヨークにあるいくつかの地元の美術館で見ることもできる。**抽象表現派**や**新古典派**に興味がある学生たちは数多くあるこれらの種類の展示作品を目にすることができるだろう。地元の美術館や画廊には，授業で使う教科書に載っている写真に生命を吹き込む**青銅**や**石膏**でできた素晴らしい彫刻の見本がある。学生たちは芸術の鑑賞の仕方を学び，作品の時代やジャンルを鑑定できるようになるだろう。課程の後半に向かうにつれ，学生たちは**水彩画**や**油彩画**に加えて肖像画，**静物画**，風景画作品**を批評する**活動を始める。

3682 ☑	**plaster** [plǽstər]	名 石膏
3683 ☑	**critique** [kritíːk]	他 を批評する　名 批評，評論
3684 ☑	**still life** [stíl láif]	名 静物画
3685 ☑	**watercolor** [wɔ́ːtərkʌ̀lər]	名 水彩画
3686 ☑	**oil painting** [ɔ́il pèintiŋ]	名 油彩画

Backgroud Knowledge

印象派（Impressionism）

印象派は19世紀後半のフランスに発し，ヨーロッパやアメリカのみならず日本にまで波及した芸術の一大運動。1874年にパリで行われたグループ展を契機に，多くの画家がこれに賛同して普及した。印象派の概念は音楽の世界にも適用される。

44. Art②

CD 44

Two decades ago, when university art students started taking their skills to the streets, community art program projects sprouted up across the country. In the beginning, these projects were regarded as little more than glorified **graffiti**, but they caught the attention of a **patron** of the arts who took on the task of organizing the group of budding artists. Now, twenty years later, students continue to bring their art to various neighborhoods in the form of **murals**, **mosaics** and **frescoes**. These young people are anxious to be included in improving urban aesthetics. Each project is designed to reflect the unique **ambiance** of the community. Projects begin with student artists setting up **easels** and sketching **illustrations** of existing street scenes. Then, appropriate locations are chosen and permission from property owners secured. **Texture** as well as **hue** is considered in the composition of the **artwork**, incorporating **woodcarving**, **engraving** and **etching** into projects.（150 words）

3687 ☐	**graffiti** [grəfí:ti]	名 落書き
3688 ☐	**patron** [péitrən]	名 芸術後援者，パトロン 派 **patronage** 名（芸術などへの）後援
3689 ☐	**mural** [mjúərəl]	名 壁画
3690 ☐	**mosaic** [mouzéiik]	名 モザイク模様画
2044 ☐	**fresco** [fréskou] ※再掲	名 フレスコ壁画
3691 ☐	**ambiance** [ǽmbiəns]	名 雰囲気 ≒類 **atmosphere**
3692 ☐	**easel** [í:zl]	名 イーゼル，画架
3693 ☐	**illustration** [iləstréiʃən]	名 イラスト，挿絵 派 **illustrate** 他 に挿絵を入れる
2402 ☐	**texture** [tékstʃər] ※再掲	名 配置，手ざわり

44. 美術②

20年前，大学の美術専攻の学生たちが彼らの絵の技術を街へ持ち出し始めた時，地域社会での芸術構想計画が国のあちこちで現れ始めた。最初の頃，これらの計画は美化された**落書き**としかみなされていなかったが，新進気鋭の芸術家を組織化する活動を引き受けた**芸術後援者**の目にとまることとなった。20年後の今，学生たちは自分たちの芸術を**壁画**，**モザイク模様画**や**フレスコ壁画**の作品という形で多くの地域にもたらし続けている。これらの若者は都市の美観の発展に一役買うことを望んでいる。それぞれの計画はその地域社会の独特な**雰囲気**を反映するように設計されている。計画は学生の画家が**イーゼル**を準備し，そこにある街の風景の**イラスト**を下書きすることから始まる。その後，適切な場所が選ばれ，その場所の所有者から許可を得る。**色調**と同様に**配置**も**芸術作品**の構成の一部と考えられ，**木彫品**，**版画**，**銅版画**を計画に組み入れていく。

3694 ☑	**hue** [hjúː]	名 色調，色合い 与類 tone
3695 ☑	**artwork** [ɑ́ːrtwəːrk]	名 芸術作品，工芸品
3696 ☑	**woodcarving** [wúdkɑ̀ːrviŋ]	名 木版画
3697 ☑	**engraving** [engréiviŋ]	名 版画 派 engrave 他 を彫る，を版画で印刷する
3698 ☑	**etching** [étʃiŋ]	名 銅版画

5 UNIT 7

Backgroud Knowledge

モザイク（mosaics）

モザイクは，小片を寄せあわせ埋め込んで，絵や模様を表す装飾美術の手法。石，陶磁器，有色無色のガラス，貝殻，木などが使用され，建築物の床や壁面，あるいは工芸品の装飾のために施される。古くから世界的に見られ，歴史上，大聖堂の内部空間やモスクの外壁などの装飾手法として特に有名。

45. Music & Theater①

CD 45

University **choirs** are very active in many universities in America. In many cases, students who want to join a choir must **audition** for it. Most compositions that the members learn are classical, but among the **requiems** and **madrigals** is the occasional light piece accompanied by piano or **strings**. Most arrangements are **Soprano**, **Alto**, **Tenor** and **Bass**, but there are some scores that call for Soprano I and II, Alto I and II, Tenor I and II, **Baritone** and Bass. In these eight-part pieces, there are often male and female parts that are similar, but sung an **octave** apart. Much time is devoted to learning and **rehearsing** parts, but mechanics such as breathing and **phrasing** are also covered. (117 words)

3699 ☐	**choir** [kwáiər]	名 聖歌隊
3700 ☐	**audition** [ɔ:díʃən]	自 オーディションを受ける
3701 ☐	**requiem** [rékwiəm]	名 鎮魂曲，レクイエム 死者のためのミサ曲。
3702 ☐	**madrigal** [mǽdrigl]	名 マドリガル 無伴奏の合唱曲の一種。
3703 ☐	**string** [stríŋ]	名 弦楽器
3704 ☐	**soprano** [səprǽnou]	名 ソプラノ
3705 ☐	**alto** [ǽltou]	名 アルト
3706 ☐	**tenor** [ténər]	名 テノール
3707 ☐	**bass** [béis]	名 バス

45. 音楽・演劇①

大学の**聖歌隊**はアメリカの多くの大学において活発に活動している。多くの場合，聖歌隊に参加を希望する学生たちは**オーディションを受ける**必要がある。メンバーが学ぶ曲のほとんどはクラシック音楽である。しかし時折ピアノや**弦楽器**が伴奏につく穏やかな曲が**鎮魂曲**や**マドリガル**の中から採用される。ほとんどの編曲は**ソプラノ**，**アルト**，**テノール**そして**バス**によるものだが，第１・第２ソプラノ，第１・第２アルト，第１・第２テノール，**バリトン**，バスを必要とする楽譜もいくつかある。これらの８つのパート構成においては，男性のパートと女性のパートが似ているがお互いよりも一**音階**ずらして歌う，ということがしばしばある。多くの時間がパートを学び**リハーサルをする**ことに費やされるが，息つぎや**区切り法**のような技術も扱われる。

3708 ☑	**baritone** [bǽritòun]	名 バリトン
3709 ☑	**octave** [ɑ́ktiv, -teiv]	名 音階
3710 ☑	**rehearse** [rihə́ːrs]	他 を下稽古する，のリハーサルをする 派 **rehearsal** 名 下稽古，リハーサル
3711 ☑	**phrasing** [fréiziŋ]	名 区切り法，フレージング

5
UNIT 8

Backgroud Knowledge

聖歌隊（choirs）

聖歌隊とは，教会，礼拝堂，キリスト教系の学校の中にあって，教会の礼拝やミサ，復活祭やクリスマス関係の行事や結婚式，昇天式などにおいて，聖歌や賛美歌を歌い，神の愛と栄光を称える合唱団のこと。教会の聖歌隊であれば，メンバーは信者でその教会の教会員であるのが一般的。

46. Music & Theater ②

CD 46

Drama and music students at universities in America put on performances for the university on a regular basis. In terms of plays and musicals, in addition to the official theatrical **ensembles** there are often small independent groups that have an extensive **repertoire** and also present **improvisation** pieces. Some university drama departments even offer courses in the history of comedy in America. In such courses, students will get the chance to perform as stand-up comics or comedic **duos**. Also, the music departments at many universities encourage student performances. These performances range from **country & western** groups to **ragtime** pianists and **Dixieland jazz** bands. Recently, a few **rhythm & blues** groups have emerged as well. Students studying **instrumental** music sometimes form **brass quartets** or **woodwind quintets**. These groups play a mixture of classical and pop pieces. Several times a year, university **orchestras** perform on stage campuses, as well as at community locations.（150 words）

3712 ☑	**ensemble** [ɑːnsɑ́ːmbl]	名 アンサンブル，（少人数の）合奏団
3713 ☑	**repertoire** [répərtwɑ̀ːr]	名 レパートリー
3714 ☑	**improvisation** [imprɑ̀vəzéiʃən, ìmprəvə-]	名 即興演技 派 **improvise** 他 を即興で演奏する
3715 ☑	**duo** [d(j)úːou]	名 二人組，デュオ，二重唱，二重奏
3716 ☑	**country & western** [kʌ́ntri ənd wéstərn]	名 カントリー＆ウエスタン
3717 ☑	**ragtime** [rǽgtàim]	名 ラグタイム
3718 ☑	**Dixieland jazz** [díksilæ̀nd dʒǽz]	名 ディキシーランドジャズ
3719 ☑	**rhythm & blues** [riðm ənd blúːs]	名 リズム＆ブルース
3720 ☑	**instrumental** [ìnstrəméntl]	名 器楽曲 派 **instrument** 名 楽器

46. 音楽・演劇②

アメリカの大学で演劇や音楽を専攻している学生たちは定期的に大学で公演を行う。演劇やミュージカルに関して言うと，公認の劇場**アンサンブル**に加えて，幅広い**レパートリー**を持ち**即興演技**も行う小さな独立したグループがあることも多い。いくつかの大学の演劇科ではアメリカのコメディーの歴史を学ぶクラスさえも提供している。そのようなクラスで生徒はコミックショーや**二人組**でコメディーを演じる機会を与えられる。また多くの大学の音楽科は学生たちに公演を行うことを奨励している。これらの演奏は**カントリー＆ウエスタン**グループから**ラグタイム**ピアニストや**ディキシーランドジャズ**バンドまで及ぶ。最近ではいくつかの**リズム＆ブルース**のグループも姿を現してきた。**器楽曲**を学んでいる生徒は時に**金管楽器**の**四重奏団**や**木管楽器**の**五重奏団**を結成する。これらのグループはクラシック音楽とポップな曲を合わせたものを演奏する。一年に数回，大学の**楽団**は地域社会の場だけでなくキャンパスの舞台でも公演を行う。

3721 ☑	**brass** [bræ̃s]	名 金管楽器
3722 ☑	**quartet** [kwɔːrtét]	名 四重奏団
3723 ☑	**woodwind** [wúdwìnd]	名 木管楽器
3724 ☑	**quintet** [kwintét]	名 五重奏団
3725 ☑	**orchestra** [ɔ́ːrkəstrə]	名 楽団，オーケストラ

Backgroud Knowledge

アンサンブル

「アンサンブル」は，もともとは音楽用語で，二人以上が同時に演奏すること。合奏，重奏，合唱，重唱，あるいはそれらの団体にも用いられるが，演劇用語としては，ミュージカル公演においてその他大勢の出演者を指す。

Sociology（社会学）

3726 ☑	**subculture** [sʌ́bkʌ̀ltʃər]	名 副次（下位）文化，サブカルチャー
3727 ☑	**counterculture** [káuntərkʌ̀ltʃər]	名 反体制文化（グループ） 伝統文化を拒否する若者文化。
3728 ☑	**gender** [dʒéndər]	名 性，ジェンダー 社会的・文化的観点から見た性別・性差。
3729 ☑	**heterosexuality** [hètər(ou)sèkʃuǽləti]	名 異性愛 派 **heterosexual** 形 異性愛の
3730 ☑	**homosexuality** [hòuməsèkʃuǽləti]	名 同性愛，ホモ 派 **homosexual** 形 同性愛の
3731 ☑	**marital status** [mǽrətl stéitəs]	名 結婚状況 未婚・既婚・離婚のいずれかを指す。
3732 ☑	**monogamy** [mənɑ́gəmi]	名 一夫一婦婚制，単婚制
3733 ☑	**polygamy** [pəlígəmi]	名 複婚制，一夫多妻
3734 ☑	**patriarchy** [péitriɑ̀ːrki]	名（社会）父権制，家父長政治 反 **matriarchy** 名（社会）母権制，女家長制
3735 ☑	**matriarchy** [métriɑ̀ːrki]	名（社会）母権制，女家長制 反 **patriarchy** 名（社会）父権制，家父長政治
3736 ☑	**kinship** [kínʃip]	名 親類関係，血族関係 派 **kin** 名 血縁，親族
3737 ☑	**egalitarianism** [igæ̀litéəriənìzm]	名 平等主義 派 **egalitarian** 形 平等主義の
3738 ☑	**acculturation** [əkʌ̀ltʃəréiʃən]	名 文化変容 異文化との接触による変容。
3739 ☑	**stratification** [strǽtəfikéiʃən]	名 階層化 派 **stratify** 他 を階層化する，を階層に分ける
3740 ☑	**snob** [snɑ́b]	名 俗物，スノッブ 社会的地位が下の人々をばかにする上流気取りの人。

Art（美術）

3741 ☑	**Cubism** [kjú:bìzm]	名 立体派，キュービズム
3742 ☑	**Realism** [rí:əlìzm]	名 写実主義，リアリズム
3743 ☑	**Symbolism** [símbəlìzm]	名 象徴主義（派）
3744 ☑	**torso** [tɔ́:rsou]	名 トルソー 胴だけの彫像。
3745 ☑	**bust** [bʌ́st]	名 胸像，半身像
3746 ☑	**canvas** [kǽnvəs]	名 カンバス，画布
3747 ☑	**chisel** [tʃízl]	名 のみ，たがね，彫刻刀，彫刻術

Music & Theater（音楽・演劇）

3748 ☑	**solo** [sóulou]	名 ソロ，独唱，独奏
3749 ☑	**serenade** [sèrənéid]	名 セレナーデ，小夜曲
3750 ☑	**sonata** [sənɑ́:tə]	名 ソナタ，奏鳴曲
3751 ☑	**symphony** [símfəni]	名 シンフォニー，交響曲
3752 ☑	**lullaby** [lʌ́ləbài]	名 子守唄
3753 ☑	**nocturne** [nɑ́ktə:rn]	名 ノクターン，夜想曲
3754 ☑	**opera** [ɑ́pərə]	名 オペラ，歌劇

47. Literature①

CD 47

Small **publishing houses** usually focus on a specific genre, but large publishing companies have departments for each one. Authors sometimes use **pennames** and write for more than one genre. In other words, **playwrights** or **screenwriters** may also write **detective stories**, historical **sagas**, parodies or even **fairy tales** using a different name. Changing genres gives the writer the freedom to experiment with different styles of narrative, prose and even **verse**. Not every book cover is as it seems. The **manuscript** of an **autobiography** of a famous person, for example, may need a **rewrite**. The publisher hires a professional writer and it technically becomes a biography. If the real author's name appears at all, however, it may come after the famous person's **byline** following the word "with." Publishers must know their audience. Short story **anthologies**, for example, are not so popular in the U.S. mainstream, but these do very well in certain specific genres. (152 words)

3755 ☑	**publishing house** [pʌ́bliʃiŋ háus]	名 出版社
3756 ☑	**penname** [pénnèim]	名 ペンネーム
3757 ☑	**playwright** [pléiràit]	名 劇作家 ≒類 dramatist
3758 ☑	**screenwriter** [skríːn ràitər]	名 シナリオライター
3759 ☑	**detective story** [ditéktiv stɔ̀ːri]	名 推理小説
3760 ☑	**saga** [sáːgə]	名 英雄物語，サガ，武勇伝
3761 ☑	**fairy tale** [féəri tèil]	名 おとぎ話
3762 ☑	**verse** [vəːrs]	名 韻文 反 prose 名 散文
3763 ☑	**manuscript** [mǽnjəskrìpt]	名 原稿，草稿

47. 文学①

小規模な**出版社**は特定のジャンルに照準を合わせて出版を行うのが普通であるが，大規模な出版社にはそれぞれのジャンルに応じた部署が存在する。筆者は**ペンネーム**を用いて複数のジャンルの執筆を行うこともある。つまり，**劇作家**や**シナリオライター**が別の名前を用いて，**推理小説**や歴史上の**英雄に関する物語**，パロディーあるいは**おとぎ話**でさえ書く場合があるのだ。作家はジャンルを変えることにより，物語や散文，さらには**韻文**などさまざまなスタイルを自由に試みることができるのである。表紙に書かれていることのすべてが見かけ通りというわけではない。例えば，有名な人物の**自叙伝**の**原稿**が**書き直し**を必要とすることがある。そんな時に出版社はプロのライターの手を借りるが，そうするとその本は厳密には伝記となる。仮に，その伝記を実際に書いた人物の名前が表に出たとしても，その名前は著名人の**署名**の後に with という言葉と共に記されるのである。出版社は読者層を把握していなければならない。例えば短編**作品集**はアメリカの主な読者層にそれほど人気があるわけではないが，特定のジャンルの作品を集めたものは広く読まれている。

3764 ☑	**autobiography** [ɔ̀:toubaiágrəfi]	名 自叙伝
3765 ☑	**rewrite** 名 [rí:ràit] 動 [rì:ráit]	名 書き直し 他 を書き直す
3766 ☑	**byline** [báilàin]	名 署名
3767 ☑	**anthology** [ænθáləd͡ʒi]	名 作品集

5 UNIT 9

Backgroud Knowledge

自叙伝（autobiography）と伝記（biography）

「自叙伝」は人が自分自身の目から見た自分の生涯を記述したものを指す。autobiography はギリシャ語の auton（self），bion（life），grahein（write）から由来した言葉。「伝記」biography は一般に非常に広範囲にわたる資料や視点をもとにしているが，自叙伝は完全に執筆者である本人の記憶，回顧，回想に基づいているという点で決定的に異なっている。

48. Literature ②

CD 48

On the surface, the reviews of the famous author's long-awaited new **fantasy** are very positive. The **protagonist's** forced exile turns into an **odyssey** that drives the story; and the reader's interest is held by the **pathos** that appears around every corner. The ever-changing **antagonists**, against which our hero always prevails by virtue of his wit and faith, represent the evils of his homeland, which he will have faced upon his return. His work is a good example of the basic good-versus-evil theme, but lightened by regular touches of whimsical **comedy** and **idyllic folklore**. Well-drawn, likable characters help the reader identify with the hero's various dilemmas. As an **antithesis** of a dark, mystical **allegory**, the author has created a world of myths and legends that involve and entice the reader. The only **enigma** occurs in the lengthy **epilogue** where, presumably, the author is setting the stage for a **sequel**. (147 words)

3768 ☑	**fantasy** [fǽntəsi, -zi]	名 空想小説 派 **fantastic** 形 空想的な，想像上の
3769 ☑	**protagonist** [proutǽgənist]	名 主人公，（思想などの）主唱者
3770 ☑	**odyssey** [ɑ́dəsi]	名 長い放浪の旅
3771 ☑	**pathos** [péiθɑs]	名 哀感，哀調
3772 ☑	**antagonist** [æntǽgənist]	名 敵 ≒類 **opponet**
3773 ☑	**comedy** [kɑ́mədi]	名 コメディー，喜劇 派 **comedian** 名 コメディアン，喜劇役者
3774 ☑	**idyllic** [aidílik]	形 牧歌的な，田園詩風の 派 **idyll** 名 牧歌，田園詩
3775 ☑	**folklore** [fóuklɔ̀ːr]	名 民話
3776 ☑	**antithesis** [æntíθəsis]	名 正反対のもの ≒類 **opposite**

48. 文学②

長い間発表が待ち望まれた，その有名な作家の**空想小説**に対する書評は一見したところ非常に好意的なものである。**主人公**は祖国を追放され，**長い放浪の旅**を余儀なくされるが，この旅を軸に物語は展開される。そして読者はあらゆる場面に**哀感**を感じ取り，この作品に引き込まれるのである。新たな**敵**が次々と登場し，主人公は常に知恵と信念によってこれらの敵を打ち破るのだが，これらの敵は主人公の祖国に存在する邪悪さを象徴しており，主人公は祖国に戻るとこれらに立ち向かうことになる。彼の作品は善と悪の対立という基本的な主題の好例であるが，この主題は奇妙な**コメディー**風かつ**牧歌的な民話**風の筆致で和らげられている。上手に描かれ好感の持てる登場人物によって，読者は主人公の抱えるさまざまな難題を自分の問題のように感じることができるのである。陰うつで神秘的な**寓話**と**正反対のもの**として，筆者は神話と伝説の世界を生み出し，読者を引き込むのである。長い**エピローグ**が唯一の**謎**であるが，おそらく筆者はこの終章を**続編**へのお膳立てとしているのであろう。

3777 ☑	**allegory** [æləgɔ̀:ri]	名 寓話，たとえ話 ≒類 fable
3778 ☑	**enigma** [ənígmə, e-]	名 謎 ≒類 mystery
3779 ☑	**epilogue** [épəlɔ̀(:)g]	名 エピローグ，終局，結末
3780 ☑	**sequel** [sí:kwəl]	名 続編

5
UNIT 9

Backgroud Knowledge

小説（novel）

小説とは，散文で作成された虚構の物語。 内容としては随想や批評，伝記，史書と対立するものであり，形式としては詩と対立するものである。 novel はスペイン語の novela や，フランス語の nouvelle と同語源で，もともとラテン語で「新しい話」を意味する。novel を「新しい」という意味の形容詞として使うことも多いので注意したい。

49. Literature③

CD 49

Students majoring in Literature may study the works of **classic mystery** writers. The stories deemed “masterpieces” hold the readers’ attention despite frequent long **anecdotes** that sometimes contain obvious **hyperbole**. One of the effective ways to achieve this is to use **figurative** language. Students will learn such language devices as metaphors, **simile**, **oxymoron** and **personification**. These often work by creating **imagery** in the story. Students will also look for recurring **motifs** and analyze the personalities of main characters. Some stories, despite modern rhetoric, have all the elements of early twentieth century mysteries, where, right up to the **climax**, the reader still believes that several characters could be the killer, as each had a **motive** to kill the victim. To **chronicle** the actions and reactions of a group of different people who end up in close proximity at the time of a fatal tragedy is the formula for this type of story.（150 words）

3781 ☑	**classic** [klǽsik]	形 古典的な，第一級の，第一流の，傑作の ≒類 **classical** 形 古典的な
3782 ☑	**mystery** [místəri]	名 ミステリー，推理小説，秘密 派 **mysterious** 形 不思議な
3783 ☑	**anecdote** [ǽnikdòut]	名 逸話，秘話
3784 ☑	**hyperbole** [haipə́ːrbəli]	名 誇張（法），誇大表現
3785 ☑	**figurative** [fígjərətiv]	形 比喩的な，文字通りではない 反 **literal** 形 文字通りの
3786 ☑	**simile** [síməli(ː)]	名 直喩，明喩 反 **metaphor** 名 隠喩，暗喩，メタファー
3787 ☑	**oxymoron** [àksimɔ́ːran]	名 撞着語法 「公然の秘密」のように，表現の内部で矛盾を作り出すもの。
3788 ☑	**personification** [pərsànəfikéiʃən]	名 擬人法 派 **personify** 他 を擬人化する
3789 ☑	**imagery** [ímidʒəri]	名 比喩的描写，画像

49. 文学③

文学を専攻する学生は**古典的なミステリー**作家の作品を研究することがある。「傑作」とされる作品は，明らかな**誇張**を含む**逸話**が頻繁に繰り返されるにもかかわらず，読者の関心をとらえて離さない。このための有効な方法の一つが**比喩的な**言葉を使うことである。学生は隠喩や**直喩**，**撞着語法**や**擬人法**などの言語上の工夫について学ぶ。これらはしばしば作品に**比喩的描写**を形成することでその効果を発揮する。学生は作品中に繰り返し表れる**主題**を探し，主な登場人物の性格を分析することも行う。現代的な修辞法を用いながらも，20世紀初頭のミステリーの要素をすべて持つ作品がいくつか存在する。こうした作品では，読者は物語の**山場**を迎えるまで，すべての登場人物が被害者を殺害する**動機**を持っており，誰もが犯人の可能性があるのではと思い続けるのである。決定的な悲劇の瞬間に共に居合わせることになるさまざまな登場人物が互いに影響し合う様子**を時間の流れに沿って記述する**ことはミステリーにおけるお決まりの方式である。

3790 ☐	**motif** [moutí:f]	名 主題，モティーフ，テーマ ≒類 theme
3791 ☐	**climax** [kláimæks]	名 山場，クライマックス
3792 ☐	**motive** [móutiv]	名 動機，誘因 派 motivate 他 に動機を与える
3793 ☐	**chronicle** [kránikl]	他 を時間の流れに沿って記述する 名 年代記

5
UNIT10

Backgroud Knowledge

推理小説とイギリス

推理小説というジャンルの確立には1830年代イギリスでの警察制度の整備が大きかった。急速な都市化に伴うストレスのはけ口として，「殺人事件」という非日常的モティーフが必要とされていたという見方もあるが，都会の暗黒部に対する一般市民の不安が高まっていたという歴史的事実も見逃せない。

50. Linguistics

CD 50

Students in the linguistics program first study sound systems in **phonology** and **phonetics** courses. They learn to transcribe the precise **vowels**, **consonants** and **inflections** of a variety of **utterances**, **syllable** by syllable, in the International Phonetic Alphabet. A large variety of samples from major world languages, as well as **pidgins** and **Creoles**, will be presented. Next, they study language patterns and decoding the internal structure of words in **morphology** classes. The study of **syntax** follows, helping students understand sentence structure. Students will learn to represent sentences in tree-diagrams. Basic studies conclude with **semantics**, where learners examine the meaning of words and sentences. Advanced studies continue with **pragmatics**, observing the effect that context and general principles of communication have on language. Students also have the option of studying **etymology** along with the historical reconstruction of words. (135 words)

3794 ☑	**phonology** [fənálədʒi]	名 音韻論
3795 ☑	**phonetics** [fənétiks, fou-]	名 音声学
3796 ☑	**vowel** [váuəl]	名 母音
3797 ☑	**consonant** [kánsənənt]	名 子音
3798 ☑	**inflection** [inflékʃən]	名 抑揚，語尾変化 ≒類 intonation 名 抑揚
3799 ☑	**utterance** [ʌ́tərəns]	名 発話，話し方 派 utter 他（ことば）を発する，をことばで表現する
3800 ☑	**syllable** [síləbl]	名 音節
3801 ☑	**pidgin** [pídʒən]	名 ピジン言語 異言語間の意思疎通のために自然に作られた混成語。
3802 ☑	**Creole** [kríːoul]	名 クレオール言語 ピジン言語が定着し母語として話される言語。

50. 言語学

言語学課程の学生はまず初めに音声体系を**音韻論**と**音声学**のコースで学習する。そこではいろいろな**発話**の正確な**母音**と**子音**と**抑揚**を，**音節**ごとに国際音声記号に置き換えることを学ぶ。世界の主要語だけでなく，**ピジン言語**や**クレオール言語**などからも多くのサンプルが提示される。次に，言語パターンや単語の内部構造を解読することを**語形論**の授業で学習する。そして**統語論**が続くが，これは文の構造を理解するのに役立つ。学生は文を樹形図にて表すことを習得する。基礎学習は**意味論**にて終了するが，ここでは単語や文の意味について考察する。さらに上の学習では**語用論**が続き，文脈やコミュニケーションの一般的原則が言語に与える効果について観察する。学生たちには**語源論**とともに単語が歴史的にいかに変化してきたかを研究するという選択肢もある。

3803 ☑	**morphology** [mɔːrfálədʒi]	名 語形論，形態論
3804 ☑	**syntax** [síntæks]	名 統語論
3805 ☑	**semantics** [səmǽntiks]	名 意味論
3806 ☑	**pragmatics** [prægmǽtiks]	名 語用論
3807 ☑	**etymology** [ètəmálədʒi]	名 語源論

Backgroud Knowledge

音韻論（phonology）・**意味論**（semantics）・**統語論**（syntax）

聴覚・視覚の要素と配列に関わる音韻論と，意味の要素と配列に関わる意味論は，それぞれ，感覚－運動のシステム，概念－意図のシステムでの解釈や産出に結びつくもの。これらからの入力とこれらへの出力に関わることで，2つのシステムの橋渡しをする計算部門が統語論に当たる。

51. Economics①

CD 51

There is no doubt that Adam Smith's *The Wealth of Nations* is one of the founding texts in the **discipline** of economics. In order to fully appreciate this great exponent of the **capitalist system** — as well as its influence on **communism** and **socialism** — it is important to understand it in its historical context. The book was published in 1776, at a time when the **stimulation** of free trade and **market competition** was not well understood. At the time, **protectionism** was rampant; governments often granted monopolies to protect their subsidiaries against "unfair" competition. Local **artisans** formed **guilds** (the original **bourgeoisie**) that operated like **cartels**, severely restricting the movement and commerce of artisans from other towns. Poverty and low standards of living were widespread and accepted as the norm. In *The Wealth of Nations* Smith advocates a **laissez-faire** approach, directing a powerful critique against **mercantilism** and forms of government interference such as tariffs. (151 words)

3808 ☑	**discipline** [dísəplin]	名 学問分野，訓練，規律 派 **disciplinary** 形 学問の，訓練の，規律の
3809 ☑	**capitalist system** [kǽpətəlist sístəm]	名 資本主義制度
3810 ☑	**communism** [kɑ́mjunìzm]	名 共産主義 派 **communist** 名 共産主義者
3811 ☑	**socialism** [sóuʃəlìzm]	名 社会主義 派 **socialist** 名 社会主義者
3812 ☑	**stimulation** [stìmjəléiʃən]	名 活性化，刺激，激励 派 **stimulate** 他 を刺激する
3813 ☑	**market competition** [mɑ́:rkit kɑ̀mpətíʃən]	名 市場競争
3814 ☑	**protectionism** [prətékʃənìzm]	名 保護主義 派 **protectionist** 名 保護貿易論者
3815 ☑	**artisan** [ɑ́:rtəzən]	名 熟練工，職人 ≒類 **craftsman**
3816 ☑	**guild** [gíld]	名 ギルド，同業組合

51. 経済学①

アダム・スミスの『国富論』が経済学の**学問分野**の礎となる教科書の一つであることは疑う余地はない。**資本主義制度**のこの偉大な象徴的書物，およびこの書物が**共産主義**と**社会主義**に与えた影響について十分に認識するためには，歴史的文脈における理解が重要である。この本は1776年に出版されたが，当時は自由貿易の**活性化**並びに**市場競争**は十分には理解されていなかった。その時代には**保護主義**がはびこり，時の政府は自らの従属組織を不公平な競争から保護するためにしばしば独占権を与えた。地方の**熟練工**たちは**カルテル**のような機能を果たす**ギルド**（最初の**中産階級**）を形成し，他の町からの熟練工たちの活動と商行為を制限した。貧困と低生活水準は広範囲にわたり，当たり前のものと受け取られた。『国富論』においてスミスが主張しているのは**自由放任主義**の取り組み方であり，**重商主義**や政府干渉の枠組みである関税などに対して強い批判を向けた。

3817 ☑	**bourgeoisie** [bùərʒwɑːzíː]	名 中産階級
3818 ☑	**cartel** [kɑːrtél]	名 カルテル，企業連合
3819 ☑	**laissez-faire** [léseiféər]	名 自由放任主義　形 自由放任主義の
3820 ☑	**mercantilism** [mə́ːrkəntiːlìzm]	名 重商主義，商業主義 与類 **commercialism**　名 商業主義

Backgroud Knowledge

『国富論』（*The Wealth of Nations*）

『国富論』は近代経済学の基礎を確立した名著。利己的に行動する各人が市場において自由競争を行えば，自然と需要と供給は収束に向かい，経済的均衡が実現され，社会的安定がもたらされるという意味の「神の見えざる手」という言葉（『国富論』の中でこの言葉が使われたのは1度だけ）でも有名。

52. Economics②

CD 52

The 1979 energy crisis had a tremendous impact on the U.S. Although the 1973 oil crisis was caused by the **imposition** of an **embargo** by the **oligopoly** known as OPEC, the oil shortage in 1979 resulted from a **downturn** in oil production in the wake of the Iranian revolution. By the summer of 1979, the stagnant U.S. economy was in a **slump**, suffering from double-digit **inflation** and high **interest rates**. Since the price of oil often undergoes **fluctuation** according to the principle of **supply and demand**, it is understandable that the shortage would result in higher oil prices. With U.S. oil **consumption** at an all-time high, the shortage also affected **consumer spending**, and relations between **employers** and **employees** at major **corporations** and small businesses alike.（125 words）

3821 ☑	**imposition** [ìmpəzíʃən]	名（重荷などを）課すこと，課税 派 impose 他 を課す，を負わす
3822 ☑	**embargo** [embɑ́:rgou, im-]	名 禁輸，輸出入禁止
3823 ☑	**oligopoly** [ɑ̀ləgɑ́p(ə)li]	名 寡占機構
3824 ☑	**downturn** [dáuntə̀:rn]	名 減少，下落 与類 downswing
3825 ☑	**slump** [slʌ́mp]	名 不振状態，不況 反 boom 名 好況
3826 ☑	**inflation** [infléiʃən]	名 インフレ，通貨膨張 反 deflation 名 デフレ，通貨縮小
3827 ☑	**interest rate** [íntərəst rèit]	名 金利
3828 ☑	**fluctuation** [flʌ̀ktʃuéiʃən]	名 変動 派 fluctuate 自 変動する
3829 ☑	**supply and demand** [səplái ənd dimǽnd]	名 需要と供給

52. 経済学②

1979年のエネルギー危機はアメリカに大きな打撃を与えた。1973年の石油危機は OPEC として知られている**寡占機構**による**禁輸措置**が原因だったが，1979年の石油不足はイラン革命のあおりを受けた石油生産の**減少**が原因であった。1979年夏まで，停滞するアメリカ経済は**不振状態**にあり，二桁の**インフレ**と高**金利**に苦しんだ。石油価格はしばしば**需要と供給**の原理に従って**変動**を受けるので，石油不足が石油価格の高騰をもたらしたことはもっともなことである。アメリカの石油**消費**が空前の高水準であったがために，この不足はまた**消費支出**並びに大**企業**と小規模企業における**雇用者**と**従業員**の関係に影響を及ぼした。

3830 ☑	**consumption** [kənsʌ́mpʃən]	名 消費 反 production 名 生産
3831 ☑	**consumer spending** [kəns(j)ú:mər spéndiŋ]	名 消費支出，個人消費
3832 ☑	**employer** [emplɔ́iər]	名 雇用者 反 employee 名 従業員
3833 ☑	**employee** [emplɔ́ii:, ⌐ー⌐]	名 従業員 反 employer 名 雇用者
3834 ☑	**corporation** [kɔ̀:rpəréiʃən]	名 企業，法人 派 corporate 形 法人組織の

Backgroud Knowledge

石油輸出国機構（OPEC）

石油輸出国機構（Organization of the Petroleum Exporting Countries，略称 OPEC）は，石油産油国の利益を守るため，イラン，イラク，クウェート，サウジアラビア，ベネズエラの5カ国の原加盟で1960年9月14日に設立。本部はオーストリアのウィーンにある。2006年11月現在，加盟国は11カ国。

53. Economics ③

CD 53

Milton Friedman, an eminent scholar of both **microeconomics** and **macroeconomics**, won the Nobel Prize in 1976. Friedman began studying economics during the **Great Depression**. He blamed the **Federal Reserve Board** for turning a normal sluggish period into a catastrophe. Friedman is known for advocating a laissez-faire capitalist system and reviving interest in the **money supply**. He attempts to show how money supply fluctuations influence economic fluctuations. Promoting **free-floating exchange rates**, he also rejects government manipulation of **currency** markets. A supporter of many **libertarian** policies, he believes that the government should not try to manage demand through **fiscal** policy. In his 1962 book *Capitalism and Freedom*, Friedman seeks to minimize the role of government in a free market and thereby increase political and social freedom. He is an adamant supporter of establishing free, **deregulated** markets to help create **incentives**, alleviate unemployment, increase personal freedom, improve **standards of living**, and contribute overall to economic **upturn**. (153 words)

3835 ☐	**microeconomics** [màikrouèkənámiks]	名 ミクロ経済学
3836 ☐	**macroeconomics** [mækrouèkənámiks]	名 マクロ経済学
3837 ☐	**Great Depression** [gréit dipréʃən]	名 大恐慌
3838 ☐	**Federal Reserve Board** [fédərəl rizə́:rv bɔ́:rd]	名 連邦準備制度理事会
3839 ☐	**money supply** [mʌ́ni səplài]	名 通貨供給量
3840 ☐	**free-floating** [frí:flóutiŋ]	形 変動の，自由に動く
3841 ☐	**exchange rate** [ikstʃéindʒ rèit]	名 (外国) 為替相場，為替レート
3842 ☐	**currency** [kə́:rənsi]	名 通貨，貨幣

53. 経済学③

ミルトン・フリードマンは**ミクロ経済学**と**マクロ経済学**両分野において著名な学者であり，1976年にノーベル賞を受賞した。フリードマンは**大恐慌**の時代に経済学の勉強を始めた。彼は**連邦準備制度理事会**が通常の不景気の期間を大惨事へと変えたと非難した。フリードマンは無干渉資本主義制度を主張し，**通貨供給量**への関心を復活させたことで知られる。彼は通貨供給量の変動が経済の変動にどのような影響を与えるのかを示そうとしている。**変動外国為替相場**を奨励しているため，**通貨**市場を政府が操作することにも反対する。多くの**自由論者**が唱える政策の支持者として，フリードマンは政府が**財政**政策を通じて需要を管理しようとすべきではないと信じている。1962年発刊の著書『資本主義と自由』で，彼は自由市場における政府の役割を最小限にし，それにより政治的また社会的な自由を増やすことを求めている。彼は**刺激**の創出，失業の緩和，個人の自由の増加，**生活水準**の改善，そして全体を通して景気**上昇**に貢献するために自由で**規制が緩和された**市場を設立することを強く支持している。

3843 ☑	**libertarian** [lìbərtéəriən]	名 自由意思論者　形 自由意思論者の
3844 ☑	**fiscal** [fískl]	形 財政（上）の，会計の
3845 ☑	**deregulate** [diːrégjəlèit]	他 の規制緩和をする 派 deregulation　名 規制緩和
3846 ☑	**incentive** [inséntiv]	名 刺激，動機 ≒類 motive, inducement
3847 ☑	**standard of living** [stǽndərd əv líviŋ]	名 生活水準
3848 ☑	**upturn** [ʌ́ptə̀ːrn]	名 上昇，向上 ≒類 upswing

5 UNIT12

54. Investment

CD 54

Many investors are overwhelmed by all the choices among **mutual funds**, individual stocks and bonds. Those who can anticipate the **appreciation** or **depreciation** of the **blue chips**, pick the right **futures**, or predict **foreign exchange** patterns will always have good **capital gains**. But investors can incur a heavy loss if such expectations are disappointed. One such example is the **Black Monday**. On October 19, 1987, the Dow Jones Industrial Average, one of the very famous **stock price indexes**, **nosedived**, leaving many stockholders losing a lot of money. To lessen such risks, many financial advisors recommend **diversified portfolios** containing different **securities**, cash and in some cases **real estate**. For example, bond **returns** often rise when stock prices drop. If a diversified portfolio includes both bonds and stocks, the bonds' gains can offset the stocks' losses, limiting the risk of investment. The old proverb "Don't put all your eggs into one basket" still remains good advice in investing. (157 words)

3849 ☑	**mutual fund** [mjúːtʃuəl fʌ́nd]	名 投資信託
3850 ☑	**appreciation** [əprìːʃiéiʃən, -si-]	名 高騰 派 **appreciate** 自 価格が上がる
3851 ☑	**depreciation** [diprìːʃiéiʃən]	名 暴落，減価償却 派 **depreciate** 自 価格が下がる
3852 ☑	**blue chip** [blúː tʃíp]	名 優良株
3853 ☑	**futures** [fjúːtʃərz]	名 先物
3854 ☑	**foreign exchange** [fɑ́rən ikstʃéindʒ]	名 外国為替
3855 ☑	**capital gain** [kǽpətl géin]	名 キャピタルゲイン，資本利得 有価証券・資産を売却して得た利益。
3856 ☑	**Black Monday** [blǽk mʌ́ndei]	名 暗黒の月曜日，ブラックマンデー
3857 ☑	**stock price index** [stɑ́k práis índeks]	名 株価指数

54. 投資

多くの投資家たちは**投資信託**や個々の株式，債券の中のすべての選択肢の多さに圧倒されている。**優良株**の**高騰**または**暴落**を予見し，正しい**先物**を選択し，**外国為替**の変動パターンを予測することができる人は常に多額の**キャピタルゲイン**を得ることができる。しかし，投資家はこのような予測が外れた場合，大きな損失を被る可能性がある。その例の一つが**暗黒の月曜日**である。1987年10月19日，有名な**株価指数**の一つであるダウ・ジョーンズ平均株価指数が**暴落し**，多くの投資家が多額の資金を失った。このようなリスクを減らすため，多くの投資顧問が異なる**有価証券**，現金，そして時には**不動産**を含む**分散化した資産構成**を勧めている。例えば，債券からの**利益**は株価下落時に上昇することがよくある。ある分散化した資産構成に債券と株が含まれている場合，債券の利益で株の損失を相殺でき，投資リスクを抑えることができる。「すべての卵を一つのかごに入れるな」という古いことわざは，今日でも投資の際の素晴らしい助言なのである。

3858 ☑	**nosedive** [nóuzdàiv]	自 暴落する，急降下する　名 暴落，急降下
3859 ☑	**diversified portfolio** [dəvə́ːrsəfàid pɔːrtfóuliòu]	名 分散化した資産構成
3860 ☑	**securities** [sikjúərətiz]	名 有価証券
3861 ☑	**real estate** [ríːəl istèit]	名 不動産
3862 ☑	**return** [ritə́ːrn]	名 利益 与類 **profit, gain**

5
UNIT12

Backgroud Knowledge

暗黒の月曜日（ブラック・マンデー，the Black Monday）

1987年10月19日月曜日，ニューヨーク株式市場が過去最大規模の暴落。ダウ平均の終値が前週末より508ドルも下がり，下落率22.6%は，世界恐慌の引き金となった1929年のブラック・サーズデー（下落率12.8%）を大きく上回る。翌日アジアの各市場にこれが連鎖。さらにヨーロッパの各市場へもつながっていった。

Literature (文学)

3863 ☑	**prologue** [próulɔ(:)g]	名 プロローグ，序幕，序盤
3864 ☑	**rhyme** [ráim]	名 韻
3865 ☑	**alliteration** [əlìtəréiʃən]	名 頭韻
3866 ☑	**euphemism** [júfəmìzm]	名 婉曲語法
3867 ☑	**elegy** [élədʒi]	名 哀歌，挽歌
3868 ☑	**epigram** [épigræ̀m]	名 エピグラム，寸鉄詩 鋭い機知と風刺を込めた短い詩。
3869 ☑	**fable** [féibl]	名 寓話，たとえ話 与類 allegory

Linguistics (言語学)

3870 ☑	**conjugation** [kɑndʒəgéiʃən]	名 語形変化，活用
3871 ☑	**lexicology** [lèksikɑ́lədʒi]	名 語彙論
3872 ☑	**dialect** [dáiəlèkt]	名 方言，なまり
3873 ☑	**idiolect** [ídiəlèkt]	名 個人言語
3874 ☑	**language acquisition** [lǽŋgwidʒ æ̀kwizíʃən]	名 言語習得
3875 ☑	**generative grammar** [dʒénərətiv grǽmər]	名 生成文法
3876 ☑	**sign language** [sáin lǽŋgwidʒ]	名 手話

Economics（経済学）

3877 ☑	**deflation** [difléiʃən, dìː-]	名 通貨縮小，デフレ 反 **inflation** 名 通貨膨張，インフレーション
3878 ☑	**stagflation** [stæ̀gfléiʃən]	名 スタグフレーション 不況下で起こるインフレのこと。
3879 ☑	**deregulation** [diːrègjəléiʃən]	名 規制緩和，自由化 派 **deregulate** 他 の規制緩和をする
3880 ☑	**liberalization** [lìbərəlaizéiʃən]	名 自由（主義）化，解放 派 **liberalize** 他 を自由主義化する
3881 ☑	**nationalization** [næ̀ʃənəlaizéiʃən]	名 国有化，国営化 派 **nationalize** 他 を国有化する
3882 ☑	**gross domestic product** [gróus dəméstik prɑ́dəkt]	名 国内総生産
3883 ☑	**trade imbalance** [tréid imbǽləns]	名 貿易不均衡

Investment（投資）

3884 ☑	**checking account** [tʃékiŋ əkàunt]	名 当座預金
3885 ☑	**savings account** [séiviŋs əkàunt]	名 普通預金口座
3886 ☑	**liquidity** [likwídəti]	名 流動性 現金に変えられる可能性の度合い。
3887 ☑	**mortgage** [mɔ́ːrgidʒ]	名（譲渡）抵当（権）
3888 ☑	**premium** [príːmiəm]	名 割増金，プレミアム
3889 ☑	**speculation** [spèkjəléiʃən]	名 投機，思惑売買 派 **speculate** 自 投機する，思惑買いをする
3890 ☑	**stakeholder** [stéikhóuldər]	名 利害関係者

55. Business①

CD 55

In the early 1990s there were several promising **conglomerates** in the medical technology field. The **business climate** seemed ripe for growth. Several corporations in this field, however, tried to **leverage** their gains in high-tech areas to advance other divisions of their business and failed miserably. Even some departments that had been profitable before the so-called **boom** found themselves barely at the **break-even point**. Some of these companies never regained their **competitive advantage**. They experienced a downward spiral. What looked like **cash flow** issues initially, turned out to be systemic organizational problems. All attempts to boost sales and reduce expenses failed. **Insolvency** led to **downsizing**. **Layoffs** were rampant, starting with middle and spreading to upper management, moving from regional to **head offices**. Rather than seeing it as a sign of the times, **shareholders** looked for someone to blame. In some instances, they appealed to the **board of directors** to dismiss the **CEO**. (151 words)

3891 ☑	**conglomerate** [kənglάmərət]	名 複合企業
3892 ☑	**business climate** [bíznəs kláimət]	名 ビジネス環境
2700 ☑	**leverage** [lévəridʒ, lí:v-] ※再掲	他 を利用する
3893 ☑	**boom** [bú:m]	名 好景気 反 **slump** 名 不況
3894 ☑	**break-even point** [bréikí:vn pɔ́int]	名 損益分岐点
3895 ☑	**competitive advantage** [kəmpétətiv ədvǽntidʒ]	名 競争力
3896 ☑	**cash flow** [kǽʃ flòu]	名 資金繰り，キャッシュフロー
3897 ☑	**insolvency** [insάlvənsi]	名 支払不能 派 **insolvent** 形 支払不能の
3898 ☑	**downsizing** [dáunsàiziŋ]	名 業務縮小，人員削減 派 **downsize** 他 (人員) を削減する

55. 商業①

1990年代初頭には，有望な**複合企業**が医療技術の分野にいくつか存在していた。当時の**ビジネス環境**は企業の発展にはうってつけのように思われた。ところが，この分野の企業のいくつかは先端技術部門の収益**を利用し**，他の部門の事業の発展を狙ったが，無残にも失敗に終わってしまった。いわゆる**好景気**以前には利益が出ていた部門でさえも**損益分岐点**をかろうじて守るのがやっとというところがでてきた。これらの企業の中には**競争力**を二度と取り返せなくなってしまったものもあった。下方スパイラルというものを経験することになったのである。初めのうちは**資金繰り**の問題と思われたものが，結局組織・制度上の問題であることが明らかになった。売上を伸ばして経費を抑えようと試みても，どれもうまくいかなかった。**支払不能**に陥り，**業務縮小**をやむなくされた。**人員削減**の嵐が，中間管理職から上層部の経営陣へ，地方の支社から**本社**へと吹き荒れた。**株主**たちはそのような状況を時勢の表れとはとらえず，非難すべき人間を探した。その株主たちが**取締役会**に**最高経営責任者**の解任を求めるケースもいくつかあった。

3899 ☑	**layoff** [léiɔ̀(:)f]	名 人員削減，一時解雇，レイオフ
3900 ☑	**head office** [héd ɑ̀fəs]	名 本社
3901 ☑	**shareholder** [ʃéə*r*hòuldə*r*]	名 株主 ≒類 stockholder
3902 ☑	**board of directors** [bɔ́:*r*d əv dəréktə*r*z]	名 取締役会
3903 ☑	**CEO**	名 最高経営責任者 chief executive officer の略。

Backgroud Knowledge

「リストラ」の本来の意味

日本語の「リストラ」は英語の restructuring に由来するが，この英語の意味は「事業再構築」であり，必ずしも「人員削減」「解雇」を意味しない。だが，日本国内ではほとんどのケースで「人員削減」「解雇」のみを意味しており，本来の意味からはかけ離れている。意図的にカタカナで言い換えることで，企業側の心理的後ろめたさを軽減していると思われる。

56. Business ②

CD 56

As corporations look to increase their global presence, international law firms have emerged that specialize in **merger** control and **antitrust law**. These firms form **alliances** with a wide range of international affiliates to **litigate** on behalf of clients involved in issues raised by **multinational** mergers, acquisitions, **joint ventures** and numerous other transactions. While the management of these companies may be familiar with the laws of their home country, they must rely on these international law firms for clear counsel as to the legal responsibilities or **liabilities** of their **subsidiaries** or **subcontractors** abroad. One of the most difficult issues, of course, is hostile **takeover** litigation. Companies may also be faced with claims against **brokers** or **dealers**. There are even cases where a large international company is successful in many markets yet has some sort of failure in a foreign country and needs legal advice on filing for **bankruptcy**. (147 words)

3904 ☑	**merger** [mə́:rdʒər]	名 企業合併 派 **merge** 他（会社など）を合併する
3905 ☑	**antitrust law** [æ̀ntitrʌ́st lɔ́:]	名 反トラスト法
3906 ☑	**alliance** [əláiəns]	名 協力，提携，同盟 派 **ally** 他 と同盟する
3907 ☑	**litigate** [lítəgèit]	自 訴訟を起こす 派 **litigation** 名 訴訟
3908 ☑	**multinational** [mʌ̀ltinǽʃənl]	形 多国籍の
3909 ☑	**joint venture** [dʒɔ́int véntʃər]	名 合弁事業
3910 ☑	**liability** [làiəbíləti]	名 義務，責務 派 **liable** 形 法的責任のある，義務のある
3911 ☑	**subsidiary** [səbsídièri]	名 子会社
3912 ☑	**subcontractor** [sʌbkɑ́ntræktər]	名 下請会社 派 **subcontract** 名 下請け 他 を下請けに出す

56. 商業②

企業が国際的に影響力を拡大しようとするにつれて，**企業合併**の規制や**反トラスト法**を専門的に扱う国際法律事務所が台頭してくるようになった。このような事務所は広範囲にわたって世界中の支部と**協力**体制を構築し，**多国籍**企業の合併・買収・**合弁事業**，その他数多くの商取引が引き起こす問題に関わっている依頼主の代わりに**訴訟を起こす**。こういう企業の経営陣は本国の法律には精通しているかもしれないが，海外の**子会社**や**下請会社**の法的責任や**義務**に関しては，国際法律事務所に明快な助言を求めざるをえない。当然のことながら，最も扱いに苦労する問題の一つが敵対的**買収**に関する訴訟である。また，企業は**ブローカー**や**ディーラー**を相手取った賠償請求に直面する場合もある。さらに，国際的な大企業が多くの市場で成功しているにもかかわらず，外国で何かしらの失敗をし，**破産**申請に関し法的助言を必要とする場合もあるのだ。

3913 ☑	**takeover** [téikòuvər]	名 買収
3914 ☑	**broker** [bróukər]	名 ブローカー
3915 ☑	**dealer** [dí:lər]	名 ディーラー
3916 ☑	**bankruptcy** [bǽŋkrʌptsi]	名 破産，倒産 派 **bankrupt** 名 破産者 形 破産した

Backgroud Knowledge

企業合併と買収（M&A）

企業の合併および買収を総称して，M&A（Mergers and Acquisitions）という言葉がよく用いられるが，これは，他の企業を取得しようとする際に，それを企図する主体が現在有している企業に吸収合併させたり，相手企業の株式を買収して子会社化したりする手段が用いられるからである。

57. Religious Studies ①

CD 57

Judaism is the oldest religion in the Western world. Major principles can be seen in both **Christianity** and **Islam**. While there are other sacred writings, **Jews** mainly follow the **Old Testament**. The most important belief is **monotheism**, the belief in a single **deity**. Although in ancient times, Abraham was a **missionary** for monotheism, modern Jews do not seek new members. A person can convert to Judaism, but will be challenged by a group of **rabbis**, Jewish **clergymen**, as to his or her intentions. Jews celebrate the **Sabbath** from sundown Friday until sunset Saturday. They stop work and attend worship services. **Pious** Jews walk to services, as the very **devout** consider driving in a car to be "work" and to be avoided. The holiest day of the Jewish year is Yom Kippur, the "Day of **Atonement**." Jews spend this day asking for forgiveness from sin and to be inscribed in the Book of Life for another year.（156 words）

3917 ☑	**Judaism** [dʒúːdiìzm, -də-]	名 ユダヤ教
3918 ☑	**Christianity** [krìstʃiǽnəti]	名 キリスト教
3919 ☑	**Islam** [islɑ́ːm, -lǽm, iz-]	名 イスラム教
3920 ☑	**Jew** [dʒúː]	名 ユダヤ教徒
3921 ☑	**Old Testament** [óuld téstəmənt]	名 旧約聖書 **New Testament**　新約聖書
3922 ☑	**monotheism** [mɑ́nəθiːìzm]	名 一神論
3923 ☑	**deity** [díːəti, déiə-]	名 神
3924 ☑	**missionary** [míʃənèri]	名 伝道師 派 **mission**　名 伝道，布教
3925 ☑	**rabbi** [rǽbai]	名 ラビ ユダヤ教の聖職者。

57. 宗教学①

ユダヤ教は西洋の世界で最も古い宗教である。主な信条は**キリスト教**と**イスラム教**両方の中に見ることができる。他に聖典があるとはいえ，**ユダヤ教徒**は主に**旧約聖書**を奉じる。最も重要な信条は**一神論**，つまり単一**神**への信仰である。古代においてはアブラハムが一神教の**伝道師**を務めたが，現代のユダヤ教徒は新しい信者を得ようとはしない。人はユダヤ教に改宗することができるが，ユダヤ教の**聖職者**である**ラビ**たちにその心構えを吟味される。ユダヤ教徒は金曜日の日没から土曜日の日没まで**安息日**を祝う。仕事をやめて，礼拝に参列するのだ。**信心深い**ユダヤ教徒は礼拝に歩いていく。とても**信仰心の厚い**者は，車を運転することは「仕事」であるため避けられるべきだと考えるからだ。ユダヤ暦年の中で最も神聖な日は「**贖罪**の日」である。ユダヤ教徒は罪の許しを請い，もう一年間生命の書に記名されるよう頼みながらこの日を過ごす。

3926 ☑	**clergyman** [klə́ːrdʒimən]	名 聖職者
3927 ☑	**Sabbath** [sǽbəθ]	名 安息日
3928 ☑	**pious** [páiəs]	形 信心深い 派 **piety** 名 信心，敬愛
3929 ☑	**devout** [diváut]	形 信仰心の厚い ≒類 **religious**
3930 ☑	**atonement** [ətóunmənt]	名 贖罪 派 **atone** 自 償いをする

Backgroud Knowledge

ユダヤ教（Judaism）

ユダヤ教は古代の中近東で始まった唯一神ヤハウェを神とし，選民思想やメシア信仰などを特色とする宗教。唯一神教であり，キリスト教やイスラム教の起源にもなった。monotheism の反意語は polytheism（多神論）。

58. Religious Studies ②

CD 58

J. Gordon Melton, author of *the Encyclopedia of American Religions*, divides the **denominations** of Christianity into about 15 groups such as the **Baptist** family, the **Methodist** family and **Presbyterianism**. Historically, the first big power struggle in Christianity occurred in 1054 when east and west split into **Catholicism** and Eastern Orthodoxy. Another split, called the **Reformation**, occurred in 1517 and began with Martin Luther attacking beliefs of the church and the authority of the **Pope**. The reformation swept over Europe and left various Protestant **sects**. Christianity in the 20th century was characterized by accelerating fragmentation. So much so that **Protestantism** has fractured into over 1,500 sects. For Christians, Jesus Christ, about which the **gospels** speak, is the **revelation** of divine truth and the unique **savior** of the world, and they believe that accepting these **tenets** will bring **redemption**. (137 words)

3931 ☑	**denomination** [dinɑ̀mənéiʃən]	名 宗派
3932 ☑	**Baptist** [bǽptist]	名 バプテスト派
3933 ☑	**Methodist** [méθədist]	名 メソジスト派
3934 ☑	**Presbyterianism** [prèzbitíəriənìsm]	名 長老派
3935 ☑	**Catholicism** [kəθɑ́ləsìzm]	名 カトリック教
3936 ☑	**Reformation** [rèfərméiʃən]	名 宗教改革
3937 ☑	**Pope** [póup]	名 ローマ教皇
3938 ☑	**sect** [sékt]	名 派，宗派 派 **sectarian** 形 宗派（間）の
3939 ☑	**Protestantism** [prɑ́tistəntìzm]	名 プロテスタント主義

58. 宗教学②

『アメリカ宗教百科事典』の著者，J・ゴードン・メルトンは，キリスト教の**宗派**を約15のグループに分類している。例えば**バプテスト派**の宗派，**メソジスト派**の宗派，**長老派**のようなものである。歴史的に見ると，キリスト教内で初めて大きな権力闘争が起きたのは1054年のことであり，その際，西側勢力と東側勢力が**カトリック教**と東方正教に分かれた。さらに1517年，マルチン・ルターが教会の信条と**ローマ教皇**の権威を批判したことに端を発する**宗教改革**と呼ばれる分裂も起きた。宗教改革の波はあっという間にヨーロッパ中に広まり，さまざまなプロテスタント教**派**が生まれた。20世紀のキリスト教を特徴づけるのは加速的に進んだ分裂化である。その加速度はすさまじいもので，**プロテスタント主義**の会派が1,500以上になってしまったほどである。**福音書**で語られていることであるが，キリスト教徒にとってイエス・キリストとは神聖な真実の**啓示**であり，唯一の世界の**救世主**なのである。そしてキリスト教徒は，このような**教義**を受け入れることで**贖罪**がもたらされると信じているのである。

3940 ☑	**gospel** [gάspl]	名 福音書
3941 ☑	**revelation** [rèvəléiʃən]	名 啓示
3942 ☑	**savior** [séivjər]	名 救世主
3943 ☑	**tenet** [ténət]	名 教義，主義 与類 doctorine
3944 ☑	**redemption** [ridémpʃən]	名 贖罪，救い 与類 salvation

Backgroud Knowledge

プロテスタント（Protestantism）

カトリックはそれに属するすべての教会が，中央である教皇庁によってまとめられており，同じ教義・典礼を共有し，連合体として存在している。これに対し，プロテスタントは特定の教派・教団を指す名称ではなく，神学や教義解釈がそれぞれ異なる多数の教派の総称である。

59. Psychology

CD 59

In recent years, the number of practitioners of **psychotherapy** specializing in children has grown. An overall heightened awareness of child abuse in society has more children than ever being treated for **trauma**. In some cases, a specific incident triggers **anxiety** and the child suffers from **PTSD**. Chaotic episodes in childhood can also lead to a variety of neuroses including **delusions**, **obsessions**, **compulsions** or phobias, often resulting from the lack of a strong adult role model. In many cases, because of this early negative **conditioning**, children are severely damaged and do not trust adults, or lack **empathy** and critical social skills. Children who were not properly cared for may not even recognize that the absence of nurturing is an **abnormality**. Their limited understanding may cause lack of **motivation** in **therapeutic** situations. Unfortunately, beginning to understand that the rest of world operates differently can lead to **depression** among these young patients. (149 words)

3945 ☑	**psychotherapy** [sàikouθérəpi]	名 心理療法
3946 ☑	**trauma** [tráumə, trɔ́:-, trá:-]	名 精神的外傷，トラウマ
3947 ☑	**anxiety** [æŋzáiəti]	名 不安 派 **anxious** 形 心配している，不安な
3948 ☑	**PTSD**	名 心的外傷後ストレス障害 post-traumatic stress disorder の略。
3949 ☑	**delusion** [dilú:ʒən]	名 妄想
3950 ☑	**obsession** [əbséʃən, ɑb-]	名 強迫観念 派 **obsess** 他 にとりつく
2783 ☑	**compulsion** [kəmpʌ́lʃən] ※再掲	名 衝動強迫
3951 ☑	**conditioning** [kəndíʃəniŋ]	名 条件づけ

59. 心理学

近年，子どもを専門的に扱う**心理療法**従事者の数が増えてきている。社会全体の児童虐待への意識が高まったことで，今まで以上に**精神的外傷**の治療を受けている子どもが増えている。ある特定の出来事がきっかけとなって**不安**を引き起こし，子どもがその**心的外傷後ストレス障害**に苛まれるという症例もある。幼年時代に大きく混乱するような出来事を経験することによっても，**妄想**・**強迫観念**・**衝動強迫**や恐怖症を含めた多種多様な神経症が引き起こされることもありうる。そしてそれらは強力な大人の模範になる人物の不在に起因することが多いのである。このように幼年期の否定的な**条件づけ**のために子どもがひどく傷ついて大人を信じなくなってしまい，**共感**や必要不可欠な社会的技能を欠いてしまう，という症例も多くある。適切に愛情を持って育てられなかった子どもは，養育を受けないことが**異常なこと**であるという認識すらしないこともあるかもしれない。そのような子どもは理解力に限りがあるために，**治療の**際に**意欲**を欠いてしまうということもありうる。残念ながら，自分以外の世界が自分とは異なった仕方で動いていることを理解し始めることで，この疾患を抱えた幼い子どもたちは**うつ病**に陥ってしまう可能性もあるのだ。

3952 ☑	**empathy** [émpəθi]	名 共感
3953 ☑	**abnormality** [æbnɔːrmǽləti]	名 異常なこと 派 **abnormal** 形 異常な
3954 ☑	**motivation** [mòutəvéiʃən]	名 意欲，動機 派 **motivate** 他 に意欲を与える
3955 ☑	**therapeutic** [θèrəpjúːtik]	形 治療の 派 **therapy** 名 治療，療法
3956 ☑	**depression** [dipréʃən]	名 うつ病 派 **depress** 他 を憂うつにさせる

60. Campus Life

CD 60

For most **undergraduate**, **master's degree** and **Ph. D** programs in the United States, the **academic year** begins in late August or early September and **commencement** occurs in late May or early June. Students may sometimes enroll during winter **semester**, but slots in competitive programs may already be filled for the year. Generally, applications for the fall are processed by the **admissions office** in the early spring. Students are expected to maintain high **grade point averages**, but they may take some **elective courses** "pass-fail." Universities often publish a list of their top-achieving students called "The **Dean's** List." American universities have become expensive. At one of the more exclusive private universities, for example, it costs about $160,000 to earn a **bachelor's degree**. In order to afford **graduate school**, many students apply for **teaching assistant** (TA) fellowships. These TAs are often **alumni** who received their undergraduate degree from the same institution. (148 words)

3957 ☑	**undergraduate** [ʌ̀ndərgrǽdʒuət]	名 学部
3958 ☑	**master's degree** [mǽstərz digrìː]	名 修士（号）
3959 ☑	**Ph. D**	名 博士 Doctor of Philosophy の略。
3960 ☑	**academic year** [æ̀kədémik jíər]	名 学年度
3961 ☑	**commencement** [kəménsmənt]	名 卒業式，学位授与式
3962 ☑	**semester** [səméstər]	名 学期
3963 ☑	**admissions office** [ədmíʃənz ɑ́fəs]	名 入学事務局，入試担当事務局
3964 ☑	**grade point average** [gréid pɔ́int ǽvəridʒ]	名 成績平均点
3965 ☑	**elective course** [iléktiv kɔ́ːrs]	名 選択科目

60. 大学生活

大半のアメリカの大学の**学部**・**修士**・**博士**課程では，**学年度**は8月末から9月初めに始まり，**卒業式**は5月末から6月初めに行われる。時折，冬**学期**に入学してくる学生がいる場合もあるが，競争の激しい講義の定員枠は既にその年度については埋まっているということもありうる。**入学事務局**は，秋入学の応募申請を春の初めに処理するのが普通である。学生は高い**成績平均点**を維持することを期待されるが，合否成績評価方式の**選択科目**をいくつか受講することもある。大学は「**学部長**表彰者リスト」と呼ばれる成績の優秀な学生のリストを発行することがよくある。アメリカの大学は学費が高くなってきている。ある上流私立大学においては**学士号**を取るのにおよそ16万ドルもかかる。多くの学生が**大学院**に通う費用を出すために，**授業助手職**給付制度に申し込む。この授業助手職には，同じ大学で学士号を取った**同窓生**がなることが多い。

3966 ☐	**dean** [díːn]	名 学部長
3967 ☐	**bachelor's degree** [bǽtʃələrz digrìː]	名 学士号
3968 ☐	**graduate school** [grǽdʒuèit skùːl]	名 大学院
3969 ☐	**teaching assistant** [tíːtʃiŋ əsístənt]	名 授業助手職
3970 ☐	**alumnus** [əlʌ́mnəs]	名 同窓生 複数形は alumni となる。

Backgroud Knowledge

学位（degree）

大学や国家の学術評価機関において，研究者や一定の教育課程の修了者に対して，学術上の能力または研究業績に基づき授与される栄誉称号を学位（degree）と呼び，学士（bachelor），修士（master），博士（doctor）の3段階に分けられる。文学博士，経済学博士なども doctor であり，doctor=「医者」ではないのでご注意を。

Business（産業）

3971 ☐	**auditor** [ɔ́:dətər]	名 会計検査官，監査役 派 **audit** 名 会計検査，監査
3972 ☐	**deduction** [didʌ́kʃən]	名 控除額，差引き高 派 **deduct** 他 を差し引く，を控除する
3973 ☐	**inventory** [ínvəntɔ̀:ri]	名（在庫）目録
3974 ☐	**output** [áutpùt]	名 生産高
3975 ☐	**productivity** [pròudʌktívəti]	名 生産性
3976 ☐	**remuneration** [rimjù:nəréiʃən]	名 報酬
3977 ☐	**labor union** [léibər jù:njən]	名 労働組合

Religious Studies（宗教学）

3978 ☐	**theism** [θí:ìzm]	名 有神論
3979 ☐	**atheism** [éiθiìzm]	名 無神論，不信心
3980 ☐	**deism** [dí:ìzm, déi-]	名 理神論，自然神論［神教］
3981 ☐	**polytheism** [pɑliθí:izm]	名 多神論，多神教
3982 ☐	**heathen** [hí:ðn]	名 異教徒 キリスト教・ユダヤ教・イスラム教の異教徒。
3983 ☐	**pagan** [péign]	名 異教徒，異端者
3984 ☐	**secular** [sékjələr]	形 非宗教的な，宗教に関係のない 反 **religious, sacred**

3985 ☑	**nonconformist** [nὰnkənfɔ́:*r*mist]	名 国教を信奉しない人，非国教徒
3986 ☑	**Buddhism** [búdizm]	名 仏教
3987 ☑	**Confucianism** [kənfjú:ʃənizm]	名 儒教
3988 ☑	**Hinduism** [híndu:ìzm]	名 ヒンズー教
3989 ☑	**Fundamentalism** [fʌ̀ndəméntəlizm]	名 原理主義
3990 ☑	**theology** [θi(:)ɑ́lədʒi]	名 神学，宗教学
3991 ☑	**Resurrection** [rèzərékʃən]	名 キリストの復活
3992 ☑	**reincarnation** [rì:inkɑ:*r*néiʃən]	名 霊魂転生説，転生，化身
3993 ☑	**monastery** [mɑ́nəstèri]	名 修道院，僧院
3994 ☑	**mosque** [mɑ́sk]	名 モスク イスラム教の寺院。
3995 ☑	**parochial** [pəróukiəl]	名 教区の
3996 ☑	**hymn** [hím]	名 賛美歌
3997 ☑	**sermon** [sə́:*r*mən]	名（教会での）説教
3998 ☑	**sanctity** [sǽŋ*k*təti]	名 神聖さ，尊厳 与類 **holiness**
3999 ☑	**occult** [əkʌ́lt]	名 超自然的な，魔術的な

Psychology（心理学）

4000 ☑	**rationalization** [ræʃənəlaizéiʃən]	名 合理化 派 **rationalize** 他 を合理化する，を正当化する
4001 ☑	**repression** [ripréʃən]	名 抑圧 派 **repress** 他 を抑圧する
4002 ☑	**behaviorism** [bihéivjərìzm]	名 行動主義 行動を純客観視する。
4003 ☑	**functionalism** [fʌ́ŋkʃənəlizm]	名 機能主義，機能心理学
4004 ☑	**paranoia** [pæ̀rənɔ́iə]	名 偏執病，パラノイア 派 **paranoid** 形 偏執狂の，偏執病的な
4005 ☑	**schizophrenia** [skìtsəfríːniə]	名 精神分裂症 派 **schizoid** 形 精神分裂症の
4006 ☑	**psychosis** [saikóusis]	名 精神病
2182 ☑	**hallucination** [həlùːsənéiʃən] ※再掲	名 幻覚症状，幻覚，幻影
4007 ☑	**imprinting** [imprínting]	名 すり込み，刻印づけ 生後すぐ学習され，定着する行動様式。
4008 ☑	**conditioned response** [kəndíʃənd rispɑ́ns]	名 条件反射
4009 ☑	**narcissism** [nɑ́ːrsəsìzm]	名 自己陶酔，ナルシシズム
4010 ☑	**introvert** [íntrəvəːrt]	名 内向性（の人）
4011 ☑	**amnesia** [æmníːʒə]	名 健忘症，記憶喪失
4012 ☑	**placebo** [pləsíːbou]	名 偽薬，プラシーボ
4013 ☑	**autism** [ɔ́ːtìzm]	名 自閉症

Campus Life（大学生活）

4014 ☑	**assignment** [əsáinmənt]	名 研究課題
4015 ☑	**take-home exam** [téikhòum igzǽm]	名 自宅に持ち帰って行うテスト
4016 ☑	**term paper** [tə́:rm péipər]	名 学期末レポート
4017 ☑	**research paper** [rí:sə̀:rtʃ péipər]	名 研究論文
4018 ☑	**graduation thesis** [grædʒuéiʃən θí:sis]	名 卒業論文
2253 ☑	**dissertation** [dìsərtéiʃən] ※再掲	名 学術論文，博士論文
4019 ☑	**enrollment** [enróulmənt]	名 入学 派 **enroll** 自 入学する
4020 ☑	**qualification** [kwɑ̀ləfikéiʃən]	名 資格，資格証明書 派 **qualify** 他 に資格を与える，を適任とする
4021 ☑	**certification** [sə̀:rtifikéiʃən]	名 証明，証明書 派 **certify** 他 を正式に証明する，を認定する
4022 ☑	**prerequisite course** [prì:rékwəzit kɔ́:rs]	名 必修科目
4023 ☑	**scholarship** [skɑ́lərʃip]	名 奨学金
4024 ☑	**internship** [íntə:rnʃip]	名 インターンシップ，実務研修
4025 ☑	**tutor** [t(j)ú:tər]	名 家庭教師，学生主事
4026 ☑	**auditorium** [ɔ̀:dətɔ́:riəm]	名 講堂，大講義室
4027 ☑	**dormitory** [dɔ́:rmətɔ̀:ri]	名 寄宿舎，寮

INDEX

A

□ abacus ··· 380
□ abandon ··· 43
□ abate ··· 262
□ abbey ··· 389
□ abbreviate ··· 305
□ abdomen ··· 336
□ abduction ··· 228
□ abide ··· 307
□ ability ··· 28
□ abnormality ··· 455
□ aboard ··· 46
□ abolish ··· 130
□ abolitionist ··· 392
□ aboriginal ··· 252
□ abortion ··· 225
□ abrasion ··· 364
□ abruptly ··· 127
□ absent ··· 59
□ absentee ··· 238
□ absolute ··· 138
□ absolute zero ··· 386
□ absorb ··· 29
□ abstain ··· 283
□ abstract ··· 134
□ Abstract Expressionism ··· 418
□ absurd ··· 139
□ abundant ··· 118
□ abuse ··· 135
□ academic year ··· 456
□ accelerate ··· 46
□ acceleration ··· 374
□ accept ··· 50
□ accessible ··· 222
□ acclaim ··· 288
□ accommodate ··· 18
□ accompany ··· 18
□ accomplish ··· 46
□ accord ··· 76
□ accordingly ··· 138
□ account ··· 78
□ accountant ··· 290
□ acculturation ··· 426
□ accumulate ··· 14
□ accurate ··· 74
□ accuse ··· 14
□ accustomed ··· 44
□ ache ··· 362
□ achieve ··· 72
□ acid ··· 129
□ acid rain ··· 351
□ acidity ··· 371
□ acknowledge ··· 44
□ acoustics ··· 374
□ acquaintance ··· 138
□ acquire ··· 28
□ acquisition ··· 267
□ acquit ··· 406
□ acropolis ··· 389
□ active volcano ··· 346
□ actively ··· 87
□ actual ··· 87
□ actually ··· 20
□ acupuncture ··· 372
□ acute ··· 132
□ acute angle ··· 382
□ adapt ··· 99
□ add ··· 72
□ addict ··· 135
□ addiction ··· 237
□ addition ··· 380
□ additive ··· 129
□ address ··· 69
□ adept ··· 313
□ adequate ··· 96
□ adhere ··· 119
□ adhesion ··· 373
□ adhesive plaster ··· 364
□ adjacent ··· 289
□ adjust ··· 21
□ administration ··· 122
□ admire ··· 45
□ admissions office ··· 456
□ admit ··· 16
□ admonish ··· 309
□ adolescence ··· 412
□ adolescent ··· 215
□ adopt ··· 20
□ adore ··· 135
□ advance ··· 79
□ advantage ··· 77
□ advent ··· 304
□ adversary ··· 313
□ adverse ··· 252
□ advertisement ··· 94
□ advocate ··· 138
□ aerial ··· 295
□ aesthetic ··· 116
□ affair ··· 71
□ affect ··· 87
□ affection ··· 135
□ affiliate ··· 287
□ affirm ··· 145
□ affirmative ··· 292
□ afflict ··· 130
□ affliction ··· 297
□ affluence ··· 316
□ affluent ··· 226
□ afford ··· 84
□ aftershock ··· 349

□ agency …… 20
□ agenda …… 207
□ aggravate …… 227
□ aggression …… 222
□ aggressive …… 32
□ agrarian …… 221
□ agree …… 41
□ agreement …… 98
□ agriculture …… 96
□ aide …… 267
□ AIDS …… 218
□ ail …… 276
□ aim …… 43
□ aisle …… 389
□ alarm …… 49
□ alchemy …… 368
□ alga …… 327
□ algebra …… 381
□ alien …… 139
□ alike …… 58
□ alkalinity …… 369
□ allege …… 407
□ allegory …… 431
□ allergy …… 360
□ alleviate …… 208
□ alliance …… 448
□ alliteration …… 444
□ allocate …… 214
□ allotment …… 214
□ allow …… 58
□ allowance …… 142
□ alloy …… 368
□ allude …… 305
□ allure …… 264
□ ally …… 287
□ aloft …… 295
□ aloof …… 278
□ alter …… 98
□ alternating current …… 386
□ alternative …… 126
□ alto …… 422
□ alumnus …… 457
□ amaze …… 84
□ ambassador …… 286
□ ambiance …… 420
□ ambiguous …… 253
□ ambition …… 107
□ ambivalence …… 308
□ ambush …… 259
□ amend …… 316
□ amendment …… 409
□ American Revolution …… 392
□ amiable …… 283
□ amicable …… 246
□ amity …… 287
□ amnesia …… 460
□ amoeba …… 330
□ amount …… 42
□ ampere …… 386
□ amphibian …… 322
□ ample …… 142
□ amusing …… 42
□ analogy …… 73
□ analysis …… 41
□ anarchist …… 218
□ anatomy …… 277
□ ancestor …… 91
□ anchor …… 215
□ anchorperson …… 416
□ ancient …… 25
□ Andromeda Nebula …… 339
□ anecdote …… 432
□ anemia …… 362
□ anesthesia …… 372
□ anguish …… 262
□ animate …… 255
□ animosity …… 264
□ ankle …… 132
□ annoy …… 40
□ annual …… 155
□ annual ring …… 326
□ anomaly …… 316
□ anonymous …… 103
□ antagonism …… 296
□ antagonist …… 430
□ Antarctic …… 355
□ anther …… 328
□ anthology …… 429
□ anthropologist …… 280
□ antibiotic …… 363
□ antibody …… 372
□ anticipate …… 182
□ antigen …… 372
□ antipathy …… 260
□ antiquity …… 278
□ antiseptic …… 359
□ antithesis …… 430
□ antitrust law …… 448
□ anxiety …… 454
□ anxious …… 37
□ Apache …… 395
□ apart …… 80
□ apathy …… 299
□ ape …… 276
□ aphelion …… 340
□ apogee …… 341
□ apologize …… 92
□ apparatus …… 243
□ apparent …… 65
□ appease …… 247
□ appendix …… 245
□ appetite …… 141
□ applaud …… 148
□ applicant …… 238
□ application …… 182
□ apply …… 79
□ appoint …… 80
□ appointment …… 402
□ appraise …… 303
□ appreciate …… 107
□ appreciation …… 442
□ apprehend …… 250
□ apprehension …… 206
□ appropriate …… 152
□ approve …… 62
□ approximately …… 197
□ apt …… 41
□ aptitude …… 227

- aquarium ··· 268
- arbitrarily ··· 313
- arbitration ··· 409
- arc ··· 388
- arcade ··· 315
- archaeological ··· 221
- archetype ··· 288
- archipelago ··· 221
- architect ··· 181
- archive ··· 278
- Arctic ··· 355
- ardently ··· 248
- ardor ··· 317
- arduously ··· 291
- argue ··· 38
- aristocracy ··· 224
- arithmetic ··· 233
- armored ··· 243
- arouse ··· 71
- arrangement ··· 69
- array ··· 273
- arrest ··· 146
- arrogant ··· 281
- arsenal ··· 263
- arson ··· 240
- artery ··· 271
- arthritis ··· 362
- article ··· 23
- articulate ··· 207
- artifact ··· 278
- artificial ··· 186
- artificial respiration ··· 372
- artisan ··· 436
- artwork ··· 421
- ascend ··· 163
- ascendancy ··· 312
- ascertain ··· 227
- ascribe ··· 312
- asexual ··· 330
- ashamed ··· 62
- aspect ··· 69
- assassinate ··· 248
- assault ··· 179
- assemble ··· 181
- assert ··· 241
- assess ··· 271
- assessment ··· 231
- asset ··· 279
- assign ··· 58
- assignment ··· 461
- assimilate ··· 279
- assimilation ··· 410
- assist ··· 26
- associate ··· 18
- assume ··· 43
- assure ··· 50
- asteroid ··· 339
- asthma ··· 360
- astonish ··· 15
- astrologer ··· 338
- astronaut ··· 295
- astronomy ··· 149
- atheism ··· 458
- athlete ··· 18
- athlete's foot ··· 363
- atmosphere ··· 41
- atomic ··· 38
- atonement ··· 451
- atrium ··· 389
- attach ··· 56
- attain ··· 51
- attempt ··· 129
- attend ··· 68
- attendant ··· 138
- attest ··· 308
- attitude ··· 40
- attorney ··· 406
- Attorney General ··· 402
- attract ··· 64
- attribute ··· 93
- audit ··· 256
- audition ··· 422
- auditor ··· 458
- auditorium ··· 461
- augment ··· 253
- austere ··· 310
- authentic ··· 301
- authenticate ··· 223
- author ··· 36
- authority ··· 92
- autism ··· 460
- autobiography ··· 429
- autograph ··· 154
- autonomy ··· 145
- available ··· 28
- avalanche ··· 299
- Avant-garde ··· 418
- avarice ··· 254
- averse ··· 286
- avian ··· 220
- aviation ··· 208
- avoid ··· 35
- await ··· 76
- awake ··· 59
- award ··· 94
- awesome ··· 147
- awful ··· 121
- awkward ··· 116
- axis ··· 340
- Aztec Civilization ··· 408

B

- bachelor's degree ··· 457
- baggage ··· 46
- ballot ··· 238
- ban ··· 138
- bandage ··· 359
- banish ··· 313
- bankrupt ··· 256
- bankruptcy ··· 449
- Baptist ··· 452
- barbarian ··· 91
- bare ··· 73
- barely ··· 122
- bargain ··· 124
- baritone ··· 423
- barometer ··· 354
- baroque ··· 245
- barren ··· 235

- barrier 104
- barter 236
- base 244
- bash 257
- basin 226
- basis 197
- bass 422
- bay 15
- bear 80
- beard 144
- bearish 239
- beast 97
- beat 199
- beauty 84
- beforehand 52
- beg 58
- beginning 39
- behavior 24
- behaviorism 460
- bend 201
- beneficiary 211
- benefit 109
- benevolent 279
- benign 301
- bequeath 279
- bereave 271
- besides 210
- besiege 252
- bestow 301
- bet 70
- betray 191
- beverage 307
- bewilder 129
- bias 210
- biennial 337
- Big Bang Theory 339
- bilateral 291
- bill 58
- billion 165
- bimonthly 207
- bind 208
- biochemistry 373
- biodegradable 355
- biodiversity 352
- biography 139
- biology 123
- biosphere 352
- biotechnology 334
- birth control 412
- bite 163
- bitter 63
- bizarre 242
- Black Monday 442
- blackmail 267
- blame 150
- blast 243
- blatant 222
- blaze 240
- bleak 276
- bleed 101
- bless 202
- blister 364
- blizzard 232
- blockage 271
- bloom 179
- blossom 149
- blue chip 442
- blue-collar 410
- blurry 296
- board 80
- board of directors 447
- boil 236
- boiling point 373
- bold 30
- bolster 252
- bond 155
- bone marrow 363
- boom 446
- boost 194
- border 60
- boring 210
- borrow 79
- botany 328
- bother 140
- bottom 140
- boundary 109
- bourgeoisie 437
- bow 174
- bowel 336
- bracket 290
- branch 149
- brand-new 302
- brass 425
- breadth 193
- breakdown 155
- break-even point 446
- breakthrough 126
- breathe 131
- breed 193
- breeding 330
- breeze 149
- brew 370
- bribery 254
- brief 86
- bright 76
- brilliant 31
- brink 298
- broad 81
- broadcast 416
- broadleaf tree 326
- brochure 302
- broker 449
- bronchitis 360
- bronze 418
- Bronze Age 398
- brook 274
- brow 201
- bruise 359
- brush 224
- brutal 179
- Buddhism 459
- budget 256
- built-in 243
- bulk 256
- bullet 243
- bulletin 207
- bully 222
- bump 163
- buoy 261

- ☐ burden ···· 155
- ☐ bureaucrat ···· 254
- ☐ burglar ···· 146
- ☐ burglary ···· 404
- ☐ burial ···· 399
- ☐ burn ···· 73
- ☐ burst ···· 34
- ☐ bury ···· 163
- ☐ business climate ···· 446
- ☐ bust ···· 427
- ☐ buttock ···· 336
- ☐ byline ···· 429

C

- ☐ cabin ···· 208
- ☐ cactus ···· 306
- ☐ calamity ···· 258
- ☐ calculate ···· 97
- ☐ calculation ···· 380
- ☐ calculus ···· 381
- ☐ caldera ···· 346
- ☐ calf ···· 336
- ☐ calm ···· 50
- ☐ canal ···· 34
- ☐ cancer ···· 17
- ☐ candidate ···· 96
- ☐ candidly ···· 310
- ☐ candor ···· 286
- ☐ canine ···· 273
- ☐ canopy ···· 389
- ☐ canvas ···· 427
- ☐ capable ···· 31
- ☐ capacity ···· 105
- ☐ capital ···· 79
- ☐ capital gain ···· 442
- ☐ capital punishment ···· 409
- ☐ capitalism ···· 252
- ☐ capitalist system ···· 436
- ☐ capricious ···· 317
- ☐ capture ···· 146
- ☐ carbohydrate ···· 366
- ☐ carbon ···· 126
- ☐ cardiac ···· 271
- ☐ cardinal ···· 309
- ☐ cardinal number ···· 380
- ☐ carnivore ···· 322
- ☐ carpel ···· 328
- ☐ cartel ···· 437
- ☐ cartilage ···· 337
- ☐ cartoon ···· 118
- ☐ carve ···· 174
- ☐ cash flow ···· 446
- ☐ cast ···· 364
- ☐ castle ···· 43
- ☐ casual ···· 188
- ☐ casualty ···· 289
- ☐ catalyst ···· 279
- ☐ catastrophe ···· 299
- ☐ categorization ···· 321
- ☐ category ···· 77
- ☐ caterpillar ···· 324
- ☐ cathedral ···· 288, 389
- ☐ Catholic ···· 225
- ☐ Catholicism ···· 452
- ☐ cause ···· 83
- ☐ caution ···· 48
- ☐ cave ···· 278
- ☐ cease ···· 175
- ☐ ceiling ···· 284
- ☐ celebrate ···· 14
- ☐ celestial ···· 338
- ☐ cell ···· 98
- ☐ cell division ···· 332
- ☐ cell membrane ···· 333
- ☐ Celsius ···· 342
- ☐ censor ···· 120
- ☐ censure ···· 251
- ☐ census ···· 296
- ☐ centigrade ···· 236
- ☐ centrifugal force ···· 386
- ☐ centripetal force ···· 386
- ☐ centrist ···· 309
- ☐ CEO ···· 447
- ☐ ceremony ···· 14
- ☐ certain ···· 73
- ☐ certificate ···· 92
- ☐ certification ···· 461
- ☐ certify ···· 164
- ☐ chairperson ···· 154
- ☐ chance ···· 88
- ☐ chancellor ···· 280
- ☐ change ···· 18
- ☐ chant ···· 311
- ☐ chaos ···· 139
- ☐ character ···· 34
- ☐ characteristic ···· 177
- ☐ charge ···· 172
- ☐ charity ···· 151
- ☐ chase ···· 101
- ☐ chat ···· 127
- ☐ cheat ···· 105
- ☐ checking account ···· 445
- ☐ checkup ···· 357
- ☐ cheerful ···· 179
- ☐ chemical formula ···· 368
- ☐ chemical reaction ···· 368
- ☐ chemistry ···· 98
- ☐ chemotherapy ···· 227
- ☐ cherish ···· 154
- ☐ Cherokee ···· 395
- ☐ chest ···· 365
- ☐ chew ···· 366
- ☐ chicken pox ···· 239
- ☐ chill ···· 179
- ☐ chin ···· 336
- ☐ chisel ···· 427
- ☐ chlorophyll ···· 329
- ☐ choir ···· 422
- ☐ choke ···· 123
- ☐ cholera ···· 356
- ☐ chore ···· 181
- ☐ Christianity ···· 450
- ☐ chromosome ···· 333
- ☐ chronic ···· 223
- ☐ chronicle ···· 433
- ☐ chrysalis ···· 324
- ☐ chuckle ···· 265
- ☐ chunk ···· 273
- ☐ circle ···· 58

- circulation 208, 416
- circumference 388
- circumscribe 302
- circumstance 192
- circumvent 281
- cite 197
- citizen 25
- civic 126
- civil 122
- civil rights 409
- Civil Rights Movement 393
- Civil War 392
- civilization 91
- civilize 198
- claim 15
- clam 298
- clap 311
- clarify 113
- clash 259
- class 320
- classic 432
- classification 320
- classify 193
- clemency 250
- clergyman 451
- clerk 92
- client 181
- climate 20
- climax 433
- cling 140
- clinic 18
- cloister 389
- cloned 294
- cloning 334
- close 18
- clot 372
- clothe 184
- clue 96
- clumsy 268
- cluster 289
- coach 212
- coal 131
- coalesce 259
- coalition 304
- coarse 260
- cocaine 237
- cocoon 324
- coercion 267
- coexistence 280
- coffin 275
- coherent 238
- cohesion 373
- coincide 166
- cold front 354
- Cold War 408
- cold-blooded 322
- collaborate 212
- collapse 127
- colleague 121
- collective 126
- collision 170
- colloquial 238
- colony 198
- colossal 211
- column 163
- coma 247
- comb 120
- combine 132
- comedy 430
- comet 338
- comfortable 20
- comic strip 416
- command 164
- commemorate 304
- commencement 456
- commensurate 234
- commentary 416
- commerce 267
- commit 16
- commitment 207
- committee 92
- commodity 269
- common 63
- communism 436
- communist 141
- commute 170
- compare 79
- compassion 266
- compatible 282
- compel 113
- compensate 152
- compete 105
- competent 96
- competitive advantage 446
- compile 291
- complain 18
- complete 203
- complex number 385
- compliance 284
- compliant 282
- complicated 170
- comply 283
- component 224
- compose 111
- composition 129
- compound 263, 368
- comprehend 174
- comprehensive 111
- compression 373
- comprise 231
- compulsion 299, 454
- compulsory 180
- concave lens 376
- conceal 257
- concede 310
- conceit 309
- conceive 137
- concentrate 80
- conception 113
- concern 16
- concession 266
- concise 238
- conclude 79
- concrete 98
- concur 213
- condemn 192
- condensation 344

- conditioned response ……460
- conditioning ……454
- condolence ……275
- condone ……285
- conduction ……373
- cone ……229
- Confederacy ……392
- confess ……163
- confidence ……96
- confine ……109
- confiscate ……246
- conflict ……105
- conform ……193
- confront ……139
- Confucianism ……459
- confuse ……168
- congenital ……239
- congestion ……352
- conglomerate ……446
- congratulate ……24
- congress ……131, 400
- coniferous tree ……326
- conjecture ……280
- conjugation ……444
- connect ……81
- connotation ……312
- conquer ……199
- conscience ……177
- conscious ……35
- consecutive ……297
- consensus ……266
- consent ……191
- consequence ……155
- conservation ……214
- conservative ……119
- consider ……18
- considerable ……148
- considerate ……111
- consist ……55
- consistent ……151
- console ……301
- consolidate ……290
- consonant ……434
- conspicuous ……316
- conspiracy ……221
- constant ……384
- constellation ……338
- constipation ……366
- constituent ……400
- constitute ……113
- constitution ……98
- constraint ……314
- construction ……105
- consult ……176
- consume ……200
- consumer spending ……439
- consumption ……439
- contagious ……356
- contain ……62
- contaminate ……131
- contamination ……352
- contemplate ……189
- contemporary ……190
- contempt ……117
- contend ……139
- content ……209
- context ……104
- continent ……175
- continental climate ……342
- contingent ……282
- continue ……64
- continuously ……174
- contraception ……412
- contract ……186
- contradict ……93
- contrary ……95
- contrast ……169
- contribute ……136
- controversial ……221
- convalesce ……367
- convene ……291
- convenient ……145
- conventional ……184
- converge ……262
- convergent boundary ……347
- conversely ……202
- convert ……111
- convex lens ……377
- convey ……145
- convict ……404
- convince ……92
- convulsion ……247
- cooperate ……195
- coordinate ……94
- cope ……118
- cordial ……289
- core ……151
- corporation ……439
- correct ……65
- correlation ……238
- correspond ……145
- correspondent ……417
- corresponding angle ……383
- corroborate ……232
- corrupt ……160
- cosine ……388
- cosmetic ……303
- cosmic ……42
- cosmology ……338
- cost ……61
- cough ……141
- council ……53
- count ……88
- counterculture ……426
- counterfeit ……246
- country & western ……424
- countryside ……119
- county ……409
- courage ……66
- courier ……311
- court ……15
- courtesy ……150
- coverage ……416
- coward ……167
- cradle ……182

- cram 297
- cramp 358
- crane 295
- crash 56
- crater 249, 346
- crawl 133
- create 108
- credence 249
- credential 234
- credit 109
- credulity 241
- Creole 434
- crescent 298
- crew 94
- crime 16
- crisis 113
- criterion 176
- critic 148
- criticism 402
- criticize 105
- critique 419
- crop 122
- crossbreeding 330
- crow 118
- crowd 100
- crucial 146
- crude 246
- cruel 135
- crust 347
- crystal 344
- cube 229
- cube root 387
- Cubism 427
- cue 193
- cuisine 126
- culminate 269
- culprit 250
- cult 263
- cultivate 123
- cultivation 397
- cumbersome 268
- curator 229
- curb 241
- curious 65
- currency 440
- current 95
- curriculum 43
- curse 117
- cursory 305
- curtail 239
- curve 200
- custom 39
- customer 41
- cylinder 229

D

- dairy 230
- damp 156
- dandelion 285
- dawn 95
- dazzling 132
- deadline 52
- deadlock 292
- deadly 129
- deal 175
- dealer 449
- dean 457
- debris 232
- debt 14
- decade 153
- decay 189
- deceive 185
- decent 209
- decide 82
- deciduous tree 326
- decimal 381
- decisive 80
- Declaration of Independence 408
- declare 160
- decline 95
- decompose 355
- decrease 141
- dedicate 197
- deduce 305
- deduction 458
- deed 204
- deepen 204
- defame 317
- default 264
- defeat 180
- defect 106
- defend 15
- defendant 407
- deference 313
- defiance 130
- deficiency 204
- deficit 246
- define 177
- definite 204
- definitive 302
- deflation 445
- deforestation 350
- defy 157
- degeneration 362
- degenerative 239
- degrade 204
- degree 125
- dehydration 361
- deism 458
- deity 450
- delay 196
- delete 205
- deliberate 292
- deliberately 198
- delight 34
- delineate 312
- delinquent 222
- deliver 89
- delusion 454
- demand 23
- democracy 144
- Democratic Party 402
- demographics 413
- demonstrate 124
- denomination 452
- denounce 213
- dense 208
- deny 92

□ departure ··· 160
□ depend ··· 79
□ depict ··· 287
□ deplete ··· 214
□ deplorable ··· 308
□ deploy ··· 253
□ deportation ··· 410
□ deposit ··· 111
□ depreciation ··· 442
□ depress ··· 204
□ depression ··· 455
□ deprive ··· 201
□ deputy ··· 310
□ deregulate ··· 441
□ deregulation ··· 445
□ derive ··· 112
□ descend ··· 124
□ descendant ··· 410
□ describe ··· 57
□ desert ··· 87
□ deserve ··· 174
□ designate ··· 212
□ desire ··· 51
□ despair ··· 171
□ desperate ··· 207
□ despise ··· 151
□ despite ··· 192
□ destination ··· 20
□ destiny ··· 70
□ destroy ··· 34
□ detach ··· 278
□ detail ··· 176
□ detain ··· 250
□ detect ··· 119
□ detective story ··· 428
□ detergent ··· 304
□ deteriorate ··· 308
□ determine ··· 83
□ detrimental ··· 258
□ devastating ··· 289
□ develop ··· 28
□ deviate ··· 288
□ device ··· 164
□ devoid ··· 238
□ devote ··· 71
□ devout ··· 451
□ dew ··· 344
□ diabetes ··· 357
□ diagnosis ··· 360
□ diagonal ··· 388
□ dialect ··· 444
□ diameter ··· 274
□ diarrhea ··· 360
□ dictate ··· 157
□ didactic ··· 312
□ differ ··· 57
□ differential calculus ··· 233
□ differentiate ··· 335
□ diffuse ··· 284
□ diffusion ··· 373
□ dig ··· 163
□ digest ··· 183
□ digestible ··· 370
□ digit ··· 226
□ dignity ··· 120
□ diligent ··· 180
□ dilute ··· 285
□ dilution ··· 373
□ dim ··· 172
□ diminish ··· 315
□ diminution ··· 261
□ dine ··· 101
□ dinosaur ··· 231
□ diode ··· 387
□ diphtheria ··· 356
□ diploma ··· 169
□ diplomacy ··· 286
□ direct current ··· 386
□ direction ··· 54
□ disadvantage ··· 169
□ disagree ··· 171
□ disappear ··· 182
□ disappoint ··· 148
□ disaster ··· 94
□ discard ··· 15
□ discern ··· 277
□ discharge ··· 223
□ discipline ··· 436
□ disclose ··· 185
□ discomfort ··· 251
□ discount ··· 300
□ discourage ··· 125
□ discourse ··· 168
□ discredit ··· 267
□ discreetly ··· 311
□ discrepancy ··· 238
□ discrimination ··· 195
□ discuss ··· 68
□ disdain ··· 313
□ disease ··· 137
□ disguise ··· 144
□ disgust ··· 100
□ dislocation ··· 372
□ dismal ··· 307
□ dismantle ··· 244
□ dismay ··· 250
□ dismiss ··· 161
□ disorder ··· 130
□ disorientation ··· 247
□ disparity ··· 226
□ dispatch ··· 253
□ dispense ··· 142
□ disperse ··· 214
□ displace ··· 128
□ display ··· 64
□ disposal ··· 352
□ dispose ··· 102
□ dispute ··· 140
□ disregard ··· 296
□ disrupt ··· 293
□ dissent ··· 258
□ dissertation ··· 245, 461
□ dissident ··· 251
□ dissolution ··· 252, 369
□ dissolve ··· 206
□ distance ··· 77
□ distillation ··· 373
□ distinctive ··· 268
□ distinguish ··· 108

□ distort ··· 215
□ distract ··· 274
□ distress ··· 293
□ distribute ··· 113
□ district ··· 189
□ disturb ··· 198
□ divergent ··· 295
□ divergent boundary ··· 347
□ diverse ··· 291
□ diversified portfolio ··· 443
□ diversity ··· 125
□ divert ··· 176
□ divide ··· 83
□ dividend ··· 290
□ divine ··· 309
□ division ··· 320, 380
□ divorce ··· 101
□ Dixieland jazz ··· 424
□ dizziness ··· 285
□ DNA ··· 334
□ doctrine ··· 161
□ document ··· 65
□ dogmatic ··· 219
□ domain ··· 152
□ dome ··· 389
□ domestic ··· 96
□ domestication ··· 397
□ dominate ··· 117
□ donate ··· 151
□ doom ··· 171
□ dormant ··· 290
□ dormant volcano ··· 346
□ dormitory ··· 461
□ dose ··· 372
□ double helix ··· 334
□ doubt ··· 84
□ downsizing ··· 446
□ downturn ··· 438
□ draft ··· 176
□ drag ··· 156
□ drain ··· 172
□ drastically ··· 143
□ draw ··· 58
□ dread ··· 29
□ drift ··· 149
□ drizzle ··· 233
□ droplet ··· 344
□ drought ··· 214
□ drown ··· 163
□ dubious ··· 301
□ due ··· 19
□ duel ··· 287
□ dull ··· 120
□ dump ··· 290
□ duo ··· 424
□ duodenum ··· 336
□ duplicate ··· 205
□ durable ··· 284
□ duration ··· 257
□ dust ··· 40
□ duty ··· 57
□ dwarf ··· 269
□ dwell ··· 173
□ dynamic ··· 74
□ dynamo ··· 378

E

□ earn ··· 169
□ earnest ··· 92
□ earthquake ··· 128
□ ease ··· 150
□ easel ··· 420
□ eccentric ··· 120
□ eclectic ··· 240
□ eclipse ··· 341
□ ecological ··· 102
□ ecology ··· 350
□ economic ··· 175
□ economy ··· 74
□ ecstasy ··· 254
□ edible ··· 253
□ edition ··· 23
□ educate ··· 43
□ eel ··· 253
□ effect ··· 63
□ efficient ··· 106
□ egalitarianism ··· 426
□ elaborate ··· 245
□ elapse ··· 264
□ elastic ··· 315
□ elate ··· 297
□ elderly ··· 26
□ elect ··· 134
□ elective course ··· 456
□ electoral vote ··· 402
□ electric charge ··· 386
□ electric circuit ··· 387
□ electric current ··· 376
□ electricity ··· 25
□ electromagnetism ··· 374
□ electron ··· 220
□ elegy ··· 444
□ element ··· 63, 368
□ eligible ··· 281
□ eliminate ··· 120
□ elliptical ··· 340
□ eloquent ··· 308
□ elusive ··· 314
□ Emancipation Proclamation ··· 408
□ embargo ··· 438
□ embark ··· 164
□ embarrass ··· 163
□ embezzle ··· 256
□ embody ··· 197
□ embrace ··· 314
□ embryo ··· 294
□ embryonic ··· 243
□ emerge ··· 156
□ emergency ··· 160
□ eminent ··· 152
□ emission ··· 351
□ emit ··· 123
□ emotion ··· 54
□ empathy ··· 455
□ emphasize ··· 161
□ empire ··· 400
□ employ ··· 47
□ employee ··· 439

□ employer 439
□ empty 75
□ enable 50
□ encampment 396
□ enchant 255
□ enclose 196
□ encounter 29
□ encourage 23
□ encyclopedia 302
□ endanger 102
□ endangered species 350
□ endeavor 211
□ endemic 247
□ endorse 285
□ endow 256
□ endure 17
□ energetic 27
□ enforce 152
□ engage 55
□ engraving 421
□ enhance 311
□ enigma 431
□ enlighten 308
□ enmity 289
□ enormous 187
□ enrich 175
□ enroll 211
□ enrollment 461
□ ensemble 424
□ ensure 198
□ enter 60
□ enterprise 60
□ entertain 41
□ enthusiasm 197
□ entire 62
□ entitle 158
□ entrepreneur 256
□ entropy 375
□ enumerate 316
□ envelope 61
□ environment 23
□ envoy 289
□ envy 201
□ enzyme 279
□ epic 309
□ epicenter 349
□ epidemic 356
□ epigram 444
□ epilogue 431
□ epoch 231
□ equal 57
□ equation 384
□ equator 133
□ equilateral triangle 388
□ equip 111
□ equipment 124
□ equitable 234
□ equity 290
□ equivocal 301
□ era 150
□ eradicate 218
□ erase 209
□ erosion 225
□ erratic 262
□ erroneous 248
□ erupt 249
□ eruption 346
□ escape 37
□ esophagus 366
□ essential 74
□ establish 98
□ esteem 116
□ estimate 111
□ estuary 355
□ etching 421
□ eternal 86
□ ethical 294
□ ethics 150
□ ethnic 125
□ ethnic diversity 393
□ ethnic group 410
□ ethnological 195
□ etymology 435
□ eulogy 275
□ euphemism 444
□ evade 317
□ evaluate 301
□ evaporation 344
□ even number 381
□ eventually 118
□ evergreen tree 326
□ evidence 17
□ evil 29
□ evoke 292
□ evolution 185
□ exacerbate 248
□ exactly 56
□ exaggerate 168
□ examine 67
□ excavate 278
□ excavation 398
□ exceed 111
□ excel 132
□ exception 113
□ excessive 135
□ exchange rate 440
□ exclaim 169
□ exclude 210
□ excursion 164
□ excuse 85
□ execute 192
□ executive 213
□ exemplify 224
□ exempt 316
□ exercise 20
□ exert 196
□ exhaust 160
□ exhibit 93
□ exile 191
□ exist 67
□ exit 70
□ exotic 229
□ expand 67
□ expect 78
□ expedition 137
□ expel 286
□ expenditure 256
□ experiment 87
□ expertise 263

□ explicit 255
□ explode 169
□ exploit 267
□ exploitation 241
□ explore 203
□ explosion 128
□ exponential 387
□ export 162
□ expose 100
□ express 16
□ exquisite 255
□ extend 159
□ extended family 414
□ exterior angle 388
□ external 102
□ extinct 350
□ extinct volcano 346
□ extinguish 240
□ extol 219
□ extort 267
□ extract 183
□ extraordinary 184
□ extravagance 224
□ extravagant 256
□ extreme 17
□ extrovert 298
□ eyebrow 336

F

□ fable 444
□ fabric 143
□ fabricate 255
□ facilitate 173
□ facility 158
□ faction 247
□ factor 60, 384
□ faculty 153
□ fade 209
□ Fahrenheit 342
□ fail 59
□ faint 167
□ fairy tale 428
□ faithful 46
□ fallacious 227
□ fame 51
□ familiar 14
□ family 321
□ famine 218
□ fanaticism 262
□ fantastic 41
□ fantasy 430
□ fare 79
□ fascinate 173
□ fashion 35
□ fasten 186
□ fat 366
□ fate 83
□ fatigue 102
□ fault 84
□ fauna 320
□ favor 91
□ favorable 31
□ fear 89
□ feasible 280
□ feast 233
□ feat 309
□ feature 21
□ federal 247
□ Federal Reserve Board 440
□ fee 82
□ feeble 276
□ feed 122
□ fellow 54
□ felony 404
□ female 27
□ feminist 412
□ fermentation 368
□ fern 326
□ fertile 173
□ fertility rate 413
□ fertilizer 235
□ fertilizing 328
□ fervor 242
□ fetch 187
□ fetus 330
□ feudal 142
□ fever 102
□ fiction 36
□ fierce 150
□ figurative 432
□ file 215
□ financial 16
□ fine 61
□ fingerprint 223
□ firm 181
□ first-aid 359
□ fiscal 441
□ fixed income 415
□ flamboyant 288
□ flame 45
□ flammable 240
□ flatter 174
□ flavor 370
□ flaw 148
□ flee 128
□ fleet 276
□ flexible 116
□ float 75
□ flock 124
□ flood 25
□ flora 320
□ flourish 181
□ flow 21
□ flu 365
□ fluctuation 438
□ fluent 99
□ focal point 379
□ foe 269
□ fold 184
□ folk 127
□ folklore 430
□ follow 39
□ fond 61
□ footnote 245
□ forbearance 248
□ forbid 93
□ force 60
□ forecast 133

□ forehead ···· 178
□ foreign exchange ···· 442
□ foresee ···· 181
□ foresight ···· 263
□ forge ···· 282
□ form ···· 77
□ former ···· 191
□ formidable ···· 310
□ formula ···· 279, 384
□ fortunate ···· 88
□ fortune ···· 31
□ fossil ···· 117
□ foster ···· 289
□ foul ···· 201
□ found ···· 111
□ fraction ···· 205
□ fracture ···· 364
□ fragile ···· 174
□ fragment ···· 117
□ frame ···· 112
□ framework ···· 98
□ frank ···· 32
□ frantic ···· 295
□ fraud ···· 250
□ free-floating ···· 440
□ freemen ···· 392
□ freeze ···· 202
□ freight ···· 276
□ frequency ···· 277
□ frequently ···· 100
□ fresco ···· 224, 420
□ friction ···· 289, 378
□ frigid ···· 270
□ fringe ···· 238
□ frontier ···· 104, 396
□ frost ···· 133
□ frown ···· 178
□ frugal ···· 239
□ frustrate ···· 31
□ fuel ···· 126
□ fuel cell ···· 387
□ fulfill ···· 81
□ function ···· 43
□ functionalism ···· 460
□ fund ···· 155
□ fundamental ···· 118
□ Fundamentalism ···· 459
□ funeral ···· 127
□ fungus ···· 327
□ fur ···· 274
□ furnish ···· 171
□ furniture ···· 40
□ furor ···· 219
□ furthermore ···· 209
□ fusion ···· 187
□ fuss ···· 151
□ futile ···· 280
□ futures ···· 442

G

□ gain ···· 65
□ Galaxy ···· 354
□ gale ···· 226
□ gallery ···· 418
□ garbage ···· 15
□ gargle ···· 286
□ gargoyle ···· 389
□ garment ···· 260
□ gastric ···· 230
□ gather ···· 14
□ gauze ···· 277
□ gaze ···· 33
□ gem ···· 303
□ gender ···· 426
□ gene ···· 334
□ gene recombination ···· 334
□ generate ···· 180
□ generation ···· 49
□ generative grammar ···· 444
□ generous ···· 26
□ genetic ···· 99
□ genetic engineering ···· 334
□ genetically-modified ···· 335
□ genius ···· 26
□ genome ···· 334
□ genotype ···· 337
□ genre ···· 245
□ gentle ···· 95
□ genuine ···· 147
□ genus ···· 321
□ geography ···· 137
□ geological ···· 231
□ geometry ···· 382
□ geriatrics ···· 414
□ germ ···· 310
□ germinate ···· 337
□ gerontology ···· 414
□ geyser ···· 249
□ gigantic ···· 137
□ gill ···· 325
□ ginger ···· 233
□ gist ···· 305
□ glacier ···· 206
□ glance ···· 65
□ glare ···· 202
□ glimpse ···· 201
□ glitter ···· 270
□ global ···· 47
□ global warming ···· 350
□ gloomy ···· 307
□ glory ···· 67
□ glossary ···· 245
□ glow ···· 68
□ glue ···· 315
□ glut ···· 287
□ gnaw ···· 273
□ goods ···· 162
□ gorge ···· 348
□ gorgeous ···· 146
□ gospel ···· 453
□ govern ···· 46
□ government ···· 14
□ governor ···· 409
□ grab ···· 124
□ grace ···· 132
□ grade ···· 208
□ grade point average ···· 456
□ gradually ···· 95
□ graduate ···· 14

□ graduate school ……457
□ graduation thesis ……461
□ graffiti ……420
□ grain ……212
□ grant ……92
□ grapple ……233
□ grasp ……204
□ grasshopper ……324
□ grateful ……38
□ gratitude ……207
□ grave ……190
□ gravitation ……340
□ gravity ……104
□ Great Depression ……440
□ greedy ……141
□ greenhouse effect ……351
□ greet ……70
□ grid ……387
□ grief ……152
□ grim ……144
□ grinding ……304
□ groan ……303
□ grocery ……150
□ groove ……261
□ gross ……143
□ gross domestic product ……445
□ grotesque ……135
□ groundwater ……270
□ growl ……273
□ grumble ……233
□ guarantee ……138
□ guess ……70
□ guideline ……305
□ guild ……436
□ guilt ……406
□ guilty ……33
□ gullet ……336
□ gum ……366
□ gush ……249

H

□ habit ……20
□ habitat ……102, 350
□ hail ……241, 344
□ hallucination ……237, 460
□ halt ……304
□ hamper ……232
□ hand ax ……398
□ handicapped ……130
□ handle ……31
□ hangover ……235
□ haphazard ……214
□ harassment ……222
□ hardly ……57
□ hardship ……24
□ hardy ……310
□ hare ……274
□ harm ……48
□ harsh ……158
□ harvest ……173
□ haste ……51
□ hatch ……187
□ hatred ……153
□ haunt ……190
□ havoc ……226
□ hay fever ……365
□ hazard ……44
□ hazardous ……353
□ haze ……296
□ head office ……447
□ headache ……358
□ headline ……159
□ headquarters ……259
□ heal ……48
□ heart disease ……356
□ hearth ……244
□ heathen ……458
□ heaven ……70
□ hectic ……293
□ hedonism ……254
□ heed ……299
□ hefty ……270
□ height ……150
□ heir ……120
□ hemisphere ……342
□ hemorrhage ……230
□ hence ……182
□ herb ……285
□ herbivore ……323
□ herd ……214
□ heredity ……310
□ heritage ……107
□ heroin ……237
□ hesitate ……26
□ heterosexuality ……426
□ hidden ……21
□ hierarchy ……157
□ high blood pressure ……361
□ high pressure system ……345
□ highland climate ……343
□ highlight ……417
□ hillside ……225
□ hinder ……161
□ Hinduism ……459
□ hire ……82
□ hoist ……277
□ hold ……81
□ Holocaust ……221
□ home remedy ……358
□ homestead ……396
□ homicide ……404
□ Homo Sapiens ……398
□ homogeneous ……195
□ homosexuality ……426
□ honest ……70
□ honor ……50
□ horizon ……54
□ horizontal line ……382
□ hormone ……337
□ hospitality ……146
□ host ……30
□ hostile ……144
□ hostility ……257
□ House of Representatives ……400
□ household ……26
□ hue ……421

- hug 54
- huge 14
- humane 309
- humanity 67
- humble 165
- humid 133
- humidity 343
- humiliate 265
- hunter-gatherer 396
- hurl 257
- hurricane 343
- hurt 52
- hybrid 288, 331
- hydrogen 230
- hydrophobia 372
- hymn 459
- hyperbole 432
- hypertension 271
- hypnosis 222
- hypocrisy 280
- hypothesis 95

I

- Ice Age 399
- icicle 270
- ideal 84
- identify 36
- identity 411
- ideology 259
- idiolect 444
- idiosyncrasy 292
- idle 75
- idol 135
- idyllic 430
- ignite 240
- ignorant 55
- ignore 76
- illegal 15
- illiterate 297
- illness 76
- illuminate 68
- illusion 90
- illusive 227
- illusory 309
- illustrate 87
- illustration 420
- image 67
- imagery 432
- imaginable 149
- imaginary 167
- imaginary number 385
- imaginative 116
- imagine 33
- imago 325
- imbalance 245
- imitate 74
- immediately 45
- immense 284
- immigrant 410
- immigrate 176
- immigration 410
- imminent 269
- immunity 239
- impair 272
- impartial 283
- impatient 146
- impeach 401
- impede 297
- impending 299
- imperative 259
- imperial 281
- imperialist 262
- impetus 304
- implant 294
- implement 291
- implicate 296
- imply 73
- import 62
- impose 142
- imposition 438
- impotent 312
- impression 22
- Impressionism 418
- imprinting 460
- imprison 179
- impromptu 255
- improve 67
- improvisation 424
- improvise 275
- impulse 59
- inadvertently 264
- inauguration 403
- inbreeding 331
- Incan Civilization 408
- incandescent lamp 378
- incentive 441
- inception 263
- incessantly 298
- incidence 234
- incident 44
- incinerator 353
- incisive 259
- incite 293
- incline 105
- include 57
- income 57
- incompatible 248
- incongruous 231
- incontrovertible 241
- incorporate 143
- increase 19
- incredible 154
- incubate 330
- incumbent 402
- incur 264
- indeed 89
- independent 28
- index 239
- indicate 63
- indict 254
- indictment 405
- indifferent 63
- indigenous 229
- indigestion 230
- indignation 224
- indiscriminate 287
- indispensable 153
- individual 67
- induce 161

□ indulge ······ 139
□ industry ······ 28
□ inert ······ 230
□ inertia ······ 378
□ inevitable ······ 153
□ infallible ······ 281
□ infamous ······ 152
□ infant ······ 93
□ infect ······ 137
□ infection ······ 223
□ infer ······ 281
□ inferior ······ 105
□ infinite ······ 202
□ inflame ······ 227
□ inflammation ······ 362
□ inflate ······ 315
□ inflation ······ 438
□ inflection ······ 434
□ inflict ······ 257
□ influence ······ 74
□ influenza ······ 220
□ influx ······ 252
□ informal ······ 188
□ infrared light ······ 376
□ infrastructure ······ 221
□ infringe ······ 316
□ ingenious ······ 165
□ ingrate ······ 278
□ ingredient ······ 183
□ inhabitant ······ 91
□ inherent ······ 266
□ inherit ······ 99
□ initial ······ 176
□ initiate ······ 220
□ initiative ······ 134
□ inject ······ 206
□ injure ······ 48
□ injustice ······ 292
□ innate ······ 310
□ inner ······ 57
□ innocence ······ 406
□ innocent ······ 15
□ innovation ······ 126
□ innumerable ······ 215
□ inorganic chemistry ······ 373
□ inquiry ······ 157
□ insane ······ 129
□ inscribe ······ 244
□ insect ······ 96
□ insecticide ······ 214
□ insectivore ······ 322
□ insensible ······ 260
□ insert ······ 210
□ insight ······ 25
□ insist ······ 22
□ insolent ······ 257
□ insolvency ······ 446
□ insolvent ······ 213
□ inspect ······ 123
□ inspire ······ 55
□ install ······ 85
□ installment ······ 264
□ instance ······ 45
□ instantly ······ 99
□ instinct ······ 93
□ institute ······ 405
□ institution ······ 153
□ instruction ······ 197
□ instrument ······ 149
□ instrumental ······ 424
□ insulation ······ 386
□ insulin ······ 362
□ insult ······ 159
□ insurance ······ 158
□ intangible ······ 227
□ integer ······ 384
□ integral ······ 161
□ integral calculus ······ 233
□ integrate ······ 98
□ integrated circuit ······ 379
□ integrity ······ 223
□ intellect ······ 27
□ intelligence ······ 195
□ intend ······ 211
□ intense ······ 105
□ intensive ······ 164
□ intent ······ 198
□ intention ······ 162
□ interaction ······ 100
□ interest ······ 61
□ interest rate ······ 438
□ interfere ······ 136
□ interim ······ 317
□ interior angle ······ 388
□ intermittent ······ 237
□ internal ······ 171
□ internal organ ······ 366
□ internship ······ 461
□ interpret ······ 82
□ interrupt ······ 102
□ intersection ······ 127
□ interval ······ 113
□ intestine ······ 367
□ intimate ······ 148
□ intimidate ······ 285
□ intolerance ······ 230
□ intoxicate ······ 235
□ intricate ······ 288
□ intriguing ······ 212
□ intrinsically ······ 239
□ introduce ······ 82
□ introvert ······ 460
□ intrude ······ 185
□ intuition ······ 172
□ inundate ······ 228
□ invade ······ 139
□ invent ······ 124
□ inventory ······ 458
□ invertebrate ······ 322
□ inverter ······ 386
□ invest ······ 173
□ investigate ······ 195
□ invitation ······ 50
□ invoice ······ 300
□ invoke ······ 312
□ involve ······ 44
□ Iron Age ······ 398
□ irony ······ 162
□ Iroquois ······ 394

- irrational ········ 247
- irrational number ········ 387
- irregular ········ 298
- irrelevant ········ 215
- irreparable ········ 282
- irresponsible ········ 300
- irrigation ········ 221, 397
- irritable ········ 362
- irritate ········ 141
- Islam ········ 450
- isolated ········ 172
- isolation ········ 414
- isosceles triangle ········ 388
- isotope ········ 373
- issue ········ 69
- itchy ········ 274
- itinerary ········ 315

J

- Jamestown Colony ········ 394
- jargon ········ 242
- jaundice ········ 372
- jellyfish ········ 228
- jeopardy ········ 276
- Jew ········ 450
- join ········ 50
- joint ········ 362
- joint venture ········ 448
- jolly ········ 275
- jolt ········ 228
- Judaism ········ 450
- judicial ········ 265
- judicious ········ 291
- junk ········ 286
- Jupiter ········ 273
- jurisdiction ········ 254
- jury ········ 406
- justice ········ 177
- justify ········ 195
- juvenile ········ 278

K

- keen ········ 99
- kerosene ········ 236
- kidnap ········ 404
- kidney ········ 367
- kindle ········ 287
- kinematics ········ 374
- kinetic energy ········ 378
- kingdom ········ 24, 320
- kinship ········ 426
- knot ········ 120
- knowledge ········ 26

L

- labor ········ 68
- labor union ········ 458
- laboratory ········ 98
- lace ········ 294
- lack ········ 83
- ladder ········ 163
- laissez-faire ········ 437
- lament ········ 152
- landfill ········ 355
- landmark ········ 147
- landmass ········ 348
- landscape ········ 33
- landslide ········ 225
- lane ········ 187
- language acquisition ········ 444
- languish ········ 308
- lap ········ 133
- lapse ········ 290
- largely ········ 146
- larva ········ 324
- last ········ 85
- lately ········ 189
- latent ········ 312
- lateral ········ 302
- latest ········ 152
- latter ········ 108
- launch ········ 104
- lava ········ 346
- lavish ········ 254
- law ········ 32
- layer ········ 171
- layoff ········ 447
- lead ········ 53
- leaf ········ 49
- leak ········ 156
- lean ········ 201
- leap ········ 184
- leather ········ 32
- leave ········ 70
- legacy ········ 157
- legal ········ 63
- legend ········ 80
- legislation ········ 270
- legislative ········ 400
- legitimate ········ 301
- leisure ········ 75
- lethal ········ 230
- leukemia ········ 367
- leverage ········ 290, 446
- levity ········ 303
- levy ········ 270
- lexicology ········ 444
- liability ········ 448
- liable ········ 56
- liaison ········ 291
- liberal ········ 24
- liberalization ········ 445
- libertarian ········ 441
- lick ········ 273
- lid ········ 213
- lie ········ 71
- lieu ········ 283
- lieutenant governor ········ 409
- life expectancy ········ 415
- ligament ········ 337
- light year ········ 339
- lighthouse ········ 275
- lightning ········ 140
- likely ········ 55
- limb ········ 140
- limestone ········ 224
- limit ········ 71
- linger ········ 153

□ linguistic ··· 151
□ liquid ··· 123
□ liquidate ··· 300
□ liquidity ··· 445
□ list ··· 66
□ literacy ··· 103
□ literal ··· 162
□ literally ··· 142
□ literary ··· 190
□ literature ··· 119
□ litigate ··· 448
□ litigation ··· 283
□ litter ··· 355
□ liver ··· 136, 366
□ livestock ··· 214
□ load ··· 202
□ loan ··· 110
□ local ··· 15
□ locate ··· 60
□ lofty ··· 249
□ log ··· 101
□ logarithm ··· 385
□ logical ··· 41
□ longitude ··· 302
□ loom ··· 296
□ loose ··· 101
□ loquacious ··· 242
□ lord ··· 142
□ loss ··· 143
□ low blood pressure ··· 361
□ low pressure system ··· 345
□ loyal ··· 44
□ lucid ··· 222
□ lucrative ··· 269
□ luggage ··· 32
□ lullaby ··· 427
□ luminary ··· 275
□ luminousness ··· 231
□ lump ··· 182
□ lunar ··· 231
□ lung ··· 131
□ lure ··· 296
□ luxury ··· 107

M

□ macroeconomics ··· 440
□ madrigal ··· 422
□ magma ··· 346
□ magnetic field ··· 379
□ magnificent ··· 132
□ magnify ··· 243
□ magnifying glass ··· 377
□ magnitude ··· 348
□ maintain ··· 40
□ maize ··· 394
□ major ··· 67
□ major planet ··· 338
□ majority ··· 97
□ malady ··· 372
□ male ··· 27
□ mall ··· 260
□ malleability ··· 371
□ mammal ··· 323
□ manage ··· 93
□ mandate ··· 281
□ mandatory ··· 234
□ maneuver ··· 266
□ manifest ··· 209
□ Manifest Destiny ··· 408
□ manipulate ··· 307
□ mankind ··· 147
□ manner ··· 90
□ mantelpiece ··· 244
□ mantle ··· 347
□ manual ··· 57
□ manufacture ··· 27
□ manuscript ··· 428
□ margin ··· 143
□ marijuana ··· 237
□ marital ··· 272
□ marital status ··· 426
□ maritime ··· 261
□ mark ··· 88
□ market competition ··· 436
□ Mars ··· 139
□ marsh ··· 348
□ marvelous ··· 188
□ mass media ··· 416
□ massacre ··· 228
□ massive ··· 181
□ masterpiece ··· 116
□ master's degree ··· 456
□ material ··· 29
□ materialism ··· 272
□ maternal ··· 266
□ mathematics ··· 26
□ matriarchy ··· 426
□ matrix ··· 223
□ mature ··· 107, 331
□ maximum ··· 27
□ Mayan Civilization ··· 408
□ mayor ··· 134
□ meadow ··· 140
□ meager ··· 316
□ mean ··· 91
□ meanwhile ··· 90
□ measles ··· 358
□ measure ··· 86
□ mechanics ··· 374
□ mediate ··· 266
□ mediation ··· 409
□ medical ··· 16
□ medicine ··· 25
□ medieval ··· 91
□ meditation ··· 222
□ meet ··· 35
□ meiosis ··· 333
□ melancholy ··· 156
□ melt ··· 87
□ melting point ··· 373
□ melting pot ··· 410
□ memorialize ··· 304
□ memory ··· 17
□ menace ··· 262
□ mend ··· 87
□ mental ··· 55
□ mention ··· 86
□ mentor ··· 304

- [ ] mercantile ··· 252
- [ ] mercantilism ··· 437
- [ ] merchant ··· 108
- [ ] mercury ··· 294
- [ ] mercy ··· 167
- [ ] merely ··· 59
- [ ] merge ··· 108
- [ ] merger ··· 448
- [ ] merit ··· 86
- [ ] merry ··· 48
- [ ] Mesolithic Age ··· 408
- [ ] mesosphere ··· 354
- [ ] mess ··· 190
- [ ] metalloid ··· 370
- [ ] metamorphosis ··· 325
- [ ] metaphor ··· 134
- [ ] meteor ··· 338
- [ ] meteorologist ··· 302
- [ ] method ··· 89
- [ ] methodical ··· 255
- [ ] Methodist ··· 452
- [ ] meticulous ··· 284
- [ ] metropolitan ··· 118
- [ ] microeconomics ··· 440
- [ ] microorganism ··· 332
- [ ] microscope ··· 123
- [ ] midst ··· 167
- [ ] mighty ··· 153
- [ ] migration ··· 203
- [ ] Milky Way ··· 354
- [ ] million ··· 60
- [ ] mind ··· 25
- [ ] mine ··· 131
- [ ] mineralogy ··· 303
- [ ] minister ··· 148
- [ ] minor ··· 48
- [ ] minor planet ··· 339
- [ ] mirage ··· 296
- [ ] miscellaneous ··· 219
- [ ] mischief ··· 152
- [ ] misdemeanor ··· 405
- [ ] miserable ··· 178
- [ ] misery ··· 119
- [ ] misleading ··· 97
- [ ] miss ··· 88
- [ ] missing ··· 63
- [ ] missionary ··· 450
- [ ] mist ··· 68
- [ ] mistake ··· 16
- [ ] mitigate ··· 291
- [ ] mitochondria ··· 332
- [ ] mitosis ··· 333
- [ ] mixture ··· 369
- [ ] mob ··· 293
- [ ] mobile ··· 77
- [ ] mock ··· 118
- [ ] mode ··· 210
- [ ] moderate ··· 134
- [ ] modern ··· 84
- [ ] modest ··· 142
- [ ] modify ··· 174
- [ ] moisture ··· 29
- [ ] mold ··· 327
- [ ] mole ··· 295
- [ ] molecule ··· 243
- [ ] molestation ··· 412
- [ ] mollusk ··· 322
- [ ] molt ··· 324
- [ ] moment ··· 91
- [ ] momentous ··· 221
- [ ] momentum ··· 378
- [ ] monarch ··· 218
- [ ] monarchy ··· 400
- [ ] monastery ··· 459
- [ ] monetary ··· 271
- [ ] money supply ··· 440
- [ ] monogamy ··· 426
- [ ] monopoly ··· 154
- [ ] monotheism ··· 450
- [ ] monotonous ··· 303
- [ ] monument ··· 38
- [ ] moral ··· 72
- [ ] moreover ··· 86
- [ ] morphology ··· 435
- [ ] mortality ··· 293
- [ ] mortality rate ··· 414
- [ ] mortar ··· 243
- [ ] mortgage ··· 445
- [ ] mosaic ··· 420
- [ ] mosque ··· 459
- [ ] moss ··· 326
- [ ] mostly ··· 47
- [ ] moth ··· 324
- [ ] motif ··· 433
- [ ] motivate ··· 80
- [ ] motivation ··· 455
- [ ] motive ··· 433
- [ ] mount ··· 83
- [ ] mountain peak ··· 348
- [ ] mourn ··· 184
- [ ] mud ··· 173
- [ ] multicellular ··· 332
- [ ] multigenerational ··· 414
- [ ] multinational ··· 448
- [ ] multiplication ··· 380
- [ ] multiply ··· 205
- [ ] mumps ··· 358
- [ ] mundane ··· 303
- [ ] municipal ··· 254
- [ ] mural ··· 420
- [ ] murder ··· 16
- [ ] murmur ··· 199
- [ ] muscle ··· 72
- [ ] mushroom ··· 327
- [ ] mustache ··· 121
- [ ] mutter ··· 303
- [ ] mutual ··· 191
- [ ] mutual fund ··· 442
- [ ] myriad ··· 263
- [ ] mystery ··· 432
- [ ] mystical ··· 264
- [ ] myth ··· 180

N

- [ ] nanny ··· 411
- [ ] nap ··· 133
- [ ] narcissism ··· 460
- [ ] narcotic ··· 262
- [ ] narrative ··· 134

□ narrow······44
□ nasal······223
□ nasal cavity······336
□ nasty······141
□ nation······28
□ national pension system······415
□ nationalization······445
□ native······22
□ natural number······385
□ natural right······409
□ nature······22
□ naughty······120
□ nausea······235
□ Navajo······395
□ navel······336
□ navy······105
□ Neanderthal······398
□ nearby······21
□ nearly······79
□ neat······78
□ nectar······329
□ needle······30
□ negative······40
□ negative charge······386
□ neglect······51
□ negligence······276
□ negotiate······175
□ neighbor······38
□ Neoclassicism······418
□ Neolithic Age······408
□ nephew······26
□ Neptune······273
□ nerve······129
□ nervous······90
□ nest······118
□ neuron······337
□ neurosis······299
□ neutral······87
□ neutralize······371
□ neutron······220
□ nevertheless······59
□ New Deal······408
□ nightmare······71
□ nighttime······158
□ noble······29
□ nocturnal······337
□ nocturne······427
□ nod······62
□ nominal······251
□ nominate······166
□ nomination······403
□ nonconformist······459
□ nonmetal······370
□ non-partisan······409
□ norm······169
□ nosedive······443
□ notable······165
□ note······89
□ notice······52
□ notoriety······298
□ notorious······117
□ nourish······266
□ novelty······144
□ nuclear······38
□ nuclear family······414
□ nuclear fission······376
□ nuclear fusion······376
□ nuclear physics······376
□ nuclear plant······376
□ nucleus······332
□ nuisance······311
□ nullify······258
□ numb······228
□ numerous······164
□ nursing······130
□ nurture······308
□ nutrient······370
□ nutrition······106
□ nylon······371

O

□ oath······283
□ obedient······160
□ obesity······357
□ obey······145
□ obituary······293
□ object······58
□ objective······41
□ oblige······112
□ oblivion······312
□ obscure······99
□ observatory······273
□ observe······85
□ obsess······299
□ obsession······454
□ obsolete······304
□ obstacle······147
□ obstinate······269
□ obtain······93
□ obtuse angle······382
□ occasion······69
□ occasionally······52
□ occult······459
□ occupation······68
□ occupy······22
□ occur······30
□ octave······423
□ octopus······253
□ odd······36
□ odd number······380
□ odds······198
□ odyssey······430
□ offend······30
□ offer······51
□ official······18
□ offset······261
□ offspring······330
□ oil painting······419
□ ointment······359
□ Old Testament······450
□ oligopoly······438
□ ominous······245
□ omit······111
□ omnivore······323
□ once······91
□ onlooker······211
□ opera······427
□ operation······52

□ opinion ··· 46
□ opponent ··· 38
□ opportunity ··· 33
□ oppose ··· 72
□ opposite ··· 44
□ opposite angle ··· 388
□ oppress ··· 186
□ optical ··· 170
□ optician ··· 261
□ optics ··· 374
□ optimistic ··· 147
□ oral ··· 132
□ orbit ··· 340
□ orchard ··· 149
□ orchestra ··· 425
□ order ··· 88, 320
□ ordinal number ··· 380
□ ordinance ··· 250
□ ordinary ··· 66
□ organ ··· 106
□ organic chemistry ··· 373
□ organism ··· 330
□ origin ··· 88
□ ornament ··· 143
□ ornate ··· 288
□ orphan ··· 258
□ ostrich ··· 234
□ otherwise ··· 80
□ oust ··· 218
□ outbreak ··· 137
□ outcome ··· 144
□ outcry ··· 221
□ outgoing ··· 269
□ outlet ··· 186
□ outlook ··· 181
□ outnumber ··· 258
□ output ··· 458
□ outrage ··· 136
□ outright ··· 307
□ outset ··· 251
□ outskirts ··· 240
□ outstanding ··· 155
□ oval ··· 388
□ overcome ··· 24
□ overlook ··· 136
□ overnight ··· 32
□ overpopulation ··· 351
□ overtake ··· 117
□ over-the-counter ··· 358
□ overthrow ··· 160
□ overtime ··· 234
□ overturn ··· 265
□ overview ··· 268
□ overweight ··· 357
□ overwhelming ··· 123
□ owe ··· 91
□ own ··· 33
□ oxidant ··· 355
□ oxidation ··· 373
□ oxidize ··· 206
□ oxygen ··· 126
□ oxymoron ··· 432
□ oyster ··· 253
□ ozone ··· 206, 350

P

□ pacifist ··· 248
□ pact ··· 244
□ pagan ··· 458
□ page ··· 311
□ pagoda ··· 389
□ pail ··· 219
□ Paleolithic Age ··· 398
□ palm ··· 170
□ pancreas ··· 362
□ panel ··· 259
□ pantheon ··· 389
□ parabolic mirror ··· 379
□ paradox ··· 162
□ parallel ··· 382
□ parallelogram ··· 388
□ paralysis ··· 262
□ paralyze ··· 259
□ paranoia ··· 460
□ parasite ··· 234
□ parcel ··· 158
□ pardon ··· 32
□ parochial ··· 459
□ parody ··· 34
□ parrot ··· 229
□ partially ··· 183
□ participate ··· 136
□ particle ··· 126
□ particularly ··· 170
□ partisan ··· 225
□ part-time ··· 281
□ passage ··· 81
□ passenger ··· 32
□ passion ··· 27
□ passive ··· 48
□ patent ··· 315
□ paternalism ··· 412
□ path ··· 68
□ pathetic ··· 308
□ pathology ··· 271
□ pathos ··· 430
□ patient ··· 16
□ patriarchy ··· 426
□ patriotic ··· 122
□ patron ··· 420
□ pause ··· 88
□ pavement ··· 128
□ pear ··· 168
□ peasant ··· 142
□ peculiar ··· 34
□ pedestrian ··· 127
□ peep ··· 133
□ peer ··· 103
□ peer group ··· 414
□ pending ··· 300
□ penetrate ··· 183
□ peninsula ··· 195
□ penname ··· 428
□ pension ··· 130
□ per capita ··· 226
□ perceive ··· 192
□ perch ··· 295
□ perennial ··· 337
□ perform ··· 34

☐ perfume ······ 39
☐ perigee ······ 341
☐ perihelion ······ 340
☐ period ······ 61
☐ periodic table ······ 368
☐ periphery ······ 261
☐ perish ······ 271
☐ permanently ······ 203
☐ permit ······ 56
☐ permutation ······ 387
☐ perpendicular ······ 382
☐ perpetual ······ 202
☐ perplex ······ 150
☐ persecute ······ 285
☐ persecution ······ 232
☐ perseverance ······ 291
☐ persist ······ 110
☐ personable ······ 317
☐ personification ······ 432
☐ personnel ······ 300
☐ perspective ······ 190
☐ perspiration ······ 337
☐ persuade ······ 83
☐ pervasive ······ 234
☐ pessimistic ······ 144
☐ pesticide ······ 270
☐ petal ······ 329
☐ petroglyph ······ 408
☐ petroleum ······ 236
☐ petty ······ 252
☐ Ph. D ······ 456
☐ phase ······ 183
☐ phenomenon ······ 167
☐ phenotype ······ 337
☐ philanthropist ······ 218
☐ philosophy ······ 32
☐ phobia ······ 299
☐ phonetic ······ 311
☐ phonetics ······ 434
☐ phonology ······ 434
☐ photochemical smog ······ 355
☐ photon ······ 377
☐ photosynthesis ······ 329
☐ photovoltaic cell ······ 387
☐ phrasing ······ 423
☐ phylum ······ 320
☐ physical ······ 48
☐ physician ······ 25
☐ physics ······ 185
☐ physiological ······ 266, 324
☐ pictograph ······ 408
☐ pidgin ······ 434
☐ pier ······ 261
☐ piercing ······ 193
☐ pile ······ 182
☐ pilgrim ······ 394
☐ pioneer ······ 27, 396
☐ pious ······ 451
☐ pistil ······ 328
☐ pity ······ 49
☐ pixel ······ 223
☐ placate ······ 301
☐ placebo ······ 460
☐ placid ······ 314
☐ plague ······ 96
☐ plain ······ 61
☐ plaintiff ······ 407
☐ planet ······ 42
☐ plankton ······ 332
☐ plant ······ 49
☐ plantation ······ 393
☐ plaster ······ 419
☐ plateau ······ 298
☐ platelet ······ 372
☐ plausible ······ 292
☐ playwright ······ 428
☐ plea bargaining ······ 406
☐ plead ······ 191
☐ pleasant ······ 48
☐ pledge ······ 283
☐ plentitude ······ 272
☐ plenty ······ 176
☐ plight ······ 260
☐ plot ······ 122
☐ plow ······ 173
☐ plunge ······ 261
☐ plural ······ 200
☐ Plymouth Colony ······ 394
☐ pneumonia ······ 360
☐ poet ······ 52
☐ poison ······ 49
☐ poke ······ 306
☐ polar climate ······ 342
☐ policy ······ 19
☐ polio ······ 356
☐ polite ······ 35
☐ politician ······ 44
☐ politics ······ 35
☐ poll ······ 97
☐ pollen ······ 328
☐ pollination ······ 329
☐ pollutant ······ 286
☐ pollution ······ 23
☐ polyester ······ 370
☐ polygamy ······ 426
☐ polygon ······ 383
☐ polytheism ······ 458
☐ ponder ······ 266
☐ Pop art ······ 418
☐ Pope ······ 452
☐ population ······ 28
☐ population explosion ······ 413
☐ pore ······ 337
☐ portrait ······ 45
☐ positive ······ 74
☐ positive charge ······ 386
☐ possess ······ 42
☐ possible ······ 64
☐ postpone ······ 196
☐ postscript ······ 300
☐ postulate ······ 305
☐ posture ······ 116
☐ potential ······ 147
☐ potential energy ······ 386
☐ poultry ······ 294
☐ pound ······ 169
☐ pour ······ 156

□ poverty ··· 128
□ poverty line ··· 411
□ practicable ··· 199
□ practical ··· 106
□ practice ··· 25
□ practitioner ··· 313
□ pragmatic ··· 290
□ pragmatics ··· 435
□ praise ··· 64
□ pray ··· 39
□ preach ··· 19
□ precariously ··· 295
□ precaution ··· 220
□ precede ··· 207
□ precinct ··· 409
□ precious ··· 72
□ precipitation ··· 344
□ precipitous ··· 226
□ precisely ··· 149
□ preclude ··· 314
□ predecessor ··· 252
□ predict ··· 196
□ predominant ··· 119
□ preface ··· 297
□ prefer ··· 93
□ pregnant ··· 161
□ prehistoric ··· 399
□ prejudice ··· 125
□ premarital ··· 413
□ premise ··· 197
□ premium ··· 445
□ preoccupied ··· 246
□ prepare ··· 46
□ prerequisite course ··· 461
□ Presbyterianism ··· 452
□ prescribe ··· 112
□ prescription ··· 313, 366
□ present ··· 62
□ preservative ··· 370
□ preserve ··· 165
□ preside ··· 314
□ Presidency ··· 401
□ president ··· 45
□ press conference ··· 417
□ prestige ··· 165
□ presume ··· 108
□ presumption ··· 317
□ pretend ··· 49
□ pretentious ··· 224
□ pretty ··· 49
□ prevail ··· 199
□ prevalent ··· 125
□ prevent ··· 45
□ previous ··· 59
□ prey ··· 234
□ priest ··· 19
□ primary ··· 88
□ primate ··· 173
□ prime number ··· 387
□ primitive ··· 198
□ principal ··· 185
□ principle ··· 151
□ prior ··· 145
□ prism ··· 377
□ prison ··· 33
□ privilege ··· 107
□ probability ··· 74
□ probably ··· 66
□ probation ··· 409
□ probe ··· 110
□ procedure ··· 108
□ proceed ··· 86
□ process ··· 55
□ procession ··· 293
□ pro-choice ··· 412
□ proclaim ··· 184
□ prodigal ··· 272
□ produce ··· 68
□ productivity ··· 458
□ profession ··· 130
□ professor ··· 23
□ profit ··· 53
□ profound ··· 107
□ profusely ··· 315
□ profusion ··· 281
□ progeny ··· 337
□ progress ··· 64
□ prohibit ··· 66
□ pro-life ··· 412
□ proliferation ··· 244
□ prolific ··· 297
□ prologue ··· 444
□ prolong ··· 188
□ prominent ··· 189
□ promise ··· 61
□ promising ··· 53
□ promote ··· 61
□ prompt ··· 160
□ prone ··· 257
□ pronounce ··· 90
□ propaganda ··· 180
□ propagate ··· 331
□ proper ··· 73
□ property ··· 40
□ prophet ··· 241
□ proportion ··· 125
□ propose ··· 53
□ proprietor ··· 250
□ prose ··· 134
□ prosecution ··· 406
□ prospect ··· 188
□ prosperity ··· 134
□ protagonist ··· 430
□ protect ··· 73
□ protectionism ··· 436
□ protein ··· 161
□ protest ··· 24
□ Protestantism ··· 452
□ protocol ··· 241
□ proton ··· 220
□ prototype ··· 124
□ protract ··· 283
□ protrude ··· 306
□ prove ··· 47
□ proverb ··· 25
□ provide ··· 82
□ province ··· 145
□ provision ··· 265
□ provisional ··· 280

- provoke ········ 186
- proximity ········ 225
- prudent ········ 205
- psoriasis ········ 363
- psychiatrist ········ 272
- psychology ········ 23
- psychosis ········ 460
- psychotherapy ········ 454
- PTSD ········ 454
- public ········ 65
- publicity ········ 172
- publish ········ 103
- publishing house ········ 428
- pudding ········ 233
- Pueblo ········ 395
- pulsar ········ 354
- pump ········ 206
- punctual ········ 85
- punish ········ 40
- punishable ········ 405
- pupa ········ 324
- pupil ········ 336
- purchase ········ 53
- pure ········ 84
- Puritan ········ 394
- purpose ········ 75
- purse ········ 32
- pursue ········ 71
- puzzle ········ 95
- pyramid ········ 229

Q

- qualification ········ 461
- qualify ········ 185
- quality ········ 42
- quantity ········ 200
- quantum mechanics ········ 375
- quarantine ········ 220
- quark ········ 374
- quarrel ········ 48
- quarter ········ 53
- quartet ········ 425
- quasar ········ 354
- queer ········ 242
- quest ········ 199
- queue ········ 268
- quintet ········ 425
- quit ········ 159
- quiz ········ 55
- quote ········ 205

R

- rabbi ········ 450
- rabies ········ 247
- race ········ 104
- racial ········ 138
- radiation ········ 230
- radical ········ 186
- radioactive ········ 244
- radiocarbon dating ········ 398
- radius ········ 274
- rag ········ 156
- rage ········ 169
- ragtime ········ 424
- raid ········ 263
- railing ········ 389
- raise ········ 28
- rally ········ 225
- ranch ········ 250
- range ········ 189
- ransom ········ 263
- rapid ········ 55
- rare ········ 66
- rash ········ 360
- rate ········ 166
- ratification ········ 400
- ratify ········ 258
- ratio ········ 200
- rational ········ 92
- rational number ········ 387
- rationalization ········ 460
- rattle ········ 188
- ravine ········ 355
- raw ········ 36
- ray ········ 382
- reach ········ 71
- react ········ 69
- readership ········ 417
- ready ········ 82
- real estate ········ 443
- real number ········ 385
- Realism ········ 427
- realize ········ 51
- realm ········ 112
- reap ········ 94
- rear ········ 210
- reason ········ 59
- reasonable ········ 82
- reassure ········ 159
- rebel ········ 171
- rebut ········ 215
- recall ········ 62
- receive ········ 56
- recession ········ 156
- recipe ········ 227
- recipient ········ 251
- reciprocal ········ 286
- recitation ········ 311
- recite ········ 205
- reckless ········ 139
- reckon ········ 167
- reclaim ········ 250
- recognize ········ 66
- recollection ········ 157
- recommend ········ 20
- reconcile ········ 175
- Reconstruction ········ 408
- recover ········ 69
- recruit ········ 177
- rectangle ········ 383
- rectangular ········ 229
- rectifier ········ 386
- rectify ········ 295
- rectum ········ 336
- recurrent ········ 299
- recycle ········ 353
- red blood cell ········ 363
- red tape ········ 402
- redemption ········ 453

□ reduce······53
□ redundant······213
□ refer······81
□ refine······112
□ reflect······69
□ reflection······377
□ reform······24
□ Reformation······452
□ refraction······378
□ refrain······35
□ refreshing······201
□ refrigerant······370
□ refrigerator······36
□ refugee······128
□ refuse······58
□ refute······314
□ regard······86
□ regardless······61
□ regime······251
□ region······63
□ register······176
□ regret······89
□ regulate······131
□ rehabilitate······276
□ rehearse······423
□ reign······205
□ reincarnation······459
□ reinforce······110
□ reject······51
□ rejoice······180
□ relative······42
□ relatively······112
□ release······89
□ relevant······185
□ relic······246
□ relief······94
□ religion······35
□ relinquish······280
□ relish······207
□ reluctant······94
□ rely······90
□ remain······50
□ remark······192
□ remarkable······157
□ remedy······194
□ remember······194
□ remind······94
□ reminisce······275
□ remit······300
□ remnant······399
□ remorse······235
□ remote······42
□ remove······45
□ remuneration······458
□ Renaissance······418
□ render······200
□ renounce······228
□ renowned······212
□ rent······84
□ repair······34
□ repent······317
□ repertoire······424
□ replace······147
□ replication······335
□ reply······81
□ represent······63
□ representative······400
□ repression······460
□ reproduce······187
□ reproductive······328
□ reptile······322
□ republic······145
□ Republican Party······402
□ reputation······22
□ repute······313
□ requiem······422
□ require······82
□ requisite······313
□ rescue······86
□ research······31
□ research paper······461
□ resemble······78
□ resent······160
□ reserved······90
□ reservoir······206
□ resident······118
□ residue······294
□ resign······62
□ resist······29
□ resolute······183
□ resolve······108
□ resonant······277
□ resort······196
□ resource······189
□ respect······85
□ respectable······181
□ respectful······22
□ respective······68
□ respiration······325
□ respond······70
□ responsible······22
□ rest······194
□ restless······198
□ restore······191
□ restrain······72
□ restrict······27
□ result······97
□ resume······207
□ Resurrection······459
□ retail······124
□ retain······41
□ retaliation······228
□ retina······365
□ retire······172
□ retirement pension······415
□ retract······236
□ retreat······172
□ retrieve······208
□ return······443
□ reveal······36
□ revelation······453
□ revenge······175
□ revenue······19
□ reverse······21
□ review······103
□ revise······130
□ revive······78
□ revolution······340
□ revolutionary······179

- revolve 210
- reward 94
- rewrite 429
- rhetoric 161
- rhinoceros 268
- rhyme 444
- rhythm & blues 424
- rib 364
- ribosome 332
- Richter scale 349
- riddle 162
- ridge 355
- ridiculous 90
- right 122
- right angle 382
- right triangle 388
- rigid 134
- riot 179
- ripe 168
- ritual 184
- rival 154
- roam 211
- roar 46
- rob 60
- robbery 404
- role 56
- Romanticism 418
- roof 138
- rot 123
- rotate 85
- rotation 340
- rough 87
- routine 113
- row 204
- rub 178
- rubbish 355
- rubble 211
- rudely 136
- rudimentary 241
- rugged 306
- ruin 40
- rumor 140
- run 200
- running mate 403
- rural 125
- rust 109
- ruthless 251

S

- Sabbath 451
- sacred 192
- sacrifice 19
- safety 211
- saga 428
- saliva 336
- salvation 219
- sanction 251
- sanctity 459
- sanctuary 229
- sand dune 348
- sanitation 121
- satellite 56
- satire 242
- satirical 292
- satisfy 108
- saturate 307
- Saturn 255
- savage 64
- save 19
- savings account 445
- savior 453
- scan 213
- scapegoat 260
- scar 257
- scarcely 59
- scare 127
- scatter 34
- scene 75
- scent 36
- scheme 70
- schizophrenia 460
- scholar 121
- scholarship 461
- scold 142
- scope 197
- scorching 296
- score 127
- scorn 198
- scrape 257
- scratch 101
- scream 193
- screenwriter 428
- script 120
- Scripture 241
- scrutinize 303
- sculpture 36
- scurvy 372
- search 187
- secede 392
- seclusion 293
- secondhand 124
- secretary 22
- sect 452
- secular 458
- securities 443
- security 191
- sediment 355
- seed 66
- seek 183
- seemingly 75
- seep 270
- segregation 393
- seismic wave 348
- seismology 237
- seize 66
- seizure 247
- seldom 101
- self-esteem 83
- selfish 22
- semantics 435
- semester 456
- semicircle 388
- Senate 400
- senator 402
- senior 166
- sensation 196
- sensational 416
- sensible 110
- sensitive 30

□ sentence ········ 33
□ sentiment ········ 65
□ separate ········ 106
□ sequel ········ 431
□ sequence ········ 55, 334
□ serenade ········ 427
□ serious ········ 76
□ sermon ········ 459
□ serve ········ 177
□ setback ········ 248
□ settle ········ 141
□ settler ········ 397
□ sew ········ 143
□ sewage ········ 352
□ sewer ········ 240
□ sexism ········ 412
□ shabby ········ 240
□ shade ········ 35
□ shake ········ 196
□ shallow ········ 75
□ shape ········ 20
□ share ········ 154
□ shareholder ········ 447
□ shatter ········ 165
□ shed ········ 177
□ sheer ········ 71
□ shelf ········ 150
□ shelter ········ 27
□ shift ········ 162
□ shimmer ········ 270
□ shin ········ 336
□ shipping ········ 47
□ shiver ········ 277
□ shockwave ········ 349
□ shooting star ········ 338
□ shortage ········ 199
□ shortcoming ········ 31
□ shred ········ 289
□ shrewd ········ 279
□ shrine ········ 147
□ shrink ········ 177
□ shrug ········ 54
□ shudder ········ 285
□ shy ········ 193
□ sideline ········ 218
□ sift ········ 232
□ sigh ········ 39
□ sight ········ 59
□ sign ········ 184
□ sign language ········ 444
□ significant ········ 47
□ similar ········ 194
□ simile ········ 432
□ simultaneous ········ 166
□ sin ········ 19
□ sincere ········ 24
□ sine ········ 388
□ sink ········ 153
□ Sioux ········ 394
□ site ········ 36
□ situation ········ 200
□ skeleton ········ 336
□ skeptical ········ 24
□ skill ········ 109
□ skip ········ 194
□ skull ········ 364
□ slang ········ 151
□ slap ········ 265
□ slash-and-burn ········ 393
□ slaughter ········ 23
□ slave ········ 109
□ slavery ········ 392
□ sled ········ 306
□ sleet ········ 344
□ slender ········ 54
□ slight ········ 76
□ slope ········ 170
□ sluggish ········ 239
□ slump ········ 438
□ smallpox ········ 358
□ smash ········ 52
□ smell ········ 123
□ smog ········ 352
□ smother ········ 268
□ smuggle ········ 269
□ snail ········ 268
□ snap ········ 168
□ sneeze ········ 365
□ snob ········ 426
□ soak ········ 156
□ soar ········ 166
□ sob ········ 199
□ sober ········ 235
□ so-called ········ 75
□ Social Security ········ 415
□ socialism ········ 436
□ society ········ 101
□ sociology ········ 103
□ soil ········ 49
□ solar ········ 131
□ solar cell ········ 387
□ solar energy ········ 353
□ solar system ········ 340
□ sole ········ 113
□ solemnly ········ 157
□ solicit ········ 271
□ solid ········ 208
□ solitary ········ 172
□ solo ········ 427
□ solution ········ 53, 369
□ solve ········ 31
□ solvent ········ 369
□ somber ········ 211
□ somehow ········ 60
□ somewhat ········ 78
□ sonata ········ 427
□ soothe ········ 132
□ sophisticated ········ 104
□ soprano ········ 422
□ sore ········ 52
□ sorrow ········ 119
□ sort ········ 77
□ sound ········ 106
□ sour ········ 178
□ souvenir ········ 38
□ sovereign ········ 242
□ spacecraft ········ 341
□ span ········ 77
□ spasm ········ 237

- spearhead 398
- specialize 108
- species 95, 321
- specific 99
- specimen 165
- spectacle 144
- spectacular 205
- spectator 127
- spectrum 225
- speculate 269
- speculation 445
- sperm 330
- sphere 200
- spill 39
- spinal column 322
- spine 297
- spiral 293
- spire 389
- splendid 179
- split 65
- spoil 212
- spontaneous 193
- sporadic 226
- spore 328
- spouse 148
- sprain 364
- sprawl 352
- spread 131
- sprinkle 275
- sprout 235
- spur 179
- squall 343
- squander 272
- square 109
- square root 384
- squash 392
- squeeze 168
- squid 243
- stable 77
- stage 154
- stagecoach 396
- stagflation 445
- stagnant 226
- stake 210
- stakeholder 445
- stalk 54
- stamen 328
- standard 81
- standard of living 441
- standpoint 212
- standstill 276
- staple 253
- stapler 219
- stare 100
- startle 121
- starve 141
- state 202
- statement 81
- statesman 140
- static 202
- stationary 200
- statistics 47
- statue 135
- stature 193
- status quo 410
- statute 309
- statute of limitation 404
- statutory 265
- steal 204
- steam 203
- steamboat 396
- steel 110
- steep 155
- steer 170
- stem 168
- stem cell 332
- stereotype 104
- sterilize 206
- stern 169
- stethoscope 361
- stiff 116
- still life 419
- stimulant 283
- stimulate 194
- stimulation 436
- sting 228
- stingy 279
- stipend 256
- stipulate 244
- stir 148
- stock 77
- stock price index 442
- stockpile 263
- stomach 17
- stomachache 358
- stoop 317
- store 37
- storm 133
- straightforward 148
- strain 106
- strait 298
- strand 335
- strategy 131
- stratification 426
- stratosphere 354
- stratum 355
- stray 171
- stream 37
- strenuous 305
- stretcher 277
- strict 47
- strife 301
- strike 178
- striking 188
- string 422
- strip 189
- strive 204
- stroke 357
- stroll 49
- structure 284
- stubborn 151
- stuff 219
- stumble 274
- stump 326
- stun 104
- stupa 389
- subarctic climate 342
- subatomic 220
- subconsciousness 43

□ subcontractor 448
□ subculture 426
□ subdue 251
□ subject 158
□ sublime 264
□ submerge 306
□ submissive 307
□ submit 300
□ subordinate 246
□ subscribe 302
□ subsequent 287
□ subsidiary 448
□ subsidize 272
□ subsistence 316
□ subspecies 321
□ substantial 166
□ substitute 178
□ subtle 82
□ subtract 300
□ subtraction 380
□ subtropical climate 342
□ suburb 21
□ succeed 180
□ successive 175
□ successor 166
□ succinct 308
□ sue 203
□ suffer 17
□ sufficient 83
□ suffocate 260
□ suggest 117
□ suicide 83
□ suit 56
□ sulfur 294
□ sum 184
□ summarize 73
□ summit 282
□ summon 165
□ sunspot 354
□ super cluster 354
□ superb 284
□ superconductivity 374
□ supercooled water 345
□ superficial 121
□ superfluous 272
□ supernova 354
□ superstition 190
□ supervisor 157
□ supplement 72
□ supply 23
□ supply and demand 438
□ support 17
□ suppose 144
□ suppression 122
□ supreme 90
□ Supreme Court 401
□ surcharge 236
□ surface 164
□ surge 258
□ surgery 136
□ surpass 182
□ surplus 177
□ surrealist 292
□ surrender 31
□ surrounding 202
□ survey 112
□ susceptible 280
□ suspect 187
□ suspend 182
□ sustain 122
□ sustainable 350
□ swamp 240
□ swear 80
□ sweat 171
□ sweep 95
□ swell 52
□ syllable 434
□ Symbolism 427
□ symmetry 255
□ sympathy 159
□ symphony 427
□ symptom 106, 360
□ syndrome 155
□ syntax 435
□ synthesis 284
□ synthetic 147
□ synthetic chemistry 373

T

□ tabloid 417
□ tacit 140
□ tactics 65
□ tadpole 325
□ take-home exam 461
□ takeover 449
□ tale 73
□ talent 209
□ tame 64
□ tangent 388
□ tangle 306
□ tantalize 254
□ taper 274
□ tariff 236
□ task 69
□ tax 19
□ taxation 236
□ teaching assistant 457
□ tease 64
□ technique 187
□ tectonic plate 346
□ tedious 71
□ teepee 395
□ Teflon 371
□ telegram 145
□ telescope 103
□ televise 416
□ temper 159
□ temperament 64
□ temperate 212
□ temperate climate 342
□ temperature 342
□ temple 88
□ temporary 47
□ tempt 84
□ tend 119
□ tender 89
□ tendon 337
□ tenet 453
□ tenor 422

- ☐ tension ···· 89
- ☐ tentative ···· 282
- ☐ term ···· 180
- ☐ term paper ···· 461
- ☐ terminate ···· 58
- ☐ terra ···· 244
- ☐ terrain ···· 255
- ☐ terrestrial ···· 338
- ☐ terrible ···· 100
- ☐ terrific ···· 209
- ☐ territory ···· 164
- ☐ terse ···· 246
- ☐ testify ···· 314
- ☐ testimony ···· 406
- ☐ tetanus ···· 356
- ☐ textile ···· 260
- ☐ texture ···· 260, 420
- ☐ thaw ···· 206
- ☐ the accused ···· 407
- ☐ theft ···· 33, 404
- ☐ theism ···· 458
- ☐ theme ···· 73
- ☐ theocracy ···· 401
- ☐ theology ···· 459
- ☐ theorem ···· 384
- ☐ theory ···· 17
- ☐ theory of relativity ···· 375
- ☐ therapeutic ···· 455
- ☐ therapy ···· 155, 364
- ☐ thereby ···· 75
- ☐ therefore ···· 186
- ☐ thermal ···· 230
- ☐ thermodynamics ···· 374
- ☐ thermometer ···· 30
- ☐ thermosphere ···· 354
- ☐ thesis ···· 305
- ☐ thick ···· 121
- ☐ thief ···· 37
- ☐ thigh ···· 228
- ☐ thin ···· 78
- ☐ thirsty ···· 167
- ☐ thorn ···· 274
- ☐ thoroughly ···· 197
- ☐ thread ···· 38
- ☐ threaten ···· 37
- ☐ thrill ···· 154
- ☐ thrive ···· 37
- ☐ throat ···· 97
- ☐ throne ···· 218
- ☐ throng ···· 219
- ☐ thrust ···· 209
- ☐ thumb ···· 39
- ☐ thus ···· 191
- ☐ tide ···· 203
- ☐ tidy ···· 177
- ☐ tilt ···· 306
- ☐ timber ···· 138
- ☐ timid ···· 62
- ☐ tip ···· 174
- ☐ tirade ···· 242
- ☐ tissue ···· 194
- ☐ toast ···· 194
- ☐ toe ···· 132
- ☐ token ···· 203
- ☐ tolerate ···· 192
- ☐ toll ···· 79
- ☐ tomb ···· 135
- ☐ tongue ···· 30
- ☐ tool ···· 174
- ☐ topography ···· 348
- ☐ torment ···· 159
- ☐ tornado ···· 232
- ☐ torso ···· 427
- ☐ torture ···· 192
- ☐ touchy ···· 298
- ☐ tow ···· 277
- ☐ township ···· 409
- ☐ toxic ···· 37, 353
- ☐ trace ···· 112
- ☐ track ···· 103
- ☐ tract ···· 235
- ☐ tractable ···· 215
- ☐ trade ···· 60
- ☐ trade imbalance ···· 445
- ☐ tradition ···· 39
- ☐ traffic ···· 21
- ☐ traffic jam ···· 352
- ☐ tragedy ···· 159
- ☐ trail ···· 172, 396
- ☐ trait ···· 93
- ☐ tranquil ···· 311
- ☐ transaction ···· 77
- ☐ transcend ···· 222
- ☐ transfer ···· 194
- ☐ transform boundary ···· 347
- ☐ transformer ···· 387
- ☐ transfusion ···· 248
- ☐ transistor ···· 379
- ☐ transition ···· 74
- ☐ transitory ···· 281
- ☐ translate ···· 99
- ☐ transmit ···· 170
- ☐ transparent ···· 195
- ☐ transplant ···· 78
- ☐ transplantation ···· 372
- ☐ transport ···· 76
- ☐ trap ···· 182
- ☐ trapezoid ···· 383
- ☐ trash ···· 51
- ☐ trauma ···· 454
- ☐ treason ···· 401
- ☐ treasure ···· 43
- ☐ treat ···· 112
- ☐ treaty ···· 192
- ☐ tremble ···· 196
- ☐ tremendous ···· 51
- ☐ tremor ···· 237
- ☐ trench ···· 237
- ☐ trend ···· 47
- ☐ trial ···· 166
- ☐ triangle ···· 383
- ☐ tribe ···· 153, 394
- ☐ tribunal ···· 242
- ☐ trigger ···· 128
- ☐ trigonometry ···· 384
- ☐ trim ···· 188
- ☐ triumph ···· 109
- ☐ trivial ···· 168
- ☐ troop ···· 69

□ tropical climate ········343
□ tropical rain forest ····350
□ troposphere ············354
□ trouble ····················78
□ trunk ······················326
□ trust ······················107
□ tuberculosis ············356
□ tuition ····················180
□ tumble ····················143
□ tumor ······················76
□ tune ························185
□ turbulence ··············208
□ turbulent ················278
□ turmoil ····················258
□ tutor ························461
□ twist ························39
□ typhoid ····················372
□ typical ····················196
□ tyranny ····················29

U

□ ulcer ························227
□ ultimately ················203
□ ultraviolet ················35
□ ultraviolet light ·········376
□ unanimous ················265
□ uncover ····················173
□ undergo ····················136
□ undergraduate ·········456
□ underlying ················162
□ undermine ················168
□ underpin ··················307
□ underscore ··············154
□ undertake ················183
□ undifferentiated ········335
□ undone ····················191
□ unearth ····················246
□ uneasy ····················188
□ unemployment ··········125
□ unfold ······················81
□ unicellular ················332
□ uniform ····················76
□ uniformity ················249
□ union ··················50, 392
□ unique ······················21
□ unit ··························85
□ unite ························46
□ universal ··················67
□ universe ··················103
□ unlock ······················103
□ unprecedented ·········109
□ unwarranted ············232
□ updraft ····················345
□ upheaval ··················232
□ uphold ····················178
□ upright ······················85
□ uprising ····················218
□ upset ························78
□ up-to-date ················74
□ upturn ······················441
□ Uranus ····················273
□ urban ························21
□ urge ························158
□ urgent ······················188
□ urine ························337
□ usage ························72
□ useful ······················57
□ useless ····················110
□ usher ······················288
□ utensil ······················219
□ utilize ······················158
□ utmost ····················158
□ utopia ······················264
□ utter ························100
□ utterance ················434
□ utterly ······················121

V

□ vacant ······················201
□ vaccination ··············356
□ vaccine ····················121
□ vacuum ············165, 378
□ vague ······················110
□ valid ························85
□ validate ····················245
□ value ························116
□ vanish ······················249
□ variable ····················384
□ variety ······················320
□ various ······················106
□ vary ··························86
□ vast ··························189
□ vault ························389
□ vector ······················387
□ vegetation ················235
□ vehicle ······················128
□ vein ··························186
□ velocity ····················378
□ vendor ······················267
□ vent ··························215
□ venture ····················189
□ venue ······················284
□ Venus ······················249
□ verbal ······················242
□ verdict ······················406
□ verge ······················306
□ verify ······················223
□ versatile ····················45
□ verse ························428
□ version ······················213
□ vertebrate ················322
□ vertical ····················249
□ vertical line ··············382
□ vessel ······················136
□ veteran ····················190
□ veterinarian ·············262
□ veto ························258
□ via ··························56
□ viable ······················213
□ vibration ··················277
□ vice ························167
□ Vice President ··········403
□ vice-versa ················282
□ vicious ······················97
□ victim ························30
□ view ························119
□ vigorous ····················29
□ violate ······················166
□ violation ··················404

☐ violence ········ 100
☐ viral ········ 220
☐ virtual ········ 315
☐ virtually ········ 17
☐ virtue ········ 167
☐ virus ········ 30
☐ viscosity ········ 375
☐ visible ········ 137
☐ visible light ········ 376
☐ visionary ········ 212
☐ vital ········ 164
☐ vitamin ········ 72
☐ vivid ········ 45
☐ vocabulary ········ 99
☐ vocal ········ 130
☐ vocational ········ 183
☐ vogue ········ 285
☐ void ········ 213
☐ volatile ········ 236
☐ volcano ········ 129
☐ volt ········ 386
☐ volunteer ········ 26
☐ vomiting ········ 360
☐ vote ········ 176
☐ vow ········ 178
☐ vowel ········ 434
☐ voyage ········ 137
☐ vulgar ········ 265
☐ vulnerable ········ 102

W

☐ wage ········ 28
☐ wander ········ 54
☐ wane ········ 231
☐ ward ········ 409
☐ warm front ········ 354
☐ warm-blooded ········ 323
☐ warn ········ 40
☐ waste ········ 53
☐ water vapor ········ 344
☐ watercolor ········ 419
☐ waterfall ········ 348
☐ watt ········ 386
☐ wax ········ 231
☐ wealth ········ 42
☐ weapon ········ 33
☐ wear ········ 110
☐ weary ········ 156
☐ weave ········ 143
☐ web ········ 190
☐ weed ········ 201
☐ weep ········ 157
☐ weigh ········ 170
☐ welfare ········ 100
☐ wharf ········ 261
☐ wheat ········ 96
☐ wheel ········ 110
☐ whip ········ 54
☐ whirl ········ 306
☐ whisker ········ 224
☐ whisper ········ 199
☐ whistle ········ 265
☐ white blood cell ········ 367
☐ white-collar ········ 411
☐ wholesale ········ 267
☐ wicked ········ 117
☐ widespread ········ 125
☐ widow ········ 414
☐ wigwam ········ 394
☐ wilderness ········ 102, 396
☐ wildlife ········ 37
☐ willing ········ 175
☐ windmill ········ 397
☐ wipe ········ 38
☐ wisdom ········ 66
☐ wit ········ 190
☐ witch ········ 117
☐ withdraw ········ 101
☐ wither ········ 146
☐ withhold ········ 232
☐ withstand ········ 159
☐ witness ········ 37
☐ womb ········ 294
☐ women's suffrage ········ 408
☐ wonder ········ 199
☐ woodcarving ········ 421
☐ woodwind ········ 425
☐ workforce ········ 411
☐ worm ········ 43
☐ worship ········ 42
☐ worth ········ 203
☐ wound ········ 178
☐ wrap ········ 171
☐ wrath ········ 225
☐ wreck ········ 128
☐ wrinkle ········ 146
☐ wrist ········ 186

X, Y, Z

☐ X-ray ········ 116
☐ yard ········ 97
☐ yawn ········ 133
☐ yearn ········ 107
☐ yeast ········ 368
☐ yell ········ 97
☐ yellow fever ········ 358
☐ yield ········ 44
☐ yolk ········ 233
☐ youth ········ 107
☐ zealot ········ 259
☐ zinc ········ 279

■ 編著者略歴

・泉 忠司（いずみ・ただし）

1972年，香川県高松市生まれ。1999年から2000年にかけてケンブリッジ大学に留学。2002年から2005年まで早稲田大学 British Studies 研究所客員研究員。現在は横浜市立大学，青山学院大学，日本大学などで講師を務める。専門はイギリス文学・文化全般。

『歌って覚える英文法完全制覇』『歌って覚える英単語完全制覇』『英文読解完全制覇』をはじめとする「泉忠司の完全制覇シリーズ」（青春出版社），『泉式文科系必修論文作成術』，『SONGlish！宇多田ヒカル SONG version』（夏目書房），『歌って身につく英会話ソングリッシュ B'z 編』（ゴマブックス），『英語の感覚と表現』（共著，三修社），『シャーロット・ブロンテ150年後の『ヴィレット』』（共著，彩流社）など著書多数。

ベストセラーとなった恋愛小説『クロスロード—あの日の約束—』（泉忠司＆晴香葉子，ゴマブックス），ミュージカル『赤毛のアン』準主演（東京国際フォーラム）など，作家や俳優としても活躍中。

・Kevin Glenz（ケビン・グレンツ）

米国ウェスト・バージニア州生まれ。コロンビア大学卒。翻訳者，フリーライター，ナレーター，DJ として幅広く活躍。日本語能力試験１級。Z会キャリア開発コース『TOEIC® テスト Basic［600/700/800］』の TOEIC 模擬問題執筆者。著書には『これだけ！ TOEIC® テスト総合対策860点突破』（あさ出版，共著）などがある。

・Kermit Carvell（カーミット・カーベル）

米国カリフォルニア州生まれ。モントレー国際大学院修了（政治学専攻）。法政大学，早稲田大学，明治大学の講師を務める。編集プロダクション「Last Hero Productions」代表。著書には『The Poetry of Film — 英詩で味わう映画 —』（金星堂，共著）などがある。

CD 収録時間： 68分52秒
CD 吹き込み： Christopher Koprowski
RuthAnn Morizumi
英文翻訳協力： 西田直子
林彩
樋笠宏明
小山克明
徳永明子
杉原充
内山博之
福永朋之

書籍のアンケートにご協力ください

抽選で図書カードをプレゼント！

Z会の「個人情報の取り扱いについて」はZ会Webサイト(http://www.zkai.co.jp/home/policy/)に掲載しておりますのでご覧ください。

英単語4000 受験英語からのTOEFL® Test［TOEFL® iBT 対応］

初版第1刷発行…………2007年2月1日
初版第8刷発行…………2020年5月10日
著者……………………泉忠司，Kevin Glenz，Kermit Carvell
発行人…………………藤井孝昭
発行……………………Z会
〒411-0033 静岡県三島市文教町1-9-11
TEL（055）976-9095
http://www.zkai.co.jp/books/
装丁……………………末房志野
印刷・製本・CD制作……図書印刷株式会社
編集・校閲協力…………株式会社シー・レップス
CD 録音・編集…………東京オーディオ・ミュージックレコード株式会社
一般財団法人 英語教育協議会（ELEC）

ISBN 978-4-939149-96-2 C0082